中国学术流派研究丛书

周群 主编

湖湘学派研究

曾亦 著

创于1897
商务印书馆
The Commercial Press

总　序

　　《易·系辞》云："天下同归而殊途,一致而百虑。"中国学术史的长河是由不同时期、不同地域、形态各异的万派支流汇注而成的。学术流派是以相似的学术宗旨或治学方法为特征的学术群体,是因应一定社会政治文化要求,体现某种学术趋向,主要以师承关系为纽带,与古代教育制度、学术传承方式密切相关的历史存在。

　　以学派宗师为代表的共同的学术宗旨或治学方法往往是学派的主要标识和学派传衍的精神动力。学派的开派宗师往往是首开风气的学术先进,他们最早触摸到了时代脉搏,洞察到学术发展新的进路。这必然会受到敏锐的学人们的应和,他们声应气求,激浊扬清,去短集长,共同为学派肇兴奠定了基础。师承是学术流派传衍的重要途径,盟主宗师,振铎筑坛,若椎轮伊始;弟子后劲,缵绪师说,如丸之走盘,衍成圭角各异的学派特色。学派后劲相互切劘、补益,使得该流派的学术廊庑更加开阔、意蕴更加丰厚,是学派形成理论张力的重要机制。高第巨子既有弘传师说的作用,同时,还需有不悖根本宗旨前提下学术开新的能力。没有学派后劲各具特色、各极其变的发展,以水济水,并不能形成真正的学派。家学因其特有的亲和力,是学派传衍的重要稳定因素,克绍箕裘以使家学不坠,这是学术之家的共同祈向。书院讲学便于学派盟主宣陈学术思想,强化了同道的联系,为形成稳定的学派阵营以及学术传衍提供了重要平台。民间讲会、书牍互通促进了学派成员之间的交流与学术的传播。中国古代学术大多以社会政治、道德文化为研究对象,往往随着时代的脉动而兴衰起落,观念史的逻辑演进过程之中必然带有时代的烙印。时代精神与社会政治是推进学术演进的重要动因。

　　中国古代学术传统的源流色彩极浓,学术源流,先河后海,自有端绪。学术的承袏与变异形成的内在张力是推进学术发展的重要动因,学派间的争鸣竞辩、激荡互动及不同学派的因革损益、意脉赓续,书写了中国古代色彩斑斓的学术发展史。尽管学术史上不乏无待而兴、意主单提之士,取法多元、博采汇通而自成其说的现象也在在可见,学者对学派的认识也每每歧于仁智。但中国学术史上林林总总的学术派流仍然是学者们展示各自学术风采的重要底色。因此,对各个学派进行分别研究,明乎学派源流统绪,梳理流变过程,呈现其夐夐独造的学术风采,分析其对于中国学术思想发展的价值,厘定其地位,对于揭示中国古代学术思想因革发展机制,推进中国学术史研究具有重要意义。这是我们组织编撰《中国学术流派研究丛书》的根本动因。

为了实现这一目标,我们将力求客观厘定学术流派在中国学术史上的地位,以共时比较与历时因革相结合。别同异,辨是非。不为光景所蔽,努力寻绎其真脉络、真精神。从历史情境与学理逻辑等不同的维度评骘分析其价值。同时,由于学术流派风格不同,内涵殊异,《丛书》在体例上不泥一格,以便于呈现学派各自的特色为是。

南京大学中国思想家研究中心是因已故南京大学校长匡亚明先生主编《中国思想家评传丛书》而成立,本人有幸躬逢这一盛举,跟随匡亚明先生参与了《评传丛书》的编撰出版工作。《评传》传主是中国学术思想史上二百多个闪光点,这些传主往往义是学术流派的盟主或巨子。从这个意义上说,《中国学术流派研究丛书》是在《评传丛书》基础上,对中国古代学术思想史上以杰出思想家为核心的不同学术集群的研究,是对色彩斑斓的中国古代学术思想历史画卷中最具特色的"面"的呈现与"线"的寻绎。《中国学术流派研究丛书》不啻是《中国思想家评传丛书》的学术延展。每每念此,倍感责任重大。幸蒙一批学殖深厚、对诸学术流派素有研究的学者们共襄其事,他们以严谨的治学态度,做出或将要做出对学术、对历史负责的研究成果。对他们为了一个共同的学术宏愿而付出殚精竭虑的劳动表示由衷的敬意。南京大学社科处处长王月清教授欣然首肯《丛书》规划,使其得以付诸实施,对他的支持与付出表示衷心的感谢。

热诚欢迎学界同仁不吝指谬,以匡不逮。是为序。

周 群

2021 年 3 月于远山近藤斋

目　录

下编 《知言疑义》与湖湘学术之分流

探索儒学的现代范式

（代序）

儒学复兴已为大潮。这一波儒学的复兴在两个外来文明进入、并峙的情状下有着中华传统复兴之意义。儒学的形态将会是中华文明精神本性之表现。曾亦此书可追溯到他的博士论文，反映了这波儒学复兴过程中的一段历史。当时曾亦撰写博士论文时，颇与时代思潮相关，反映了大陆学界受到以牟宗三等学者为代表的当代新儒学影响以及走出这种影响的思想过程。学者们先是关注于宋明理学，随后转向经学，接着又遇到了中国是否有哲学之质疑。对于当代这段思想经历，我的解读如下：

近年来略嫌夸张的"政治儒学"与"心性儒学"之争，其实是从理学视域朝着经学视域的转向。生存困境引发心灵回归传统的趋向，恰好遭遇到当代新儒学，吸引了学界热烈的关注和研究。然而，困惑未能圆满解决，儒学研究本身也自然而然地引发追根溯源的冲动。思想碰撞显示思考逐层深入和问题日渐清晰。我认为，宋明理学研究热注定是个过渡阶段，而传统思想的关注焦点将最终转向经学。经学研究才是探究中华文明真谛的途径，而曾亦是儒学复兴潮中最早注重经学的学者之一。

如果说，作为古典学的"国学"，意指研究古籍的学科，那么，"儒学"意指的是体现当下中华民族精神的活学问。"国学"研究不排除做成表现现实的民族生命价值之可能，而"儒学"单从名称上看就直接显现了生命活力。数年前，复旦大学在申办上海儒学院时，主管领导主张名称采取"国学"一词，我则坚持用"儒学"二字定名，正是出于这样的理解。就是说，经学可以按单纯研究古籍的路子来做，也可以按表达当代思想、精神的路子来做，即做成"儒学"。

长久以来，西方的人文主义强势影响了我国当代思想，同样影响着儒学研究。譬如，学界称孔子富于人文精神，并将之当作很高的赞辞，却看不到这赞扬中包含着曲解和贬低。毫无疑问，人文主义曾发挥过积极的影响，不过，其被人们忽视的消极影响现在越来越明显。其最严重的后果，则是百分之七十左右的中国国民以为自己没有信仰,正是人文主义让中国人淡化了对上天的敬畏。那些大谈"终极关怀"的学者,仅仅止于个人的道德圆满,而忽略了其前提——天命。(孔子曰:"不知命,无以为君子也。")如此,所谓"终极关怀",将不终极矣。受这种思潮的影响,中国人不知道三王、五帝、九皇、六十四民,也就是说,忘记了大部分祖宗;余下还没忘记的,也未见得被尊崇。中华民族的精神命脉有待接续与康复,而经学研究正是基础性的工作。

五经或六经,记述的正是先王之教。虽然典籍残缺不全,而经历代儒者整理阐发,王道大体具在,颇便于后人学习。我们现在从事经典的学习研究,要特别下功夫的就是破除自身的眼光局限。上述人文主义的不良影响,正是要破除的一个重要屏障。如果经学研究忽视了先王之道的宗教维度,那么所描绘的古代中国社会将是一个不完整的图景。

目前通用的"宗教"一词,是一个西方思想体系中的用语。按照这种解释而来的概念,古代中国的道教、佛教是宗教,而汇合政治、军事、宗教为一体的国家制度反而被排除在宗教维度之外,不被看作是宗教。于是得出一个失实的图景:中国社会自有道教、佛教之后,才有所谓宗教,而之前是一个无国家宗教的社会。虽然"宗教"是个外来概念,但既然今天用来作为研究用的工具概念,若扩大对象域则包含了整个中国社会,我们只需加以调整和发展,提升到更高阶,就能透彻、全面、准确地讲述古代中国社会之真相。换言之,古代中国一直是一个宗教社会和宗教国家。道教则是起自民间,出于对抗国教而创建的新宗教,对此,我们不妨类比基督教对抗犹太教的历史过程。

我认为,当代经学研究的重要任务之一,首先是在西方宗教概念进入范式体系的前提下,阐明先王之道的宗教维度,并全面描绘中国人日常生活的宗教细节。其次,我们要破除的要点,就是哲学之片面性。

哲学无疑是一门重要学科,已有重大成就,还将在中华文明的未来发展中发挥重要作用。然而,前些年关于"中国是否有哲学"的热议,则透露出以外来的哲学视角解读中国思想时的方枘圆凿感。哲学家们通常带着贬斥的口吻,认为中国人的上天信仰缺乏超越性。这样一种评价,从哲学的角度来看是准确的,但我要加上一句话:用哲学评价是片面的、不恰当的。这是哲学本身的局限性。

哲学是西方思想体系中的学科。其所建立的种种思想体系,皆有物质与形式之分裂和对立的基本性质，这最早是由亚里士多德奠定的。因而，神与自然界是分裂而对立的一对概念，构成了哲学默认的前提。中国思想则排除这种分裂，古人谓"形而上者谓之道，形而下者谓之器"，其中"形"兼有形、质之义。可见，这一命题不仅不割裂形式与质料，而且还确立了评价原则。就是说，西方思想将形式与质料二者分裂、对立起来，属于"低级的"思路。（我们现在虽不必采纳这种评价原则，但亦应承认西方那种"低级的""错误的"思路毕竟产生了灿烂的文明果实。）

西方人先是分裂神与自然界，然后才产生从自然界向神超越的问题。而在中国思想那里，上天从未分裂成神与自然界。上天的运行，无论昼夜或四时，既是"自然的"，又是"神性的"。我们现在之所以困惑于天如何既有自然性，又兼具神性，那是因为我们的思想受到西方思想影响，是用西化了的概念体系来定义我们祖宗讲的天；我们之所以抱怨天的神性不足、不够超越，是因为站在西方思想的角度，以为分裂和对立才是"进步"，才够高明。

因此，我主张经学研究既要入哲学，又要出哲学，并且还要看透基于哲学思维而不知不觉沾染的西方价值观念。总而言之，现在应该克服哲学带来的误导，全面阐明中国人的信仰和中国社会的宗教之真相。

以上略述的两点，正是当前已然凸显出来的重要障碍。目前，历史任务已然向我们显现出来，即儒学面临着确立新范式的要求。这是一项庞大、繁难的工作，而现在我们只是为未来的集大成者做清扫地基的工作而已。譬如，曾亦在此书中梳理了朱子、南轩及其他大儒关于心、性、情的讨论，可谓条分缕析，极尽精妙，颇不逊于前人及时贤。现在我们则需更向前一步，即以现代儒学评定他们之是非。换句话说，我们应该在研究先儒思想的过程中建立现代儒学。传统心性研究中诸多复杂繁难而纠缠困扰的问题，须以现代儒学之快刀斩断。理学之大病在于，在"气质之性"之外，别立所谓"天命之性"，于是性成二本矣。而在孔孟那里，天命于人者只是气禀（气之五行各有对应的德性），并无已成的仁义礼智，而仁义礼智须待存养扩充而后修得之。宋儒坚执性有二本，即气质之性与天命之性（指生而禀赋有现成的仁义礼智），又派定此说源自孟子，于是衍出许多话头、故事。表面上来看，思想史因此而精彩纷呈，但若换个立场来看，则是乱成一团。所谓"人之初，性本善"，孟子只是说人生而有善端，尚待存心而加以养护扩充；孟子亦从未说人的本性中没有恶之倾向，倒是确认人堕落为禽兽的距离"几希"。

诸如此类问题,皆应通过重新确立儒学研究的新范式,即基于对五经的精研来解决。曾亦是书在2007年出版时曾由我作序,至2019年以《湖湘学派研究》之名重加修订再版,又邀我为新版作序。据我观察,曾教授这十几年一直走在儒学复兴大潮的前列,无论转向经学研究,还是在其研究中把住中国的天道以及古代国家宗教之究竟义,均居领先位置,气象卓然。我期待曾亦能为儒学建立起现代新范式,故特记近年所思,以寄盼焉。

谢遐龄

2020 年 3 月 30 日

引　言

　　本体与工夫乃宋明心性之学的基本问题。宋明儒言本体,或归于心,或归于性,概莫出乎此二者;至其言工夫,则有上达与下学之二途。盖人情有美有恶,此种说法自古有之,宋明儒亦概莫能异焉。唯宋明儒于人情之美者,可以为善而不谓之善,盖欲引而至于本心之纯善,此所谓上达工夫;而于人情之恶者,可以为恶而不谓之恶,盖欲趋而就礼法之绳墨,此所谓下学工夫也。故宋明儒论本体与工夫,则不能不涉及性与情之关系。性情问题虽由来已久,亦宋明心性学说所关注的固有领域。

　　虽然,自先秦以来,性、情概念的内涵颇有异说,故性情问题亦不一定表现为性与情之间的关系。然若我们把握住性情问题的实质,便可发现,种种不同形式的表达无不可归结为性情问题。在这种关系中,属性的一方通常作为本然的、社会的方面被看待,而属情的一方则被理解为自然的、个体的方面。可以说,性情问题的实质不过是本然与自然、社会与个人之间的关系。

　　古人说性情,初未尝将二者对立起来,且往往连用,以表达同一个意思。这种用法一直沿用至今,譬如,我们常说某人性情如何,一定是因为他曾经有过这种表现,并且认为这种表现就是他本来的样子。因此,当我们说某人性情之好坏,与性善、性恶的用法有着完全不同的内涵。因为在后一种用法那里,性与情已经分离,情是他在众人面前表现出来的样子,既可能合乎本性,也可能不符合,显然,此时意味着自然与本然的分离。

　　其实,这种用法不独在性情连用时如此,而且,当我们单独使用性或情的概念时,通常也没有将自然与本然对立起来。譬如,我们常说"事情""案情",以及"药性""本性"一类的概念时,都强调事物事实上的样子就是事物真实的那个样子。① 只是到了后来,由于性与情的分离,情仅仅具有自然的内涵,而性则被赋予了一种本然的意味。

---

① 着重号若不特别注明,皆系作者所加。

　　较诸性、情两个概念的分离,大概性、情源始之初连用更多,也更符合性与情本来的内涵。按照道家的描述,上古之时,人们生活在一种浑沌而未有分别的状态中。那么,为什么会有这种无有分别的状态呢? 这是因为人们无须分别,就是说,人们安于自己当下所处的样子,觉得生活本来就是这个样子。即是说,正是因为性与情本未分离,因而才不会有性与情的分离。这句话似乎是在同语反复,然若细加推究,其实这正描述了上古社会的真实情形,即在一个浑沌未分的社会中,人们自足于当下所处的状态,又如何会在现实之外另立一个把自己从中超拔出来的理想呢?

　　因此,我们还可道出另一句同语反复:正是当性情分离以后,性情才会分离开来。此语意思是说,当人们不满于自己当下的那个样子,才会想到要从现实中超拔出来,才会寻求某种不同于当下现实的理想目标。所谓"自然",就是人们当前生活于其中的状态,随着人们对现实的不满,"自然"就开始失去了"本然"的意味,而性与情也就分离了,于是在"自然"之外另立一个"本然"。因此,只是在性与情分离以后,先王才会制礼作乐以教化民众,才会在现实之外指出一种民众已不复拥有的本然状态。老子说"失道而后德,失德而后仁,失仁而后义,失义而后礼",恰好道出了这样一种性情相分的现实。①

　　性与情分离以后,性情问题最初表现为礼制与人情的关系。此时,人情还不是从消极的方面被了解,反而被视作先王制礼的根据,换言之,礼制常常被当成人情的自然流露,即荀子所说的"称情立文"。这种对人情的态度,在早期儒家那里体现得极明显。

　　孔子把性情问题表述为礼与仁的关系。《论语》中关于此类记载颇多,如:

　　　　子曰:"人而不仁,如礼何? 人而不仁,如乐何?"(《八佾》)
　　　　林放问礼之本。子曰:"大哉问! 礼,与其奢也,宁俭;丧,与其易也,宁戚。"(《八佾》)

---

① 庄子亦认为,圣人以仁义礼乐治民,正是性情分离后的结果,"道德不废,安取仁义! 性情不离,安用礼乐!"(《庄子·马蹄》)当然,此处庄子所说的"性情不离",未必指我们所讲的性情分离。在庄子那里,性情还是在一种源初意义上使用的概念,性情不仅意味着自然,同时也是本然。因此,当庄子说后世人们离乎性情时,不过是表明,人在其自然中已不复体会到本然,故需要在自然之外另立本然,如仁义礼乐之类,以作为百姓生活的依准。

　　　　宰我问:"三年之丧,期已久矣! 君子三年不为礼,礼必坏;三年不为
　　　乐,乐必崩。旧谷既没,新谷既升,钻燧改火,期可已矣。"子曰:"食夫稻,衣
　　　夫锦,于女安乎?"曰:"安!""女安,则为之! 夫君子之居丧,食旨不甘,闻乐
　　　不乐,居处不安,故不为也。今女安,则为之!"宰我出。子曰:"予之不仁
　　　也! 子生三年,然后免于父母之怀。夫三年之丧,天下之通丧也,予也,有
　　　三年之爱于其父母乎?"(《阳货》)

　　　　子曰:"礼云礼云,玉帛云乎哉! 乐云乐云,钟鼓云乎哉!"(《阳货》)

孔子虽不轻以"仁"许人,但"仁"在孔子那里亦未有本体的意味,更不能说就是
宋人所讲的"性"。从其对"仁"一词的实际运用来看,孔子主要还是在情上说
"仁"。① 当然,这个"情"不是"七情"意义上的情,而是本然之情,即尚未与性相
分离的那个情。

　　虽然仁有本然的意味,但是,礼更有本然的意味。至少可以说,仁作为一
种偏于人情的东西,尚未能将礼的全部内涵收纳其中,这一过程应该到二程提
出"性即理",甚至到王阳明主张"心即理"时,才最后将无限丰富的价值世界涵
摄到此心之中,从而那种内在意义上的心、性才真正成为本体。

　　因此,当我们考察孔子对仁与礼关系的讨论时,必须足够谨慎,不能把宋
人才有的见解掺杂到里面。其实,我们从公羊家对孔子的理解来看,《春秋》损
文用质,笃尚亲恩,可以说体现了孔子改制立法的用心。所以,孔子强调人情,
主要是防止礼制流于虚文,实出乎使价值落实的考虑,最终目的还是要在外部
世界建立一个秩序。正因如此,周末礼崩乐坏,渐流于虚文,但孔子仍然主张
将之保留下来,以便后世人们能从中体会到先王制礼的本意。因此,当子贡欲
"去告朔之饩羊"时,孔子却说道:"尔爱其羊,我爱其礼。"(《论语·八佾》)这足
以让人看到孔子精神的全部寄托所在。

---

① 孔门弟子问仁,观孔子的回答,如"爱人"(《论语·颜渊》)、"博施济众"(《论语·雍也》)之类,足
　见孔子尚只是就发用上言仁,是以子贡谓"夫子之言性与天道,不可得而闻也"(《论语·公冶
　长》)。孔子于性尚且罕言之,何况本体乎!

孟子一方面继承孔子重仁的思想,而另一方面,则通过对告子"生之谓性"①的批评,开始将性与情区分开来,多少赋予"性"以一种本体的意味。

关于告子"生之谓性",后人解释大致有三:

其一,"生"作"生之自然",则性指人的气禀或材质,犹告子比性作杞柳、湍水,故可善可不善,本身并无善恶的品格。我们常说某人之良材美质,或性刚性柔,皆此种用法。告子又说"食色,性也",此处亦无性恶的意思。盖食色乃人所不能无,故不可说有善有恶。大致告子"生之谓性"说,既保留了上古以自然言性的内涵,却未意识到此自然背后所包含的本然意味,遂将本然完全归于社会的方面,视作后起礼制对人性之矫揉,即所谓"义外"也。换言之,性作为"生之自然",无所谓善恶,善恶只是来自后天的习染。可以说,在告子这里,其论性虽然最古,然性情毕竟已分离开来。

其二,此种解释亦以"生"为"生之自然",但性却不是指气质,而是指气质之性。气质与气质之性不同,譬如,我们说性刚性柔,只是就气质而言;而气质之性则是性之落入气质中者,所以,气质之性实际上是作为本体的性之表现,是性之"形于心""形于外"者。张横渠言"合虚与气,有性之名",说的即是气质之性。气质之性本身涵有义理,即所谓"太虚",而义理又不能不通过气质体现出来。因此,人出生以后,言性便已是气质之性,此所谓"生之谓性"也。气质之性不可说无善无恶,因为性已落入气质中,或者说,气质之性乃性之呈现出来的面貌,是性之流行发见处,故有善有恶。然而,告子说性是无善无恶,故此说未必近于告子本义。这种说法亦蕴涵着自然与本然的分离,不过,性的本体化却又提示出一种克服这种分离的方向。程伊川、朱子皆主此说。

其三,以《易传》之"生生之德"来发明告子的"生"义。此说为明道所主,而近世牟宗三倡此说尤力。

① 傅斯年撰《性命古训辩证》,尝遍考金文,认为古人实以"生"说性。不过,"性"字本由"生"与"心"两部分合成,由此可见二点:一、心即性;二、生之谓性。唐君毅据此以为,性"象征中国思想之自始把稳一'即心灵与生命之整体以言性'之一大方向",此说甚是。(参见唐君毅:《中国哲学原论·原性篇》自序,学生书局1990年版,第13页。)

　以生言性,除告子之说外,亦颇见诸其他古书,如"生之所以然者谓之性"(《荀子·正名》),"性者,生之质也"(《庄子·庚桑楚》),"性者,生之质"(《孝经·援神契》),"性者,生也"(《白虎通·性情》)。可见,此说在汉唐以前实属平常。

此外,告子论"性"还有其他一些提法,大致都不出"生之谓性"的内涵,其基本倾向都是主张礼义不过是外在于人情、后起的社会价值,绝不可谓之自然。然而,我们从孟子的批评来看,孟子实际主张一种"义内"说,这多少意味着不仅礼制是本然的,而且人情也是本然的。先秦诸子说性情,皆从礼乐与人情的角度立说,即以本然归于礼乐,而与之相对的性情,则不过属于自然而已。然孟子所以独出诸子之表者,正在于他恢复了性曾经有过的那层本然的意思,最先确立了"性体情用"这种道德功夫的基本目标,并且,孟子通过其"义内"及"四端"等说,将先秦诸子视作本然的礼乐看作是性情的外在体现。可以说,孟子这些主张,后来直接成为宋代道学兴起的理论前提。

孟子论性情之体用关系,主要见于其对"四端"的两种论述。当孟子说"恻隐之心,仁之端也"时,他想要强调的是作为生之自然的"善端"还不能说是本然,须通过扩充"善端",方能在自然中使本然完全呈现出来,或者说,自然与本然才能达到合一。至于当孟子又说"恻隐之心,仁也"时,则表达了自然与本然那种源初的不可分关系,同时也意味着性成为情之所以为善的内在根据。

可见,当孟子说要扩充四端时,同时又向我们表明,并非所有的自然都是四端,都是善。也就是说,此时性与情已经分离了。因此,四端之所以需要扩充,正是要克服在别的自然上所表现出来的那种性情二分。孟子反对告子"生之谓性",也正是因为告子笼统地将"生之自然"都看作是远离本然的自然,而把本然完全归于后起的礼制。① 可以说,在孟子这里,个体的、自然的人情与普遍的、社会的价值等同起来,从而使心或性获得了一种本体的地位,这也无怪乎后来宋代的道学运动要把自己的理论前提追溯到孟子这里。

荀子论性虽与孟子有极大不同,然其以圣王制礼作乐乃本乎人之情性,又颇近乎孟子"义内"之说。至其论性与情同,皆指生之自然,又近乎告子"生之谓

---

① 《孟子·尽心下》云:"口之于味也,目之于色也,耳之于声也,鼻之于臭也,四肢之于安佚也,性也,有命焉,君子不谓性也。仁之于父子也,义之于君臣也,礼之于宾主也,知之于贤者也,圣人之于天道也,命也,有性焉,君子不谓命也。"盖耳目口鼻之欲作为"生之自然",与"四端"并无分别,但因其中绝无本然的意味,故不能称作"性"。可见,孟子反对笼统地以"生之自然"言性。

性"之说。① 性情既为生之自然,便为人所不能免②,荀子大致在此意义上强调礼义本乎人情,乃"称情而立文"。故荀子论"三年之丧"曰:

> 三年之丧,何也? 曰:称情而立文,因以饰群别亲疏贵贱之节,而不可益损也,故曰无适不易之术也。创巨者其日久,痛甚者其愈迟,三年之丧,称情而立文,所以为至痛极也。齐衰、苴杖、居庐、食粥、席薪、枕块,所以为至痛饰也。三年之丧,二十五月而毕,哀痛未尽,思慕未忘,然而礼以是断之者,岂不以送死有已,复生有节也哉!(《荀子・礼论》)

不独礼本乎人情,乐亦本乎人情。荀子曰:

> 且乐者,先王之所以饰喜也;军旅铁钺者,先王之所以饰怒也。先王喜怒皆得其齐焉,是故喜而天下和之,怒而暴乱畏之。先王之道,礼乐正其盛者也。(《荀子・乐论》)

---

① 荀子谓:"彼人之才性之相县也,岂若跛鳖之与六骥足哉!"(《荀子・修身》)又谓"材性知能,君子小人一也","知虑材性,固有以贤人矣"(《荀子・荣辱》),才(材)、性连用,可见荀子以材质言性,与告子"生之谓性"说相类也。荀子又谓"注错习俗,所以化性也"(《荀子・儒效》),此言性须待习俗而后化,显以材质言性也。荀子甚至直言材质即性,如"性者,本始材朴也;伪者,文理隆盛也"(《荀子・礼论》)。荀子亦有以生为性者,"生之所以然者谓之性"(《荀子・正名》)。可见,荀子实以"生之自然"即材质言性,故性无善恶,须待礼义而成。荀子既以才为性,又以情为性,谓"性之好、恶、喜、怒、哀、乐,谓之情"(《荀子・正名》)。荀子谓情为"七情",与孟子谓情为"四端"不同,此类说法直接影响了后世对性情问题的讨论。

　　荀子以"七情"言情,故往往性情或情性连用,以明二者皆"生之自然"也,此种用法极多,如"纵性情而不足问学,则为小人矣"(《荀子・儒效》),"纵情性、安恣睢而违礼义为小人"(《荀子・性恶》),而"情性"概念则用得更多,如"行法至坚,好修正其所闻,以矫饰其情性"(《荀子・儒效》),"是以为之起礼义、制法度,以矫饰人之情性而正之,以扰化人之情性而导之也"(《荀子・性恶》),"今人之性,饥而欲饱,寒而欲暖,劳而欲休,此人之情性也"(《荀子・性恶》),"故顺情性则不辞让矣,辞让则悖于情性矣"(《荀子・性恶》),等等。

② 荀子论人之孝思出乎自然,甚至比作鸟兽,"凡生乎天地之间者,有血气之属必有知,有知之属莫不爱其类。今夫大鸟兽则失亡其群匹,越月逾时,则必反铅;过故乡,则必徘徊焉,鸣号焉,踟蹰焉,踯躅焉,然后能去之也。小者是燕爵,犹有啁噍之顷焉,然后能去之。故有血气之属莫知于人,故人之于其亲也,至死无穷。将由夫愚陋淫邪之人与,则彼朝死而夕忘之;然而纵之,则是曾鸟兽之不若也,彼安能相与群居而无乱乎!"(《荀子・礼论》)可见,人情自然如此,圣人制礼只是欲成其文理而已。

可见，荀子以人情为礼乐所本。不过，此处人情虽无消极的意味，但亦绝无本然的意味，盖荀子只是在自然上言情也，与孔子对人情的理解大致相近。然而，纯粹就"生之自然"言情，则不可避免会面对那些被视为恶的情。《荀子·性恶》云：

> 古者圣王以人之性恶，以为偏险而不正，悖乱而不治，是以为之起礼义、制法度，以矫饰人之情性而正之，以扰化人之情性而导之也。

此处情性连用，然皆以恶视所谓"生之自然"者。《荀子·性恶》又云：

> 今人之性，生而有好利焉，顺是，故争夺生而辞让亡焉；生而有疾恶焉，顺是，故残贼生而忠信亡焉；生而有耳目之欲，有好声色焉，顺是，故淫乱生而礼义文理亡焉。然则从人之性，顺人之情，必出于争夺，合于犯分乱理，而归于暴。

又云：

> 今人之性，饥而欲饱，寒而欲暖，劳而欲休，此人之情性也。今人饥，见长而不敢先食者，将有所让也；劳而不敢求息者，将有所代也。夫子之让乎父、弟之让乎兄，子之代乎父、弟之代乎兄，此二行者皆反于性而悖于情也。然而孝子之道，礼义之文理也。故顺情性则不辞让矣，辞让则悖于情性矣。

凡此，皆以欲论性情也。盖欲若不加节制，则不免为恶。因此，圣人制礼作乐，尚另有一大考虑，即对作为欲的那部分自然进行节制。

可见，荀子不仅以情说性，又以欲说性。盖凡是"生之自然"者，皆可言性也。荀子以"生之自然"统摄性、情、欲，这体现了上古自然与本然未曾分离时的状况，然而当自然与本然分离后，性、情、欲三者皆各有所指，而荀子皆以之为性，则性或为善（如人之孝思），或为无善恶（如喜怒哀乐），或为恶（欲），如此，徒增概念之混乱而已。① 盖荀子专据古人以生言性之说,遂在自然上言性,然不知古人以生言性,其中有自然与本然不分的前提,故荀子只能在自然之外别立一个本然,即先王制定的礼乐,以使自然有所依循也。②

由此,孟、荀言性之不同可知矣。盖孟子分性、情为二,而多主"四端"之情,此为"生之自然",且不无本然意味;至于论本然,多在仁义礼智之性上言之,而不尽归于外也。至荀子,虽主性情之分,然皆以为出于自然,情不过为"七情"而已;至论本然之善,则纯然归于圣人创制之礼义。汉唐儒实近乎荀子,以性为善,而以情为恶,然皆以"生之自然"视之,绝无本体的意味,是以人情之善不由于性,而是由于礼。宋儒视礼为理,约理为性,性始有一种本体的意味。宋儒表面上黜荀,其实未必尽然。盖宋儒虽不以性善为"生之自然",而以本体言之,至其论情则犹主"七情"之说,则人情始终不过为性所统摄的消极或中性之物。此种格局一直延续到清儒对"礼学"的倡扬,从而恢复了与礼制相对立的人情自身的条理意义,情才获得了一种积极、本然的意味,然而,这样一种转变竟然彻底瓦解了传统性情二分的格局,其流弊所至,则是近代以来礼制的崩溃与情感的泛滥。

可见,荀子对性情实持有两种态度:或以礼制为顺乎情性而作,或以礼制为矫正情性而设。这两种态度为《礼记》所继承,并得到了进一步的发挥。

---

① 荀子言性,不独以情言,亦以欲言。情犹可善可恶,而欲则只是恶也,如荀子谓"今人之性,饥而欲饱,寒而欲暖,劳而欲休,此人之情性也","今人之性,生而有好利焉,顺是,故争夺生而辞让亡焉;生而有疾恶焉,顺是,故残贼生而忠信亡焉;生而有耳目之欲,有好声色焉,顺是,故淫乱生而礼义文理亡焉。然则从人之性,顺人之情,必出于争夺,合于犯分乱理,而归于暴"(《荀子·性恶》)。可见,性亦为恶,此与汉儒视性为善之说不同。无论如何,在荀子那里,性、情、欲作为"生之自然",经常作为同一个概念而使用。

② 唐君毅《中国哲学原论·原性篇》以先秦时性情并重,与后世尊性抑情不同,此说诚然。然唐氏不明上古性情并重之实,徒以后世尊性抑情为非,至于以纵欲为是,何其谬哉!盖浑沌死而后有性、情、欲三者的分离,民众至于纯任自然,而不复知其本然,故圣人起而救其蔽,以性为本然,以情欲为自然,此固救时之法,虽不合古义,然亦势所必然。至若荀子,虽将性情欲尽归之自然,然皆加以贬黜,而在自然之外另立礼义,以作为善之所本。汉唐儒实承荀子之学,虽不若荀子之贬性,然其说性善仍不脱先秦诸子藩篱,即以"生之自然"说性。宋儒宗孟子,始以本体说性。孟、荀相较,孟子虽尊性,然亦不黜情,而荀子则三者俱黜之,情之地位在孟子处较荀子为高。

唐氏未区分"四端"与"七情",而概以俱尊之,故彼虽人堕纰缪而不知也。古人之"七情"皆不出乎"四端",人之喜怒哀乐见诸尊尊亲亲之节,而于饮食男女之事不甚措意,故二者自不可分;后世又有所谓淫泆悖逆之事,故二者实分矣,唐氏俱尊之以情,此所谓以名乱实也。

　　盖人情本有许多条理,这些条理体现在礼制上便有种种"节文"的不同。①
《礼记》这个思想实际上是对《荀子》之"称情而立文"说的进一步发挥。譬如《礼
记·问丧》一篇,即将丧礼的种种仪节,如三日而殓、孝子何以有杖等,皆溯于
人情之自然。又,《礼记·檀弓》区别戎狄之道,谓"礼道则不然。人喜则斯陶,
陶斯咏,咏斯犹,犹斯舞,舞斯愠,愠斯戚,戚斯叹,叹斯辟,辟斯踊矣。品节斯,
斯之谓礼",亦见人情自有其条理。可见,礼制之所以本乎人情,绝不仅仅是为
了裁制人情之过与不及处,甚至是恶的方面;其仪文度数之繁复,实以人情本
身便有这些条理。故孔子"从周",称许周礼"郁郁乎文哉",正是因为圣人制定
的礼制,充分考虑到了人情的隐微曲折。

　　《礼记》与荀子的这种差别,亦见诸对乐的看法。荀子以为乐为圣王所制,
谓"先王之制雅颂之声",使其"曲直、繁省、廉肉、节奏,足以感动人之善心",则
乐之功能与礼相同,亦合乎道而已。而《礼记·乐记》论乐之起源,谓"乐者,音
之所由生也,其本在人心之感于物也。……凡音者,生人心者也。情动于中,故
形于声。声成文,谓之音。是故治世之音安以乐,其政和;乱世之音怨以怒,其
政乖;亡国之音哀以思,其民困"。换言之,人心感物之不同而表现为种种不同
的自然之情,于是有种种声音与之相应,然后有乐。孟子亦言乐之有"手舞足
蹈"之节奏,源于人之"乐生"之"不可已",此纯粹为人情之自然表现。

　　礼乐既是人情之自然表现,故《礼记》论礼乐之起源,皆追溯至人类之初,
这与孟子以葬礼溯源于上世之意同。②《礼记·礼运》论礼之起源云:

　　　　夫礼之初,始诸饮食,其燔黍捭豚,污尊而抔饮,蒉桴而土鼓,犹若可
　　以致其敬于鬼神。及其死也,升屋而号,告曰:"皋!某复。"然后饭腥而苴
　　孰。故天望而地藏也,体魄则降,知气在上,故死者北首,生者南乡,皆从
　　其初。

①　唐君毅先生以为,荀子所强调的人情犹如纯粹的质料,而须加以文饰,以成礼乐,却"未尝及于
　　人性情之表现,亦可自有自然之节奏、段落、方式,以成此礼乐之节文之处"。(唐君毅:《中国哲
　　学原论·原性篇》,第99页。)观《礼记》中子游答有子问,即主张此种意思也。
②　《孟子·滕文公上》言:"盖上世尝有不葬其亲者。其亲死,则举而委之于壑。他日过之,狐狸食
　　之,蝇蚋姑嘬之。其颡有泚,睨而不视。夫泚也,非为人泚,中心达于面目。盖归,反蘽梩而掩
　　之。掩之诚是也,则孝子仁人之掩其亲,亦必有道矣。"在孟子看来,礼之产生乃人情之自然而
　　不容已也。

又云：

> 昔者先王未有宫室，冬则居营窟，夏则居橧巢。未有火化，食草木之实、鸟兽之肉，饮其血，茹其毛；未有麻丝，衣其羽皮。后圣有作，然后修火之利，范金合土，以为台榭、宫室、牖户；以炮以燔，以亨以炙，以为醴酪；治其麻丝，以为布帛。以养生送死，以事鬼神上帝，皆从其朔。

可见礼乐之始创，乃纯出于人情之自然。

礼乐虽出乎人情之自然，然古人又以为唯圣人能制礼作乐，故《礼运》谓"礼义以为纪，人情以为田"，"人情者，圣王之田也"，盖圣人本诸人情而制礼乐也。

圣人何以能制礼乐？《礼记》以为，唯圣人能知礼乐之情。故《乐记》云：

> 故知礼乐之情者能作，识礼乐之文者能述。作者之谓圣，述者之谓明。明圣者，述作之谓也。

何谓"知礼乐之情"？古者性情合一，其情之自然即是性之本然，故百姓莫不有情，莫不顺乎自然，却未及知此即是人之本然，"百姓日用而不知"殆谓此也。盖性情未分之时，民浑沌而自足，此时殆无所谓圣人，更无后世圣人之教。其后性情分离，民虽任乎自然，然常不足乎此，人之自然亦不复即是本然，于是有放其心于外、沉溺于物欲中者，于是圣人起而救其弊，制礼作乐，以"反情"而已。《乐记》云：

> 是故君子反情以和其志，广乐以成其教，乐行而民乡方，可以观德矣。德者性之端也，乐者德之华也。……独乐其志，不厌其道；备举其道，不私其欲。是故情见而义立，乐终而德尊。

礼乐出乎人情之自然，圣人所以制作，正是要在人情中体会到所谓德，体会到所谓性而已，即回到性与情那种源初的不可分状态。可见，礼乐不只是矫饰人之性情，而是要成就人之性情。《乐记》又云：

> 乐，乐其所自生；礼，反其所自始。乐章德，礼报情。

所谓"乐其所自生"者，人情也；而"反其所自始"者，亦人情也。是以"乐章德，礼报情"，正欲明人情之自然即天德之本然的道理。

既然人性本善，那么恶又从何而来呢？《乐记》云：

> 人生而静，天之性也；感于物而动，性之欲也。物至知知，然后好恶形焉。好恶无节于内，知诱于外，不能反躬，天理灭矣。夫物之感人无穷，而人之好恶无节，则是物至而人化物也。人化物也者，灭天理而穷人欲者也。于是有悖逆诈伪之心，有淫泆作乱之事。是故强者胁弱，众者暴寡，知者诈愚，勇者苦怯，疾病不养，老幼孤独不得其所，此大乱之道也。是故先王之制礼乐，人为之节；衰麻哭泣，所以节丧纪也；钟鼓干戚，所以和安乐也；昏姻冠笄，所以别男女也；射乡食飨，所以正交接也。礼节民心，乐和民声，政以行之，刑以防之。礼乐刑政，四达而不悖，则王道备矣。

此段常被误以为近乎荀子之性恶，其实不然。盖思孟一派论人之善恶，皆不以生之自然为言，换言之，人身上表现出来的某些现成的或善或恶的自然属性，绝非性善性恶的根据。后来宋儒论人、物之分别，多主通塞之说，即以人、物皆禀仁义礼智之端，然唯人能扩充其善端而至其性之全体，此所谓人之能"通"也；至于物，虽有性之发见，如虎狼有仁、蝼蚁有义之类，然不能扩充其善端，亦终不能有仁义礼智之全体，此所谓物之所以"塞"也。故人虽有善恶之端，然不谓之性善性恶，然人之所以能善能恶则常在是焉。儒家性善说之要义，当作如是观。

此处《乐记》之语亦明此理。盖人性不能不感物而动，于是有好恶之情，然好恶乃人之自然，故不谓之恶，然恶常由此而起。是以先王制礼作乐，未使人无好恶之情，而使人之好恶有节焉，即对人之自然加以引导、控制，而不至纯粹为自然所驱动，否则，人欲穷而天理灭矣。并且，既以人心之感物而动为"性之欲",则《乐记》言欲亦不纯主自然之义。① 可见,《礼记》虽多采荀子之说,然其论性实本诸孟子,此不容疑也。

汉儒论性情大致宗荀子。许慎《说文解字》释性情之名义,可以见汉人的基本观点。其释"性"曰:"人之阳气性,善者也。"段注云:

> 《论语》曰:"性相近也。"《孟子》曰:"人性之善也,犹水之就下也。"董仲舒曰:"性者,生之质也,质朴之谓性。"

又释"情"曰:"人之阴气有欲者。"段注云:

> 董仲舒曰:"情者,人之欲也。人欲之谓情,情非制度不节。"《礼记》曰:"何谓人情? 喜怒哀惧爱恶欲。七者,不学而能。"《左传》曰:"民有好恶喜怒哀乐,生于六气。"《孝经·援神契》曰:"性生于阳以理执,情生于阴以系念。"

许慎以阴阳二气释性与情,虽未明言欲为恶,然考其所本之董仲舒、纬书,皆可证其以欲之为恶也。而《孝经·钩命诀》云:"情生于阴,欲以时念也;性生于阳,以理也。阳气者仁,阴气者贪,故情有利欲,性有仁也。"又,王充综论董仲舒言性情之大意曰:"董子览孙、孟之书,作情性之说。……性生于阳,情生于阴;阴气鄙,阳气仁。曰性善者,是见其阳也;谓恶者,是见其阴者也。"(《论衡·本性篇》)可见,汉人不论说性善或情恶,皆是在气上说。

董仲舒尊性黜情,不仅为汉唐儒所本,亦影响到后来宋儒对性情的态度。秦汉以后,多从恶的角度言情,至少情已不复有条理之义,故不再言礼之本乎

---

① 思孟一派言性、情、欲三者,皆不主"生之自然"义,盖三者皆人心之某种势用而已。这种用法多少还保留在现在的日常语言中。譬如,我们常说"药性"一词,或者说某物性寒性热,这与西方人通过感官所把握的寒热不同,它不是一种物理性质,与冰之寒、火之热不同,而是因为人们经验到此物能引起人们身体感受上的寒热。所以,中国古人是从功用上而言某物性寒性热,而寒热却不是某物自身的现成属性。《尚书·洪范》言"五行"之性质,如水"润下作咸"、火"炎上作苦"之类的说法,皆须作如是观。古人论人性亦是如此。人性绝非像我们直接呈现出来的那个样子,而是因为由此能够实现社会的普遍价值要求,所以我们认为人性是善的。换言之,人性之所以为善,不是因为人现成有种种善的表现,而是因为能够最终成就善。

人情，而是强调以礼义裁制人情。此为汉唐与先秦之不同处。①

汉人如此言性情，其中实有教化民众的需要。对此，董仲舒说道：

> 天两有阴阳之施，身亦两有贪仁之性。天有阴阳禁，身有情欲桎，与天道一也。……故性比于禾，善比于米。米出禾中，而禾未可全为米也。善出性中，而性未可全为善也。（《春秋繁露·深察名号》）

又云：

> 名性，不以上，不以下，以其中名之。性如茧如卵。卵待覆而成雏，茧待缲而为丝，性教而为善。此之谓真天。天生民，性有善质，而未能善，于是为之立王以善之，此天意也。民受未能善之性天，而退受成性之教于王。王承天意，以成民之性为任者也。今案其真质，而谓民性已善者，是失天意而去王任也。万民之性苟已善，则王者受命尚何任也？……今万民之性，待外教然后能善，善当与教，不当与性。（《春秋繁露·深察名号》）
>
> 性者，天质之朴也；善者，王教之化也。无其质，则王教不能化；无其王教，则质朴不能善。（《春秋繁露·实性》）

可见，人须是有恶，否则，圣王及其教化就没有必要了。那么，汉儒何不遽说性情皆恶，非要说性善情恶呢？盖性虽善，但绝非如宋儒所说，是作为一种本体而为情提供条理，因此，情之裁制不由于性，而是由于表现为礼乐制度的王教。王教的目的，就是将恶之情陶冶而成善之性，即将那种恶的材质转变成善的材质，故须立一个性善，以作为王教的目的。后来，宋儒将汉唐儒视作王教的礼义约为理，归为性，而强调百姓为善不是由于教化，而是由于自觉，此为儒学之一大转折也。

---

① 唐君毅探讨了这种学术转变的缘由，以为周秦之际的《吕氏春秋》及汉初《淮南子》已发其端。唐氏认为，先秦学术虽有治世之目的，然尚处于一种王者师的位置，乃得以各尽其言，以待时王之采择，而自秦汉以后，天下归于一统，学者乃归附为帝王宗室之宾客，故其学术有一明显的佐治目的，如陆贾、贾谊、董仲舒等，皆以成就当时政教为目标。这样一种转变，遂影响到学者对性情的看法。

　　魏晋学术大致可以看作对两汉学术的反动,重新肯定了性情作为本然的意义。此时之性情问题表现为名教与自然的关系。① 玄学家们虽承两汉以自然言性情之论,然同时赋予自然以一种本然的意味,而名教则失去了大一统政治下那种教化的意义。嵇康《难自然好学论》云:

　　　　六经以抑引为主,人性以从欲为欢;抑引则违其愿,从欲则得自然。然则自然之得,不由抑引之六经;全性之本,不须犯情之礼律。②

　　自荀子以后,圣人所制定礼法的意义,基本上是从约束自然的方面被强调的,然而,嵇康反对名教,只是反对礼法之为本然,对于"本然"一词还是认可的。因此,在嵇康看来,本然应该与自然相协调,合乎自然即是本然。

　　既然礼法不堪为本然,而本然又不能离乎自然,那么,对于魏晋人来说,就只能把在汉人那里视作自然却又是善的性,与同样是自然的情剥离开来,而赋予了性以本然的地位。通过这样一番转换,与性相协调的自然之情不再是恶,而作为自然的性则获得了一种本然的地位,从欲、遂情即是全性。③ 可以说,到了魏晋人这里,性情问题开始获得了一种类似于宋明学术的纯粹形态。

　　可见,在玄学家那里,性情之自然重新恢复了源初的本然意味,而礼法则失去了作为名教的功能,其后虽经向、郭折中其间,然礼法仅成为圣人游心于方内之场,这实际上意味着两汉教化理想的崩溃。④ 其后佛学传入中国,以情

---

① 唐君毅认为魏晋玄学亦是尊性贬情。盖玄学以庄子为宗,而庄子复生命之情,此情与凡俗之情不同,故其学说终归于无情、忘情、去情。是以何晏有圣人无情之论,而王弼虽不谓圣人无情,然其意盖谓圣人乃能复性而性其情者,故其有情犹无情也。
② 《嵇康集》卷 7,文渊阁四库全书本。
③ 《世说新语·德行》云:"王戎、和峤同时遭大丧,俱以孝称。王鸡骨支床,和哭泣备礼。武帝谓刘仲雄曰:卿数省王、和不? 闻和哀苦过礼,使人忧之。仲雄曰:和峤虽备礼,神气不损;王戎虽不备礼,而哀毁骨立。臣以和峤生孝,王戎死孝。陛下不应忧峤,而应忧戎。"可见,在时人看来,王戎虽不备礼,然任情之自然,故较和峤为愈也。这种态度颇近于孔子对礼的看法,"礼,与其奢也,宁俭;丧,与其易也,宁戚"(《论语·八佾》),较诸外在的虚文,内在的人情才更为重要。
④ 余英时在《名教思想与魏晋士风的演变》(此文收入其《士与中国文化》)一文中对魏晋至隋唐性情地位的变化颇有论述。从名教的崇礼黜情,到后来的"称情而直往",再到后来的"缘情制礼""情礼兼到",最后发展到宋儒的"性即理"之说,可以说是由来有渐。

识、妄情之名言情,不过以赢劣义视情而已,加之此时礼之地位的上升,这一切都导致了宋儒对性情的新看法。

宋明儒学虽远绍孟子之统绪,其性情之说实由汉唐学术转承而来。宋明儒罕以情为不善之源,然善之本毕竟在性而不在情。盖自荀子以后,情只是作为“生之自然”,而不复有本然意味,而纯待礼义之陶冶而后为善。其后,经魏晋学术之一大变,性开始获得一种本体的意味,换言之,性不仅仅被视作善,而且被当作情所以善之根据。因此,性的本然化以及六朝以后对礼的再度肯定,多少让我们从中看到了宋明学术的基本立场,即以性为本体,情则为性之发用,可以说,“性体情用”这一宋明儒学的基本前提,实际上是由汉唐儒学孕育出来的逻辑结论。而且,“性体情用”之说多少也可看作对上古时自然与本然之源初统一的复归,只是这种统一不是在情上,而是在性上。可见,汉唐思想发展到宋明心性之学的兴起,实是水到渠成,非横空出世也。

“性体情用”说的最早表述,实可追溯至王弼“性其情”之说,其后为二程沿用,成为道学家共许的基本命题。然唐李翱作《复性书》,亦有“性其情”之论,然以情为不善之源,则不过祖述佛氏之说,而不同于宋人,亦不同于魏晋人也。

“性其情”此命题蕴涵一基本设定,即性与情之分离,因此,如何在情之自然中体现性之本然,就成为道学家所面对的基本问题。这个问题在两宋道学家那里沿着两条线索而展开:其一,通过约束情之自然而使性之本然体现出来;其二,通过率其性之本然而使情之自然得到约束。这两条道路看似相近,其实正相反,前者以伊川、朱子为代表,后者则以明道、五峰为代表。

明道先生为道学家们一致推崇,然而,真正传其学术的唯上蔡、五峰一系而已。上蔡传明道,此为学者所公认,虽朱子颇不足于上蔡,亦不能讳此也。①

---

① 或据明道“道南”一说,以为杨龟山传明道,其实不然。盖杨龟山、李延平一系之“体验未发”功夫,朱子以为即伊川的主敬涵养功夫,而与明道识仁功夫根本不同。明道言识仁,朱子则讳之,以为是“地位高者事”;而上蔡、五峰言识仁,则力攻之,以为是“揣摩影像”;至胡氏子弟言之,则训诫之,以为纯系“私意把持”。观乎朱子之态度,可见龟山之学非传明道者也。且明道期许龟山,未必称许其学术之近己,或以其才力之绝伦故也。

而文定与上蔡在师友之间①,文定虽先识龟山、定夫,然皆不喜之,却执后进礼问学于上蔡,可见文定之推崇上蔡也。② 而五峰虽见龟山于京师,然卒传文定之学,至胡氏子弟与朱子辩,更是一力推崇上蔡,足见湖湘学术颇得力于上蔡。上蔡传明道,文定父子传上蔡,可见湖湘学派与明道渊源之深。

又明道作《识仁》《定性》二篇,以日用之间体认天下大本为入手功夫,湖湘学者之"察识""观过"诸说皆由此而来。然徒以"识仁"为功夫,则于克己处似有未及,且功夫亦不免有间断也,故明道于识仁之后,又继之以诚敬功夫,此湖湘学者之所以重涵养也。可见,五峰弘大明道学术之功,诚不可掩。然自五峰殁后,其高第南轩先生乃尽背师说,而其余子弟之才气俱弱,不能辟朱子之攻,反多牵合之。故五峰之学一误于朱子,再误于象山。③ 后人反观道学之传,唯有程朱与陆王之别,而不及乎明道、五峰。先贤之误一至于今,诚可叹也已。

---

① 黄梨洲作《武夷学案》,以文定为上蔡门人。然据文定自言,"吾与谢、游、杨三公,皆义兼师友,实尊信之。若论其传授,却自有来历。据龟山所见在《中庸》,自明道先生所授;吾所闻在《春秋》,自伊川先生所发"。(《龟山学案》)可见,文定与上蔡在师友之间。是以全谢山不同意师说,谓"朱子所作《上蔡祠记》,有云文定以弟子礼禀学,梨洲先生遂列文定于上蔡门人之目,非也。文定尝曰:'吾与游、杨、谢三公,皆义兼师友。'又曰:'吾丈人行也,然则何为自称弟子?'《龟山行状》尝言文定传其学,而文定不以为然,曰:'吾自从伊川书得之。'则于上蔡可知矣。梨洲先生谓先生得力于上蔡,不知但在师友之间也"。(《武夷学案》)盖文定虽修后进礼以见上蔡,然上蔡终不敢以师自居,此其一也;文定之学乃自二程遗书中悟得,其与游、杨二先生游,却未必相契,遂求龟山书以见上蔡,此其二也;五峰及门弟子独推崇上蔡,故朱子之攻上蔡与此不无关系,可见湖湘一脉学术与上蔡渊源之深,此其三也。
② 全谢山以后,皆否认文定为上蔡弟子,然据束景南先生之说,文定实师上蔡。朱子《德安府应城县上蔡谢先生祠记》云:"胡文定公以典学使者行部过之,不敢问以职事,顾因绍介,请以弟子礼见。……遂禀学焉。"(朱熹:《晦庵先生朱文公文集》[以下简称《文集》]卷80,载《朱子全书》,上海古籍出版社、安徽教育出版社2002年版,第3794页。)又据籍溪与朱子之《上蔡语录》,此系文定家写本,题作《谢子雅言》,与他本不同,书中称上蔡为"谢子",明是弟子对师的尊称,其中大半为上蔡与文定以师生口气的一问一答,并非平等的朋友切磋,可证文定与上蔡的师生关系。只是后来文定卓然成大家,上蔡及后人对文定的赞美推重,掩盖了其早年从学于上蔡的事实。(参见束景南:《朱子大传》,福建教育出版社1992年版,第70—71页。)
③ 象山首开尊德性与道问学之争,此不独误会朱子,亦使五峰之学因此而湮没也。

上　编
《知言》与两宋道学之开展

胡宏,字仁仲。生卒年不详,或以为生于宋徽宗崇宁四年(1105),卒于高宗绍兴三十一年(1161)。① 其父安国(1074—1138),字康侯,谥文定,建宁崇安人。钦宗时,为中书舍人。高宗时,张浚荐其可大用,为中书舍人兼侍讲,专讲《春秋》。自王安石废《春秋》不列于学官,安国则以《春秋》为圣门"传心要典",乃潜心于是书二十余年,以为天下事物无不备于此。至所撰《春秋传》成,高宗以为"深得圣人之旨",进宝文阁直学士。《宋史》称"渡江以来,儒者进退合义,以安国、尹焞为称首"。安国所与游者,乃程门高弟游酢、谢良佐、杨时等,尝曰:"吾于游、杨、谢三公,皆义兼师友",又自谓其学"从伊川书得之"。② 全谢山谓安国乃"私淑洛学而大成",又谓"南渡昌明洛学之功,文定几侔于龟山,盖晦翁、南轩、东莱,皆其传也"。③

胡宏,安国季子也。④ 据其弟子张南轩《胡子知言序》,幼事杨时、侯师圣,而卒传其父之学。⑤ 优游衡山下二十余年,玩心神明,不舍昼夜,世称"五峰先生"。全谢山论其学云:

> 绍兴诸儒所造,莫出五峰之上。其所作《知言》,东莱以为过于《正蒙》,卒开湖、湘之学统。⑥

---

① 参见吴仁华:《胡宏的生平、著作及其思想》,载《胡宏集》代序,中华书局1987年版,第1—7页。
② 黄宗羲:《宋元学案·武夷学案》,载《黄宗羲全集》册四,浙江古籍出版社2005年版,第452页。
③ 黄宗羲:《宋元学案·武夷学案》,载《黄宗羲全集》册四,第449页。
④ 《宋史·儒林传》谓胡安国有三子,即寅、宏与宁,则似胡宏为次子,《光绪衡山县志》《宋诗纪事》等书俱用此说,然《理学宗传》《文献通考》《皇朝名臣言行外录》《直斋书录解题》《宋元学案》《龙川集》《南宋文范作者考》《嘉靖建阳县志》《武夷山志》诸书则以宏为季子。今人吴仁华则据胡寅《悼亡别记》《先公行状》,以为胡宏乃安国季子也。(参见《胡宏集》,第7—8页。)
⑤ 其后,《宋史·儒林传》《宋元学案》俱用南轩此说。案,胡安国专治《春秋》,而五峰虽日无有专书,然考其论史,当有本焉。尝有论者曰:"自安国以《春秋》专家,诸子皆潜心励学,负志节,恢廓深远,建崇论宏议,以消庸靡之习。是得于《春秋》之旨者也。"(《历代名儒传》卷5,载《胡宏集》附录四,第359页。)故陈亮谓"闻之诸公长者,以为五峰实传文定之学"。(陈亮:《胡仁仲遗文序》,载《胡宏集》附录二,第344页。)又,安国之学虽出于杨龟山,然亦兼出于东林常摠。总谓本然之性不与恶对言,而安国沿袭其说,遂有本性与善恶相对之性之说。五峰所论性诸说,可谓守其家学也,则陈亮所论,殆亦谓此也。(参见《胡宏集》附录三,第348页。)
⑥ 黄宗羲:《宋元学案·五峰学案》,载《黄宗羲全集》册四,第669页。

《知言》①一书，对于湖湘学术之成立，至为关键。其弟子张南轩谓是书"言约义精，道学之枢要，制治之蓍龟"。此外，有诗文五卷、《皇王大纪》八十卷，今有《胡宏集》中华书局整理本。

"知言"一语，殆出于《孟子·公孙丑上》，盖以"诐辞知其所蔽，淫辞知其所陷，邪辞知其所离，遁辞知其所穷"为知言。对此，真德秀跋《知言》有云：

> 孟子以知诐淫邪遁为知言，胡子之书以是名者，所以辨异端之言与吾圣人异也。杨墨之言不熄，孔子之道不著，故《知言》一书于诸子百家之邪说，辞而辟之，极其详焉，盖以继孟子也。学者诚能深昧其指，则于吾道之正且大，异端之偏而小，若辨白黑，若数一二矣。②

盖真氏以为，五峰《知言》一书之大旨，乃继孟子而辟异端也。

---

① 《知言》初刊于宋代，吴儆谓其受此书于张南轩，而汪伯虞刊之，此殆初刻也。《直斋书录解题》《文献通考》及《郡斋读书志》皆著录为"《知言》一卷"，然宋刻本今已不见。元以来，其书已不甚行于世。直至明弘治三年（1490），程敏政始得旧本于吴中，乃重刊此书，遂作六卷；又，"凡书之见于朱、张、吕三先生《疑义》中者，皆不复出，而自为一卷"，又，"取文公先生所论及《宋史·传》，为《附录》一卷"。然此本今亦不见。至清道光三十年（1850），粤雅堂据程刻抄本重刻之，是为今所见本也。

② 真德秀：《跋胡子知言稿》，载《胡宏集》附录二，第340页。

第一章　感与情

第一节　情、感诸义

一、释情：情之自然与本然

先秦言情大致有二义，即人情与事情。如《春秋》多在"事情"上言情：

> 不探其情而诛焉，亲亲之道也。（《公羊传》闵元年）
> 小大之狱，虽不能察，必以情。（《左传》庄十年）
> 吾见子之君子也，是以告情于子也。（《左传》宣十五年）
> 吾知子，敢匿情乎？（《左传》襄十八年）

凡此，皆是在事上言情也。就此层意思而言，情乃实义，事情即事实也。[1] 当我们说事情或事实的时候，不仅仅意指某物呈现出来的那个样子，而且意味着呈现出来的样子就是其真实的那个样子，换言之，在"事情"这个概念中包含着自然与本然的统一：自然乃自己而然，是事物将自己如是而呈现出来，此种呈现出来的就是事物之本然。事物之"如是而然"即是事物之"如实而然"，可以说，"事情"此概念所表达的乃是"即自然而本然"的意思，不是离自然之外别有一本然也。

就"事情"这种用法而言，"情"一词依然保留着自然与本然那种源初统一的内涵，这与"性"一词很不同。其实，"性"最初的用法亦有"即自然而本然"的

---

[1]　我们今天的语言中还有"实情"或"情实"的概念，这种用法表明，"实"与"情"之间具有某种内在的关联。

意思,只是到了魏晋以后,随着自然与本然的分离,当我们言及事物之"性"时,通常意味着事物呈现出来的样子已不复是其本来的那个样子。①

至于"人情",其涵义却是在不断变化的。然而,其最初的内涵与"事情"并无不同,亦有"实"的意思,体现了自然与本然源初的合一。譬如,《礼记》言人之孝亲乃"人情之实",其意在说明孝亲之情乃与生俱来,或者说,人生来就是这个样子,故圣人制礼,不是要勉强人们去尽孝,只是因为孝子之情不容己而已,于是圣人"立中制节",不过裁抑其情感而使之中节。后世人情浇薄,故不能体会"人情之实",遂谓礼教不符合人情,反而是对人情的摧抑。

在孟子那里,"四端"被视为人情。然而,当孟子将"四端"看作人与生俱来的自然,即所谓"不虑而知"的良知、"不学而能"的良能时,多少意味着情之自然即是本然,故孟子直截将"四端"当为仁义礼智之性。关于"四端",《孟子》一书中有两种不同的表述:

> 恻隐之心,仁之端也;羞恶之心,义之端也;辞让之心,礼之端也;是非之心,智之端也。……凡有四端于我者,知皆扩而充之矣,若火之始然,泉之始达。(《公孙丑上》)
>
> 恻隐之心,仁也;羞恶之心,义也;恭敬之心,礼也;是非之心,智也。仁义礼智,非由外铄我也,我固有之也,弗思耳矣。故曰:求则得之,舍则失之。(《告子上》)

《公孙丑上》中的表述以恻隐、羞恶、辞让、是非之心为"四端",即成性之"端",为善之"端"。所谓"端",有"微"之义,亦有"始"之义,就是说,四种与生俱来的善端犹若《尚书》所谓"道心唯微",正为其微细,故须扩充以至于广大,人之成性、为善即发端于此,故又有"始"之义。因此,当孟子以四者为善之端,其意在于要将此心扩充开来以至于广大,此所谓"尽心"也,而尽其心方能知其为仁义礼智之性。孟子此处意思很明显,以为生之自然的"善端"还不能说是本然,仅仅提

---

① 即便如此,我们现在还保留着"性"的某些源初用法。譬如,当我们言及某人的脾性时,通常会说正是因其脾性如此,故有如此这般的举动,故当某人脾性与其行为不合时,我们常常会感到诧异:那般脾性的人,竟会如此这般行事。可见,当我们使用"脾性"一词时,一般是在源初意义上使用的,即某人本然的样子正是他呈现在我们面前的那个样子。

示了一条通往本然的道路而已，因此，当孟子说"性善"时，又蕴涵了另一层意思，即人不再本然就是善，而须通过后天的努力，方能实现人性本然之善。[①]

《告子上》中的表述则直截表达了"性即情"之义，即以情之自然所在便是性之本然。这可以看作对上古时自然与本然之合一的表达，因此，孟子说仁义礼智这种本然之性即是在"四端"这些情之自然中，"非由外铄我也，我固有之也"，并非在人情之外别有一物为善。这种对性情关系的把握直接导出了孟子的"心即性"说。既然"四端"不仅仅是生之自然，同时也是性之本然的体现，故在孟子那里，"四端"与后世所说的人情不完全一样。[②]

可见，孟子对"情"的理解，一方面保留有上古时自然与本然尚未分离的内涵，而另一方面，孟子开始将自然与本然区分开来，即视恻隐、羞恶、辞让、是非此四种情感为通向本然的起点，即作为"四端"。前者确立了儒家本体论的基本内容，而后者则明确了宋人工夫论的基本方向。

孟子以后，情愈益失去其本然的意味，这一方面因为人情之善仅仅被看作是"生之自然"，另一方面，人情逐渐被理解为无善无恶的"七情"。这种变化在《礼记》中表现得较明显，譬如，《问丧》一篇对于何以有丧礼的种种仪节，如三日而殓、孝子何以有杖等，皆归于人情之自然，更总而断之曰：

> 此孝子之志也，人情之实也，礼义之经也，非从天降也，非从地出也，人情而已矣。（《礼记·问丧》）

---

① 不仅孟子以人生而有之"四端"为善，而且先秦诸子皆在"生之自然"上言性，且诸子亦多意识到"生之自然"不足以言善。然孟子所以独出诸子之表者，盖以其将仁义礼智视作某种内在之物，即所谓性，绝非仅为先王所悬之治具而已，而实根植于"生之自然"，并在人情中找到了这种足以实现善的"四端"。正因如此，性在孟子那里同时具有一种本然的意味，不只是"生之自然"也。

② 汉儒说性善，实际上是说情善，即以"四端"为善。宋儒犹然，亦常以情言"四端"。程子曰："仁者公也，人此者也；义者宜也，权量轻重之极；礼者别也，知者知也，信得有此者也。万物皆有性，一作信。此五常性也。若夫恻隐之类，皆情也，凡动者谓之情。"（《河南程氏遗书》卷9，载《二程集》，中华书局2004年版，第105页。）其后，朱子亦以"四端"为情，以成立其性体情用说。可见，宋人言"四端"不尽同于汉人，而兼有本然意味，故视为本体之发用。

古人不仅以"四端"为情，又有"七情"之说，然二者与性的关系不同。在宋人那里，性情问题表现为两个方面：其一，就情之为"四端"而言，情如何成为性之流行？或者说，性如何流行而为情？其二，就情之为"七情"而言，性如何在情那里流行？或者说，性如何主宰情之发动？就此两方面而言，唯有前者才构成朱子所说的"性体情用"关系。

《礼记》说孝子之情乃"非从天降也,非从地出也",正是肯定这种具有道德价值的人情乃"生之自然"。并且,此种人情又为圣人制礼作乐之所本,《礼记》中有云:

> 故圣王修义之柄、礼之序,以治人情。故人情者,圣王之田也。修礼以耕之,陈义以种之,讲学以耨之,本仁以聚之,播乐以安之。(《礼记·礼运》)
> 是故先王本之情性,稽之度数,制之礼义。(《礼记·乐记》)
> 礼者,因人之情而为之节文。(《礼记·坊记》)
> 三年之丧,何也? 曰:称情而立文,因以饰群别亲疏贵贱之节,而不可损益也。(《礼记·三年问》)

当《礼记》主张人情为礼乐所本时,正是强调情之自然的一面。① 我们不禁要问,人情的这种功能又如何可能呢? 这在于,礼乐不只是要裁制人情,而且更是缘饰人情。

礼乐的出现,乃出于人情之不容已,这多少表明,上古人情淳朴,自然与本然尚未分离,人们只是顺其情之自然,便自有个礼乐的道理在其中。然而,后世因为自然与本然的分离,人情之发见不能尽善尽美,故圣人不免要制礼作乐,以缘饰人情,甚至是裁制人情。所以,《礼记》说人情乃"圣人之田",须"修礼以耕之,陈义以种之,讲学以耨之,本仁以聚之,播乐以安之",可见,圣人制礼作乐,本是为了人情尽善尽美的目的。

同时,人情亦自有其节奏、段落、方式的不同,如此而表现为礼乐的种种节文。《礼记·祭义》在讨论何以春禘有乐而秋尝无乐时,如此说道:

> 春禘秋尝。霜露既降,君子履之,必有悽怆之心,非其寒之谓也。春,雨露既濡,君子履之,必有怵惕之心,如将见之。乐以迎来,哀以送往,故禘有乐而尝无乐。

---

① 《礼记》多强调情之自然义,而《庄子》则更多强调情之本然义,如谓"道德不废,安取仁义! 性情不离,安用礼乐!"(《庄子·马蹄》),"文灭质,博溺心,然后民始惑乱,无以反其性情而复其初"(《庄子·缮性》)。正出于这种对情的理解,故道家主张要"反情""复性"。

在古人看来,秋时霜露已降,人心有感于此,而有悽怆之心,故此时举行尝祭,自当无乐;至于春时有雨露,人心有感于此,而有怵惕之心,故此时举行禘祭,则当有乐。故禘、尝虽同为四时祭祖之礼,然其中人情不同,故礼乐亦自有异。

《礼记·乐记》在讨论乐的起源时,又如此说道:

> 乐者,音之所由生也;其本在人心之感于物也。是故其哀心感者,其声噍以杀;其乐心感者,其声啴以缓;其喜心感者,其声发以散;其怒心感者,其声粗以厉;其敬心感者,其声直以廉;其爱心感者,其声和以柔。

就是说,人心在与外物相感时,因有喜怒哀乐等种种不同的情感,故表现在音乐上,则有灾杀、啴缓、粗厉、直廉与和柔等种种不同的节文。然而,这些节文对于一般人来说是很难把握的,唯先王用心深且细,方能"稽之度数"而为之节文。

《礼记》这种看法表明了人类较早时期的状况,其时圣人虽起而制礼作乐,然其目的只是要成就人情,盖因此时自然与本然虽已分离,但自然似尚无消极的意味。至《荀子》,始将礼乐与人情对立起来,不仅认为礼乐乃圣王所作,而且认为圣王制礼作乐的目的在于裁制人情而归于正。这种看法较之《礼记》应属晚出,而近乎后世对人情的理解。[①] 大概在后世人看来,人情不只是不能尽善尽美的问题,而且在根本上就有一种作恶的倾向。

然而,当《礼记》说圣王制礼乐是为了成就人情时,这多少看到了人情所包含的某种消极因素。我们若将之与孟子之"性善"、老子之"婴儿"及庄子之"反情"相比较,便不难发现,《礼记》这种对人情的理解已经是颇为晚近的情形了。因此,我们在《礼记》中可发现另一种对人情的态度,即将人情理解为无善无恶的"七情":

> 何谓人情? 喜怒哀惧爱恶欲七者,弗学而能。(《礼运》)

———————————

① 《礼记》中所包含的思想比较博杂,其中既有早于荀子的思想,譬如此处对人情的理解,也有些思想应该晚于荀子,譬如《坊记》中屡称"人情之不美",甚至称圣王以礼义裁制人情,而人情犹不免为恶,显然这代表了一种非常晚近的看法。

"七情"本身无所谓善恶,犹告子所谓杞柳、湍水,纯粹只是"生之自然"而已,本身缺乏一种自我约束的能力,而不能给自身提供一种规范或形式,即《乐记》所说的"好恶无节"。因此,《乐记》在讨论情之何以为恶时说道:

> 人生而静,天之性也;感于物而动,性之欲也。物至知知,然后好恶形焉。好恶无节于内,知诱于外,不能反躬,天理灭矣。夫物之感人无穷,而人之好恶无节,则是物至而人化物也。人化物也者,灭天理而穷人欲者也。于是有悖逆诈伪之心,有淫泆作乱之事。是故强者胁弱,众者暴寡,知者诈愚,勇者苦怯,疾病不养,老幼孤独不得其所,此大乱之道也。是故先王之制礼乐,人为之节:衰麻哭泣,所以节丧纪也;钟鼓干戚,所以和安乐也;昏姻冠笄,所以别男女也;射乡食飨,所以正交接也。礼节民心,乐和民声,政以行之,刑以防之,礼乐刑政,四达而不悖,则王道备矣。

这里虽未出现"情"这个词,但其中所说的"性",实际上就是人情。喜怒哀乐之情若纯粹任其自然,则不免"好恶无节",以至于人为物化,为所欲为。基于人情的这种特点,于是圣人起而制礼作乐,以裁制、引导人之情性。可见,在《礼记》那里,多少赋予了人情以一种消极的内涵。

至于荀子,则又以欲言情,这较之《乐记》论情恶的思想,似乎又更进一步,即人情本身即是恶。[①] 关于此点,引言部分论之已详,今毋庸赘述。

我们通过"情"这个概念的分析,可以发现,情作为"生之自然",描述了事物最初呈现给我们的那个样子。这一层意思似乎始终没有变化,而变化的只是"情"这个概念所蕴涵的自然与本然的关系。因此,我们不能仅仅从自然的角度去理解情,否则,或许使此概念真正要昭示给我们的东西反而晦暗不明。因为情在其最源初的意义上,不仅仅作为自然,而且还是本然,它意味着事物呈现出来的样子就是其本来的那个样子。通过"事情"这个概念,此种用法一直保留在我们的日常语言中。

---

① 学术界一般认为《礼记》成书大致在战国末期至汉初,而且,其中相当一部分思想来自《荀子》。然而,《礼记》之思想渊源绝不限于此。因为《礼记》不是一个严格的学术派别思想之体现,更多是对东周以来社会政治生活的某种反映,其阐述的许多思想其实早于荀子。尤其从二者对待人情的不同态度上来看,《礼记》中的相关思想无疑可追溯至更早些时候。

自然即本然,人的那种自然状态或许就是人类所应该回到的那种本来状态,这样一种理解特别为道家所发挥。道家认为,上古时的那种浑沌状态体现了自然与本然的统一,人们只是顺其自然,而大道自在其中,无须有圣王树立种种价值标准乃至社会规范来引导或约束人们的自然行为,故老子有曰:"失道而后德,失德而后仁,失仁而后义,失义而后礼。"(《老子》第38章)庄子则曰:"道德不废,安取仁义!性情不离,安用礼乐!"(《庄子·马蹄》)在道家看来,不仅仁义礼乐是自然与本然分离之后的产物,老子甚至认为,正是仁义礼乐导致了这种分离,破坏了人们那种最初的浑沌状态。关于这层意思,庄子发挥极多,其在《应帝王》中所举的"浑沌死"譬喻,正说明了仁义对人类社会那种源初统一的破坏:

> 南海之帝为儵,北海之帝为忽,中央之帝为浑沌。儵与忽时相与遇于浑沌之地,浑沌待之甚善。儵与忽谋报浑沌之德,曰:"人皆有七窍,以视听食息,此独无有,尝试凿之。"日凿一窍,七日而浑沌死。

这种浑沌状态破坏以后,情也失去了本然的那层意思,于是儒家将本然归于圣王制定的礼义。情与礼这种关系的出现,正意味着这样一种转变,即一种纯粹自然的情站到了作为本然的礼的对立面。

可见,当情尚未失去本然的意思时,其意义是较简单的,正如我们在"事情"概念中所看到的那样。至于"人情"一词,则因失去其本然的内涵,而逐渐彰显出三种意思:

其一,情之为善。孟子所说的"四端""不忍人之心"以及孔子、荀子所说的爱亲之心,皆此种用法。此类人情虽为善,然有待于扩充,方为仁义礼智之全体。

其二,情之为恶。荀子常以欲说情,就这层意思而言,情必然流于为恶,故须圣王作礼义以裁制之。

其三,情之无善无恶。《礼记》、荀子所说的喜怒哀乐爱恶欲之"七情"即是此种用法。此类人情本身无所谓善恶,然其发用则有过不及之偏,而不免流于恶,故圣王之礼义,乃是要求此种人情保持一种中道。

二、释感：感之动与正

人不能不有情，而情则因感于外物而动。《说文解字》解"感"作"动人心也"，此种说法可涵盖先秦关于"感"的诸多解释。[①] 盖物来感人，而心则动以相应，古人正是如此把心物关系领会为"感"这样一种方式。[②]

《易·咸卦》阐明了天地万物相感的道理。[③] 盖"咸"的下卦是"艮"，上卦是"兑"，"艮"象少男，"兑"象少女，而少男与少女最易相感，故《易》借此说明万物之不得不相感也。此外，"兑"又有悦义，"艮"有止义，男女之相感，悦而后止，不感则阴阳不调也。其实，不只是"咸"卦，整个《易》六十四卦都是讲阴阳二气相感以化生万物的道理，故"咸"卦总而论感之道理云：

> 柔上而刚下，二气感应以相与。……天地感而万物化生，圣人感人心而天下和平。观其所感，而天地万物之情可见矣！

阳与阴，天与地，这是两类性质完全不同的东西，但却能彼此相感，就是说，一类事物的变化能够引起另一类不同事物的变化，并且，两者在不断的变动关系中始终保持一种和谐，即所谓"感应以相与"。可以说，"感"这种观念很好地体现了古人对人与世界那种源初关系的领会。

可以说，《易》表面上是讲阴阳关系，实际上不过是讲心物关系。[④] 一阴一阳之谓道，阴阳往复的道理犹心与物之相感。物之来，人心必有所感而动，这

[①] 现在保留在日常语言中的感动、感化、感应、感激、感触、感慨等用法，皆昭示着感与动的那种源初关系。

[②] 在中国古人那里，心物关系不能视作一种认识论上的关系，就是说，心不是把物看作一种外在于心而加以静观的对象。对中国人来说，即便出离了心物之间的那种浑沌状态，心物关系也绝不能从认识论的角度加以了解。

[③] 先秦古籍多有言"感"者，如"心是以感，感实生疾"（《左传·昭二十一年》）、"至诚感神，矧兹有苗"（《尚书·大禹谟》）、"至治馨香，感于神明，黍稷非馨，明德惟馨"（《尚书·君陈》）、"乘夫莽眇之鸟，以出六极之外，而游无何有之乡，以处圹埌之野。汝又何帠以治天下感予之心为？"（《庄子·应帝王》）等等，皆以人心之动来说"感"。

[④] 心为阳，是一种上升、消辟、健进的力量；物为阴，是一种退堕、凝固、保持的力量。熊十力《新唯识论》一书的主旨，即在说明阴阳如何相感以生生的道理。

是很自然的道理。物来顺应,心物合一,古人正是如此这般建立其与外部世界的关系,或者说,尚在浑沌之中的人们就是如此这般进行生活。然而,随着人之自然与本然的分离,人心开始有了不贞不正,其感物也就有了不贞不正。

从咸卦的取象来看,既非太阴与少阳相感,亦非少阴与太阳相感,而强调少阴与少阳之相感方是正道,或者因为少男少女最易相感也。又,男下女上,象男取女时须亲迎,这也是感之正道。《咸卦》又特别借九四爻来说明感之贞正的道理,其辞曰:

> 贞吉,悔亡。憧憧往来,朋从尔思。

虞翻曰:"失位,悔也。应初动得正,故'贞吉而悔亡'矣。憧憧,怀思虑也。之内为来,之外为往。欲感上隔五,感初隔三,故'憧憧往来'矣。兑为朋,少女也。艮初变之四,坎心为思,故曰'朋从尔思'也。"马融曰:"憧憧,行貌。"王肃曰:"憧憧,往来不绝貌。"①伊川则曰:"感者,人之动也,故皆就人身取象。拇取在下而动之微,腓取先动,股取其随,九四无所取,直言感之道。不言咸其心,感乃心也,四在中而居上当心之位,故为感之主而言。感之道贞正则吉而悔亡,感不以正则有悔也。又四说体居阴而应初,故戒于贞。感之道无所不通,有所私系则害于感通,乃有悔也。圣人感天下之心,如寒暑雨阳无不通、无不应者,亦贞而已矣。贞者,虚中无我之谓也。'憧憧往来,朋从尔思',夫贞一则所感无不通,若往来憧憧,然用其私心以感物,则思之所及者有能感而动,所不及者不能感也,是其朋类则从其思也。以有系之私心,既主于一隅一事,岂能廓然无所不通乎。"②

憧憧往来,言心之动而不以正也。心何以不正? 伊川以为人有私于一己之心,而不能虚己应物,故不免为物所累,心之感动遂不得其正,故《象》曰:"君子以虚受人。"心若不能虚,便有系累,若有系累则心动矣,故心之感动若能得其正,心须是不动。"不动心"实为儒家对心体的基本领会,故孟子犹许告子"不动心"的境界,只是不赞同其求"不动心"之功夫而已。

① 引自孙星衍:《周易集解》卷5,成都古籍书店1988年版,第272页。
② 程颐:《周易程氏传》卷3,载《二程集》,中华书局2004年版,第857—858页。

　　然而,观《易》以"柔上而刚下"释说"感"之义,可见,人心之感物本来是要动的,就是说,"动人心"最初并无一种负面的意思。人之感动既是顺乎人道之自然,亦是顺乎天道之本然,犹宋人所谓"循理而动"也。只是后来随着人心之自然而动渐渐失去本然的意味,于是"动人心"才有了不贞不正的意思,所以,《易》就强调人心之感动须是贞正。

　　那么,"感"如何方能贞正呢?《象》认为心要"以虚受人",方能使心之动得其正。《系辞》更是明确指出"寂然不动,感而遂通天下之故"。① 从感之动人心到感之不动心,其中有一个极大的转变,这个转变与人之性情从那种浑沌状态出来而走向自然与本然的分离这个过程是一致的。

　　可以说,"感"是中国人领会世界的一种基本方式,譬如,人们很早就了解到天人感应的道理。最初的时候,人与天之间是直接沟通的,后来,由于"绝地天通"这样一个历史性事件,人类再也不能在自然中直接体会到本然,天与人开始分离了。② 人仅仅作为自然,而天则代表了本然,即一种秩序与价值的体现,它通过祸福这种自然现象来对人间的自然进行干预。可以说,汉代的天人感应学说其实渊源很早,我们可以将之追溯到人类观念根柢里的一些东西。感应观念到了春秋战国时期,已非常盛行,如墨子的明鬼、邹衍的五德终始说等等,注重以天权来限制君权,都可看作这种观念的体现。而在儒家那里,更是将这种观念发展为一种非常成体系的学说,譬如,汉人奉为六经管钥的《春秋》便多言灾异谴告之事,如书日蚀星陨、山崩地裂、鹢退鹦巢之类。虽然,儒家言灾异的目的纯然是政治性的,"以此见悖乱之征",警惧人主,但是,正因为"感"是中国人固有的领会世界的方式,儒家方能借此来实现政治运作的正常化。终有汉一代,公羊家惩秦王朝专制的弊病,遂发挥《春秋》经传中的感应思

---

① 后来胡五峰本乎此语,言"感物而动,然后朋从尔思,而不得其正矣",可见心之所以不正,正以心之动耳。

② "绝地天通"之说见于《尚书·吕刑》:"乃命重黎,绝地天通,罔有降格。"孔传云:"尧命羲和世掌天地四时之官,使人神不扰,各得其序,是谓绝地天通。言天神无有降地,地民不至于天,明不相干。"而《国语·楚语》亦载其说:"昭王问于观射父曰:'《周书》所谓重黎实使天地不通者,何也? 若无然,民将能登天乎?'对曰:'非此之谓也。古者民神不杂。……及少皞之衰也,九黎乱德,民神杂糅,不可方物。夫人作享,家为巫史,无有要质。民匮于祀,而不知其福。烝享无度,民神同位。民渎齐盟,无有严威。神狎民则,不蠲其为。……颛顼受之,乃命南正重司天以属神,命火正黎司地以属民,使复旧常,无相侵渎,是谓绝地天通。"可见,"绝地天通"的意义就在于天与人自此分离开来了。

想,以灾异符命戒惧人主,使之自敛,不复为纵恣专横之事。这个道理在董仲舒那里阐发得很是明白,如其《举贤良对策》开首即言:

> 臣谨案《春秋》之中,视前世已行之事,以观天人相与之际,甚可畏也。国家将有失道之败,而天乃先出灾害以谴告之;不知自省,又出怪异又警惧之;尚不知变,而伤败乃至。以此见天心之仁爱人君而欲止其乱也。自非大亡道之世者,天尽欲扶持而全安之,事在强勉而已矣。[①]

董仲舒将公羊家言灾异的道理说得相当明白,就是要防止人君胡作非为,而使之"强勉"以法天道。法天道,行仁义,一般君王不大能做到,因此,儒家要借上天之灾异来"强勉"之。[②] 今人多不明公羊家言灾异之旨,皆以迷信诋之,实属轻狂无谓。

我们发现,在"天人感应"这种领会世界的方式背后蕴含着这样一个前提,即自然与本然之间那种源初的浑沌状态。[③] 然而,随着那种浑沌状态的破坏,天与人开始分离了,人的生活渐渐背离了天,此后,圣人开始制礼作乐,天就成为一种约束人的力量,则自天子至于庶人,皆当"奉天"也。自春秋以降,儒家犹言"天人感应",然其内涵完全不同,故多言灾异,少言祥瑞。其用意在于,由于世间人类的行为越来越背离天道,于是,上天时刻垂象,通过种种灾难或怪异的现象,以敦促人们与上天相应。

因此,"天人合一"的说法体现了自然与本然那种源初的相应关系,那么,这种相应关系是如何被破坏的呢?或者说,天人间的隔绝又是如何造成的呢?

---

① 班固:《汉书·董仲舒传》,中华书局 1962 年版,第 2498 页。

② 这种道理其实完全体现在《春秋》之首句"元年春王正月"之中,按照公羊家的阐释,"元年者何?君之始年也。春者何?岁之始也。王者孰谓?谓文王也。曷为先言王而后言正月?王正月也。何言乎王正月?大一统也"。(《公羊传》隐元年)到了董仲舒那里,则进一步解释为"《春秋》之道,以元之深,正天之端;以天之端,正王之政;以王之政,正诸侯之即位。五者俱正而化大行"。(《春秋繁露·二端》)可以说,天人之间正是存在着感应关系,人才有可能顺乎自然,取法于天,而天亦假灾异来警惧人君。

③ 古人所说"天",一般不是我们日常生活中所面对的那个自然意义的天,当然更不是天体学意义上的天,而是指一种伦理意义上的天,它代表了一种世间所应遵循的轨则,即人类生活应该取法的本然世界。与之相反,人才是自然,而天作为一种本然向作为自然的人或人群进行引导、规范,即所谓"天垂象,见吉凶"。

前面说过,人心之感动本来无所谓贞正与否,佛徒说"妍者妍,嫶者嫶,一照而皆真",盖谓人心本来如明镜一般,随顺事物而感动。① 正是由于后世人们感动之不贞不正,于是圣人便认为心须是不动,感方能贞正。因此,上面的问题可用另一种表达,即感动之不贞不正又是如何可能的呢?《乐记》上有一段话颇能说明这个问题:

> 人生而静,天之性也;感于物而动,性之欲也。物至知知,然后好恶形焉。好恶无节于内,知诱于外,不能反躬,天理灭矣。夫物之感人无穷,而人之好恶无节,则是物至而人化物也。人化物也者,灭天理而穷人欲者也。

本来"感"之"动人心"表达了天人间那种源初的合一状态,然而《乐记》却说人心若动而无节,则不免为恶。显然,这种看法表达了天人相分以后的状况。盖天人未分之时,物来顺应,人心之顺自然即是本然所在,此即"天人合一"。其后至天人相分以后,自然不再是本然的体现,人心若是随物而动,任其自然,反而违背了本然。正是由于这种转变,人之感于物而动具有了负面的价值,不仅不合乎本然,甚至成了"灭天理而穷人欲"。故《乐记》说"人生而静,天之性也",动是自然,静方是本然,所以人只有通过静的功夫,才能克制其自然,而不为物所动。

《易传》说"寂然不动",孟子说"不动心",以至《礼记》说"人生而静",这种对人心的理解都表明了这样一个事实:浑沌时代那"天人合一"已经一去不复返了,任自然不再是顺乎本然,反而是背其本然。自然越来越具有一种消极的意义,因此,人只有克制其自然,在自然面前保持一种不动心的状态,方能使本然呈现出来。

---

① 宋人常说圣人并非没有喜怒之心,只是圣人之喜怒与凡人不同,盖因其在物而不在我,故喜怒能不为我心之所累。所谓"情顺万物而无情",圣人不是真要使心不动,而只是动之以理而已。因此,在宋人那里,"不动心"不仅被看作某种至高的境界,同时也被看作一种功夫,即一种摒除导致心之感物不贞不正的那些因素的功夫。这种对"不动心"的理解,体现了朱子与五峰的根本不同,因为朱子把"不动心"看作效验,即视为境界,而五峰则以"不动心"为功夫,即一种初学者入门的功夫。

三、情与感：情、感之分离与"不动心"

在日常生活中，我们往往将情感当作一个概念，但从我们上面的分析来看，情与感的内涵并不相同。然而，当我们将情与感连用时，又表明二者有着非常紧密的关系。《乐记》有云：

> 夫民有血气心知之性，而无哀乐喜怒之常，应感起物而动，然后心术形焉。是故志微、噍杀之音作，而民思忧；啴谐慢易、繁文简节之音作，而民康乐；粗厉猛起、奋末广贲之音作，而民刚毅；廉直、劲正、庄诚之音作，而民肃敬；宽裕肉好、顺成和动之音作，而民慈爱；流辟邪散、狄成涤滥之音作，而民淫乱。

人的喜怒哀乐之情是不确定的，乃"应感起物而动"。人心如何感物，或者说，外物如何感心，便相应产生何种人情。换言之，由感而后有情。因此，人心之感物若不以正，情之发动自然不得其正。《乐记》又云：

> 乐者，音之所由生也，其本在人心之感于物也。是故其哀心感者，其声噍以杀；其乐心感者，其声啴以缓；其喜心感者，其声发以散；其怒心感者，其声粗以厉；其敬心感者，其声直以廉；其爱心感者，其声和以柔。六者，非性也，感于物而后动。是故先王慎所以感之者。

人情之不正，固然是由于感物之不正，然而，人心之感物又如何会有不正呢？《乐记》又将之归于情之不正。换言之，人心之感物总是伴随着某种情，情先于人心之感物，因此，人之情不同，心之感物亦不同，可见，情之不正又影响到感之不正，故先王"慎所以感之者"，盖以此也。

我们在此似乎看到了一种循环论证：由感而后有情，感之不正则情亦不正；由情而后有感，情之不正则感亦不得其正。这里似乎出现了某种论证上的困难，其实，如果我们换个角度来看，感之正则情之发自正，而情之正则感亦得其正，这种情形在浑沌时代是很自然的。因为那时自然与本然尚未分离，情与感亦未分离：人只是任其情，则心之感动无不得其正；而人心亦只是感物，而情之发动自无所其正。随着后世自然与本然的分离，圣王起而作乐，扰化人之情性，使情、感二者俱归于正。换言之，当情与感尚未分离时，不存在所谓循环论证的问题。只是到了情与感分离以后，情与感的"轮回"方成为问题：感于外物而后有情，有情而后为外物所牵动，循环往复，无有穷已。① 就是说，情与感之轮回只是浑沌时代之后人们的生存状态，而要摆脱这种状态就要使人们从这种轮回中超脱出来，儒、道、佛三家有着共同的旨趣，即都是要出离这种轮回状态。

因此，我们看到了由情之不正而有感之不正、由感之不正而又有情之不正这样一种如瀑流般相续不断的状态，这固然反映了后世人类生活的实际情形，但是，儒家似乎从来没有设想去遏制它，而只是要人们从中超脱出来。因为遏制不过是以一种情去代替另一种情，而超脱则是远离情，即向着情不断地远离自身，使心常若居于无事之地而已。②

———————

① 我们在此使用"轮回"这个概念，颇有双关语的味道。在宗教那里，"轮回"一般是指在生死间的轮回，或指此世与来世的轮回，而佛教更是将之理解为六道中的轮回。按照佛教的轮回学说，人之所以轮回是因为有生，准确地说是有情。因此，佛教的宗旨就是要出世间，即通过无生或无情方能从轮回中解脱出来。由此看来，我们使用"轮回"这个概念，一方面意指这种循环描述了一种生存状态，就是说，人就是如此这般在循环中生存着，而另一方面则意指循环具有一种消极的意义，或者昭示着某种改善人之生存状态的道路，即出离这种循环。这多少可以看作儒、道、佛三家可以相通的地方，所以，儒家讲"不动心"，道家讲"无情"，以及佛家讲"寂灭"，是很可以看出这一点。

熊十力先生批评佛家"反人生"，绝非根本不同意佛家之"空"论，换言之，在儒家看来，"空"只是不可在性上说而已，若在心上说则自无碍。并且，熊氏以为，《易传》之"生生"之所以不息，正以其空也。

② 胡五峰《知言》中如此说道："情一流则难遏，气一动则难平。流而后遏，动而后平，是以难也。察而养之于未流，则不至于用遏矣；察而养之于未动，则不至于用平矣。是故察之有素，则虽婴于物而不惑；养之有素，则虽激于物而不悖。"（《胡宏集》，第 28 页。）可见，察识涵养的功夫绝非在人情之流行中去遏制它，譬如，当我们怒气勃发时，若试图硬生生将此股怒气遏制下去，这种办法不仅甚难，而且，病根并未能消除，故孟子批评告子的"不动心"只是强制其心不动而已。那么，我们如何理解五峰的"察识涵养"功夫呢？首先，必须将之与伊川、朱子的"主敬"功夫区别开来。盖程、朱的"主敬"纯然是未发时的功夫，即心在未临事接物时那种收敛心思的功夫，即所谓"动容貌，整思虑"也。至于五峰主张"察之养之于未流""察而养之于未动"，似乎也是未发时的工夫，正因如此，朱子在编《知言疑义》时，并未将此条列入其中。

然而，朱子批评湖湘之学缺乏未发时一段功夫，表明察识涵养完全是已发时功夫。至于此处所论"察养"功夫，自当从此角度去理解。按照我们后来的辨析，五峰所说之"未流""未动"，不是指心之未应物时的状态，此时心实已感物，唯不至于"好恶无节"耳，故学者正要在此等处用功，而使情不至于流而难遏、气不至于动而难平而已，最终则是以明道所说的"动亦定、静亦定"为目标。

　　这种对情的远离,绝非枯木死灰之谓,而只是一种静观,是一种当事人过后的淡然。[①] 这种淡然不完全是由明理而来,相反,明理反而是不动心之结果。我们大概都有这样的体会,许多道理在知识上往往容易明白,但一旦设身处地,尤其是碰到牵动自己情绪的事情时,却将平时早已明白的道理抛诸脑后,此刻即便有人向其晓谕此中道理,他也常常不能接受。所以,在王阳明看来,知而不行便不能说是真知。[②] 古人常说"知之非艰,行之惟艰",其道理正在于此。

　　综上言之,古时人情之自然,同时亦是本然的体现,此时人心随其所感,而莫非正也。感之既以正,则人情之所发亦正也。后来随着人情失去了本然的意味,任情之自然不再合乎本然,于是心之感物必须超乎情之自然,而臻于"不动心",如此方能合乎本然。然而,"不动心"并非枯木死灰之谓,其中仍有情,只是这种情不仅与那种"好恶无节"的情不同,也不同于自然与本然尚未分离前的情,乃是所谓"无情"之情。两种情的区分,实际上就是圣人之情与俗情的不同。圣人之情的特点是心之寂然不动,而俗情的特点则是心有所系累而逐物而动。圣人之心如明镜,故其接物乃"情顺万物而无情",常人之心则因有所系累而不能不动,故须加以节制。就此而言,即便作为良知的"四端"之情,也不过

---

① 几乎所有的古代社会中,老人都占据一种很独特的崇高地位。这种地位不仅仅来自一种道德的要求,而且还在于老人的智慧对于古代社会是不可或缺的。老人的智慧不同于现代社会所崇尚的知识,一般来说,通常年轻人是无法具备这种智慧的。因为老人具备这种智慧,主要不是出于其阅历之丰富,而在于老人久历世事之后的淡然心境。正是这种心境,才使老人面对纷繁世事具有年轻人所没有的洞明,才使其久经人事的阅历具有智慧。与之相反,年轻人却太过沉溺于自身的情绪,以及由此带来的偏执和狭隘,从而使其不能有效地运用自己的知识,尤其不能冷静而客观地面对当下的种种不良境遇。

② 阳明尤其强调行之艰难,这与其良知学说的特点有关。盖良知作为不虑而知、不学而能的能力,常人是不难具备的,甚至当人们为情绪所强烈驱使时,也不能说他们完全缺乏某种良知。关键在于人们能否将这种良知在实际行动中体现出来,这就是所谓"致良知"的功夫。至于孟子、五峰所说的"不动心",则被阳明推至圣人境界,而不是作为当下人手的一种功夫。这是五峰与阳明非常不同的地方,这在阳明《答陆原静书》关于"未发之中"的论述中可以看得很清楚。

　　其实,对"知而不行"的批评亦是朱子一贯的立场。后人在此问题上的错谬,多源于误解了朱子的格物致知学说。这主要基于两点:其一,忽视了朱子早先对湖湘学派的批评。其二,朱子后来与象山争论时,为了纠象山之偏,而着重强调了某种倾向。朱子讲格物致知,绝非有所谓后人所说的"知识兴趣",目的还是克尽己私。盖人心有不善,其大者多能知之,至其纤微细小处,则常常忽略不察,故朱子讲格物致知功夫,不过是要求人们通过事理精微的讲求,而洞察人心之隐微曲折而已,"莫现乎隐,莫显乎微",如此克尽己私,复尽天理,无所不用其极而已。

属于俗情而已。对此,孟子、荀子对礼乐缘饰人情的说法已有此种意思,而且,宋人辨析圣人之心与赤子之心之不同,这多少表明,对于凡人而言,人情之善则足矣,但对于圣人而言,"四端"不过是道德的起点而已。

第二节　感物而动与感物而通
——五峰对情、感关系之不同形式的区分

感者,"动人心也"。本然与自然尚未分离时,心之感动表明了人情之顺乎天道,并无后来私情的意味。随着本然与自然的分离,心之感动不再能顺乎天道,反而意味着对天道的背离,于是人情始有偏私之弊。因此,圣人主张临事接物时心须寂然不动,如此,方能不为物化,不为自然所转,而顺乎天道以通天下之故。圣人之情与俗情的区分,表明了心之感物方式的不同,对此,胡五峰区分为"感物而通"与"感物而动"两种状态。

一、问题的提出:围绕《答曾吉甫①》的讨论

《礼记·乐记》云:"人生而静,天之性也;感于物而动,性之欲也。"而《易传》却云:"寂然不动,感而遂通天下之故。"两种表述之间似乎存在着矛盾,盖前者说人心不能不感,乃人性使然,而后者则认为唯此心不动方能有感。对此,宋人一般持调和态度,即认为两种说法并不矛盾。至五峰,始以圣、凡区别二说,即认为《乐记》说的是凡人之感物,而《易传》说的则是圣人之感物。

胡五峰《答曾吉甫》第2书云:

> 窃谓未发只可言性,已发乃可言心,故伊川曰"中者,所以状性之体段",而不言状心之体段也。心之体段,则圣人无思也,无为也,寂然不动,感而遂通天下之故是也。未发之时,圣人与众生同一性;已发,则无思无

---

① 曾吉甫,《胡宏集》中华书局点校本作僧吉甫,疑误。案《武夷学案》,曾几,字吉甫,河南人,为武夷门人。黄梨洲以为,吉甫之学入禅,可能因此而误作僧吉甫也。朱子《中和旧说序》亦作曾吉父(甫)。

为,寂然不动,感而遂通天下之故,圣人之所独。夫圣人尽性,故感物而静,
无有远近幽深,遂知来物;众生不能尽性,故感物而动,然后朋从尔思,而
不得其正矣。若二先生以未发为寂然不动,是圣人感物亦动,与众人何
异?尹先生乃以未发为真心,然则圣人立天下之大业,成绝世之至行,举
非真心耶?①

凡人感物乃"感物而动",圣人则不同,乃"感物而静"。五峰此处之论乃针对尹
和靖、杨龟山二先生而发,盖二先生以为未发是在心上说,即心之"寂然不动",
亦所谓"真心"也;而已发则是指心之感物。五峰则认为,如此说已发与未发,混
淆了凡圣之间的区别。因为这种说法认为人皆有个未发时刻,即所谓寂然不
动也,而心之应物则不能不动,如此圣人与众人之应物皆是"感物而动",那么,
圣凡又有什么区别呢? 因此,五峰反对这种对已发、未发的理解,认为未发只
可言性,已发则可言心,则性乃"圣人与众人同一性",而圣凡之不同不在性上,
而是因为心之感物方式的不同。换言之,圣人虽感物,然其心未尝动也,故能
遂通天下之故;凡人则不同,盖心未能寂然,故其感也而为物所牵动也。

　　五峰对"感物而静"与"感物而动"的区分,实源自明道"动亦定,静亦定"之
说。我们细加体会明道语,便可发现,定其实也是一种静,然而与动静相对之
静不同。盖人心有动之时,亦有静之时,由此而区分为未发、已发之不同。已发
乃心之感物时的状态,未发则为心未感物时的状态,明道则强调不仅在未发时
心须定,已发时心亦须定。这种思想在朱子新说那里表述为:心无分于语默动
静之间,故须以主敬功夫贯乎其中。而在五峰这里,则重点发挥了"动亦定"的
方面,以为圣人能动(感物)而定,而常人之动(感物)则不能不动也。② 后来湖
湘学者亦据此将定(静)与动静相对的静区别开来,而将之视作天下之大本。
关于这一点,我们后面将有论述。

――――――――――

① 《胡宏集》,第115页。
② 牟宗三以为,朱子主敬涵养的那个心只是形气之心,而非本心,此诚然也。唐君毅则认为,朱子
主敬,其目的在于纠湖湘学者之偏。盖朱子以为湖湘察识涵养的功夫只是要发明本心,至于人
之气质的驳杂则不及对治,故须加以未发时的主敬功夫。其实,若细加体会五峰之说,朱子之
主敬功夫实能涵摄其中,其中道理容后详之。并且,五峰亦有主敬之说,故其弟子张南轩发明
主敬实早于朱子,而不待朱子新说也,此亦可证五峰之察识涵养实涵朱子主敬功夫。

既然动、静为人心感物时的不同状态,那么,"不动心"就不能在心未应物时去强制其心不动,而应该在纷繁事变中去加以实现,即所谓"动亦定"也。因此,五峰明确将他所说的"不动心"与和靖、龟山所说的存养于未发时的那个寂然不动的心区别开来。其《答曾吉甫》第 3 书云:

> 先君子所谓"不起不灭"者,正以"静亦存,动亦存"而言也,与《易》"无思无为,寂然不动,感而遂通天下之故"大意相符,非若二先生指喜怒哀乐未发为寂然不动也。①

所谓"静亦存,动亦存",实际上就是明道所说的"动亦定,静亦定"。五峰对于"不动心"的这种区分,亦源于《乐记》之"人生而静"与《易传》之"寂然不动"的区分。盖《乐记》所说的"静",只是说凡人皆有个未发时节,此为人所共具;至于《易传》所说的"不动",则是已发时对本体的经验,故非众人所能俱有。

可见,对"不动心"的经验乃是一种已发功夫。这种动中求静的功夫,正是要求人们在处事应变时能同时升起一个寂然不动的心,而高居于事虑之上。②盖唯居高方能临下,方能将纷繁事变之种种节目一览无余。那么,心如何方能居高呢?唯有从当下事变中抽身出来,即向着当下忙忙碌碌的那个虑事之心远离开来。当然,这种远离不是置身事外,而是说,虑事忙碌的心是一个心,而抽身远离则是为了升起另一个心。可以说,此心与处事应变的心完全是两个心,因此,当我抽身远引之时,那个处事应变的心还在那里,佛家讲"不即不离"正谓此也。然而,我之所以抽身远引,正是为了更好地处事应变。此时,我虽然还在处事应变,但此心已不复先前那个为外物系累的凡心,而是"应无所住而生其心"或"情顺万物而无情"的那个清净自在的心,这是一种常若无事的心。③

可见,五峰所说的静是在已发上说,是一种极高的境界,非圣人不能;而

---

① 《胡宏集》,第 116 页。
② 在湖湘学者那里,察识作为一种体认本体的功夫,属于已发时功夫,这与那种危坐终日、不务世事的功夫完全不同,而朱子则混为一谈。
③ 郭象《庄子注》谓"圣人虽在庙堂之上,然其心无异于山林之中",这里实际说的是两个心,即居"庙堂之上"的心与处"山林之中"的心,二心不相离,却又互相融摄。故郭象之说可与这里对"不动心"的阐释相发明。

尹、杨所说的静则是在未发上说，而凡人皆有此未发时刻。后来朱子所阐发出来的中和新说，实源出于尹、杨二先生也。

后世人情之不正，固然是性情相分的结果，然而圣人要反情复性，却不可能让人们回到性情尚未分离的那种赤子状态。尹、杨二先生解"喜怒哀乐之未发"为真心，此种状态殆近于性情未分之时，就此而言，亦未尝不当。然而，人不能不应事接物，心亦不能不动，这种状态总是出离的，就是说，对于后世忙碌于生存的人们来说，只能是置身于性情相分离这样一个处境中，因此，人们能够关心的问题就是如何在忙碌于世事之际（自然）去体会本然，或者说，如何在动中体会那个不动的心。

二、胡季随的继述

胡五峰对感之动与静的区分，后来直接为湖湘学者所继承，其季子胡季随（大时）便常以此接引学者。朱子《答胡季随》第 13 书即载有季随与学者的相关问答：

> 学者曰："《乐记》曰：'人生而静，天之性也；感于物而动，性之欲也。'五峰有曰：'昧天性，感物而动者，凡愚也。'向来朋友中有疑此说，谓静必有动，然其动未有不感于物。所谓性之欲者，恐指已发而不可无者为言。若以为人欲，则性中无此，五峰乃专以感物而动为言昧天性而归于凡愚，何也？"
>
> 大时答曰："按本语云：'知天性，感物而通者，圣人也；察天性，感物而节者，君子也；昧天性，感物而动者，凡愚也。'曰知，曰察，曰昧，其辨了然矣。今既不察乎此，而反其语而言'乃以感物而动为昧天性'者，失其旨矣。"
>
> 学者又曰："曰知，曰察，曰昧，其辨固了然。但鄙意犹有未安者，感物而动尔。《乐记》曰止云'感物而动，性之欲也'，初未尝有圣人、君子、凡愚之分，通与节之说。今五峰乃云：'知天性，感物而通者，圣人也；察天性，感物而节者，君子也；昧天性，感物而动者，凡愚也。'是不以感物而动为得也。更望垂诲。"

大时答曰："'人生而静，天之性也；感于物而动，性之欲也。物格知至，然后好恶形焉。好恶无节于内，知诱于外，不能反躬，天理灭矣。夫物之感人无穷，而人之好恶无节，则是物至而人化物也。人化于物者，灭天理而穷人欲者也。'观其下文明白如此，则知先贤之言为不可易矣。……湘山诗云：'圣人感物静，所发无不正。众人感物动，动与物欲竞。'殆亦与先贤之意相为表里云尔。"①

此书作于光宗绍熙五年甲寅(1194)，其时朱子知潭州荆湖南路安抚使，胡季随将其与湖南学者之答问呈与朱子。此书正是在这种情况下而作。

其中，"知天性，感物而通者，圣人也；察天性，感物而节者，君子也；昧天性，感物而动者，凡愚也"一段，出于五峰《释疑孟》。② 书中问者的观点实近乎朱子，即认为"性不能不动"乃人之所共具，故不能说是凡愚之性。而季随则据《乐记》上下文，以为"感物而动"乃明白就凡愚之人而言。

季随此说，亦为湖湘学派另一重要人物胡广仲(实)所主。《朱子语类》卷140载朱子语云：

> 且如五峰《疑孟辨》忽出甚"感物而动者，众人也；感物而节者，贤人也；感物而通者，圣人也"，劈头便骂了个动。他之意，是圣人之心虽感物，只静在这里，感物而动便不好。中间胡广仲只管支离蔓衍说将去，更说不回。某一日读文定《春秋》，有"何况圣人之心感物而动"一语，某执以问之曰："若以为感物而动是不好底心，则文定当时何故有此说？"广仲遂语塞。先生复笑而言曰："盖他只管守着五峰之说不肯放，某却又讨得个大似五峰者与他说，只是以他家人自与之辨极好。道理只是见不破，彼便有许多病痛。"③

看来，广仲对五峰此说亦颇有发明，且与朱子有过问难。至于朱子，则取胡安

---

① 朱熹：《文集》卷53，《朱子全书》本，第2523—2524页。
② 《胡宏集》，第318页。
③ 黎靖德编：《朱子语类》卷140，中华书局1986年版，第3339页。

国《春秋传》中"何况圣人之心感物而动"一语以难之,可谓善辩。

三、朱子与张南轩的批评

朱子在《答胡季随》第 13 书中对季随的说法提出了批评:

> 此两条问者知其可疑,不易见得如此,但见得未明,不能发之于言耳。答者乃是不得其说而强言之,故其言粗横而无理。想见于心,亦必有自瞒不过处,只得如此撑挂将去也。须知感物而动者,圣愚之所同,但众人昧天性,故其动也流;贤人知天性,故其动也节;圣人尽天性,故其动也无事于节而自无不当耳。文义之失犹是小病,却是自欺强说,乃心腹膏肓之疾,他人针药所不能及,又须是早自觉悟医治,不可因循掩讳而忌扁鹊之言也。[①]

看来,朱子明显站在问者的立场,即以《乐记》所言"感物而动"乃是"圣愚所同"。然而,朱子亦区别开圣人、贤人、众人之不同:圣人之动乃是"尽天性",贤人之动是"知天性",众人则"动也流",乃"昧天性"也。

不过,朱子这种说法与五峰并无根本不同。那么,朱子为什么反对五峰此说呢?这里涉及两人对心性关系的不同理解。朱子分心性为二,而性自身不动,然又不能不动,故只能通过心之感物而动;另一方面,性之动又易为外物牵引,"好恶无节",故须通过心之主宰作用而使性之动有节。因此,朱子区别圣、贤与众人之不同,不是着眼于性之动与否,而是着眼于心能否发挥其主宰作用,从而使动之中节与否。换言之,性不能不动,这是圣愚所同;至于动之有节与否,心能否主宰其间,方是圣愚所别。

而张南轩在论及《乐记》"人生而静"章时,实赞同朱子之说。南轩云:

> 《乐记》"人生而静"一章,曰静,曰性之欲,又曰人欲静者,性之本然也,然性不能不动,感于物则动矣,此亦未见其不善。故曰性之欲,是性之不

---

① 朱熹:《文集》卷 53,《朱子全书》本,第 2524—2525 页。

能不动者然也。然物之感人无穷,而人之好恶无节,则流为不善矣。此岂其性之理哉! 一己之私而已。于是而有人欲之称,对天理而言,则可见公私之分矣。譬诸水泓然而澄者,其本然也;其水不能不流也,流亦其性也;至于因其流激,汩于泥沙,则其浊也,岂其性哉?[①]

南轩认为,"静"虽为性之本然,然性不能不动,故感物而动未见得就不善,动亦是性中应有之义,"流亦其性"也。因此,恶不是由性之动而来,而是由性之动而无节而来。南轩在此完全站在朱子的立场,由此可见,南轩在此问题上与乃师五峰的差别是非常巨大的。

看来,朱子与南轩都是维护《乐记》"感物而动"的说法,以为人性之必然,而陆象山干脆对《乐记》这段话提出了批评,据《象山语类》所载其语云:

> "人生而静,天之性也;感于物而动,性之欲也",是为不识艮背行庭之旨。[②]

"艮背行庭"一语出自《易·艮卦》:"艮其背,不获其身;行其庭,不见其人。"王弼注云:"施止于背,不隔物欲,得其所止也。背者,无见之物也。无见则自然静止,静止而无见,则'不获其身'矣。'相背'者,虽近而不相见,故'行其庭,不见其人'也。"孔颖达疏云:"施之于人,则是止物之情,防其动欲。"可见,象山据《易·艮卦》之说,而以"感物而动"为非,则颇近于湖湘学者的论调,宜乎后来胡季随与象山论学,颇相契合也。

综上言之,五峰谓"心即性",则性之动并未成为一个问题,这样一种本体论的前提直接影响了其工夫论,盖五峰实主张本体即工夫的,而无须另外强调心之主宰作用。其实,当五峰区别"感物而动"与"感物而通"时,"感物"即是朱子所说的凡愚俱有的性之动,至于所以有动、通与节的不同,不是由于心之主宰作用是否行乎其间,而在于能否对本体有一种体认。一旦人们能够出离世

---

① 黄宗羲:《宋元学案》卷50《南轩学案》,载《黄宗羲全集》册四,浙江古籍出版社2005年版,第967页。

② 《陆九渊集》卷34,中华书局1980年版,第425页。

间,就已经体认到了本体,同时也意味着感而无所不通,而不为物所动矣。表面上看来,五峰的说法与朱子似无太大不同,然若细加推究,我们便可发现,这种细微的差别里却涵蕴着本体论乃至工夫论上两种完全对立的立场。

对湖湘学者而言,心之感物既有通与动的不同,由此而表现为两种完全不同的情,即仁与爱的不同。

第三节 仁爱之辨

前面主要是从“感”的角度考察了情与感的关系。有感必有情,圣人亦不能无情,然圣人之情不与凡愚同,乃“情顺万物而无情”,故仁、爱之所以不同,正在于此。下面我们主要从仁、爱这两种“情”的角度来考察情与感的关系。

一、孔、孟辨仁爱与后儒的误解

宋以前,仁与爱的关系似乎没有得到认真的讨论。自孔子以“爱人”一语界定仁以来,后世多以爱说仁,于是种种偏颇之说皆由此而生。然而,孔子所谓“爱人”,其实有非常确定的内涵,惜乎后人不能深察耳。

《论语》中言及“爱人”者尚有二处:

> 道千乘之国,敬事而信,节用而爱人,使民以时。(《学而》)
> 君子学道则爱人,小人学道则易使也。(《阳货》)

显然,此处孔子所说的“爱人”,绝非指对妻、子之爱,亦非对父母、兄弟之爱,更不可能是男女之爱,而是对关系较疏远者的爱,准确地说,实为朝廷对百姓的爱。盖无论男女之爱,还是对妻、子之爱,甚至对父母、兄弟之爱,儒家通常看作一种自然之情,乃凡人俱有,其道德价值仅仅在于是“善端”而已;至于孔子这里所说的“爱人”,则非一般人所能具有,乃道德扩充之后的结果,故孔子说“博施济众,尧舜其犹病诸”,可见爱人之难,绝非自然之情可比。

孔子以后,孟子亦说“爱人”。《孟子》中有云:

　　　　仁者爱人,有礼者敬人。爱人者,人恒爱之;敬人者,人恒敬之。(《离
　　娄下》)
　　　　仁者无不爱也,急亲贤之为务。(《尽心上》)
　　　　仁者以其所爱及其所不爱。(《尽心下》)

在孟子这里,更是将"爱人"解释为"无不爱"。在《孟子》中,无论是四端,还是孝
弟、不忍人之心等,其性质皆属于自然之情,"人皆有之,非由外铄我也",而仁则
是由此扩充开来的一种泛爱,"推恩足以保四海","凡有四端于我者,知皆扩而
充之矣"。可以说,孟子已经非常清楚地将仁与爱区别开来。
　　不过,此处尚须辨明一点。孟子所说的"所不爱",指的并不是我所痛恨的
人,如基督教所说的仇敌之类,而是指那些我的爱尚未施及而当渐次施及的关
系较为疏远者。因此,仁作为差等之爱,一方面,强调发于疏远者之爱是由发
于亲近者之爱推及而来的;另一方面,唯其如此,两种不同距离的爱有着根本
不同,或者说,我绝不可能如同爱自己的家人一般去爱我的仇敌,盖前者是没
有距离的,后者总是有距离的。正是因为我与疏远者是有距离的,所以,我只
能在一种距离中去爱对方,我只能通过扩充那种对亲近者的爱,才可能有对一
定距离中的疏远者的爱。可以说,儒家正是如此将仁领会成一种对他人乃至
天地万物的爱。
　　可见,孔孟以"爱人"说仁,其中自有爱之施于近者与爱之施于远者的区
分。对亲近者的爱乃情之自然,人所俱有,不足为难;而只有对疏远者的爱,才
配称得上是仁,才是道德修养所应追求的目标。
　　那么,对于古人来说,区别开这两种爱的用意何在呢?
　　孟子有云:"老吾老以及人之老,幼吾幼以及人之幼。"(《梁惠王上》)此语乃
孟子劝导齐宣王行仁政的办法。我们仔细体会孟子的意思,可区别开两个方
面:首先,人皆有所爱,只是私于一处而不及其余而已,或者说,人人都知道老
吾老、幼吾幼,却常常不能将这种态度推及其他的老幼。因此,孟子劝导齐宣
王,既然知道爱牛,为什么就不能如爱牛一般去爱天下百姓呢?若能将这种爱
推广开来,便是"行仁之术"。在孟子那里,还只是强调这种"推及"的必要性,至
于如何推及,则未有所论。直至后来的宋儒,发挥出一套工夫论,认为人们所

以不能推及其本有的爱心,只是心里有所蔽塞而已,故又将此种工夫称为"去蔽"。显然,孟子已对爱与仁做了区分,即认为老吾老、幼吾幼只是"爱",而老人之老,幼人之幼才称得上是"仁"。基于这种区分,孟子表明了这样一点:仅仅有爱是不够的,还必须由此扩充开来,推及他人,以进于仁。[①] 孟子欲在当世行"仁政",实根于人主之心术本有为善之本也。

其次,孟子设譬亦颇讲究。盖孟子只是要人推及其老吾老、幼吾幼这种亲情,而不是别的自然之情。这里有两方面的原因:一方面,亲情更为自然,而其他的人情,如朋友之情等,所涉范围太过广泛,且通常被看作由兄弟之情派生而来。所以,这种情并不总是能为所有人体会到;另一方面,亲情所以能够扩充开来,这与中国传统社会的伦理特征有关,即中国人总是从家庭内部的角度去处理与他人的社会关系,因此,社会需要人们将那种亲情扩充开来。就此而言,男女之情虽似更为自然,特别对于今人来说如此,但孟子却不主张将男女之间的情爱推广开来,其缘由便在这里。对于中国人来说,我只能像对待自己的父子兄弟一般去对待他人,而绝不可能像对待自己的情人一般去对待他人,换言之,父子、兄弟之情是可以扩充开来的,而男女之爱则不具有一种扩充的性质。[②]

可见,圣人将仁与爱区别开来,正是要求人们将那种纯粹作为自然之情的

---

① 我们在生活中常常看到这样的情形,某人对妻子尽爱,对父母亦能尽孝,然而当他到了社会上,却常常偏狭自私,不能顾及他人的利益,有时甚至是一副阴狠残忍之小人形象。这似乎有悖于《论语》中有子"本立而道生"之语。其实,小人之所以不仁,不是因为他没有爱,而是因为他不能视此爱为"本",故爱亦不能扩充为仁。故希特勒虽于犹太人残暴不仁,但亦不害其施爱于孺子也。近世小说家常将这种情形当成人的矛盾性格,欲以此表明社会与个人的必然冲突,其实是对人性的洞察并不深刻。观金圣叹评《水浒传》,可知古时的小说家虽如此描写,其中却寓有一种史家书法,盖以梁山好汉本性不差,皆孝友慈爱之辈,而作者所以叙其犯上作乱之事,目的却不在于暴官府之恶,而纯出乎圣人一般的痛惜之情,即痛乎民众不能"本"其良善之资以进于仁,亦惜乎官府不能教民、抚民之过也。可见,《水浒传》虽属小说家者流,然推本孔子《麟经》微旨,其目的实欲以佐助王道,以成太平之治世也。

② 此处仅就中国人而言,至于对西方人来说,男女之情是否具有一种扩充的性质,尚须进一步讨论。在西方的艺术作品中,通常可以看到对男女之情的歌颂,这在中国是极少见的,且大多视为一种淫奔之作。不仅如此,男女之情中那种"献身"的态度,可以在基督徒对上帝的关系中得到体现。此外,这种献身精神还大量体现在西方人的日常生活中,譬如,将世俗工作视作一种"神职",以及将规范神圣化的态度等。直到新中国前三十年,犹有献身革命、忘我工作之类的说法,皆可看成这种献身精神的体现。

爱扩充开来,以进于仁。① 我们通过上面的一番比较,便可发现,两种情的区别在于,爱仅仅限于情之自然所及处,而仁所施及的对象则要广泛得多。② 那么,我们不禁要问,既然仁由爱扩充而来,那么,仁与爱的分别抑或只是人情所及范围大小的不同? 韩愈说"博爱之谓仁",佛教常常说"心量",是否仅仅只是从一种量的差别上来理解其中的差异呢?

显然,我们不能这么看。对古人来说,情之自然所施(爱)与推及而来的情(仁)有根本性的不同,即一种质的不同。正是质的不同,使情由其自然所及而扩充开来成为可能,或者说,质的不同使量的不同成为可能。

那么,这种质的不同又是什么呢? 当人情自然萌动时,人心与对象的关系非常紧密,可以看作是某种浑沌般的状态。③ 当我们要将此情扩充开来,而施及其他的对象时,则必须从情之自然所及的对象中抽身开来。如何抽身呢? 抽身即是要与原先的对象保持一种距离,正是通过这种距离感,我们才能顾及周边的其他对象,才能够将那种自然之情普施开来。然而,此时普施于众多对象的情与前面沉迷于单个对象的情是根本不同的,因为这是一种有距离的爱。正是在这种距离中,我才可能广泛地爱,才可能博爱,这是一种神在云端中俯视众生的爱。质言之,距离使博爱成为可能,即成为一种有差等的仁爱。

由此可见,博爱之仁与自然之爱不仅是一种量的不同,而且有着一种质的不同。在自然之爱中,我们迷失了自己,而陷于一种忘我的、视对象为一切的情爱,因此,这种爱的本身在于献身;博爱则不同,它是一种清明的、超然于对象之上的爱,一种虽有喜怒哀乐却不与焉的仁爱。因此,宋人认为圣人之情乃

---

① 古人常常强调先王制礼作乐乃本诸人情,其中的道理就在于礼乐乃是由人情之自然扩充而来。正如男女之爱若不扩充便不能体会到其中的献身精神,父子、兄弟之情不经扩充便不能体会到其中的等级尊卑。仁在本质上不只是对此种情感的扩充,而且将此种情感蕴涵的理展露出来,即所谓"差等之爱"。差等之爱不仅强调对疏远者的爱与对亲近者的爱是有分别的(孟子批评墨子"兼爱"为"无父",即取此义),同时,也强调仁在本质上是对自然之爱的提升,要求人们努力超出自然之爱的局限性。

② 我们常常说"有感而发",这描述了人情最为本质的特征。所谓"有感",一定是某物之来而触动了我的内心,使我产生某种感受,因此,这种感受所及仅仅限于产生这种感受的对象。至于与之不相关的其他物,则常为此种感受所不及。那么,我若将这种感受诸其他的对象,则需要一种"移情"作用,即所谓"扩充"的功夫。

③ 西方人通过男女之间的性爱经验,将这种关系描述为一种"迷狂"状态。中国人虽然不大看重这种情爱,但类似"迷狂"的经验却不能说没有,尤其是先秦典籍中对孝子守丧时那种哀痛不已的描述,同样体现了心物之间的浑沌关系。

"情顺万物而无情",正是强调两种爱在本质上的不同。

由此,我们还可进一步推论:在那种纯粹的自然情爱中,不存在我与你的关系,更不会出现我与他的关系,有的只是我与我的对象的关系,因此,这种情不具有社会性,不可能成为社会关系的基础。这种经验本身是极狭隘的,因为我不可能像对待我的对象一般去对待他人。至于仁则不同,其作为一种扩充开来的博爱,本身就包含着一种与他人的关系,正因如此,仁具有一种道德的性质,从而被中国人视作最高的德性目标。

二、南轩与朱子对仁爱问题的讨论

孟子以后,诸儒多以爱言仁,迄至北宋道学兴起,开始将仁与爱区别开来,甚至颇有学者离爱而论仁者,以便把握仁之所以为仁。正是在这样一种背景下,南轩与朱子就仁与爱之关系展开了广泛的讨论。

南轩与朱子关于仁爱的讨论,主要围绕南轩的《洙泗言仁录》及稍后朱子的《仁说》而展开。朱、张关于《洙泗言仁录》的讨论,收入《朱文公文集》(以下简称《文集》)卷 31 之《答张敬夫》第 16、18 及 19 书,而关于朱子《仁说》的讨论则收入《文集》卷 32 之《答张敬夫》第 43 至 46 书,第 47 书疑为论《洙泗言仁录》,第 48 书则论南轩所作《仁说》。

朱子《答张敬夫》第 16 书云:

> 类聚孔孟言仁处,以求夫仁之说,程子为人之意,可谓深切。然专一如此用功,却恐不免长欲速好径之心,滋入耳出口之弊,亦不可不察也。大抵二先生之前,学者全不知有仁字,凡圣贤说仁处,不过只作爱字看了。自二先生以来,学者始知理会仁字,不敢只作爱说。然其流复不免有弊者。盖专务说仁,而于操存涵泳之功,不免有所忽略,故无复优柔厌饫之味、克己复礼之实,不但其蔽也愚而已;而又一向离了爱字,悬空揣摸,既无真实见处,故其为说,恍惚惊怪,弊病百端,殆反不若全不知有仁字而只作爱字看却之为愈也。
>
> 熹尝谓若实欲求仁,固莫若力行之近。但不学以明之,则有挺埴冥行之患,故其蔽愚。若主敬致知交相为助,则自无此蔽矣。若且欲晓得仁之

名义,则又不若且将爱字推求。若见得仁之所以爱,而爱之所以不能尽仁,则仁之名义意思,了然在目矣,初不必求之于恍惚有无之间也。此虽比之今日高妙之说稍为平易,然《论语》中已不肯如此迫切注解说破,至孟子,方间有说破处。然亦多是以爱为言,殊不类近世学者惊怪恍惚、穷高极远之言也。

今此录所以释《论语》之言,而首章曰"仁其可知",次章曰"仁之义可得而求",其后又多所以明仁之义云者,愚窃恐其非圣贤发言之本意也。又如首章虽列二先生之说,而所解实用上蔡之意。正伊川说中,问者所谓由孝弟可以至仁,而先生非之者,恐当更详究之也。①

此书虽针对南轩《洙泗言仁录》而发,然朱子关于仁爱的基本观点尽在其中。② 关于此书内容,必须注意如下几点:

其一,朱子对"类聚孔孟言仁处,以求夫仁"的做法是不赞成的,以为"不免长欲速好径之心,滋入耳出口之弊"。③ 其实,正如朱子所言,类聚观仁的做法始于伊川。《河南程氏遗书》(以下简称《遗书》)卷18即载伊川语:"此在诸公自思之,将圣贤所言仁处类聚观之,体认出来。"至于五峰,自是同意南轩的做法。

---

① 朱熹:《文集》卷31,《朱子全书》本,第1335—1336页。

② 陈淳《北溪字义》云:"自孔门后无识仁者。汉人只以恩爱说仁,韩子因遂以博爱为仁,至程子而非之,而曰:'仁,性也;爱,情也。以爱为仁,是以情为性矣。'至哉言乎! 然自程子之言一出,门人又一向离爱言仁,而求之高远,不知爱虽不可以名仁,而仁亦不能离乎爱也。上蔡遂专以知觉言仁。夫仁者固能知觉,固与万物为一,然谓与万物为一为仁则不可。若能转一步观之,只于万物为一之前,纯是天理流行,便是仁也。吕氏《克己铭》又欲克去有己,须与万物为一体,方为仁。其视仁,皆若旷荡在外,都无统摄。其实如何得与万物合一? 洞然八荒,如何得皆在我闳之内? 殊失孔门向来传授心法本旨。至文公始以心之德、爱之理六字形容之,而仁之说始亲切矣。"这段话可以与朱子此书相发明。

③ 这种批评屡为朱子所提及。其《答张敬夫》第19书云:"至谓类聚言仁,亦恐有病者,正为近日学者厌烦就简,避迂求捷,此风已盛,方且日趋于险薄。若又更为此以导之,恐益长其计获欲速之心,方寸愈见促迫纷扰而陷于不仁耳。"(朱熹:《文集》卷31,《朱子全书》本,第1340页。)《朱子语类》中亦载有此类似语:"王壬问:南轩类聚言仁处,先生何故不欲其如此? 曰:便是工夫不可恁地。如此,则气象促迫,不好。圣人说仁处固是紧要,不成不说仁处皆无用! 亦须是从近看将去,优柔玩味,久之自有一个会处,方是工夫。如'博学、审问、慎思、明辨、笃行',圣人须说'博学',如何不教人便从慎独处做? 须是说'礼仪三百,威仪三千',始得。"(黎靖德编:《朱子语类》卷103,第2605—2606页。)又:"某旧见伊川说仁,令将圣贤所言仁处类聚看,看来恐如此不得。古人言语,各随所说见意。那边自如彼说,这边自如此说,要一一来比并不得。"(黎靖德编:《朱子语类》卷95,第2424页。)

五峰尝作《求仁说》一文,曰:"《论语》一书,大抵皆求仁之方也,审取其可以药己病。病去则仁,仁则日新,日新则药矣。此岂言语之所能及乎！故为求仁之说,以赠所以相勉也,亦因以自警云。"①在后面还可看到,朱子这种批评意在针对湖湘学者"求仁"功夫的流弊而言。

其二,朱子根本上反对以"求仁"为功夫。宋儒起而纠汉唐儒之弊,将仁与爱区别开来,如张载以"天地万物之心"为仁,明道之"手足痿痹为不仁",上蔡之"知觉言仁",五峰更以"天心"说仁。五峰即有言曰:

> 诚,天命。中,天性。仁,天心。理性以立命,惟仁者能之。委于命者,失天心。失天心者,兴用废。理其性者,天心存。天心存者,废用兴。达乎是,然后知大君之不可以不仁也。②
>
> 仁者,天地之心也。③

"天地之心"这个概念表明,仁之为仁正在其不蔽于一己之偏,至于天地万物皆在吾一心之中。朱子并不反对这种对仁的理解,或者说,宋人在本体论上对仁的理解是非常接近的。④ 关键在于,如何在工夫论上去界定仁,或者说,如何把握通达仁这种本体的功夫。在这个问题上,朱子与湖湘学派的差异是巨大的。因此,我们可以看到,从本体论上,即从对心、性、理诸本体的理解上去把握道学内部的差异,似乎不得要领;只有从工夫论上,即从通达本体的功夫上去理解这种差异,才显得更为重要。

对朱子来说,他不反对湖湘学者对仁的理解,而是不同意那种离爱求仁的功夫。朱子认为,离爱求仁,则不免"求之于恍惚有无之间","一向离了爱字,悬空揣摸,既无真实见处",如此功夫未必能通达本体,只不过是悬空揣摸而已。这实际上否认了直指本体的功夫,类似的说法亦见于后来朱子对象山的批评。

---

① 《胡宏集》,第197页。
② 胡宏:《知言·汉文》,载《胡宏集》,第41页。
③ 胡宏:《知言·天命》,载《胡宏集》,第4页。
④ 其实朱子亦以"天地之心"说仁,《答张敬夫》第43书云:"大抵天地之心,粹然至善,而人得之,故谓之仁。仁之为道,为一物之不体,故其爱无所不周焉。"(朱熹:《文集》卷32,《朱子全书》本,第1409页。)朱子谓仁乃"爱无所不周",又谓仁乃"无所不体",非常符合宋儒关于"仁"的主流见解,且说得极好。

此外,朱子还认为,专在本体上用功,不免忽视了"操存涵泳之功",故"无复优柔厌饫之味、克己复礼之实"。因此,朱子强调主敬涵养,其中有一根本考虑,就是对治由气质带来的昏蔽。

基于这种认识,朱子认为,撇开爱言仁,反而不如汉唐人那样能将功夫落到实处。其《答张敬夫》第 19 书云:"以爱论仁,犹升高自下,尚可因此附近推求,庶其得之。"①朱子的这种态度实本诸其工夫论上的基本立场,即主张下学而上达,只能在下学处用功,久之,自有上达之效验在其中。换言之,学者只要在爱处用功,则终有对仁的体验,而不必专以体验仁体为功夫。否则,不免助长学者"计获欲速之心,方寸愈见促迫纷扰而陷于不仁耳"。对此,朱子《答许顺之》第 3 书云:

> 惟密察于区别之中,见其本无二致者,然后上达之事可在其中矣。如吾子之说,是先向上达处坐却,圣人之意正不如是。虽至尧、舜、孔子之圣,其自处常只在下学处也。上达处不可著工夫,更无依泊处。②

可见,在朱子看来,上达只能作为效验,即便对于圣人而言,也只能在下学处做功夫。

其实,五峰、南轩这种"类聚观仁"的做法,乃本诸明道"识仁"之说。只是朱子不便直接批评明道,是以多在识仁功夫之流弊上大做文章。从朱子自己的立场来看,他是要彻底否定识仁这种上达而下学的功夫路径,以为不过是揣摩影像而已。

朱子与南轩围绕《洙泗言仁录》展开的讨论,重点在于批评湖湘学者的"识仁"功夫,主张功夫只能在爱处做,久之自可对仁有所体会。后来,朱子作《仁说》一文,大概是为了进一步阐明其工夫论立场,而将仁与爱理解为一种体用关系。

针对南轩"程子之所诃,正谓以爱名仁者"的说法,朱子提出了批评。其《答张敬夫》第 43 书云:

---

① 朱熹:《文集》卷 31,《朱子全书》本,第 1340 页。
② 朱熹:《文集》卷 39,《朱子全书》本,第 1736 页。

熹按程子曰:"仁,性也;爱,情也。岂可便以爱为仁?"此正谓不可认情为性耳,非谓仁之性不发于爱之情,而爱之情不本于仁之性也。熹前说以爱之发对爱之理而言,正分别性、情之异处,其意最为精密,而来谕每以爱名仁见病。下章又云:"若专以爱名仁,乃是指其用而遗其体,言其情而略其性,则其察之亦不审矣。"盖所谓爱之理者,是乃指其体性而言,且见性情、体用各有所主而不相离之妙,与所谓遗体而略性者,正相南北。请更详之。①

朱子、南轩所论乃针对伊川之语。案,《遗书》卷 18 载:

问仁。曰:"此在诸公自思之,将圣贤所言仁处,类聚观之,体认出来。孟子曰:'恻隐之心仁也。'后人遂以爱为仁。恻隐固是爱也。爱自是情,仁自是性,岂可专以爱为仁? 孟子言恻隐为仁,盖谓前已言'恻隐之心,仁之端也',既曰仁之端,则不可便谓之仁。退之言'博爱之谓仁',非也。仁者固博爱,然便以博爱为仁则不可。"②

南轩据此,乃谓"程子之所诃,正谓以爱名仁者"。其实,此语与伊川所论本不差。然而,朱子大概反感南轩过分强调仁与爱之分别,"来谕每以爱名仁见病",遂别唱异调。其实,我们细加体会朱子这段话,便可发现,南轩与朱子都不反对仁与爱有别,且都主张仁为性为体,而爱则为情为用,朱子更直接说仁即"爱之理"。那么,他们的差别何在呢? 我们将此书与《答张敬夫》第 16 书相对照,不难发现,南轩以察识仁体为功夫,而对仁体的体认无须在爱处推求,故南轩看重的是仁与爱之分别,而不是关联。而且,对汉儒"以爱名仁"的批评亦是道学内部之主导倾向,南轩采取这种立场是很自然的。至于朱子,则根本反对识仁功夫,而是将识仁作为一种效验推至将来。因此,朱子主张功夫只是下学,久之自有个上达的体验,而不可专以上达为事。爱便是功夫之入手处,基于这

---

① 朱熹:《文集》卷 32,《朱子全书》本,第 1410 页。
② 《二程集》,第 182 页。

种考虑,朱子遂强调仁与爱的关联。

其实,伊川这段话的意思根本未说到"仁体爱用"上面,而是如南轩所言,其意在强调不可以爱言仁而已。不过,"仁体爱用"之说亦出于伊川:

> 爱则仁之用也。①
>
> 问:"爱人是仁否?"伊川曰:"爱人乃仁之端,非仁也。某谓仁者公而已矣。"伊川曰:"何谓也?"曰:"仁者能爱人,能恶人。"伊川曰:"善涵养。"②

伊川此处言爱是仁之用,其意盖与朱子不同,只是要强调仁与爱之不同而已,或者说,爱不足以说明仁之为仁,而只有公才能说明仁之为仁。然而,在朱子那种"仁体爱用"的框架之下,公亦只能看作仁之用,如此,仁之为仁并不得而明矣。

朱子《又论仁说》(即《答张敬夫》第44书)则阐明其"仁体爱用"说的意图所在:

> 昨承开论仁说之病,似于鄙意未安,即已条具请教矣。再领书诲,亦已具晓,然大抵不出熹所论也。请复因而申之。谨按程子言仁,本末甚备,今撮其大要,不过数言。盖曰"仁者,生之性也","而爱其情也","孝悌其用也","公者所以体仁,犹言克己复礼为仁也"。学者于前三言者,可以识仁之名义,于后一言者,可以知其用力之方矣。
>
> 今不深考其本末指意之所在,但见其分别性情之异,便谓爱之与仁,了无干涉;见其以公为近仁,便谓直指仁体,最为深切。殊不知仁乃性之德,而爱之本,因其性之有仁,是以其情能爱。但或蔽于有我之私,则不能尽其体用之妙。惟克己复礼,廓然大公,然后此体浑全,此用昭著,动静本末,血脉贯通尔。程子之言,意盖如此,非谓爱之与仁,了无干涉。非谓"公"之一字,便是直指仁体也。(自注:细观来谕所谓"公天下而无物我之私,则其爱无不溥矣",不知此两句甚处是直指仁体处,若以爱无不溥为仁

---

① 《河南程氏遗书》卷15,载《二程集》,第153页。
② 黄宗羲:《宋元学案》卷15《伊川学案》,载《黄宗羲全集》册三,第748页。

之体,则陷于以情为性之失。高明之见,必不至此。若以公天下而无物我之私便为仁体,则恐所谓公者,漠然无情,但如虚空木石,虽其同体之物,尚不能有以相爱,况能无所不溥乎?然则此两句中初未尝有一字说著仁体。须知仁是本有之性,生物之心,惟公为能体之,非因公而后有也,故曰:"公而以人体之,故为仁。"细看此语,却是"人"字里面,带得"仁"字过来。)

由汉以来,以爱言仁之弊,正为不察性情之辨,而遂以情为性尔。今欲矫其弊,反使"仁"字泛然无所归宿,而性情遂至于不相管,可谓矫枉过直,是亦枉而已矣。其弊将使学者终日言仁,而实未尝识其名义。且又并与天地之心、性情之德而昧焉。窃谓程子之意,必不如此,是以敢详陈之。伏惟采察。①

此书极重要,可以看作朱子论仁爱之总纲。

所谓"大抵不出熹所论",指朱子与南轩都主张仁为体,爱为用。② 两人之不同,殆正如朱子此处所说,其主张性体情用是为了指示"用力之方",而南轩则"不深考其本末指意之所在,但见其分别性情之异,便谓'爱之与仁,了无干涉',见其以公为近仁,便谓'直指仁体,最为深切'"。所谓"本末指意",正是指示人要从爱处用力也。朱子甚至以为,若撇开爱说仁,则仁不免为"漠然无情,但如虚空木石,虽其同体之物,尚不能有以相爱,况能无所不溥乎?"我们体会朱子此言,似乎对张、程以下诸先生说仁皆有不满,最多只是纠偏之说,实非正论也。可见,朱子试图要融通汉宋,以纠横渠、二程及五峰之偏也。

此书辨仁与爱,大致不出前书所论。而在此书中,朱子又攻南轩"以公言仁"之说,以为恰与南轩本人批评的"以爱言仁""以情言性"之病相矛盾。关于公与仁的关系,这在道学内部是一个被反复讨论的问题。对朱子而言,公乃廓然大公之心,只可视作克己去蔽的功夫,而不可以之直指仁体。显然,此说与

---

① 朱熹:《文集》卷 32,《朱子全书》本,第 1411—1412 页。

② 《朱子语类》卷 101 载:"问:'先生旧与南轩反覆论仁,后来毕竟合否?'曰:'亦有一二处未合。敬夫说本出胡氏。胡氏之说,惟敬夫独得之,其余门人皆不晓,但云当守师之说。向来往长沙,正与敬夫辨此。'"朱子以为最终南轩与他的立场只是"一二处未合",这大概是朱子的一厢情愿,因为朱子始终未意识到其说与南轩的不同。且朱子此语极可笑,盖如彼所论,南轩终从朱子说便是得之五峰,而其余门人守师说便是不晓五峰之学。朱子既攻五峰,又许尽背师说之南轩为五峰正传,真不知其如何以言也。

朱子下学而上达的工夫论立场是一致的,似乎朱子从来没有真正领会明道、五峰一系直接以体认本体为功夫的主张。当然,朱子所持立场更表明其一贯的顾忌,即以体认本体为功夫终有近禅的危险,如此处"恐所谓公者,漠然无情,但如虚空木石,虽其同体之物,尚不能有以相爱,况能无所不溥"之说,明显体现了朱子的这种担心。因此,朱子主张,仁为爱之理,爱则为仁之用,至于此理究竟为何物,学者如何体认此理,朱子则罕有直言之者,其意图即在于反对体认本体的尝试。可以说,在朱子那里,仁之为体,甚至包括性体,只是虚悬起来的一种空洞无物的设定,不仅不能动,且无内容,故对于下学工夫来说,亦无直接的意义。

因此,朱子虽以仁为体,而仁体却是不动的,只是一抽象的理,甚至只是一逻辑上的设定;而在湖湘学者那里,仁却是活生生的,甚至可以当下被体认到。那么,如何将仁理引入具体的心性工夫中呢?朱子尤其强调了心的主宰作用,使性得以将其条理、形式在情上表现出来。朱子大概意识到这样一种内在要求,其在《答张敬夫》第45书(《又论仁说》)即强调了心之作用,以实现心与性的合一。是书中有云:

> 今观所示,乃直以此为仁,则是以"知此觉此",为知仁觉仁也。仁本吾心之德,又将谁使知之而觉之耶?若据《孟子》本文,则程子释之已详矣,曰:"知是知此事(自注:知此事当如此也),觉是觉此理(自注:知此事之所以当如此之理也)。"意已分明,不必更求玄妙。且其意与上蔡之意亦初无干涉也。上蔡所谓知觉,正谓知寒暖饱饥之类尔。推而至于酬酢佑神,亦只是此知觉,无别物也,但所用有大小尔。然此亦只是智之发用处,但惟仁者为能兼之,故谓仁者心有知觉则可,谓心有知觉谓之仁则不可。盖仁者心有知觉,乃以仁包四者之用而言,犹云仁者知所羞恶辞让云尔。若曰心有知觉谓之仁,则仁之所以得名初不为此也。今不究其所以得名之故,乃指其所兼者便为仁体,正如言仁者必有勇,有德者必有言,岂可遂以勇为仁、言为德哉?①

---

① 朱熹:《文集》卷32,《朱子全书》本,第1412—1413页。

在朱子看来，仁是理，心是知觉。单言仁，则仁不能动；单言心，则与知寒暖饱饥之知觉无异，故须合心与性为言，方无病。若上蔡直接在知觉上说仁，则性之理亦不复存，只是一空荡荡的心，如此，又与佛老何异？朱子基于这样一种认识，遂批评湖湘学者对上蔡的解释。大概湖湘学者为了回应朱子的批评，将上蔡之"知觉"解为"知此觉此"，南轩更解为"知仁觉仁"，意在表明上蔡之知觉并非如朱子所说的只是一知寒暖饱饥之心。然而，朱子以为如此说亦不妥，观其引程子"知是知此事，觉是觉此理"语，我们可以发现，朱子还有另一层顾虑，即反对对本体的知，主张知觉只是对事理而言，而南轩之"知仁觉仁"正触着了朱子的这个忌讳。所以，朱子想要说的只是性使心去知此事，性使心去觉此理，而不是心去知觉此性也。

朱子与湖湘学者关于上蔡"知觉言仁"一说的讨论，对双方都是极为关键的问题。此处只是稍稍提及，后面自有详论。我们在此仅表明这样一点，即朱子以"爱之理"说仁，必然要通过心的知觉作用，仁与爱之体用关系方能成立。这也是朱子"心统性情"之说试图要解决的问题。

由此可见，朱子与湖湘学者对仁体的理解实有不同。在朱子那里，仁只是与心相分的性理，而湖湘学者则将仁看作心性或心理不分的本体，因此，仁既可说是性或理，亦可说是心。盖南轩与朱子虽然都主张仁为"爱之理"，然其中的内涵大不相同。更晚些时候，朱子也意识到其与湖湘学者之间的这种分别，其《答张敬夫》第46书中即对此说道：

> 来教云："夫其所以与天地万物一体者，以夫天地之心之所有，是乃生生之蕴，人与物所公共，所谓爱之理也。"熹详此数句，似颇未安。盖仁只是爱之理，人皆有之，然人或不公，则于其所当爱者，反有所不爱，惟公则视天地万物皆为一体而无所不爱矣。若爱之理，则是自然本有之理，不必为天地万物同体而后有也。熹向所呈似《仁说》，其间不免尚有此意，方欲改之而未暇。来教以为不如《克斋》之云是也。然于此却有所未察。窃谓莫若将"公"字与"仁"字且各作一字看得分明，然后却看中间两字相近处之为亲切也。若遽混而言之，乃是程子所以诃以公便为仁之失。此毫厘间，正当子细也。
>
> 又看"仁"字，当并"义"、"礼"、"智"字看，然后界限分明，见得端的。今

舍彼三者,而独论"仁"字,所以多说而易差也。①

南轩谓人有"爱之理",故能与天地万物为一体。在朱子看来,此语有极大问题。因为"爱之理"乃人所俱有,而天地万物一体之体验则非凡人所俱有。然而,从下面朱子对仁与公之关系的讨论,以及《答张敬夫》第 44 书来看,南轩正是径直以公说仁,显然,二人对"爱之理"的理解并不一致。

盖朱子分心与性二,性可以说是人所俱有之理,然而,对南轩而言,因其主张"心即性",便不能说性是人所俱有的。因此,南轩所说的"爱之理",乃是就性之流行于心处而言,即所谓"公"也。换言之,"爱之理"在南轩那里即是"公",即是与天地万物一体之心。若我们如此理解南轩"爱之理"之说,则南轩关于仁爱的种种议论是可以说得通的。②

此外,朱子又主张将仁与义、礼、智三者一起看,反对只是在仁包含四者之义上看仁,这种说法也与朱子将仁与心的分离有关。

后来,南轩出于对朱子批评的回应,对自己原来所持的观点作了相当大的改动。譬如,"爱之理"一说,本不见于五峰,而系朱子的发明,南轩却引之以论仁,然而,南轩对朱子的意思其实并非很明白,加上自己还未完全摆脱湖湘学术的影响,故其论仁爱,虽力图靠近朱子,然与朱子终有未合也。

次年癸巳,南轩亦作《仁说》。此书可以看作南轩在朱子的影响下而作。大概南轩在与朱子的交往中,逐渐改变了以前的一些看法,而将自己关于仁的见解重新作了梳理,是为《仁说》。南轩《仁说》虽多取朱子之说,然未必真能契合

---

① 朱熹:《文集》卷 32,《朱子全书》本,第 1413—1414 页。
② 其实,朱子对仁与公的关系的处理,颇似近乎王阳明。据阳明《答陆原静书》,其弟子陆澄曾这样问道:"良知,心之本体,即所谓性善也,未发之中也,寂然不动之体也,廓然大公也,何常人皆不能而必待于学邪?中也,寂也,公也,既以属心之二体,则良知是矣。今验之于心,知无不良,而中、寂、大公实未有也,岂良知复超然于体用之外乎?"对此,阳明回答道:"性无不善,故知无不良。真知即是未发之中,即是廓然大公,寂然不动之本体,人人之所同具者也。但不能不昏蔽于物欲,故须学以去其昏蔽。然于良知之本体,初不能有加损于毫末也。知无不良,而中、寂、大公未能全者,是昏蔽之未尽去,而存之未纯耳。体既良知之体,用即良知之用,宁复有超然于体用之外者乎?"(《传习录》卷中,载《王阳明全集》册上,上海古籍出版社 2011 年版,第 70—71 页。)阳明似乎没有对陆原静的问题作正面回答,但有一点是明确的,即将良知之中与中寂大公区别开来。因为良知乃人所俱有(良知是合心与理而言,与朱子在心外言理不同,此又为二人不同处),而中寂大公则是在圣人位上的效验。

朱子意也,对此,我们从《答张敬夫》第 48 书(即《文集》卷 32《答钦夫仁说》)中不难发现,朱子对南轩《仁说》的批评大致同于前书,可见,南轩论仁与朱子始终有一定距离,而朱子以为"只一二处未合",实在有些一厢情愿罢了。

《答张敬夫》第 48 书云:

> 《仁说》明白简当,非浅陋所及。但言性而不及情,又不言心贯性、情之意,似只以性对心。若只以性对心,即下文所引《孟子》"仁,人心",与上文许多说话似若相戾。更乞详之。
>
> 又曰:"己私既克,则廓然大公,与天地万物血脉贯通,爱之理得于内,而其用形于外,天地之间无一物之非吾仁矣。此亦其理之本具于吾性者,而非强为之也。"(原注:此数句亦未安。)盖己私既克,则廓然大公,皇皇四达,而仁之体无所蔽矣。夫理无蔽,则天地万物血脉贯通,而仁之用无不周矣。然则所谓爱之理者,乃吾本性之所有,特以廓然大公而后在,非因廓然大公而后有也;以血脉贯通而后达,非以血脉贯通而后存也。今此数句有少差紊,更乞详之。爱之理便是仁,若无天地万物,此理亦有亏欠。于此识得仁体,然后天地万物血脉贯通而用无不周者,可得而言矣。盖此理本甚约,今便将天地万物夹杂说,却鹘突了。夫子答子贡博施济众之问,正如此也。更以"复见天地之心"之说观之亦可见。盖一阳复处,便是天地之心,完全自足,非有待于外也。又如濂溪所云"与自家意思一般"者,若如今说,便只说得"一般"两字,而所谓"自家意思"者,却如何见得耶?
>
> 又云:"视天下无一物非仁。"此亦可疑。盖谓天下无一物不在吾仁中则可;谓物皆吾仁则不可。盖物自是物,仁自是心,如何视物为心耶?
>
> 又云:"此亦其理之本具于吾性者,而非强为之也。"详此盖欲发明仁不待公而后有之意,而语脉中失之。要之,"视天下无一物非仁"与此句似皆剩语,并乞详之,如何?[①]

早在关于五峰《知言》的讨论中,南轩即已提出"心主性情"之说,不知南轩《仁说》一篇何以未曾言及,殊不可解。然而,在朱子看来,仁之所以为体,爱之所以

---

① 朱熹:《文集》卷 32,《朱子全书》本,第 1417—1418 页。

为用,正是因为心之主宰作用贯乎性情之间,否则,仁何以能流行为爱,爱又何以得为仁之流行? 故顺着朱子的逻辑,仅仅说到仁体爱用的份上,犹有未尽,须说到"心贯性情",此理始圆。

此书下文又论仁与公之关系,然不过重申《答张敬夫》第 46 书的意思。关于这个问题,后面我们讨论到心性关系时,当详论之。

三、湖湘学者以知觉、大公言仁与朱子的批评

前面从南轩与朱子的书信答问中可以看到,湖湘学者包括南轩在内(南轩后来虽然力图靠近朱子"仁体爱用"之说,但其具体表述却无法脱掉湖湘学者的色彩),对仁的理解是相当一致的,即皆赞同上蔡"知觉言仁"、明道"万物一体之仁"的说法。

湖湘学者关于这方面的表述甚多,后面我们将会有专论,在此,我们仅须澄清这样一点:朱子"仁体爱用"之说在最一般的意义上并不为湖湘学者所反对,湖湘学者只是反对在朱子的阐述中对仁与爱之作为情,或者说,仁与爱之不同发用的混淆。盖仁在未发时固可称为仁,此为人所同具,但仁在已发上亦不可不谓之仁,此却为圣人所独具。而朱子笼统地以仁为体,以爱为用,势必混淆了仁与爱在发用上的不同,而且,仁之所以为仁亦蔽而不显。因此,当湖湘学者祖述明道、上蔡之说时,反对将仁之发用看作仁之本体,而是要在仁之发用处即心之"知觉"或"大公"去体会仁之所以为仁。

朱子似乎不能理解"知觉言仁""大公言仁"这种表述,其实,孟子"恻隐之心,仁也"之说亦属同一句式。盖恻隐之心乃仁之发用,而孟子在仁之发用处指名为仁,绝不是要混体用为一谈,而是要学者于仁之发用处去体认仁体。孟子的说法与湖湘学者对仁的表述可谓如出一辙,朱子何必厚此而薄彼呢?

然而,要理解朱子的批评,关键还是要回到工夫论上去,即湖湘学者以"知觉""大公"言仁,其实有以体认仁体为功夫之意味,而朱子则将仁归于本体而不论,学者唯能在仁之发用即爱上用功而已。其实,湖湘学者所说的"知觉""大公"与朱子所说的爱,都可以看作仁体之发用,仁体对于凡、圣而言是无甚分别的,而分别则在仁体的发用上,即"知觉""大公"为仁体在圣人位上的发用,而爱

则不过为仁体在凡人位上的发用而已。[①] 问题在于,学者下手做功夫,起初不过凡人而已,又如何能首先追求圣人位上才有的仁体之经验呢? 这就是朱子的思路,也是朱子始终不能理解湖湘学说的根源所在。

关于湖湘学者在工夫论上的思路,我们留待后面再详加考察。

[①] 对此,朱子《答何叔京》第 18 书中说道:"知觉言仁,程子已明言其非,盖以知觉言仁,只说得仁之用,而犹有所未尽,不若'爱'字却说得仁之用平正周遍也。"(朱熹:《文集》卷 40,《朱子全书》本,第 1830 页。)在朱子看来,知觉与爱虽皆属于仁体之发用,但爱更足以说明仁之用而已。

第二章　情与性

第一节　性之名义与性情之分离

前面我们借"性情"一词这种用法,揭明性与情那种源初的未曾分离状态,就是说,事物呈现出来的样子就是其本来的样子,而无须在自然之外别立一个本然来引导甚至裁制人之自然。因此,性之源初义与情相同,亦是"实"的意思。直至先秦时,"性"的用法虽然偏于本然的一面,但尚无与自然相分离的内涵,仍是强调事物本然的样子就是其呈现出来的那个样子。此种用法在先秦典籍中屡见不鲜,如:

> 天生民而立之君,使司牧之,勿使失性。(《左传》襄公十四年)
> 夫民有血气心知之性,而无哀乐喜怒之常。(《礼记·乐记》)
> 食色,性也。(《孟子·告子上》)

从这些用法中可以发现,古人乃是在生之自然处言性,而且,这种用法亦无后来那种价值判断的意味。盖因事物呈现出来的样子就是其本来的样子,古人自然没有区分善恶之必要,如果人们在自然之外另立所谓本然之善,这意味着事物呈现出来的样子已不复其本来的样子了。譬如,当古人说"食色,性也"时,其中蕴涵的意思不过是说食色这种自然状态就是人本来的样子,这不同于后来与"义理之性"相对的那个"食色之性"。前一种用法表明了自然与本然源初的未曾分离的状态,后一种用法却通过"义理之性"的善而反衬"食色之性"的恶。① 因

---

① 戴东原对宋儒的批评,其意义在于重新消除了"食色之性"这个概念所包含的消极意味,而多少恢复了"生之谓性"一说本来的内涵。

此,当古人论性,谓某物之性本来如此,不过是说,某物与生俱来就是如此,它本来的样子就是它生来的样子。[①]

中国人常常使用"天性"这个概念。"天"在古人那里,并无后世那种纯自然的意味,也不只是纯伦理的天,而是表达了自然与本然的统一。因此,我们说某人的"天性"如何,不仅是说他本来是这个样子,同时也是说他生来就是这个样子,他从来就是如此这般表现的。这种概念的使用,多少体现了中国人对浑沌时代的记忆,就是说,本然绝非在自然之外的另一世界,而是在自然中曾经有过的那个样子,即便我们在自然中已不复看到他曾经有过的那个样子,我们还是经常会说,他以前不是这样,他的本性不是这个样子的。并且,我们还会进一步说,不管他现在是不是那个样子,他将来还会是那个样子。

我们常常说某人变了,此话通常不是要陈述某个事实,而是表明了一种诧异:他本来是那样的人,现在怎么变成这样?或者说,他的本性不是这样的,现在他成了这个样子,难道是他转性了?这个话里包含着这样一种逻辑:以前的那个样子才是他的本性,他本来的样子就是我们以前一直看到的那个样子,但是,现在他却显现为这个样子,这不像是他的本性,真是令人不解。因为在中国人看来,人之自然与本然是不可分的,当我们因为某人经常表现出某种样子而断定其本性就是如此时,故当其表现有所变化时,中国人不会像西方人那样,认为这种表现只是一种表象,而在诸表象之后却有个不变的、实体性的东西,而是坚信他曾经有过的那个样子才是他的本性,或者说,当中国人认定某种本性时,一定是因为它在过去历史中曾经有过表现。正因这种态度,中国人还能在日常生活中不断经验着渐渐远逝的传统,也因此使传统总是驻留在当下的日常生活中,于是传统因而源远流长,生生不息。

因此,当我们在本然的意义上使用"性"这个概念时,性同时也向我们昭示着自然与本然不可分离的情形,就是说,当我们说某物本来如何时,同时也意

[①] 我们常常说某人生性残忍,这种说法不是指某人有个残忍的性在那里,然后在自然中表现出残忍的样子,甚至当他没有如此表现时,我们仍会诧异他为何不依其本性去表现,"今日太阳从西边出来了"。其实当我们这样说时,一定是意味着此人以前也是这样表现的,正是因为此人总是表现得如此残忍,而推知此人本来就是这样,或者说,我们是因为此人生来如此,而知道此人本来如此。不难发现,这种用法在日常语言中还大量保持着,体现了我们对自然与本然之源初合一的某种领会或记忆。

味着某物事实上就是如何，至少曾经是如此。告子之"生之谓性"，乃是就人呈现出来的那个样子言性，故告子以饮食为性，又以杞柳、湍水喻性，皆是强调性之自然的一面。当然，告子对"生之谓性"的阐释虽未必完全合乎性之古义，但是，这种阐释中包含了重要的一点，即在生之自然处言性，正表达了性与情那种未曾分离的源初状况。

关于性与情的源初状态，道家发挥极多。道家主张反情复性，回归自然，然而，这种自然不是后世与本然相分离后的那个自然，而是不离于本然的自然。正因为如此，性情在道家那里常常是连用的，且表达同一个意思。我们从道家对性、情概念的使用，可以探知其源初的内涵。《庄子》中说道：

> 道德不废，安取仁义！性情不离，安用礼乐！（《马蹄》）
> 文灭质，博溺心，然后民始惑乱，无以反其性情而复其初。（《缮性》）

后来性与情分离，情失去了本然的意味，而性则渐渐失去自然的意味。当我们说性之本然时，不再有与生俱来的意味，因为本然再也不能在自然中得到体现。因此，告子之"生之谓性"颇近于性之源初义，即强调人之自然即是本然，而孟子的态度则表明了性情分离以后的状况，即性仅仅作为本然。对此，孟子有一段话说得甚明白：

> 口之于味也，目之于色也，耳之于声也，鼻之于臭也，四肢之于安佚也，性也，有命焉，君子不谓性也。仁之于父子也，义之于君臣也，礼之于宾主也，知之于贤者也，圣人之于天道也，命也，有性焉，君子不谓命也。（《孟子·尽心下》）

可见，至少在先秦时，耳目口鼻这些自然欲求还是被视作性。然而，当自然与本然分离后，耳目口鼻之欲就不再是性，而只能视作命。所谓命，意谓耳目口鼻之欲不过是我不得不禀受的自然，并不具有本然的内涵。并且，正因为自然失去本然的意味，于是圣人起而以仁义礼智教化民众，对耳目口鼻之自然进行约束，如是，性成了外在于自然而扰化自然的仁义礼智。

孟子以仁义礼智为性，性尚有本然的意味。然而到荀子那里，性与情一样,仅仅作为自然,而将本然完全归于外在于自然的礼乐,于是本然就彻底脱离了自然的内涵,纯粹归于社会对人的道德要求,即圣人制定的礼乐。《荀子》中关于性情的这类说法极多:

> 今之人化师法、积文学、道礼义者为君子;纵性情、安恣睢而违礼义者为小人。(《性恶》)
>
> 故人一之于礼义,则两得之矣;一之于情性,则两丧之矣。(《礼论》)
>
> 古者圣王以人之性恶,以为偏险而不正,悖乱而不治,是以为之起礼义、制法度,以矫饰人之情性而正之,以扰化人之情性而导之也。(《性恶》)
>
> 今人之性,饥而欲饱,寒而欲暖,劳而欲休,此人之情性也。今人饥,见长而不敢先食者,将有所让也;劳而不敢求息者,将有所代也。夫子之让乎父、弟之让乎兄,子之代乎父、弟之代乎兄,此二行者皆反于性而悖于情也。然而孝子之道,礼义之文理也。故顺情性则不辞让矣,辞让则悖于情性矣。(《性恶》)

显然,荀子完全是以一种消极的意义使用情、性这两个概念。本来性情不分,表达了自然与本然之间的源初未分状态,然而,随着性与情的分离,首先情失去本然的意味,接着性也失去了自然的意味。在荀子这里,虽然性与情重新被当作一个概念来使用,却仅仅是作为"生之自然"。这种性与情的合一,不仅没有古时那种自然即本然的意味,反而使自然与本然的分离得到了一种纯粹的表现,就是说,本然被归于外在于情性的礼乐,而礼乐也完全以一种外在的方式来裁制人之性情。在荀子这里,性与情的关系被表达为礼乐与自然的关系。

荀子这种对性情关系的阐释,后来亦为汉儒所继承。在汉儒那里,虽有性善情恶之说,而将性与情区别对待,但依然不过视为"生之自然",而作为本然的方面始终是礼乐。其后经玄学家的反动,试图恢复性、情的本然意味,但从玄学的发展来看,却更多是要协调礼乐与性情的关系,即强调"情礼兼到",可见,礼乐作为本然的意味始终未被动摇。大致与之同时,佛学传入中国,其对性情的态度与两汉性善情恶说相去甚近,然而,佛家强调性之本然义,却直接影响到宋人对性的理解,宋人正是由此而上承孟子言性之本体义。即便如此,直到"五四"以后,随着时人对儒家和封建礼教的彻底否定,礼乐的本然意涵才彻底消除。

可以说,直到宋人那里,性与情才真正被理解为本然与自然的关系。然而,这样理解体现了后世性与情相分离的社会现实,只是宋人不再采取汉唐人那种以礼乐之本然裁制性情之自然的办法,而是强调"率性"之本然,即是情之自然。显然,这与"任情"之自然即是性之本然的态度,有着根本的不同,因为后者才真正体现了自然与本然那种源初的未分离状况。

那么,如何"率性"呢?对此,宋儒内部有循理与识仁之争。所谓循理,乃伊川、朱子一派的主张,即以下学之克己为功夫;至于识仁,乃明道、五峰一派的主张,即以体认本体之上达为功夫。这种工夫论上的不同,很大程度与两派对"生之谓性"的不同阐释有关。

第二节　生之谓性

"生之谓性"一语,本出自告子,乃是在自然处说性。然而,告子所说的自然,并非与本然尚未分离的自然,故其以杞柳、湍水为喻说性,不免将仁、义等价值要求看作外在于性的东西,因此,告子所说的"性"已绝无上古时那种本然的内涵。孟子起而纠其偏,即强调性之本然义,从而将仁、义皆纳入性的范围。盖孟子虽亦承认性与情之分离,但仅仅将自然归于情,而性之本然义仍然保留下来,这是其与后来的荀子根本不同的地方。①

然而,若撇开"生之谓性"在告子那里所蕴含的自然与本然相分离的前提,而直接就"生之谓性"这种表述来看,并无任何不当,而较之孟子纯以本然说性,反而更接近性的源初义。因此,我们不难理解为什么这个为孟子所批评的

---

① 如果仅就"生之谓性"这种表述而言,牟宗三先生认为,这实际上是承"性者,生也"之古训而来,至于先秦道家、荀子,包括后来的董仲舒、扬雄、王充、刘劭等,皆是承此古训而言。(牟宗三:《心体与性体》册二,正中书局 1968 年版,第 196 页。)譬如,荀子曰:"生之所以然者谓之性。性之和所生,精合感应,不事而自然谓之性。"(《荀子·正名》)又曰:"今人之性,生而有好利焉……生而有疾恶焉……生而有耳目之欲,有好声焉。"(《荀子·性恶》)而董仲舒《举贤良对策》则曰:"性之名非生与?如其生之自然之质谓之性。"又曰:"性者之质。"(班固:《汉书·董仲舒传》,第 2501 页。)凡此,皆以"生之自然"言性,然诸说不同于古训者,盖性中原有之本然义已尽失矣。

命题却在宋儒那里得到了广泛的回应和讨论。下面，我们主要就明道、伊川、朱子诸人对此命题的讨论来做一番分析。

一、明道论"生之谓性"①

我们曾经反复阐明这样一点：当性情尚未分离时，人们所处的自然状态就是其本来的状态，而当性情分离以后，人们才意识到自然已不复其本然，才会在自然之外另外寻求所谓本然。老子谓"失道而后德，失德而后仁，失仁而后义"，其意不过此，盖欲世人遵循仁义而已。秦汉以后的中国思想一般通过道德仁义、是非善恶这类价值概念来理解这种本然，换言之，后世人们心中的本然较之源初意义上的本然，实属后起，犹佛家所谓"第二义"也。在明道那里，即区分了这两类不同的本然。明道云：

> 生之谓性。性即气，气即性，生之谓也。人生气禀，理有善恶，然不是性中元有此两物相对而生也。有自幼而善，有自幼而恶，是气禀有然也。善固性也，然恶亦不可不谓之性也。盖生之谓性，"人生而静"以上不容说，才说性时，便已不是性也。凡人说性，只是说"继之者善也"，孟子言人性善是也。②

"性即气，气即性"的说法，很容易引发歧义，明道则借"生之谓性"说以明其义，旨在表明凡人禀气而生之前别有无善无恶之性。然后，明道又借《乐记》"人生而静，天之性也"一语，说明本然意义上的性与派生出来的性善之关系。

显然，明道所说的"生之谓性"不同于告子，就是说，明道绝无以"生之自然"言性的意思。相反，明道认为自然（气禀）是恶的根源，这实际上秉承了秦汉以后诸儒的一贯论调。换言之，人生以后，因为气禀的缘故，遂有善有恶，那么，人生以前自无所谓善恶价值。因此，如果就人生以前论性，只能是无善无恶的。

---

① 关于明道论"生之谓性"，可参看郭晓东：《识仁与定性》，复旦大学出版社 2004 年版，第 88—102 页。
② 《河南程氏遗书》卷 1，载《二程集》，第 10 页。案，此条《遗书》作"二先生语"，未注明谁语，然《明道学案》列有此条，朱子亦以为明道语。

可见,明道一方面认为"不是性中元有此两物相对而生也",另一方面又主张"善固性也,然恶亦不可不谓之性也","继之者善也",这样,明道既强调性之本无善恶,又认为孟子性善之说实属后起。

然而,明道的说法极易让人误解。盖明道借气禀之前即未有自然之前来说明自然与本然的源初合一(合一,故无善恶),又借气禀之后即本然落于自然中来说明自然与本然的分离(分离,而后有善恶)。后来,伊川、朱子干脆以义理之性(纯粹不杂于自然之性)来解释"不容说"之性,而以气质之性(义理落于自然之中)解释继之而起的"性善"。而湖湘学者则提出了"本然之性"的概念,以强调明道性论中无善无恶的一面。在朱子与湖湘学者相关的讨论中,这种差别得到了明显的体现。

明道又以水之清浊为喻,来说明无善无恶之性与有善有恶之性的关系:

> 夫所谓"继之者善也"者,犹水流而就下也。皆水也,有流而至海,终无所污。此何烦人力之为也?有流而未远,固已渐浊;有出而甚远,方有所浊。有浊之多者,有浊之少者。清浊虽不同,然不可以浊者不为水也。如此,则人不可以不加澄治之功。故用力敏勇,则疾清;用力缓怠,则迟清。及其清也,则却只是元初水也,亦不是将清来换却浊,亦不是取出浊来置在一隅也。水之清,则性善之谓也。故不是善与恶在性中为两物相对,各自出来。①

水本无清浊,然其流则有清浊之不同。性亦如此,本无善恶,"不是善与恶在性中为两物相对,各自出来","不是性中元有此两物相对而生也",只是当性要呈现出来时,不能不"感物而动",于是落于气质之中,遂呈现出善与恶来。清浊只是在水之流处而言,然水未流时,却不能说本有个清浊,亦不能说流时之清浊就不是水,因此,性虽本无善恶,然亦不可不谓之性,此即"生之谓性"也。明道又明确说"水之清,则性善之谓也",可见,孟子言性,毕竟只是在第二义上言性。

人生之后,其性始有善恶。明道发挥《易》"生生"之义,以"生生之德"来说明"生之谓性",即孟子所说的"继之者善也"之性。明道又曰:

---

① 《河南程氏遗书》卷1,载《二程集》,第10—11页。

　　"生生之谓易",是天之所以为道也。天只是以生为道,继此生理者,即是善也。善便有一个元底意思。"元者善之长",万物皆有春意,便是"继之者善也"。"成之者性也",成却待他万物自成其性须得。①

　　"天地之大德曰生","万地氤氲,万物化醇","生之谓性"(原注:"告子此言是。而谓犬之性犹牛之性,牛之性犹人之性,则非也"),万物之生意最可观。此"元者善之长也",其所谓仁也。人与天地一物也,而人特自小之,何耶?②

到明道这里,重新肯定了告子"生之谓性"这种说法,至于孟子所批评的那层内涵,如"犬之性犹牛之性,牛之性犹人之性"之义,不论是否就是告子之本义,则似乎完全消解掉了。③ 无论如何,明道通过赋予"生之谓性"以新的内涵,从而将之当作表达自己思想的重要命题。

不过,后世学者对此两段话素来有误解,以为"生生之德"指的是那无善无恶之性。其实,我们若将之与前面《遗书》卷1那段话相比照,便不难发现:只要言性,便已是就人生之后而言,便已是杂于气质。虽然,人之所以性善,其根据却在那普遍的"生理"。"生理"本身不名为善,然人能禀受此"生理",则其性为善;能循此"生理"而行,则其行为善。因此,"生之谓性"在明道那里,实际上涵有两层意思:

其一,人生而后有性。或善或恶,皆已落在自然之中。即在自然处言性,故不能不有善恶。此伊川、朱子所谓"气质之性"也。

其二,生本身即是性。性之所以善,在于人未生之前已有天道流行。天道以生生为德、为理,故人生于其间,自当上承天道。天道不名为善,然继之者性则不得不为善。此伊川、朱子所谓"天命之性"也。

---

① 《河南程氏遗书》卷2上,载《二程集》,第29页。案,《遗书》作"吕与叔东见二先生语",未注明谁语,《明道学案》列有此条。

② 《河南程氏遗书》卷11,载《二程集》,第120页。

③ 牟宗三认为,"犬之性犹牛之性,牛之性犹人之性"并非告子语,而是孟子之推论,然告子对孟子的推论无辩驳,大概只是一时语塞而已,并非真的就同意孟子给他下的推论。(参见牟宗三:《心体与性体》册二,第151—157页。)

因此,我们通过对明道"生之谓性"一说之梳理,便可澄清旧有之种种误解。对此,我们可以引朱子一段话来加以说明:

> "人生而静以上",即是人物未生时。人物未生时,只可谓之理,说性未得,此所谓"在天曰命"也。"才说性时,便已不是性"者,言才谓之性,便是人生以后,此理已堕在形气之中,不全是性之本体矣,故曰"便已不是性也",此所谓"在人曰性"也。大抵人有此形气,则是此理始具于形气之中,而谓之性。才是说性,便已涉乎有生而兼乎气质,不得为性之本体也。然性之本体,亦未尝杂。要人就此上面见得其本体元未尝离,亦未尝杂耳。"凡人说性,只是说继之者善也"者,言性不可形容,而善言性者,不过即其发见之端而言之,而性之理固可默识矣,如孟子言"性善"与"四端"是也。(自注:未有形气,浑然天理,未有降付,故只谓之理;已有形气,是理降而在人,具于形气之中,方谓之性。已涉乎气矣,便不能超然专说得理也。程子曰"天所赋为命,物所受为性",又曰"在天曰命,在人曰性",是也。)[1]

可见,朱子论性实承明道之说而来。明道以人生而后有性,朱子则谓"此理已堕在形气之中","涉乎有生而兼乎气质",可见,此层意义上的"生之谓性",即朱子之"气质之性"。明道又以"生生之德"言性之所以善,而朱子谓"性之本体,亦未尝杂",则明道之"生之谓性"实即朱子之"天命之性"也。其不同者,盖明道指此生理而不名善,而朱子则径以为善也。此种差别殆在毫厘之间,然后来湖湘学者与朱子之论争遂在此上而展开。其实,此种争论若不牵涉到儒家辟佛老之立场,对各自学说之成立而言,实无甚紧要。

二、伊川论"生之谓性"

明道论"生之谓性",涵有以气质论性之义。至伊川,始明确引出了"气质之性"的概念。《遗书》卷18云:

---

[1] 黎靖德编:《朱子语类》卷 95,第 2430 页。

"性相近也，习相远也。"性一也，何以言相近？曰：此只是言气质之性，如俗言性急性缓之类。性安有缓急？此言性者，"生之谓性"也。又问："上智下愚不移"，是性否？曰：此是才。须理会得性与才所分处。又问："中人以上可以语上，中人以下不可以语上"，是才否？曰：固是。然此只是大纲说，言中人以上可以与之说近上话，中人以下不可以与说近上话也。"生之谓性。"凡言性处，须看他立意如何。且如言人性善，性之本也。"生之谓性"，论其所禀也。孔子言"性相近"，若论其本，岂可言"相近"？只论其所禀也。告子所云固是，为孟子问他，他说，便不是也。①
  ・・・・・・・

伊川谓"告子所云固是"，显然是在不同于孟子的意义上肯定了告子"生之谓性"的说法。这种立场与明道并无不同。盖人禀气而生，性之本然固无不善，然落入气质之中，是为气质之性，亦所谓"生之谓性"也。

然而，伊川此中所论，似未能区分气质与气质之性。伊川以性急性缓言气质之性，非也。周濂溪《通书》尝有言：

> 刚善，为义，为直，为断，为严毅，为干固；恶，为猛，为隘，为强梁。柔善，为慈，为顺，为巽；恶，为懦弱，为无断，为邪佞。②

朱子释曰："刚柔固阴阳之大分，而其中又各有阴阳，以为善恶之分焉。"可见，刚、柔本乎气之阴阳，只能看作气质；而刚善、刚恶与柔善、柔恶，则是性之落于气质中，而有进一步之区分，应该看作气质之性。

濂溪又言：

> 故圣人立教，俾人自易其恶，自至其中而止矣。③

朱子释曰："易其恶则刚柔皆善，有严毅慈顺之德，而无强梁懦弱之病矣。至其

---

① 《河南程氏遗书》卷 18，载《二程集》，第 207 页。
② 《周敦颐集》，中华书局 1990 年版，第 19 页。
③ 《周敦颐集》，第 19 页。

中,则其或为严毅,或为慈顺也,又皆中节,而无太过不及之偏矣。"所谓"易其恶",不是要变化气质,而是就人之气质处成就其性善,故刚的气质成就为刚善,柔的气质成就为柔善。可见,濂溪对气质与气质之性的区别还是比较清楚的。

伊川又假孔子之说,以为"性相近"说的是气质之性。因为性无不善,此为人物所同,而落在气质中则有参差不齐,然较之人物相去之远,犹可曰相近。不过,后来阳明对这种说法提出了批评:

> 夫子说"性相近",即孟子说"性善",不可专在气质上说。若说气质,如刚与柔对,如何相近得,惟性善则同耳。人生初时善,原是同的,但刚的习于善则为刚善,习于恶则为刚恶,柔的习于善则为柔善,习于恶则为柔恶,便日相远了。[①]

阳明此处明显发挥了濂溪之说,即以刚柔为气质,而与刚善、刚恶及柔善、柔恶这类后天的习养区别开来。我们发现,阳明既不同意伊川对"性相近"的解释,以为与孟子言性善者同;又不同意伊川关于"气质之性"的说法,以为气质有刚、柔之正相反对,不能言相近,这显然是批评伊川"性急性缓"之说。

伊川既主气质之性,又在气质之性中区分出"天命之性"。《遗书》卷24云:

> 性字不可一概而论。"生之谓性"止训所禀受也。"天命之谓性",此言性之理也。今人言天性柔缓,天性刚急,俗言天成,皆生来如此。此训所禀受。若性之理也,则无不善。曰"天"者,自然之理也。[②]

"生之谓性"是在人之禀受处说,故为气质之性;而"天命之谓性"则指性之理,是那落于气质中而使气质之性成为可能者,亦即"天命之性"。伊川提出"性即理",其大旨即在于此。然而,伊川所以有此种区分,其根据则在这句话,即以"气有善有不善,性则无不善"。《遗书》卷21下载其说云:

---

① 王阳明:《传习录》卷下,载《王阳明全集》册上,第140页。
② 《二程集》,第313页。

气有善有不善,性则无不善也。人之所以不知善者,气昏而塞之耳。孟子所以养气者,养之至则清明纯全,而昏塞之患去矣。或曰养心,或曰养气,何也?曰:养心则勿害而已,养气则在有所帅也。①

孟子以后,汉唐儒虽亦主性善之论,然性尚未被视作本体。至伊川,始以性为理为善,而人之所以不善,皆由气之昏塞所致。是以气之清明,则成就性之善;气之昏塞,则蔽覆性之善。无论如何,性都是无所不在的,这也与汉唐儒视性善为某种自然表现的看法是迥然不同的。基于这样一种主张,性之本体化至此才最终完成。正因为气质有善恶,故伊川主张养气,以变化气质。

不过,变化气质之说本出自明道。《明道学案》载其语云:

人语言紧急,莫是气不定否。曰:此亦常习,习到自然缓时,便是气质变也。学至气质变,方是有功。②

变化气质之说,自无可非,盖袭承孟子以下养气之旧论也。然气质只可说美恶,而不可说善恶。③ 气质有美恶,则心之动常常不能中节,如是性之落于气质中,不免有偏颇不齐之病,遂有善恶之分也,故须养气以变化气质。因此,养气其实只是养心,伊川谓“养气则在有所帅也”,养气即是使气质为心所主,为性所帅也。

由此看来,明道与伊川所论“生之谓性”,可谓大同小异。其一,二子皆以“生之谓性”为人生以后所禀受之性,故为“气质之性”;其二,至于人生以前之性,则实为理。此二者为明道、伊川所同也,此亦后来朱子所着力发挥者。然明道又以“继之者善”论孟子“性善”之说,则孟子之“性善”犹“生之谓性”,不过为“气质之性”而已,至于理则为天道之生生,自无待于以善名之,而仁义礼智之

---

① 《二程集》,第274页。
② 黄宗羲:《宋元学案》卷13,载《黄宗羲全集》册三,第672页。
③ 伊川在气上分善恶,这不是个很好的说法。杨开沅以为:“气有善不善,此是伊川先生分气质、义理为二性之要,从此无往不与孟子异矣。夫人生也,直如其本,然而勿袭取助长以害之,便为善养,岂因其不善而养之使善哉!”(黄宗羲:《宋元学案》卷15,载《黄宗羲全集》册三,第723页。)

善不过"生理"之表德而已；①伊川则指孟子之"性善"为理，理善，故性善。此又为明道、伊川之异也，而后来湖湘学术所发挥者则在此。

总言之，明道、伊川论性，其大旨皆同，其异者不过在毫厘之间而已。至湖湘学者与朱子之论争起，遂各据一端为论，则明道与伊川毫厘之差遂成千里之隔矣。

三、朱子论"生之谓性"

当伊川在理上说性时，多少已赋予性以某种不动的性质。然而，这种理解正体现了自然与本然相分以后的情形。盖此时本然始终保持着与自然的距离，而成为外在于自然的某种东西，所以，必须强勉行道而有功，即通过在心上用功，方能使本然之条理在自然中得以体现出来。就是说，欲实现本然与自然的重新合一，必须通过一套锻炼心性的步骤，而克服由自然带来的种种障碍。因此，性作为理必然是不动的，只有通过心方能动起来，从而使其条理在情上体现出来。

可以说，在伊川那里，心性已是二分。至朱子这里，通过对"生之谓性"的阐释，更是发挥了伊川的这种思想，即以为"生之谓性"中的"生"只可说心，而心只是知觉运动，而性则是心外之别一物，故不可将二者等同起来。在朱子那里，性是不动的理，而心则是无理的动，故心须与性合。我们后面将会看到，朱子正是基于这种对心性关系的理解，全面批评了湖湘学派的"心即性"之说，从而发展出一套以"主敬致知"为大旨的工夫理论。不过，明道、伊川尚以"生之谓性"之说为是，而朱子也肯定了由此引出来的某些结论，但对"生之谓性"这种说法本身却不甚同意，此为朱子与二程论性之不同。

---

① 据《传习录》上所载："澄问：'仁义礼智之名，因已发而有。'曰：'然。'他日澄曰：'恻隐羞恶辞让是非，是性之表德邪？'曰：'仁义礼智也是表德。性一而已，自其形体也谓之天，主宰也谓之帝，流行也谓之命，赋于人也谓之性，主于身也谓之心，心之发也，遇父便谓之孝，遇君便谓之忠。自此以往，名至于无穷，只一性而已。犹人一而已。对父谓之子，对子谓之父。自此以往，至于无穷，只一人而已。人只要在性上用功。看得一性字分明，即万理灿然。'"（《王阳明全集》册上，第 17 页。）阳明以为仁义礼智乃是在已发上言，尚不能说是性，只是性之表现于外者。看来，阳明这种说法或可溯源于明道对德之区分，即生生与仁义礼智皆为德。此种差别对后来湖湘学术之成立关系甚大。

朱子早年师从胡籍溪,而籍溪颇好佛,其后问学于李延平,其立场遂一变而为辟佛。朱子此处对"生之谓性"的理解,以及其对湖湘学派的批评,与其辟佛立场实有莫大关系。在朱子看来,"生之谓性"与佛家"作用为性"之说相似:

> 生,指人物之所以知觉运动而言。告子论性,前后四章,语虽不同,然其大指不外乎此。与近世佛氏所谓"作用是性"者略相似。(《孟子集注·告子篇》"生之谓性"条注)。

在朱子看来,人之所生,只是将理从中掏空的知觉运动而已,是没有任何本然意味的纯粹自然,故只可言心,而不可言性。因此,告子之"生之谓性"将心与性等同起来,实际上是将性中所包含的理给空掉了,这种说法与佛家"作用是性"并无根本区别。我们且不论朱子对佛家此语是否有误解,但是,朱子根本上反对"心即性"这种说法。这种立场贯穿在朱子对湖湘学派的整个批评中,如其批评五峰"好恶性也"之说时便说道:

> 郭子和性论,与五峰相类。其言曰:"目视耳听,性也。"此语非也。视明而听聪,乃性也。箕子分明说:"视曰明,听曰聪。"若以视听为性,与僧家"作用是性"何异? 五峰曰:"好恶,性也。君子好恶以道,小人好恶以欲。君子小人者,天理人欲而已矣。"亦不是。盖好善恶恶,乃性也。[1]

在朱子看来,好恶只可言心,犹目视耳听一类知觉运动,此人物所同,故不可将心与性等同起来。正因为如此,心又不能离性,故须说到"好善恶恶"方可。我们发现,朱子虽有心与理一或心与性一的说法,然这只是说到心不离理、心不离性的分上,而五峰以为,只说个心,只说个好恶,自有个性理在其中,"只好恶便尽了是非"。可见,"心即性"与"心不离性"两种说法相差甚远。朱子后来由此引申出对五峰"性无善恶"的批评,此是后话,此处且不作深究。

朱子进而说道:

---

[1]　黎靖德编:《朱子语类》卷101,第2579页。

性者,人之所行于天之理也。生者,人之所得于天之气也。生,形而下者也。人物之生,莫不有是性,亦莫不有是气。然以气言之,则知觉运动人与物若不异也。以理言之,则仁义礼智之禀岂物之所得而全哉?此人之性所以无不善,而为万物之灵。告子不知性之为理,而以所谓气者当之。是以杞柳、湍水之喻,食、色、无善无不善之说,纵横缪戾,纷纭舛错,而此章之误,乃其根本所以然者。盖徒知知觉运动之蠢然者人与物同,而不知仁义礼智之粹然者人与物异也。孟子以是折之,其义精矣。(《孟子集注·告子篇》"生之谓性"条注)

明道、伊川尚不至于完全否定告子之说,然朱子则据二程子"性即理"之说,发明孟子性善之义,彻底对告子"生之谓性"进行了批评。朱子又曰:

告子以人之知觉运动者为性,故言人之甘食悦色者即其性。(《孟子集注·告子篇》"食色性也"条注)

告子以食色言性,而朱子则比之佛教知觉运动之说,以为其中全无理义,只可言心,而不可言性。故须在心外别求所谓性,即仁义礼智,以使人与物得以区别开来。就是说,人物之区别不在心上,而在性上。

另一方面,朱子又以仁义礼智为人物所同具,只是人与物之气禀不同,故物只得仁义礼智之一端,而人则得其全耳。朱子曰:

性本同,只气禀异。如水无有不清,倾放白碗中是一般色,及放黑碗中又是一般色,放青碗中又是一般色。[①]

朱子前面说人物只是气同,而理绝不同,此处却说人物只是理同,而气则不同。若此"纵横缪戾,纷纭舛错",似不可解,然就朱子而言,却亦可通。《朱子语类》上又有一条:

---

① 黎靖德编:《朱子语类》卷4,第58页。

论万物之一原,则理同而气异;观万物之异体,则气犹相近,而理绝不同。[①]

可见,后者是就"万物之一原"而言,故人、物皆有仁义礼智之性;而前者则是就"万物之异体"而言,故人、物虽有知觉运动,然唯人得仁义礼智之性也。如此,二说自可相协。

可见,朱子以人、物共具之知觉运动言心,其中有个心性二分的背景。这一方面是承伊川之理论模式而来,而另一方面,朱子对"生之谓性"的态度又与伊川颇不同。观朱子屡据此以批评释氏,可知朱子在此问题上背后尚有个辟异端的立场。二程固亦辟佛,此为道学家之一贯立场,未足为怪也,然二程与朱子对释氏的理解实有不同。

第三节　正情与性其情

性情相分以后,性是本然,而情则是自然,因此,如何将自然与本然统一起来,即如何"性其情",实为性情问题的应有之义。

一、"性其情"与消除性情分离之努力

最早提出"性其情"之说者,可追溯至曹魏时的王弼。《周易·文言传》王弼注云:

不为乾元,何能通物之始;无不性其情,何能久行其正? 是故始而亨者,必乾元也;利而正者,必性情也。

其后道学家们多袭用其说。如伊川《颜子所好何论》曰:

---

① 黎靖德编:《朱子语类》卷 4,第 57 页。

> 天地储精,得五行之秀者为人,其本也真而静,其未发也五性具焉,曰仁义礼智信。形既生矣,外物触其形而动于中矣,其中动而七情出焉,曰喜怒哀乐爱恶欲。情既炽而益荡,其性凿矣。是故觉者约其情使合于中,正其心,养其性,故曰"性其情"。愚者则不知制之,纵其情,而至于邪僻,梏其性而亡之,故曰"情其性"。凡学之道,正其心、养其性而已。①

伊川此说,足见宋人论性与魏晋学术之渊源。而此种关系,宋人亦不讳言之,如朱子曰:"'性其情',乃王辅嗣语,而伊洛用之,亦曰'以性之理节其情,而不一之于流动之域耳',以意逆志,而不以词害焉,似亦无甚害也。"②又曰:"情本不是不好底,李翱灭情之论,乃释老之言。程子情其性、性其情之说,亦非全说情不好也。"③可见,宋人论性情颇有契于魏晋玄学者,而不同于后来之佛家也。

在孟子那里,情虽然与性分离开来,但尚未具有一种消极的意味,仍然被看作是善,不过只是善之端,故须扩充开来以至于性,就是说,情须提升为性。在荀子那里,性情皆是作为自然,而具有一种消极的意味,故将本然的一方完全归于圣王所制定的礼乐,因此,性其情乃是通过礼乐与性情的关系表现出来,即是说,须通过克服性情之自然,方能符合礼乐之本然。

汉儒大致沿袭了荀子以自然说性情的思想,而并不赞同孟子性善之说。④然而,随后汉儒却逐渐将性与情区别开来,以性为善,而情则为恶。可见,汉儒

---

① 《河南程氏文集》卷 8,载《二程集》,第 577 页。
② 朱熹:《文集》卷 53《答胡季随》第 10,《朱子全书》本,第 2515—2516 页。
③ 黎靖德编:《朱子语类》卷 59,第 1381 页。
④ 董仲舒明确反对孟子之说,以性与情为阴阳二气,皆在气上为言。盖若阳气性为善,则阴气情自不便言恶,是以性情俱不可为善,"天地之所生,谓之性情。性情相与为一瞑。情亦性也。谓性已善,奈其情何?"(《春秋繁露·深察名号》)在董仲舒那里,情是欲,肯定是恶的;而性则分三品,可以说是善恶混杂。后来王充综论董仲舒言性情之大意,曰:"董子览孙孟之书,作情性之说……性生于阳,情生于阴;阴气鄙,阳气仁。曰性善者,是见其阳;谓恶者,是见其阴者也。"(《论衡·本性篇》)此说实未必尽合乎董仲舒本义也。然董仲舒论性之善或情之恶,乃在气上为言,即皆以为生之自然。因此,性情问题在汉儒那里应该表现为礼乐之本然与性情之自然的关系,似乎更能契入性情问题。当然,这种情况后来大概发生变化,如《孝经·援神契》曰:"性生于阳以理执,情生于阴以念念。"《孝经·钩命诀》谓:"情生于阴,欲以时念也;性生于阳,以理也。阳气者仁,阴气者贪,故情有利欲,性有仁也。"可见,情恶性善是后来的看法。至《白虎通》,则有以"五常"为性的说法,这实在是个很大的变化。无论如何,这种说法意味着将性与礼乐等同起来,从而性具有一种本然善的意味,而不同于那种生之自然上的善。由此推知,后来魏晋时性被视为本体,与此说当不无关系。

亦不尽同于荀子也。不过,汉儒的整个理路却似与荀子无异,即主张要用礼乐来扰化人之情,使之归于善,而性在扰化人情的过程中似无重要的作用。然而,在汉儒那里,性的地位却呈逐渐上升的趋势,因为性最初作为一种生之自然的善,此后逐渐成为一种本然的善,如《白虎通》即明确说人有"五常之性",就是说,这直接将用以扰化人之情性的纲常伦理看作是人所本具的性,这表明,性开始具有了一种本体的意味。正因如此,此后性逐渐失去了生之自然的方面,而取得了一种本然善的地位,其间玄学的泛滥与佛教的传入,对性之地位的上升有着极大的影响。

中唐时的李翱乃援佛入儒,其代表作《复性书》较全面地表述了"性其情"的内涵。① 关于李翱之说,我们可从三个方面去理解:其一,性善情恶,性之善乃本然之善,而情之恶则是对此本然之善的障蔽,就是说,性由于情之动而不能不有所昏蔽。其二,复性则须去除昏蔽,而性之昏蔽是由于情之动而牵扰人心而来,情不能不动,所以要去除昏蔽,只能让心不动,即心要处于一种"弗虑弗思"的状态,如此,"情则不生",性自然能复矣。其三,所谓"不动心",不是灭情而别求一个静,而是"无不知也,无弗为也,其心寂然,光照天地",因此,李翱认为,"性与情不相无也。虽然,无性则情无所生矣。是情由性而生。情不自情,因性而情;性不自性,由情以明"②。"由情而明"即是说性当由情而呈现于外,离情无以见性;而"因性而情"乃是说情不当仅停留在一自然状态,而须由性而化情,即须性其情也。不难看到,李翱对性情关系的这种理解,很大程度上奠定了两宋道学发展的基本理论框架。

宋代道学的兴起,固然可以看作对汉唐儒学的某种反动,但是,涉及许多具体问题的讨论,却又是由汉唐人的见解进一步发展而来。就性情问题而论,魏晋人"性其情"的主张通过伊川、朱子"性体情用"这种表述而得到体现。在宋人的表述中,情被赋予了一种相当积极的内涵,这不仅在于情不再被视作一种纯粹消极、被裁制的方面,而且被看作性之发用,看作一种内在本体必然要显

---

① 佛家亦言性其情,如宗密《普贤行愿品疏钞》谓:"若以情情于性,性则妄动于情;若以性性于情,情则真静于性。"即是言不可情其性,而须性其情。李翱与佛之关系亦由此可见。

② 此层意思亦见于李翱对"格物致知"的阐释,他说:"物者,万物也。格者,来也,至也。物至之时,其心昭昭然能辨焉,而不著于物者,是致知也。"不动之心不是个枯木死灰,而是个"昭昭明辨"的心,即心是在物之纷至沓来时,而无所系累,如此心自能明辨矣。

现出来的形式。此时,人情通常被领会成孟子所说的"四端"。然而,在朱子那里,情作为性之发用又蕴涵另一层意思,即情应当成为性之发用,就是说,性通过心之主宰作用,以克制情本身的那些消极因素,此时,情通常被看作是"七情"。

可见,当性与情分离以后,性逐渐取得了一种本然善的内涵,而情则愈益成为一种纯粹自然的东西,从而是消极的东西。因此,要消除性与情的分离,必然要采取"性其情"这样一种表达形式。可以说,"性其情"实为诸家所共许之义。

二、"正情"与情之发而中节

情既然是消极的,而人又不能无情。李翱《复性书》曰:"圣人者,岂其无情也? 圣人者,寂然不动,不往而到,不言而神,不耀而光。制作参乎天地,变化合乎阴阳,虽有情也,未尝有情也。"可见,即便对圣人而言,心虽寂然不动,亦非无情,只是不为情所昏耳。因此,所谓"性其情",不过就是"正其情"而已。对此,五峰曰:

> 首万物,存天地,谓之正情。备万物,参天地,谓之正道。顺秉彝,穷物则,谓之正教。[1]
> 曷若讲明先王之道,存其心,正其情,大其德,新其政,光其国,为万世之人君乎![2]

朱子亦有"正情"之说,曰:"人之生,不能不感物而动,曰'感物而动,性之欲也',言亦性所有也,而其要系乎心君宰与不宰耳。心宰,则情得其正,率乎性之常,而不可以欲言矣;心不宰,则情流而陷溺其性,专为人欲矣。"[3]朱子主要强调了心的主宰对于"正情"的作用。而在五峰这里,"正情"乃天地之情,是一种

---

① 胡宏:《知言·往来》,载《胡宏集》,第15页。
② 胡宏:《知言·文王》,载《胡宏集》,第20页。
③ 朱熹:《文集》卷64《答何俟》,《朱子全书》本,第3115—3116页。

廓然大公的情,亦即五峰所说的"首万物,存天地"之情。① 此种廓然大公之情
与一己之私情的根本区别在于,人情之自然固属有私,但不能说就一无是处,
尤其是那种真挚无伪的品质,正是一切情所必须具备的,问题仅仅在于,私情
往往囿于情之自然所及处,如此而为心之系累,人之昏蔽正由此而来。因此,
情必须得正。不过,正情不是要在私情之外别立一种情,而只是将此私情扩充
开来便是正情,亦即所谓"大公"之情。②

可见,"正情"的态度乃是不病情,更不去情,而是要在情之流行处把握一
个度,以使情不为吾心之障蔽。对此,五峰说得甚为明白:

> 凡天命所有而众人有之者,圣人皆有之。人以情为有累也,圣人不去
> 情;人以才为有害也,圣人不病才;人以欲为不善也,圣人不绝欲;人以术
> 为伤德也,圣人不弃术;人以忧为非达也,圣人不忘忧;人以怨为非弘也,
> 圣人不释怨。然则何以别于众人乎?圣人发而中节而众人不中节也。中
> 节者为是,不中节者为非;挟是而行则为正,挟非而行则为邪;正者为善,
> 邪者为恶。而世儒乃以善恶言性,邈乎辽哉!③

所谓"天命所有",不是指"天命之谓性",相当于告子所说的"生之谓性",亦即孟
子所说的谓命不谓性的耳目口鼻之自然,而五峰用以指人情。人情既为"天命
所有而众人有之者",故情不能去,亦不必去。因此,情虽然有累于心,具有一种
消极的意义,然圣人却"不去情"。然而,这又何以可能呢?

在五峰看来,圣人之情只是一种廓然大公的天地之情。欲获得这种大公
之情,不是要以理去裁制私情,而是在私情之发动处,此心常若无事而不与焉。
因此,这种态度不是去情,而是要去除私情那种系累于物的特性,从而使情能
发而中节。人情之不能中节,至于往而不复,常因情之私于对象而已。若大公
则是无私,通过使人情从其所私之对象上出离开来,从而将更多的他物收摄进

---

① 这种意义上的"正情",不同于我们通常所说的道德情感。二者固然皆属于正情,但后者由循理
而来,而前者则是出于对本体的体认。可以说,伊川、朱子与明道、五峰的分别也体现于此。
② 我们前面曾说到,并非所有私情都是可扩充的,因此,中国人尤重视父子之情,正是因为这种情
本身所具有的那种包容性,即可能达到"大公"。
③ 朱熹:《知言疑义》,载《胡宏集》附录一,第333—334页。

来,以天地万物为心,而达到一种大公之情。①

五峰在此认为,人们的善恶观念实由这种对情之把握的中节与否而来,"中节者为是,不中节者为非"。后来,朱子作《知言疑义》,对此段大加非议,以为这不免以性为无善无恶。朱子说道:

> "圣人发而中节",故为善,"众人发不中节",故为恶。"世儒乃以善恶言性,邈乎辽哉!"此亦性无善恶之意。然不知所中之节,圣人所自为邪?将性有之邪?谓圣人所自为,则必无是理;谓性所固有,则性之本善也明矣。②

五峰批评世儒以善恶言性,南轩以为只是指荀、杨诸人,则恐未必也。观明道"凡人说性,只是说'继之者善也',孟子言人性善是也"之语,可知五峰所批评的亦包括道学内部以理说性的观点。荀、杨是在生之自然上言性,此固然非五峰所能同意,而朱子那种性理之善亦未必就是五峰所说的性。朱子批评性无善恶,其真实原因在于其心性二分的主张,因为心是无善无恶,故须别立一个性善本体以待心去依循,否则,性其情如何可能呢? 五峰则无此种担忧,心之流行处便是性,便自能见个善恶之分别在内。因此,五峰说"尽心成性",正是要使性从心中直接呈现出来,此种态度实本于孟子之"尽心知性"说。

朱子分心性为二,则心只是一知觉之心,而性亦只是一不动的理,然而,朱子又要说明这不动的性如何正其情,而这只能通过心之统摄作用方成为可能。既然心只是无内容的活动,而性只是无活动的内容,因此,朱子实难领会五峰以性为无善无恶的说法,更不能领会一个无内容的活动又如何会在情之流行中有个中节的把握,所以,朱子只好将"圣人发而中节"以下删去,而总之以"亦曰天理人欲之不同尔"语。

由此可见,朱子并非反对"性其情"就是使情发而中节的说法,而是反对以

---

① 明道之《定性书》云:"夫人之情,易发而难制者,惟怒为甚,第能于怒时遽忘其怒而观理之是非,亦可见外诱之不足恶,而于道亦思过半矣。"对情的态度只是忘之,只是先搁置一边,则此心自昭昭,而外物因此不能牵动吾心,又何必恶之哉? 这种对待私情的态度与那种以理裁制情的做法是根本不同的,由此获得的大公之情也超出了道德领域里的那种情感。

② 朱熹:《知言疑义》,载《胡宏集》附录一,第334页。

中节与否来说明善恶价值的成立,就是说,只是因为先有个善恶之价值判断,然后才能通过心之主宰作用而使情发而中节,而不是因为先有情之中节然后才有善恶之价值判断。心只是一个活动,并无任何形式的东西在其中,而须将别处之善理拿来,以作用于情,如是情得以中节。换言之,善恶不是由于情之中节与否,而是因为本有现成的善恶价值(性或理)在那里,人心正是依此价值去主宰情之发用,如是情方能发而中节。在此,朱子以心、性、情三分的倾向遂显露无遗矣。①

按照朱子的理路,性必然是善,则自有条理也,然后通过心的主宰作用而使情合乎此条理,如是情得发而中节。五峰的理路则不同,即以心即是性,心之动即是性之流行,尽心即能尽性。关于五峰的理路,我们先须说明中节之情即是性之情,情之中节即表明性发用于情上。

盖作为"生之自然"的情只是私情,不论是孝亲之情还是男女之情,本质上都是一种私情。私情之特点在于有私,即若任其自然之情,则不免囿于情之自然所及处。这种"任"的态度就是情之放纵、无节制,从而远离作为本然的性。而中节之情则不然,本质上是一种大公之情。所谓廓然大公,即是人心不蔽于情之自然所及处,而同时将他者收摄于吾心之中。换言之,当人情自然发动时,同时亦包含对他者的关注在内。然而,这又如何可能呢?

我们都有这种体会,即少有情绪思考问题时,眼界往往较开阔,也较容易

① 牟宗三以为,"是非、善恶等乃是对于表现层上的事作价值判断,乃是价值判断上的指谓谓词。至于心体、性体之自身乃是判断之绝对标准,其本身不是一事相,故亦不是接受判断者。即依此义而言,心体、性体不可以是非善恶言"。(牟宗三:《心体与性体》册二,第 472 页。)可见,牟宗三以性乃价值判断之根据;而非判断的对象,故不可以善恶言。然而,这种说法对朱子未见得有说服力,盖朱子此处有言:"然不知所中之节,圣人所自为邪?将性有之邪?谓圣人所自为,则必无是理;谓性所固有,则性之本善也明矣。"(朱熹:《知言疑义》,载《胡宏集》附录一,第 334 页。)案,朱子之意,情之所以中节为善,是由于性善,此显然亦以性作为价值判断之根据,故须言善。至于牟氏以五峰是"限是非、正邪、善恶于表现层"(牟宗三:《心体与性体》册二,第 472 页),则诚然也。

五峰弟子吴晦叔明确言心、性与情三者为一。案,《五峰学案》吴晦叔条下云:"《遗书》云:'自性之有形者谓之心,自性之有动者谓之情。'又曰:'心本善,发于思虑则有善有不善。若既发,则可谓之情,不可谓之心。'夫性也,心也,情也,其实一也。今由前而观之,则是心与情各自根于性矣;由后而观之,则是情乃发于心矣。窃谓人之情发,莫非心为之主,而心根于性,是情亦同本于性也。今曰'若既发,则可谓之情,不可谓之心',然则既发之后,安可谓之无心哉?岂非情言其动,而心自隐然为主于中乎?"(黄宗羲:《宋元学案》卷 42,载《黄宗羲全集》册四,第 694—695 页。)则似对朱子性体情用的主张不以为然。

接纳不同的意见,然而,当我们一旦情绪上来后,往往什么都不顾了,只是一味执定眼前所认的死理。显然,此时我们因为自己情绪的牵累,人心遂为之昏蔽矣。诚然,凡人不能没有情绪,但是,当情绪发动时,我们却有可能与自己的情绪保持一段距离,犹如我们在万花丛中观赏时一样,能够保持一种俯视或静观的态度,虽有愉悦之感,而不至于久久停驻于此。人情的特点就是偏执,常系累于一处而不计其余,如是而不免有偏执,偏执则有暗蔽。心则不然,其本质上是清明的。故情虽能使心昏蔽,然若心能从此系累中摆脱出来,不为情所牵动,自作主宰,则情自不能障蔽吾心之清明。心自作主宰,即是不动心。心若不动,则虽当人情汹涌纷扰之际,而常能优游居于无事之地,如此心之清明自不为所昏蔽,昭昭彻彻,天下之理莫不毕具于吾心矣。因此,当人情自然萌动时,若同时升起一个不动的心,将那系情于外的"放心"收之于内,而事物之本然就呈现出来了。①

因此,所谓情之中节不是依理去裁制人情,其功夫不是在情上做,而是在心上做。心只要在情之发动时却又能与事物保持一段距离,而不为之所系累,则情之发动自能中节。《传习录》卷上载有一事,颇能说明这个问题:

> 澄在鸿胪寺仓居,忽家信至,言儿病危,澄心甚忧闷不能堪。先生曰:"此时正宜用功,若此时放过,闲时讲学何用?人正要在此时磨炼?父之爱子,自是至情。然天理亦自有个中和处。过即是私意。人于此处多认做天理当忧,则一向忧苦,不知己,是'有所忧患,不得其正'。大抵七情所感,多只是过,少不及者。才过便非心之本体,必须调停适中始得。就如父母之丧,人子岂不欲一哭便死,方快于心?然却曰'毁不灭性'。非圣人强制之

---

① 伊川、朱子及后来阳明的功夫都是主张"正念头",即在一事一物上消除内心邪念的功夫,这与孟子提示的"求放心"道路并不相同。明道《定性书》有云:"苟规规于外诱之除,将见灭于东而生于西也,非惟日之不足,顾其端无穷,不可得而除也。"念虑之纷烦,足见"正念头"功夫之难。后来颜习斋尝尝做此等功夫,结果困顿不能堪。明道《识仁篇》云:"盖良知良能,元不丧失,以昔日习心未除,却须存习此心,久则可夺旧习。此理至约,惟患不能守。既能体之而乐,亦不患不能守也。"此言"求放心"功夫之易也。可见,"正念头"功夫似易实难,"求放心"功夫则似难实易也。

　　案,"正念头"与佛家"黑白石"之法颇相似,即当心中起一恶念,则下一黑石,若生一善念,则下一白石。初时黑多白少,渐渐修习而白黑平等,直至黑石都尽,唯有白石。至于"求放心"之法,在五峰那里则指一种"识仁"功夫,与朱子的理解不同。

也。天理本体,自有分限。不可过也。人但要识得心体,自然增减分毫
不得。"①

阳明以为,父之爱子,乃人之常情,若发而中节便是大公之情,过则是私意、私
情也。然当此之时,如何用功呢?阳明在此要人"识得心体"。然而,"识得心
体"大概有两种解释:其一,即所谓明理,即在道理上认识到人情过不及之非。
其二,对心体有一种体认,这种体认本身就包含着一种使情发而中节的功夫。
阳明虽以良知为本体,主张知行合一,但从此处阳明的表述来看,"识得心体"
与明道、五峰讲的"识仁"还是相差很远的,而更近于朱子的"格物致知"功夫。

五峰对"正情"的理解,亦颇见于他处。《知言·阴阳》有言:

> 夫妇之道,人丑之者,以淫欲为事也;圣人安之者,以保合为义也。接
> 而知有礼焉,交而知有道焉,惟敬者为能守而勿失也。《语》曰"乐而不淫",
> 则得性命之正矣。谓之淫欲者,非陋庸人而何?②

所谓"乐而不淫",应该不是指数量上的节制,而是要求人们在行夫妇之事时,
须同时保持一个"敬"的态度。敬即是不动心,是一种自持于己("能守")而不为
对象所动("勿失")的态度,即当其行夫妇之事时,常优游在外,而同时升起一个
俯视的心,如此方能节制,不致流于淫欲也。关于这个道理,我们在道家房中
术那里是不难发现的。五峰《知言·天命》又云:

> 一裘裳也,于冬之时举之,以为轻,逮夏或举之,则不胜其重。一绤绤
> 也,于夏之时举之,以为重,逮冬或举之,则不胜其轻。夫衣非随时而有轻
> 重也,情狃于寒暑而乱其心,非轻重之正也。世有缘情立义,自以为由正
> 大之德而不之觉者,亦若是而已矣!孰能不狃于情以正其心,定天下之
> 公乎!③

---

① 《王阳明全集》册上,第19—20页。
② 《胡宏集》,第7页。
③ 《胡宏集》,第2页。

狃，习惯也。盖裘裳、绤绤只是一物，然人情却有冬夏之不同，遂有轻重之感。若人心如衡平一般，只是不动，自为轻重之异，否则又如何能"定天下之公平"？

明道言"情顺万物而无情"，情的特点是执于一，故发于此则失于彼，彼此不能相顾，故情须是顺乎万物之来，一物之来即以一情应之，而不蔽于一物之偏也。然顺万物之情又与俗情之随俗不同，而是在情之发处保持一种出离心，即持一种无情的态度，如此方能情顺万物。明道《定性书》谓"圣人之喜，以物之当喜；圣人之怒，以物之当怒。是以圣人之喜怒不系于心，而系于物也"，即是说心常居于无事之地，故其情之萌发能不系于己而系于物，如是，情虽生而吾心又何与焉！此情所以随顺万物而无情也。

故五峰《知言·阴阳》有云："有情无情，体同而用分。"[1]有情之情是情，无情之情亦是情，此所谓"体同"。然有情之情乃泥乎一物之私情，而无情之情则是顺乎万物之公情，此所谓"用分"也。可见，圣人不病情，不去情，只是于情之发处使其中节而已。然而，情之发而中节，不是心以情外之理以裁制人情，而是即人情之发处却又不为情所动，这才是五峰所说的"正情"。

第四节　性善与性无善恶

关于如何性其情的问题，朱子与湖湘学者的分歧主要围绕性善与性无善恶的关系展开。然而，这个问题又常常与道学家辟佛老的立场牵缠在一起。可以说，在道学内部，性善与性无善恶之分别从来就没有真正得到澄清。

一、明道与文定、五峰论"性无善恶"

在道学家那里，"性无善恶"说最早由明道提出来。明道尝有言："'生之谓性。'性即气，气即性，生之谓也。人生气禀，理有善恶，然不是性中元有此两物相对而生也。有自幼而善，有自幼而恶，是气禀有然也。善固性也，然恶亦不可

---

① 《胡宏集》，第9页。

不谓之性也。………凡人说性，只是说'继之者善也'，孟子言人性善是也。"①
"天下善恶皆天理。谓之恶者非本恶，但或过或不及便如此。"②明道在此说得
极明白，即是以性本无善恶，而"继之者善也"，则"性善"之说乃是从此无善无恶
之性中派生出来。在明道看来，包括孟子在内，一般人言性善皆是在派生义上
言性，至于就性之本然而言，本无所谓善恶。

　　然而，明道提出的"性无善恶"说一直没有得到重视，至胡文定、五峰父子，
才极大地发挥了明道的这个思想。后来，朱子又特别对这个说法进行了批评。
自此，"性无善恶"与"性善"之辨才真正成为道学内部的重要问题。③

　　朱子概括《知言》之疑义，以为"大端有八"，即"性无善恶，心为已发，仁以用
言，心以用尽，不事涵养，先务知识，气象迫狭，语论过高"④。其实这八条又可
归为三："性无善恶"为一条，这条论本体；"心为已发""仁以用言"与"心以用尽"
可归为"性体心用"一条，这条论体用关系；后面四条可归为"先察识而后涵养"，
盖"不事涵养"是说察识前缺一段主敬功夫，"先务知识"与"不事涵养"条同，"气
象迫狭"的批评亦见于前面朱子对南轩"类聚言仁"的批评，"语论过高"即是反
对直接以求本体为功。因此，最后一条主要是批评湖湘学术之工夫论。可见，
朱子对五峰的"八端致疑"实际上涵盖了心性之学的所有内容，可以说是彻头
彻尾对湖湘学术的不满。

　　五峰言性无善恶处颇多，如：

　　　　凡人之生，粹然天地之心，道义完具，无适无莫，不可以善恶辨，不可

---

① 《河南程氏遗书》卷1，载《二程集》，第10页。朱子屡言明道此节说难说难看，又说其譬喻最杂，卒
乍理会未得。可见，朱子对明道之"性无善恶"说终不能理会，然明道之语又说得甚是明白，使
朱子亦难以曲折弥缝，故有此感慨也。朱子论明道此条处颇多，《朱子语类》卷95中载有不下
30余条。如朱子认为"到伊川说'性即理也'，无人道得到这处。理便是天理，又那得有恶！"似
乎明道亦未尝道得到这处。又认为"不是两物相对而生"之语说的是"性善"，而非性无善恶。
又认为明道"以水喻性"有病。又认为"善固性也，恶亦不可不谓之性也"说的只是气质之性。
又认为"'人生而静'，已是夹杂形气，专说性不得"。可见，明道此说与朱子差异甚大。
② 《河南程氏遗书》卷2上，载《二程集》，第14页。
③ 钱穆先生甚至认为，"阳明天泉桥四句教谓无善无恶心之体，有善有恶意之动，实亦五峰性无善
恶之说"。（钱穆：《朱子新学案》中册，巴蜀书社1986年版，第884页。）可见，性善与性无善恶
问题影响之深远。
④ 黎靖德编：《朱子语类》卷101，第2581页。

以是非分,无过也,无不及也。此中之所以名也。①

五峰认为天地之心虽"道义完具",却"无适无莫,不可以善恶辨,不可以是非分"。而在朱子看来,这个说法是自相矛盾的。因为心只是个形而下的知觉运动,可以说无善无恶,然而,如果因此认为性亦无善无恶,就成问题了。不过,对五峰来说,心即是性,心无善无恶,性自当亦是无善无恶。

五峰遂因此重新对孟子之"性善"进行了阐释。他说道:

> 或问性。曰:"性也者,天地之所以立也。"曰:"然则孟轲氏、荀卿氏、扬雄氏之以善恶言性也,非欤?"曰:"性也者,天地鬼神之奥也。善不足以言之,况恶乎?"或者问曰:"何谓也?"曰:"宏闻之先君子曰:'孟子所以独出诸儒之表者,以其知性也。'宏请曰:'何谓也?'先君子曰:'孟子道性善,"善"云者,叹美之词,不与恶对。'"②

荀、杨言性,只是在生之自然上言性,性在他们那里尚未有本体的意味。不过,五峰若是仅仅针对他们而提出"性无善恶"之说,则似不足以彰显"性无善恶"之内涵。其实,"性无善恶"说主要是反对把孟子的"性善"纯粹从伦理的善的角度去理解,对此,五峰甚至不惜借用佛家"善哉"一语来解释孟子所说的善。

明道直接认为孟子"性善"乃是在派生义上言性,而文定、五峰则稍存回护之心,即认为孟子虽言"性善",但其意思与他们所说的"性无善恶"并无二致。由此可见,"叹美之辞"一说似非得自明道,当别有授受,后来,朱子指斥此说本得自龟山,而龟山则得自常摠,欲以证成此说与佛氏之渊源也。据《朱子语类》所载:

> 然文定又得于龟山,龟山得之东林常摠。摠,龟山乡人,与之往来,后住庐山东林。龟山赴省,又往见之。摠极聪明,深通佛书,有道行。龟山问:"'孟子道性善',说得是否?"摠曰:"是。"又问:"性岂可以善恶言?"摠曰:"本然之性,不与恶对。"此语流传自他。然摠之言,本亦未有病。盖本

---

① 朱熹:《知言疑义》,载《胡宏集》附录一,第 332 页。
② 朱熹:《知言疑义》,载《胡宏集》附录一,第 333 页。

然之性是本无恶。及至文定,遂以"性善"为赞叹之辞;到得致堂、五峰辈,遂分成两截,说善底不是性。若善底非本然之性,却那处得这善来?既曰赞叹性好之辞,便是性矣。若非性善,何赞叹之有?如佛言"善哉!善哉!"为赞美之辞,亦是说这个道好,所以赞叹之也。[①]

"性无善恶"说为龟山得自明道,抑或得自常摠,皆不可考。然而朱子如此说,其用意却是很清楚,盖欲直斥此说与佛氏之渊源耳。[②] 朱子甚至认为,常摠之言本无病,只是文定错会了。这种说法又与朱子对佛家"作用为性"的批评相抵牾。

二、本然之善——湖湘学者对"性无善恶"义的阐发

对湖湘学者而言,性既不能只看作伦理上的善,即作为善恶相对之善,然又不能不为善[③],于是湖湘学者又提出了"本然之性"或"本然之善"的概念。

---

① 黎靖德编:《朱子语类》卷 101,第 2586 页。《朱子语类》中另有一段话与此相近:"龟山往来太学,过庐山,见常摠。摠亦南剑人,与龟山论性,谓本然之善,不与恶对。后胡文定得其说于龟山,至今诸胡谓本然之善不与恶对,与恶为对者又别有一善。常摠之言,初未为失。若论本然之性,只一味是善,安得坏来?人自去坏了,便是恶。既有恶,但与善为对。今他却说有不与恶对底善,又有与恶对底善。如近年郭子和《九图》,但是如此见识,上面书一圈子,写'性善'字,从此牵下两边,有善有恶。"(同前,第 2587 页)朱子以为常摠言本然之性不与恶对,只是说性纯然是善,无有纤恶牵杂其中,而文定则以为性之本然超乎善恶对待,善恶对待乃见于行事中的价值评判。郭立之(字子和)亦程子门人,《朱子语类》卷 101 载郭子和语,此足见程门中言性无善恶者实不少。

② 文定与龟山在师友之间,而五峰亦见龟山于京师,故此说得自龟山或未可知。然"性无善恶"说与整个湖湘学术之成立大有关系,就此而论,此说亦是应有之义。且此说近可溯至明道之"生之谓性",远则上承《中庸》《易传》,而朱子则以此说得自佛氏,盖置此传统而弗顾也。

③ 牟宗三先生以五峰言性乃超越善恶相对相,而为一"超越的绝对体"之至善,故不可以善恶名性。盖善恶乃是在事物上表现出来的"相对善",此与至善之为善不同。因此,五峰如此言性,不是以性为"中性义",而朱子则以"中性义"视之。牟氏以五峰此种对性的理解实承"濂溪、横渠、明道之由《中庸》《易传》之路言'于穆不已'之性体而言性",又涵"内在道德性"之义,故无善无恶之性即是纯然至善之性。(牟宗三:《心体与性体》册二,第 461—465 页。)

其实,朱子亦有类似湖湘学者的表述。郑问:"先生谓性是未发,善是已发,何也?"曰:"才成个人影子,许多道理便都在那人上。其恻隐,便是仁之善;羞恶,便是义之善。到动极复静处,依旧只是理。"曰:"这善,也是性中道理,到此方见否?"曰:"这须就那地头看。'继之者善也,成之者性也。'在天地言,则善在先,性在后,是发出来方生人物。发出来是善,生人物使成个性。在人言,则性在先,善在后。"(黎靖德编:《朱子语类》卷 5,第 87 页。)可见,性与善是有区别的:先于性之善实即五峰所说的无善无恶的性,亦即明道所说的"生生之德";后于性的善则是与恶相对之善,纯系伦理价值上的判断。前者是在未发上说,后者则是在已发上说。

《朱子语类》上有一段话较完整地概括了湖湘学者论性的基本观点：

> 季随①主其家学，说性不可以善言。本然之善，本自无对；才说善时，便与那恶对矣。才说善恶，便非本然之性矣。本然之性是上面一个，其尊无比。善是下面底，才说善时，便与恶对，非本然之性矣。"孟子道性善"，非是说性之善，只是赞叹之辞，说"好个性"！如佛言"善哉"！②

朱子这段话概括得还是相当准确的。季随在此将"本然之善"与"善恶相对"之善区分开来，视作两个不同层面的性，可以说进一步发挥了明道、五峰的思想。因为"本然"二字，既说明了人类源初的那种浑沌状态，又强调后世的善恶是从这种浑沌状态中派生出来的，可以说，"本然之性"正是对明道、湖湘学者之"性无善恶"思想的一种概念化表述。然而，朱子却试图抹掉这种思想与明道的渊源，而将之上溯到佛氏。

"本然之性"的概念，虽不见于五峰《知言》，亦不见于五峰其他著述，然而，从我们对"性无善恶"的分析来看，不难发现"本然之性"实在是其应有之义耳。盖五峰以无善无恶说性，从游之学者必多质疑者，故五峰欲说明性无善无恶与性善之关系，从而提出了"本然之性"的概念。

朱子如此不满于五峰之性无善恶说，可能更多是出乎其卫道或辟佛的立场。道学家有着共同的辟佛立场，即认为佛教那种出世间的人生态度根本上否定了儒家纲常伦理乃至现世生活的价值，因此，道学运动把"性即理"当作其理论的出发点，即将体现在儒家那里的纲常伦理看作人性的内在要求。在朱子看来，五峰以无善无恶说性，则不免以性为空虚，甚至有否定纲常伦理的危险，"胡氏之学，大率于大本处看不分晓，故锐于辟异端，而不免自入一脚也"③。

在朱子看来，性善即是以理为性。关于此层意思，朱子相关的说法甚多：

> 到伊川说"性即理也"，无人道得到这处。理便是天理，又那得有恶！

---

① 《岳麓诸儒学案》云：胡大时，字季随，崇安人。五峰季子。先后师张南轩、陈止斋及陆象山诸人。
② 黎靖德编：《朱子语类》卷101，第2585页。
③ 黎靖德编：《朱子语类》卷101，第2592页。

孟子说"性善"，便都是说理善；虽是就发处说，然亦就理之发处说。①

韩愈说性自好，言人之为性有五，仁义礼智信是也。指此五者为性，却说得是。性只是一个至善道理，万善总名。②

因此，在朱子看来，性善即是理善。又云：

胡氏说善是赞美之辞，其源却自龟山，《龟山语录》可见。胡氏以此错了，故所作《知言》并一齐恁地说。本欲推高，反低了。盖说高无形影，其势遂向下去。前日说韩子云："何谓性？仁义礼智信。"此语自是，却是他已见大意，但下面便说差了。荀子但只见气之不好，而不知理之皆善。扬子是好许多思量安排，方要把孟子"性善"之说为是，又有不善之人；方要把荀子"性恶"之说为是，又自有好人，故说道"善恶混"。温公便主张扬子而非孟子。程先生发明出来，自今观之，可谓尽矣。③

在朱子看来，五峰说性无善恶，"本欲推高"，即主张在伦理的善之上还有个本然的善，但是，此种说法却"高无形影，其势遂向下去"，即堕于以形质说性也，亦即告子以杞柳、湍水说性也。

三、辨"天理人欲同体"——对朱子批评的驳正

朱子如此看五峰之"性无善恶"说，至五峰之"天理人欲同体而异用"，更是执以为据，认为五峰正因为在"生之自然"上说性，故不免在性上将天理与人欲混而为说也。

《知言疑义》载：

《知言》曰：天理人欲，同体而异用，同行而异情。进修君子宜深

---

①　黎靖德编：《朱子语类》卷 95，第 2425 页。
②　黎靖德编：《朱子语类》卷 101，第 2592 页。
③　黎靖德编：《朱子语类》卷 101，第 2587 页。

别焉。①

对于这段话,历来有两种解释。一种是朱子的说法:

> 体中只有天理,无人欲,谓之同体,则非也。同行异情,盖亦有之,如口
> 之于味,目之于色,耳之于声,鼻之于臭,四肢之于安佚,圣人与常人皆如
> 此,是同行也。然圣人之情不溺于此,所以与常人异耳。②

看来,朱子是将"同体而异用"与"同行而异情"区别对待的。所谓"同行而异
情",即"同事而异行"的意思,亦即在同样一种事情上却可表现出天理、人欲的
不同,朱子是认可这种说法的。至于"同体而异用"说,朱子则不同意,"如何天
理人欲同体得? 如此却是性可以为善,亦可以为恶。却是一团人欲窠子,将什
么做体?"③朱子的意思是说,在体上只能说是天理,而不可杂乎人欲,故不可说
"同体而异用",而在用上则天理、人欲可以并存,在同一件事情上,圣人去做是
天理,而凡人去做则是人欲,故可以说"同行而异情"。

既然在朱子看来,五峰之说实在本体上将天理与人欲混杂起来,故朱子
认为:

> 胡子之言,盖欲人于天理中,拣别得人欲;又于人欲中,便见得天理。
> 其意甚切。然不免有病者,盖既谓之同体,则上面便著人欲二字不得。此
> 是义理本原极精微处,不可少差。试更子细玩索,当见本体实然只一天
> 理,更无人欲。故圣人只说克己复礼,教人实下工夫,去却人欲,便是天理。
> 未尝教人求识天理于人欲汨没中也。若不能实下工夫,去却人欲,则虽就
> 此识得未尝离之天理,亦安所用乎?④

五峰在"本然之善"的意义上说本体,并视之为伦理上的善恶之根据,朱子却认

---

① 朱熹:《知言疑义》,载《胡宏集》附录一,第 329 页。
② 黎靖德编:《朱子语类》卷 101,第 2591 页。
③ 黎靖德编:《朱子语类》卷 101,第 2592 页。
④ 朱熹:《知言疑义》,载《胡宏集》附录一,第 330 页。

为，五峰实将善恶混在一起说性体，不免将五峰之所非尽归之五峰，然后以此力诋之，可谓厚诬前辈也！

其后，胡广仲亦持五峰立场，且与朱子颇有往复辩论。其实，在明道那里已有类似说法，对此，朱子本人亦有明言，其《答何叔京》第 30 书云："熹窃以谓人欲云者，正天理之反耳。谓因天理而有人欲则可，谓人欲亦是天理则不可。盖天理中本无人欲，惟其流之有差，遂生出人欲来。程子谓善恶皆天理，谓之恶者本非恶，但过与不及便如此。所引'恶亦不可不谓之性'，意亦如此。"①可见朱子欲为明道回护，且切割其与湖湘学派之关系也。

另一种态度则是回护五峰的立场。这种态度以牟宗三先生为代表。在牟先生看来，"同体而异用"与"同行而异情"两说，其实是一个意思，盖"同体"之体可作"事体"解，而非本体的意思，因此，所谓"同体而异用"，即是主张在同一事体上而有天理、人欲的不同表现。② 更何况五峰紧接着说"进修君子宜深别焉"，既然在同一事体、同一事行时却有天理、人欲之不同表现，可见，五峰实欲勉励君子要细加体察天理人欲之不同。③ 牟先生所说极是。然而，"同体"之体作本体解亦可通，所谓"同体而异用"，即天理、人欲这种伦理上的价值都是由那无善无恶之性派生出来的，是同一个本体的不同发用而已。明道"恶亦不可不谓之性"之说，正是说明这个道理。

朱子对五峰"性无善恶"说的批评，最后集中在"好恶，性也"一条上，而五峰成立其性无善恶说，亦据此条而来。五峰云：

---

① 朱熹：《文集》卷 40，《朱子全书》本，第 1842—1843 页。
② 牟宗三：《心体与性体》册二，第 454 页。《知言·事物》尚有一条："视听言动，道义明著，孰知其为此心？ 视听言动，孰知其为人欲？"（《胡宏集》，第 21 页。）视听言动之事，若是表现道义，则是天理；视听言动之事，若为物欲引取，便是人欲。"视听言动"既可说同一事行，亦可说同一事体。此条虽不足以证成牟宗三之说，然亦可见五峰绝无朱子所说的"于天理中，拣别得人欲；又于人欲中，便见得天理"的意思，而是强调要区别天理与人欲之不同。
③ 王开府先生则以为"同体"说的是"同心"："天理人欲固然不同，心却只一个。同体是就心来说，同属一体。说同体，并无过患。"（王开府：《胡五峰的心学》，学生书局 1978 年版，第 91 页。）心只是一个，而就其表现却有天理人欲之不同，如朱子言人心、道心之别时说："夫谓人心之危者，人欲之萌也；道心之微者，天理之奥也。心则一也，以正不正而异其名耳。"（《晦翁学案·观心说》）同一个心，然其表现却有人心、道心之别。王先生的这种说法亦可通。

> 好恶,性也。小人好恶以己,君子好恶以道。察乎此,则天理人欲
> 可知。①

朱子对此段的批评集中在两点:

其一,关于"好恶,性也"。朱子曰:

> 熹谓好恶固性之所有。然直谓之性,则不可。盖好恶,物也。好善而
> 恶恶,物之则也。有物必有则,是所谓形色天性也。今欲语性,乃举物而遗
> 则,恐未得为无害也。②

朱子何以言"好恶,物也"? 好恶本是说心,然朱子只是以作为"生之自然"的知
觉运动说心,即以心为形而下者,故朱子直截说"好恶,物也"。若撇开此点不
论,那么,朱子何以反对以好恶言性呢? 据朱子所论,好恶只可言心,而心不可
说是性。心只是个知觉,无所谓善,亦无所谓恶,乃人物所同具,故不可单说个
好恶,须当说好善恶恶,知此觉此,如此,心方有个准则而不至于流为恶也,故
朱子云:"好善而恶恶,人之性也。为有善恶,故有好恶。'善恶'字重,'好恶'字
轻。君子顺其性,小人拂其性。五峰言:'好恶,性也。君子好恶以道,小人好恶
以欲。'是'好人之所恶,恶人之所好',亦是性也! 而可乎?"又云:"'好恶,性
也。'既有好,即具善;有恶,即具恶。若只云有好恶,而善恶不定于其中,则是性
中理不定也。既曰天,便有'天命''天讨'。"③朱子于是主张心与性不可分说,
才说心,便须有个性来作心的轨则,使心不至流入恶也。至于五峰之"心即性"
之说,则直是将人欲作性看也,与告子以生之自然言性并无不同,故朱子曰:
"论性,却曰:'不可以善恶辨,不可以是非分。'既无善恶,又无是非,则是告子
'湍水'之说尔。"④可见,朱子完全站在"心性不离"的立场,来批评"心即性"
之说。

其二,关于"小人好恶以己,君子好恶以道"。五峰又言:"本天道变化,为世

---

① 朱熹:《知言疑义》,载《胡宏集》附录一,第 330 页。
② 朱熹:《知言疑义》,载《胡宏集》附录一,第 331 页。
③ 黎靖德编:《朱子语类》卷 101,第 2591 页。
④ 黎靖德编:《朱子语类》卷 101,第 2588 页。

俗酬酢,参天地,备万物。"朱子以为如此说则不免心性二分,故不可。朱子对之批评道:"'君子好恶以道',是性外有道也。""圣人下学而上达,尽日用酬酢之理,而天道变化行乎其中耳。若有心要本天道以应人事,则胸次先横了一物,临事之际,着意将来把持作弄,而天人之际终不合矣。"①又曰:"以好恶说性,而道在性外矣。""既以好恶为性,下文却云'君子好恶以道',则是道乃旋安排入来。""曰'好恶性也,君子好恶以道,小人好恶以己',则是以好恶说性,而道在性外矣,不知此理却从何而出。"②五峰如此说话,虽未见得圆融,然考其意,则绝无心性二分之义。盖五峰说心即性,而性无善恶,然又恐学者见得差了,不能契悟"性无善恶,然发用却有善恶之不同"之旨,遂又强调此好恶中本有个道,非真的空无一物也。朱子不细究其意,断以己说,乃有此无端指责。至于朱子本人,实分心性为二,却指斥五峰将道从外面"旋安排入来"。③

既然性为无善无恶,那么,性其情又如何可能? 准确地说,情之发而中节又如何可能? 朱子之始终不悟即在于此,而五峰"心即性"说的成立亦系于此问题的解决。对此,前面虽随文指出解决此问题的方向,但由于问题的重要性,实有必要做一专题的研究。

---

① 朱熹:《知言疑义》,载《胡宏集》附录一,第 330 页。
② 黎靖德编:《朱子语类》卷 101,第 2590 页。
③ 朱子曰:"今胡氏子弟议论每每好高,要不在人下。才说心,便不说用心,以为心不可用。至如《易传》中有连使'用心'字处,皆涂去'用'字。某以为,孟子所谓:'尧舜之治天下,岂无所用其心哉?'何独不可以'用'言也? 季随不以为然。遂检文定《春秋》中有连使'用心'字处质之,方无语。"(黎靖德编:《朱子语类》卷 101,第 2589 页。)盖季随以为心不可作一对象来把捉,故不说"用心",而朱子却不以为然。然此处朱子批评五峰将理、道作为一对象来把捉,可见朱子之自相矛盾也。

第三章 性与心

南轩《胡子知言序》云:

> 《论语》一书,未尝明言性,而子思《中庸》,独于首章一言之。至于孟子,始道性善,然其为说则已简矣。今先生是书于论性特详焉,无乃与圣贤之意异乎?[①]

此段乃南轩设问之辞,故亦可看作南轩对五峰之学的总体把握。南轩谓《知言》"论性特详",此说确然。在五峰那里,"性"常常与"心"对举,实属一核心概念,其地位犹如"心"之于陆王、"理"之于程朱一般。因此,既有所谓"理学""心学"之名,则无妨名五峰之学为"性学"也。其后,蕺山言明道"主静之学"为"性学",而五峰传明道,故以"性学"之名指称五峰学术,当属确当。

第一节 心即性与心性不离

"心即性"与"心性不离"二说,其内涵完全不同。心与性为二,心只是一纯粹活动而已,自身并无法度,而须心外之别物即理以裁成之。因此,心、性正以其相离,故必须相合也,否则,心之动只是冥行妄为,与动物之知觉运动又何别焉!此朱子所以主张"心性不离"之故也。至于五峰所主"心即性"则不然,盖性自己便能动,无须借性外之心而后动;若心亦然,其所动莫非有性也,而无须借心外之性而后性之。

---

① 《胡宏集》附录二,第 338 页。

一、"好恶言性"与朱子对佛家"作用为性"的批评

五峰有"好恶,性也"之说,由此以明"心即性"之旨,然朱子则根本上反对此说,而主张"心性不离"。据《朱子语类》所载:

> 性犹太极也,心犹阴阳也。太极只在阴阳之中,非能离阴阳也。然至论太极,自是太极,阴阳自是阴阳。惟性与心亦然,所谓一而二,二而一也。
>
> 此两个说着一个,则一个随到,元不可相离,亦自难与分别。舍心则无以见性,舍性又无以见心,故孟子言心性,每每相随说。仁义礼智是性,又言"恻隐之心、羞恶之心、辞逊、是非之心",更细思量。①

可见,朱子主张心与性二也,然心与性亦非全不相涉,二者实不能离。

五峰与朱子论心性关系实有根本不同,盖心即性只是即心成性,即在心之发用处而见性之所在;而心性不离说则不然,以心、性俱是一物,心只是纯粹的活动,即所谓知觉运动而已,而性则只是理,本身却不能动。在朱子那里,一个是能动的心,一个是不动的性,出乎"性其情"之必要,性又不能不动,然须因心而后动。至于心之动,亦须有性为之轨则,否则与禽兽之知觉运动有何异焉?如此,心性须是不离。然而,心性正是不离,故终有二也。

朱子本其心性不离之旨②,故对五峰以好恶言性之说深致不慊不辞,以为如此便是撇开性以说心,而心则不过块然一般之知觉运动耳,与告子以"生之自然"言性无别,甚至沦灭天理,同于佛氏矣。朱子遂以此批评佛家之"作用为性",曰:

> "五峰云:'好恶,性也。'此说未是。胡氏兄弟既辟释氏,却说性无善恶,便似说得空了,却近释氏。但当云'好善而恶恶,性也'。"谓:"好恶,情

---

① 黎靖德编:《朱子语类》卷5,第87—88页。
② "即"有不离的意思,如佛家言"不即不离"即是此种用法,故朱子并不反对"心即性"这种表述,不过只是作"心不离性"解也。

也。"曰："只是好恶,却好恶个甚底?"伯丰谓："只'君子好恶以道',亦未稳。"曰："如此,道却在外,旋好恶之也。"①

在朱子看来,五峰虽辟释氏,然其"好恶,性也"之说实近于释氏,盖此说之实质在于以心言性,则不免以性为无善无恶,故与释氏同。然而,当五峰又说"君子好恶以道",朱子亦不谓然,以为不免以道为心外之别一物也。其实,朱子说心不离性,多少亦堕此病,只是朱子不自省耳。

朱子又引程子门人郭子和论性,以证五峰"好恶,性也"之说犹郭子和之以目视耳听言性也,而与佛家"作用是性"无异。《朱子语类》载其论云:

> 郭子和性论,与五峰相类。其言曰："目视耳听,性也。"此语非也。视明而听聪,乃性也。箕子分明说："视曰明,听曰聪。"若以视听为性,与僧家"作用是性"何异?五峰曰："好恶,性也。君子好恶以道,小人好恶以欲。君子小人者,天理人欲而已矣。"亦不是。盖好善恶恶,乃性也。②

据朱子言,"作用为性"本是佛家自己的说法:

> 释氏专以作用为性。如某国王问某尊者曰："如何是佛?"曰："见性为佛。"曰："如何是性?"曰："作用为性?"曰："如何是作用?"曰云云。禅家又有偈者云："当来尊者答国王时,国王何不问尊者云:'未作用时,性在甚处?'"③

什么是"作用为性"呢?朱子云:

---

① 黎靖德编:《朱子语类》卷 101,第 2590 页。
② 黎靖德编:《朱子语类》卷 101,第 2579 页。
③ 黎靖德编:《朱子语类》卷 126,第 3021 页。陈淳《北溪字义》中亦有一段类似的对话:"问:'如何是佛?'曰:'见性为佛。''如何是性?'曰:'作用为性。''如何是作用?'曰:'在目曰见,在耳曰闻,在鼻臭香,在口谈论,在手执捉,在足运奔。遍见俱该法界,收摄在一微尘,识者知是佛性,不识者唤作精魂。'"

作用是性，在目曰见，在耳曰闻，在鼻嗅香，在口谈论，在手执捉，在足运奔，即告子"生之谓性"之说也。①

在朱子看来，"作用是性"即是以目见耳闻之类的知觉运动为性，与告子以"生之自然"言性之说殆无有异焉。那么，朱子为何反对以"生之自然"言性呢？《朱子语类》上载有这样一段话：

徐子融有"枯槁有性无性"之论。先生曰："性只是理，有是物斯有是理。子融错处是认心为性，正与佛氏相似。只是佛氏磨擦得这心极精细，如一块物事，剥了一重皮，又剥一重皮，至剥到极尽无可剥处，所以磨弄得这心精光，它便认做性，殊不知此正圣人之所谓心。故上蔡云：'佛氏所谓性，正圣人所谓心；佛氏所谓心，正圣人所谓意。'心只是该得这理。佛氏元不曾识得这理一节，便认知觉运动做性。如视听言貌，圣人则视有视之理，听有听之理，言有言之理，动有动之理，思有思之理，如箕子所谓'明、听、从、恭、睿'是也。佛氏则只认那能视、能听、能言、能思、能动底，便是性。视明也得，不明也得；听聪也得，不聪也得；言从也得，不从也得；思睿也得，不睿也得，它都不管，横来竖来，它都认做性。它最怕人说这'理'字，都要除掉了，此正告子'生之谓性'之说也。"②

"性即理"说，可以看作整个道学运动的理论前提，而与佛家的基本主张相对立，质言之，道学家强调现实生活的重要性，而将现实的纲常伦理当作人性的内在要求。那么，不论是佛家的"作用为性"，还是告子的"生之谓性"，朱子都把它上升到否定"性即理"的高度。因此，在明道、伊川那里，多少还从"气质之性"的角度肯定了"生之谓性"，至于朱子，虽然接受了"气质之性"的概念，但却反对"生之谓性"之说。朱子的这种态度，必须从辟佛的立场才能得以真正理解。③

因此，佛家虽言性，却说性空，可见其与儒家言性有根本不同。朱子又从

---

① 黎靖德编：《朱子语类》卷126，第3022页。
② 黎靖德编：《朱子语类》卷126，第3019—3020页。
③ 熊十力先生则发明"体用不二"之旨，而在发用处言本体，遂将此理发挥到极致，盖熊氏有取于佛老者亦在于此也。

"知性"的角度批评了佛家之说：

> 问："圣门说'知性'，佛氏亦言'知性'，有以异乎？"先生笑曰："也问得
> 好。据公所见如何？试说看。"曰："据友仁所见及佛氏之说者，此一性，在
> 心所发为意，在目为见，在耳为闻，在口为议论，在手能持，在足运奔，所谓
> '知性'者，知此而已。"曰："且据公所见而言。若如此见得，只是个无星之
> 称，无寸之尺。若在圣门，则在心所发为意，须是诚始得；在目虽见，须是明
> 始得；在耳虽闻，须是聪始得；在口谈论及在手在足之类，须是动之以礼始
> 得。'天生烝民，有物有则。'如公所见及佛氏之说，只有物无则了，所以与
> 圣门有差。况孟子所说'知性'者，乃是'物格'之谓。"①

在朱子看来，佛家之性只是表现为知觉运动而已，因此，其"知性"也只是知得
个知觉运动之心。朱子如此说，并非全然无见。盖佛家言空，不独为破除世间
对我、法的执着，而空亦复空，亦要破除对本体的执着。本体既不可把捉，则本
体即总是在一流转变迁之中。而流转变迁不是言本体有一流转变迁，而是说，
流转变迁即是本体也。佛家言诸法性空，不独是说世间万象乃如幻如梦，亦是
说如此对空的道理的领会亦不可把捉。② 后来，熊十力先生据此发明"体用不
二"之旨，认为本体即是大用流行。

---

① 黎靖德编：《朱子语类》卷 126，第 3021—3022 页。
② 朱子亦深明此理："问：'彼（按指释氏）大概欲以空为体，言天地万物皆归于空，这空便是他体。'
（朱子）曰：'他也不是欲以空为体。它只是说这物事里面本空，著一物不得。'"（黎靖德编：《朱
子语类》卷 126，第 3020 页。）盖佛家言空，并非真的有一空的本体在那里，只是即物而空，物之
不真即是空而已。

其实,佛家言空未必与道学尽相抵牾,宋儒之异议只是在"性空"一说而已。[①] 故朱子曰:"在目虽见,须是明始得;在耳虽闻,须是聪始得;在口谈论及在手在足之类,须是动之以礼始得。'天生烝民,有物有则。'如公所见及佛氏之说,只有物无则了,所以与圣门有差。"人之所作所为,乃至一念之萌动,无不当以理(礼)为轨则,故吾儒主张率性,实循理、复礼之谓也。因此,朱子"心性不离"之说,首先必须从辟佛的立场来加以理解。

朱子又云:

> 吾儒所养者是仁义礼智,他所养者只是视听言动。儒者则全体中自有许多道理,各自有分别,有是非,降衷秉彝,无不各具此理。他只见得个浑沦底物事,无分别,无是非,横底也是,坚底也是,直底也是,曲底也是,非理而视也是此性,以理而视也是此性。少间用处都差,所以七颠八倒,无有是处。吾儒则只是一个真底道理,他也说我这个是真实底道理,如云:"惟此一事实,余一则非真。"只是他说得一边,只认得那人心,无所谓道心,无所谓仁义礼智,恻隐、羞恶、辞让、是非,所争处只在此。吾儒则自"天命之谓性,率性之谓道",以至至诚尽人之物之性,赞天地之化育,识得这道理无所不周,无所不遍。他也说:"我这个无所不周,无所不遍。"然眼前君臣父子兄弟夫妇上,便不能周遍了,更说甚周遍!他说"治生产业,皆与实相不相违背"云云,如善财童子五十三参,以至神鬼神仙士农工商技艺,都在他性中。他说得来极阔,只是其实行不得。只是讳其所短,强如此笼罩去。他旧时瞿昙说得本不如此广阔,后来禅家自觉其陋,又翻转寨白,只

---

① 朱子亦许佛家言心有可取处。《朱子语类》上有一条:"昨夜说'作用是性',因思此语亦自好。虽云释氏之学是如此,他却是真个见得,真个养得。如云说话底是谁? 说话底是这性;目视底是谁? 视底也是这性;听底是谁? 听底也是这性;鼻之闻香,口之知味,无非是这个性。他凡一语默,一动息,无不见得此性,养得此性。"或问:"他虽见得,如何能养?"曰:"见得后,常常得在这里,不走作,便是养。今儒者口中虽常说性是理,不止于作用,然却不曾做他样得养得;只是说得如此,无不曾用功,心与身元不相管摄,只是心粗。若自早至暮,此心常常照管,甚么次第! 这个道理,在在处处发见,无所不有,只是你不曾存得养得。佛氏所以行六七百年,其教愈盛者,缘他也依傍这道理,所以做得盛。"(黎靖德编:《朱子语类》卷126,第3023页。)朱子言佛家亦是"真个见得,真个养得",此是许"作用为性"处。然而佛家所见为何,所养为何? 此处虽说见性、养性,乃承佛家自家所说而来,并非朱子真许佛家乃能见性养性而已。依朱子之本意,大概是要说佛家明心空的道理,故能见得此心不泥于物,能养得此心不为物所动耳。

说"直指人心,见性成佛"。①

对儒家来说,仁义礼智这些道理是非常真实的,相反,在儒家看来,佛家则视这些道理为虚幻。至于道心与人心之别,人心只是一知觉的心,无善无恶,即无轨则约束其心也;道心则不然,心须依仁义礼智之准则而发用。故佛氏言心不言性,则此心即是人心,而吾儒言心又言性,则此心即是道心。

可见,道学家之所以批评佛老之"心即性",归根到底就是佛老那种出世的立场对儒家的伦理道德构成了威胁。对此,朱子说得甚是明白直截:

> 佛老之学,不待深辨而明,只是废三纲五常,这一事已是极大罪名!其他更不消说。②

此类说法,不仅在我们上面所引的朱子之语中已颇有所见,并且在其他道学家那里也是屡见不鲜。道学所以辟异端,其根本的考虑正在于此。

二、"心以成性"与"心统性情"

《知言疑义》载五峰语云:

> 天命之谓性。性,天下之大本也。尧、舜、禹、汤、文王、仲尼六君子,先后相诏,必曰心而不曰性,何也? 曰:心也者,知天地、宰万物、以成性者也。六君子,尽心者也。故能立天下之大本,人至于今赖焉。不然异端并作,物从其类而瓜分,孰能一之?③

五峰此段承"好恶,性也"一语而来,盖欲发明"心即性"之义也。

何谓"心以成性"? 此处关键字是"成"字,牟宗三先生以为作"形著"解。因

---

① 黎靖德编:《朱子语类》卷 126,第 3022—3023 页。
② 黎靖德编:《朱子语类》卷 126,第 3014 页。
③ 《胡宏集》附录一,第 328 页。

此，"心以成性"即言性非心外之一理，而是在心之发用处体现或形著出来的那个样子，五峰言"性不能不动，动则心矣"，即发明此义也。

对此，朱子以为可疑，而欲改作"心统性情"。朱子反对的理由亦是承其"心性不离"之说而来：

> 熹按《孟子·尽心》之意，正谓私意脱落，众理贯通，尽得此心无尽之体，而自其扩充，则可以即事即物，而无不尽其全体之用焉尔。但人虽能尽得此体，然存养不熟，而于事物之间一有所蔽，则或有不得尽其用者。故孟子既言尽心知性，又言存心养性，盖欲此体常存，而即事即物，各用其极，无有不尽。夫以《大学》之序言之，则尽心知性者，致知格物之事；存心养性者，诚意正心之事；而夭寿不贰、修身以俟之者，修身以下之事也。此其次序甚明，皆学者之事也。然程子尽心知性，不假存养，其唯圣人乎者？盖惟圣人则合下尽得此体，而用处自然无所不尽，中间更不须下存养充扩节次功夫。然程子之意，亦指夫始条理者而为言，非便以"尽心"二字就功用上说也。今观此书之言尽心，大抵皆就功用上说，又便以为圣人之事，窃疑未安。[①]

关于朱子此段之义，大致有两层：第一层，"心以成性"与孟子言"尽心以知性"不同，五峰言"心以成性"只是发明"性体心用"的道理，性非心外之别一理，性必于心上而后有见，或者说，心之动处莫不是性也；[②]而孟子之"尽心知性"则不然，众人不能说心即性，唯圣人由于"私意脱落，众理贯通，尽得此心无尽之体，而自其扩充，则可以即事即物，而无不尽其全体之用焉尔"，如此，其心之所在而莫非性也。五峰未必没有见及此种差别，故其独以"尽心"许圣人，而不及众人。然而，五峰此处言"心以成性"则未必仅限于此意，观前文可知"心即性"乃是一本体论上的界定，说的亦是众人之事。故五峰言"知天地，宰万物"，只是说心，

---

① 朱熹：《知言疑义》，载《胡宏集》附录一，第 328—329 页。
② 此种说法亦见于伊川。朱熹《文集》卷 70《记疑》载伊川语曰："性之本言天，性之有形者言心。"此说近似五峰，故朱子以为未必是伊川语。

未必只许圣人有也,盖心之特点便是知天地,宰万物。关于此点,后文尚有详说。① 而唯圣人"尽心"方能立天下之大本。②

第二层,朱子以"尽心"为众人当行的功夫,犹"格物致知"也③,而不可以为圣人所有之功用。然就"尽心"之为功夫而言,只是明得一个天理,至于临事接物,仍未免不足,故须加以涵养之功,故朱子曰:"但人虽能尽得此体,然存养不熟,而于事物之间一有所蔽,则或有不得尽其用者。"朱子以为程子言圣人尽心知性,不假存养,唯圣人为能。④ 是以朱子不许五峰以尽心"立天下大本"之说也。

可见,朱子实不能了悟五峰"心即性"之旨。朱子以为心之活动本身不能看作性之发用,不过知觉运动而已,故常常越出性理之轨则;五峰则不然,以为心之所在莫不有性,虽私欲之发,然其间亦有性之呈露,此即良知也。对此,五峰曰:

　　齐王见牛而不忍杀,此良心之苗裔,因私欲之间而见者也。⑤ 一有见焉,操而存之,存而养之,养而充之,以至于大,大而不已,与此天同矣。此

---

① 牟宗三先生以为,"知天地"之"知"乃是主宰义,故"知天地"即是"官天地"的意思,与"宰万物"同义。(牟宗三:《心体与性体》册二,第 447 页。)

　　关于心之主宰义,五峰备言之,如谓"有而不能无者,性之谓与? 宰物不死者,心之谓与?""气之流行,性为之主。性之流行,心为之主""性定则心宰,心宰则物随"等,皆此意也。

② 关于此层意思,牟宗三先生似失之,而唐君毅先生得之。牟氏解"心以成性"为"尽心以成性",盖欲借孟子说来回护五峰也。而唐氏则解作"即心以成性",谓"五峰之心以成性之说,则循伊川所传之性为未发之说而来。性为未发,不能自发,故唯赖心之主宰运用以成之,以使之见乎情,此皆只为心之发这事"。(唐君毅:《中国哲学原论·原性篇》,第 569 页。)可见,"心以成性"乃是五峰欲发明"心即性"之旨,而朱子批评五峰,亦据"心性不离"之说着眼。

③ 朱子以"格物致知"解孟子"尽心知性",乃由"性即理"一说而来,以为"知性"即是穷理也。故牟宗三先生谓"知性"之"知"乃是明白洞晓的意思,非格物穷理之"知"也。(见牟宗三:《心体与性体》册二,第 453 页。)牟宗三盖以为五峰言"尽心"乃承孟子说而来。

④ 程子此言见于《二程外书》卷 4:"质夫(刘绚)曰:尽心知性,佛亦有至此者。存心养性,佛本不至此。先生曰:尽心知性,不假存养,其唯圣人乎?"(《二程集》,第 373 页。)

⑤ 此说亦见于阳明,《传习录》曰:"良知者,心之本体,即前所谓恒照者也。心之本体,无起无不起。虽妄念之发,而良知未尝不在,但人不知存,则有时而或放耳。虽昏塞之极,而良知未尝不明,但人不知察,则有时而或蔽耳。虽有时而或放,其体实未尝不在也,存之而已耳。虽有时而或蔽,其体实未尝不明也,察之而已耳。若谓真知亦有起处,则是有时而不在也,非其本体之谓矣。"(卷中)此明言性乃无所不在,只是人须察识耳。又云:"圣人之知,如青天之日,贤人如浮云天日,愚人如阴霾天日,虽有昏明不同,其能辨黑白则一。虽昏黑夜里,亦影影见得黑白,就是日之余光未尽处。因学功夫,亦只从这点明处精察去耳。"(卷下)良知之概念正是要发明"心即性"之理也。

心在人,其发见之端不同,要在识之而已。①

五峰察识功夫之成立,乃由"心以成性"说而来。盖性之显现无所不在,虽私欲之发亦有不可掩者,是以湖湘学者"观过知仁"说实据此而为论也。盖朱子以"私意脱落,众理贯通"说"尽心",即在功夫上说"尽心",与孟子说并无相违,牟氏实不必非之。朱子说之非不在此,而在于不明"心即性"之旨也。

不过,五峰以功用言"尽心",实本诸伊川。《文集》卷70《记疑》云:

> 昔尝问伊川:做得到后,还要涵养否? 伊川曰:做得到后,更说甚涵养? 尽心知性,知之至也。知之至,则心即性、性即天,天即性、性即心,所以生天生地,化育万物;其次在欲存心养性以事天。②

伊川以"尽心知性"在功用上说,朱子却以为可疑,谓"此程子之言,乃圣人之事,非为众人而设",又谓"程子之意,亦指夫始条理者而为言,非便以'尽心'二字就功用上说也"。③ 然而,伊川又以"心即性"亦在功用上说,则与五峰不同;而朱子则谓"心即性、性即天,天即性、性即心之语,无伦理"。可见,朱子既不许伊川,更不许五峰也。

然而,朱子不许五峰以功用说"尽心知性",且又加上"存心养性",对此,唐君毅先生以为,盖因朱子"以察识之工夫为有弊,亦不足为本源上之工夫;而此弊则又皆由人之不免于气禀物欲之杂,而察识之工夫又不足以救此弊而来者也"。④

"心统性情"说本出自横渠,朱子采用这个提法,大致出乎两方面考虑:其一,不同意五峰"心即性"之说,否则,心无所统摄,而流于禽兽夷狄也;其二,不同意五峰以功用说"尽心",而只同意在功夫上说"尽心知性",又辅以"存心养性",以对治气禀物欲之杂。而且,五峰在此只是说心与性,而朱子又将情拉扯进来,其用意正在于对治人情之偏颇。朱子曰:

---

① 《胡宏集》附录一,第335页。
② 朱熹:《文集》卷70,《朱子全书》本,第3403页。
③ 朱熹:《知言疑义》,载《胡宏集》附录一,第328页。
④ 唐君毅:《中国哲学原论·原性篇》,第594页。

旧看五峰说,只将心对性说,一个"情"字都无下落。后来看横渠"心统性情"之说,乃知此话有大功,始寻得个"情"字着落,与孟子说一般。孟子言:"恻隐之心,仁之端也。"仁,性也;恻隐,情也,此是情上见得心。又曰"仁义礼智根于心",此是性上见得心。盖心便是包得那性情,性是体,情是用。"心"字,只一个字母,故"性"、"情"字皆从"心"。①

朱子此处以"四端"说情,其意在以性去克服那不善之情,使之归于善之情而已。故就善之情而言,则与性构成体用关系,故朱子不同意五峰"性不能不动,动则心矣"的说法,而欲改为"性不能不动,动则情矣",其用意正在这里。然五峰如此说,本欲成立"心即性"的本体论命题,而朱子则是在功夫论上立说也。②

伊川云:"自性之有形者,谓之心;自性之有动者,谓之情。"此意本精密,后一半含朱子的意思,前一半则含五峰的意思,然而,朱子似不能领会,以为难晓,"不知'有形'二字合如何说?"③朱子以性对情,视情为消极,而须以性去对治情之偏颇,故"性不能不动,动则情矣",朱子强调情不离性,其用意正在于此。

三、熊十力"体用不二"之旨的发明与牟宗三 "即活动即存有"之说

熊十力先生的"体用不二"之说,实际上是对明道、五峰一系的"心即性"之旨的发明。熊氏论儒、佛二家要旨曰:

---

① 黎靖德编:《朱子语类》卷 5,第 91 页。
② 朱子论情有二:一是在"四端"上说情,此时性情相为体用;一是在喜怒哀乐上说情,此时之情虽不可说是善,然亦非恶,只是一中性无记义而言,是以朱子批评李翱曰:"情本不是不好底,李翱灭情之论,乃释氏之言。程子情其性、性其情之说,亦非全说情不好。"又曰:"情不是反于性,乃性之发处。性如水,情如水之流。李翱复性则是,云灭情以复性则非。情如何可灭。此乃释氏之说,陷于其中不自知,不知当时曾把与韩退之看否?"(黎靖德编:《朱子语类》卷 59,第 1381 页。)如此,性与情不能看作体用关系。
③ 朱熹:《知言疑义》,载《胡宏集》附录一,第 328 页。朱子又曰:"邵尧夫说:性者道之形体,心者性之郛郭,此说甚好。盖道无形体,只性便是道之形体。然若无个心,却将性在甚处。须是有个心,便收拾得这性,发用出来。若是指性来做心说则不可。今人往往以心来说性。须是先识得方可说。如有天命之性便有气质。若以天命之性为根于心,则气质之性又安顿在何处。"(黎靖德编:《朱子语类》卷 4,第 63 页。)朱子对邵尧夫语大概有误解,盖邵子语乃承明道而来,乃言性必形著于心,非谓心中有性,心中有理也。

　　佛家观空虽妙,而不免耽空;归寂虽是,而不免滞寂。夫滞寂则不悟生生之盛,耽空则不识化化之妙。此佛家者流,所以谈体而遗用也。儒者便不如是。夫空者无碍义,无碍故神,神者言乎化之不测也。寂者无滞义,无滞故仁,仁者言乎生之不竭也。故善观空者,于空而知化,以其不耽空故。妙悟寂者,于寂而识仁,以其不滞寂故。我们于儒家所宗主的《大易》一书,便知他们儒家特别在生生化化不息真几处发挥。他们确实见到空寂,如曰"神无方,易无体",曰"寂然不动"。寂义,既有明文,无方、无体,正彰空相。我们须知,不空则有碍,而何化之有? 不寂则成滞,而何生之有? 惟空寂始具生化,而生化仍自空寂。《大易》只从生化处显空寂,此其妙也。佛家不免耽空滞寂,故乃违逆生化,而不自知。总缘佛氏自始发心求道,便是出世思想,所以有耽空滞寂、不悟生化之失。①

　　关于儒家"生生"之义,熊氏在《新唯识论·导论》中阐述甚详。不过,我们看到熊氏与宋儒对待佛老的态度有着根本的不同:宋儒将佛教之"空寂"与儒家之"生生"对立起来,因此主张辟异端;但熊氏反而认为此"空寂"之义适能成立儒家"生生"之旨,可谓大有功于圣门也。否则,"不空则有碍""不寂则成滞",生生化化或几乎息矣,故熊氏曰:"空寂始具生化,而生化仍自空寂。"佛氏明空寂,此其是处;而其耽空滞寂,则其病所在也。

　　那么,佛家既能弘阐"空"旨,如何又有耽空、滞寂之病呢?

　　佛家言空,乃毕竟空,是在万物之实性处言空,故耽空;而吾儒言空,则只是在心上言空,而性则不空。前物之去只是为了不碍后物之来,灭灭生生,物来则现,物过则隐,人何得以己意横隔于间,或执乎此,或执乎彼,而致生化之有息乎? 故吾儒之观空与佛氏不同:物之方生方灭,如电光、泡影,如幻如梦,皆无可能,此为佛氏言空;而物之方灭方生,生而后固灭,灭而后方得生,灭是为了生而灭,如此相续不断,此为吾儒之言空。

　　佛氏既以万物毕竟空,故以出世为宗旨。即便菩萨住世,亦是行道之方便而已,终欲使世人归于寂灭。然在吾儒视之,物之空寂非真空寂也,只是欲其

①　熊十力:《新唯识论》,中华书局 1985 年版,第 391—392 页。

无碍吾心耳,故物之空寂适成生生化化也。吾心生机勃勃如此,则万物虽无时不在迁灭,亦无时不生生也。

可见,熊氏有取于佛之言空,正以其能成立吾儒"生生"之义也。熊氏遂由此而发"体用不二"之说。五峰言"性体心用",故性即是体,心即是用,然心即是性,故"心即性"实已涵有"体用不二"之义。熊氏借大海与众沤之喻以明此理,其《体用论·佛法上》云:

> 曰:恶,是何言? 诚如汝计,则体自体,而用自用,截然两片物事。用是生化之几,不由体(自注:譬如说腾跃的众沤不由大海水成),有是理乎? 体唯空寂,不可说生化,非独是死物,亦是闲物矣。当知体用可分,而实不可分。可分者,体无差别(自注:譬如大海水元是浑全的),用乃万殊(自注:譬如众沤现作各别的)。实不可分者,即体即用(自注:譬如大海水全成为众沤),即用即体(自注:譬如众沤以外无有大海水)。是故繁然妙有,都不固定,应说名用。浑然充塞,无为而无不为者,则是大用流行的本体。用以体成(自注:譬如无量沤相都是大海水所成),体待用存(自注:譬如大海水非超越无量沤相而独在)。王阳明有言:"即体而言,用在体。即用而言,体在用。"此乃证真之谈。所以,体用可分而实不可分。此意只可向解人道得,难为不知者言也。[1]

大海是体,众沤是用。众沤之外别无大海,故体不离用,即用即体;大海现起而为众沤,故用不离体,即体即用。如是,"体用不二"之旨明矣。

如是,就此处我们所讨论的问题而言,所谓心性不二,盖以性非在心外不动之体,心亦非在性外无内容之动。后来,牟宗三将此理阐明为"即活动即存有",其论云:

> "性不能不动"即示性体为"即活动即存有"之体,而不是"只存有而不活动"之"只是理"也。就其"活动"义言即是心矣。……五峰惟是心性对言。对言者为明形著之用,而最后是一也。此是以《中庸》《易传》之道体、

---

① 熊十力:《体用论》,中华书局 1994 年版,第 83 页。

性体为首出而欲会通《论》《孟》之仁与心者所必应有之义。融心于性,性即是心,则性不虚悬,有心以实之,性为具体而真实之性,是则客观而主观矣。融性于心,心即是性,则不偏枯,有性以立之(自注:挺立之立),心为实体性的立体之心,是则主观而客观矣。分别言之,心是形著之主,性是纲纪之主。[①]

朱子分心性为二,性是"只存有不活动",而心则是"只活动不存有",则性不免成为外在于人之自然而裁制人之自然的力量,而人之心、情则纯然成为被动的、消极的自然,后来戴震谓宋儒"以理杀人"之非,诚良有以也。而五峰融性于心,融心于性,如此,即活动即存有,即存有即活动,则"心即性"之蕴殆尽此矣。可见,在五峰那里,自然无须通过外来力量的裁制方能中节,其本身即具有一种自我协调的力量,如此,自然取得了一种积极的意义,而重新恢复了性、情之古义,即性、情之源初的未曾分离状态。

可以说,熊、牟二先生发明明道、五峰"心即性"之旨,颇得宋以来心性哲学之正脉。不过,我们在此尚须强调一点,宋儒立论背后有一辟异端的立场,而熊、牟二先生则绝无类似立场,反而有迎纳西人之姿态,故二者对于"生生"的理解其实是有区别的。盖宋儒讲"生生",看重的是儒家的纲常伦理,而异端空寂之说唯有消极意义耳;若熊、牟二氏倡"生生",看重的则是百姓日用,而异端计利之说似乎颇能笃厚于民生者。此中差别不可不知也。[②]

---

① 牟宗三:《心体与性体》第二册,第202页。
② 熊氏论儒佛异同曰:"本书的意义,毕竟有和旧学天壤悬隔的地方,就是旧师于一切行而说无常,隐存呵毁,本书却绝无这种意思。因为我们纯从宇宙论的观点来看,便见得一切行,都无自体。实际上这一切行,只是在那极生动的、极活泼的、不断地变化的过程中。这种不断的变化,我们说为大用流行,这是无可呵毁的。我们依据这种宇宙观,来决定我们的人生态度,只有精进和向上。其于诸行,无所厌舍,亦无所谓染着了。"(熊十力:《新唯识论》,第307页。)又曰:"凡物刹那灭,佛氏与吾儒《大易》都见此理。老庄深达《易》旨。然余独宗《易》,究与二氏殊趣。夫刹那刹那灭,实即刹那刹那舍故生新。儒者以此明人道与群治,当体现天行之行健,常去故取新,自强而不息也。佛氏以刹那灭即是无常,而作空观,卒流于反人生。老庄虽见到刹那生灭,而卒归本自然,遂立守静任化,而废人能。二氏毕竟偏向而失正。"(熊十力:《体用论》,第66页。)熊氏尝试解决中西之异同,其论自有道理,然说得似尚未尽。盖彼时西学横行吾国未久,学者对西学之为祸感受亦浅,故此任务须留待他日。后继之新儒家,有感于西学惠于吾人处多,而贻祸少,对中西之根本不同处体会不多,故有"返本开新"之说,以纳受西人之民主、科学为国人之鹄的也。

第二节　性体心用：宋儒关于中和问题的讨论

一、五峰论中和

心以成性，性是未发之中，然非心外之别一物，须通过心的活动而彰显出来，其发用即是心也。换言之，性为体，心为用。五峰曰：

> 天地，圣人之父母也。圣人，天地之子也。有父母则有子矣；有子则有父母矣。此万物之所以著见，道之所以名也。非圣人能名道也，有是道则有是名也。圣人指名其体曰性，指名其用曰心。性不能不动，动则心矣。圣人传心，教天下以仁也。①

"性其情"乃整个道学理论的基本目标，因此，"性不能不动"亦成为道学家所共许的理论前提。然而，性之动如何可能？关于此问题，历来有两种不同的解决思路：其一，以伊川、朱子为代表，分心与性为二，心能动而无理，性有理而不动，因此，心、性须是不离，性方能成其动，心方能有其理；其二，以明道、五峰为代表，即心即性，心与性一，性不仅有理，同时亦能动。五峰以性为体，以心为用，可以说是此种思路的体现。

然而，五峰"性体心用"之说很容易让人误解，似乎先有一个不动的性，然后发之于外而为心。其实不然，五峰只是说"性不能不动，动则心矣"，所谓"性不能不动"，不是说那个本来不动的性必然要发之于外，而是说性即是动，不可能有不动的性，一说性便是动了，此即心之所在。然此问题在道学框架内似乎不能得到很好的处理，直到后来熊十力先生直接以"大用流行"来描述本体，这个道理才得到较好的说明。因此，湖湘学者讲的"性体心用"，其实即"体用不二"的意思。

然而，朱子却执定以理之静来规定性。如此，性既是静，其动只能通过心，

---

① 朱熹：《知言疑义》，载《胡宏集》附录一，第336页。

而心本身只是一个空无所有的知觉活动，是以性之发用便不能说是心，只是情。如此，与性相为体用的情不可能是那无善无恶的七情，而是纯然善的"四端"，换言之，仁义礼智之性发用于外，则为恻隐、羞恶、辞让、是非之情。故朱子曰："心性体用之云，恐自上蔡失之。此云'性不能不动，动则心矣'，语尤未安。凡此'心'字，皆欲作'情'字如何？"①又欲改五峰语为"性不能不动，动则情矣。心主性情，故圣人教人以仁，所以传是心而妙性情之德"②。"心妙性情之德"本五峰语，朱子则释"妙"为"主"，故"心妙性情之德"即是"心主性情"或"心统性情"之义。③

　　盖五峰主张"心以用言"，而在朱子那里，仅仅强调心的主宰作用，从而构成性情之间的体用关系。故朱子主张心、性、情三分，此种格局在横渠的"心统性情"说那里找到了最合适的表达形式。朱子关于"性体情用"的表述甚多，如：

　　　　性者心之理，情者性之动。心者性情之主。④

　　　　性对情言，心对性情言。合如此是性，动处是情，主宰是心。大抵心与性似一而二，二而一，此处最当体认。⑤

　　　　或问心情性。曰："孟子说'恻隐之心，仁之端也'一段，极分晓。恻隐、羞恶、是非、辞逊是情之发，仁义礼智是性之体。性中只有仁义礼智，发之为恻隐、辞逊、是非，乃性之情也。"⑥

　　　　性，本体也。其用，情也。心则统性情，该动静而为之主宰也。故程子曰：心一也者，省体而言者，有指用而言者，盖为此也。谢氏心性之说，直以性为本体而心为之用，则情为无所用者，而心亦偏于动矣。⑦

朱子论性情关系，乃本诸孟子"恻隐之心，仁之端也"一段。设如此说，本似无大

---

① 朱熹：《知言疑义》，载《胡宏集》附录一，第336页。
② 朱熹：《知言疑义》，载《胡宏集》附录一，第337页。
③ 朱子云："五峰说：心妙性情之德。妙是主宰运用之意。不是他曾去研穷深礼，如何直见得恁地。"（黎靖德编：《朱子语类》卷101，第2582页。）
④ 黎靖德编：《朱子语类》卷5，第89页。
⑤ 黎靖德编：《朱子语类》卷5，第89页。
⑥ 黎靖德编：《朱子语类》卷5，第91页。
⑦ 朱熹：《文集》卷74，《朱子全书》本，第3584页。

差,盖性体情用实为道学家所共许。然朱子此论,却从"心统性情"一说而来,就是说,其中有个心、性、情三者相分离的前提。至于五峰说"正情",究其实,亦不过以性体之动而使情中节的意思,与"性体情用"之说本不相违。

当然,"正情"既可作"正其情"解,五峰实有此语,此时之情当为无善无恶的"七情";亦可作"正之情"解,此时之情即朱子说体用关系中的"四端"之情。朱子说情,亦兼有此两义,盖如前述朱子说,即是就情之为四端来成立性情间的体用关系,然而,朱子复就情之为"七情",亦对五峰的"性体心用"说提出了批评。

五峰的"性体心用"说除见于《知言》外,亦见于五峰《答曾吉甫》第 2 书:

> 窃谓未发只可言性,已发乃可言心,故伊川曰"中者,所以状性之体段",而不言状心之体段也。心之体段,则圣人无思也,无为也,寂然不动,感而遂通天下之故是也。未发之时,圣人与众生同一性;已发,则无思无为,寂然不动,感而遂通天下之故,圣人之所独。……若二先生以未发为寂然不动,是圣人感物亦动,与众人何异?尹先生乃以未发为真心,然则圣人立天下之大业,成绝世之至行,举非真心耶?[①]

又,第 3 书云:

> 某愚谓方喜怒哀乐未发,冲漠无朕,同此大本,虽庸与圣,无以异也;而无思无为,寂然不动,乃是指易而言,易则发矣。故无思无为,寂然不动,圣人之所独,而非庸人所及也。惟无思无为,寂然不动,故感而遂通天下之故,更不用拟议也。……尹先生指喜怒哀乐未发为真心,既以未发,恐难指为心。又读前教,盖尹先生所论已发未发,却偏指未发为真心,故某疑其不然。今蒙坐海,若见真心,则已发未发皆真,自是释然无疑矣。[②]

大略言之,宋儒处理体用关系大致有两条思路:其一,据孟子"恻隐之心,仁之端"之语,而有性体情用之说;其二,据《中庸》"喜怒哀乐之未发谓之中,发而皆

---

① 《胡宏集》,第 115 页。
② 《胡宏集》,第 116 页。

中节谓之和"之语,而以中和相为体用。对于后一条思路,具体而言,通常又有三种不同的理解:

其一,与对孟子语的解释相同,即以为喜怒哀乐是情,而其未发为性,发而皆中节则为四端之情,如朱子曰:"喜怒哀乐,情也。其未发,则性也。无所偏倚,故谓之中;发皆中节,情之正也;无所乖戾,故谓之和。大本者,天命之性,天下之理皆由此出,道之体也。达道者,循性之谓,天下古今之所共由,道之用也。"(《中庸注》)

其二,则如此处尹、杨所解,"喜怒哀乐之未发"乃心之寂然不动的状态,而"发而皆中节"则是心之感而遂通天下之动。换言之,未发指心之静,即一种思虑未萌的状态;已发则是心之动,即一种思虑萌动的状态。未发、已发皆是在心上说。

其三,即如五峰的主张,未发是在性上说,而已发则是在心上说。①

对于第一种解释,道学内部大致没有什么疑义。然而,后面两种说法则有很大不同,由此而分别导致了不同的工夫论。在五峰看来,第二种对未发已发关系的理解,未能将凡与圣区别开来,因为凡、圣在本体上未有不同,而在发用上却必然判若鸿沟。

五峰基于这种对已发未发关系的理解,而成立了其独特的工夫论。既然圣、凡在性上未尝有异,而在发用上却有万千之不同,因此,功夫只能在发用上做。性是未发,那么,情之发而不中节,必是性未能发于情上,故情不能中节。且性之未发乃是天下之大本,未发上不可能用功,因此,五峰以为功夫只能在已发上做。性不能不动,虽情有所不正,然其间不无一隙之明,故功夫便是要在已发上去察识此一隙之明,然后加以涵养之功,由此去体会那个性体。

可见,五峰虽是要去体会那个未发的心,然亦是在已发时用功,后来朱子批评五峰不事涵养,缺乏未发时一段功夫正是对此而发。

---

① 五峰此说为后来湖湘学者所本,如南轩早年便主此说。黎靖德编《朱子语类》卷 95 上有:问:"伊川言:'"喜怒哀乐未发谓之中",中也者,"寂然不动"是也。'南轩言:'伊川此处有小差,所谓喜怒哀乐之中,言众人之常性;"寂然不动"者,圣人之道心。'又,南轩辨吕与叔《论中书》说,亦如此。今载《近思录》如何?"曰:"前辈多如此说,不但钦夫,自五峰发此论,某自是晓不得。今湖南学者往往守此说,牢不可破。某看来,'寂然不动',众人皆有是心;至'感而遂通',惟圣人能之,众人却不然。盖众人虽具此心,未发时已自汩乱了,思虑纷扰,梦寐颠倒,曾无操存之道;至感发处,如何能会似圣人中节!"

二、吕与叔《论中书》与朱子之"中和新说"

朱子在其学术思想形成的早期阶段,完全接受了五峰关于未发已发的理解。大致在乾道五年己丑间,朱子开始反省其"中和旧说"之非,遂"亟以书报钦夫及尝同为此论者",开始对湖湘学者的中和理论进行全面批评。朱子《答湖南诸公论中和》第 1 书云:

> 按《文集》《遗书》诸说,似皆以思虑未萌、事物未至之时为喜怒哀乐之未发。当此之时,即此心寂然不动之体,而天命之性当体具焉。以其无过不及,不偏不倚,故谓之中。及其感而遂通天下之故,则喜怒哀乐之性发焉,而心之用可见。以其无不中节,无所乖戾,故谓之和。此则人心之正而性情之德是也。[①]

湖湘学者以性为未发,心为已发,而朱子自此确立了在心上分已发未发的新方向,即以"思虑未萌、事物未至之时"为未发,而以"感而遂通天下之故"为已发。未发时此心寂然不动,"天命之性当体具焉",以其"无过不及,不偏不倚"故谓之中;已发时以其"无不中节,无所乖戾"故谓之和。

朱子自谓其新论乃承伊川而来,其实,即便就伊川本人而言,其中和理论前后也是有变化的。对此,朱子本人也意识到这一点,曰:

> 伊川初尝曰:"凡言心者,皆指已发而言。"后复曰:"此说未当。"五峰却守其前说,以心为已发,性为未发,将"心性"二字对说,《知言》中如此处甚多。[②]

可见,五峰关于中和的见解,实蹈守伊川早期之说,而伊川本人后来另有新说。五峰在《答曾吉甫》一书中所述伊川语"中者,所以状性之体段",乃出自吕与叔

---

① 朱熹:《文集》卷 64,《朱子全书》本,第 3130—3131 页。
② 黎靖德编:《朱子语类》卷 101,第 2585 页。

（大临）所录其与伊川《论中书》①。看来，五峰在此似有误解。盖中只是状性之体段，而不就是性，伊川在此正是要区别中与性之不同，而反对以中言性也。

吕与叔的"中即性"说，似颇难解。盖与叔谓"不倚之谓中"，又谓"喜怒哀乐之未发，则赤子之心"，"赤子之心，乃论其未发之际，纯一无伪，无所偏倚，可以言中"②，可见，与叔言中乃是在心上言。中与性虽俱是未发，然既在心上言中，如何又言"中即性"，此语不可解，朱子亦以为不可晓。大概与叔如此为论，一则因为中与性皆是未发，二则是因为与叔欲说明"中者道之所由出"，又借"率性之谓道"以明之，故顺此义一路说下来。伊川以为中乃"状性之体段"，以天圆地方比性之中，天地犹性，圆方犹中，中是用来形容性的，故不可便以为是性，伊川故言"如中既不可谓之性，则道何从称出于中？"此语正是明察与叔用意而发。然而，伊川驳与叔语虽无不当，却未必明白与叔想要表达的意思。与叔急切之间说"中即性"不免有病（与叔后亦自觉是"命名未当尔"），于是与叔又转而言"不倚之谓中"，进而以"赤子之心"为中，其意思方得明白。最后，伊川亦同意与叔所言，并以心既可在未发上言，亦可在已发上言作结。朱子以为与叔所言大意不差，即此意也。朱子又以"中即性"之说只是名义未善而已。③ 后来，朱子实以中与性分说。

朱子又曰：

> 吕说大概亦是，只不合将"赤子之心"一句插在那里，便做病。赤子饥便啼，寒便哭，把做未发不得。如大人心千重万折，赤子之心无恁劳攘，只不过饥便啼、寒便哭而已。未有所谓喜，所谓怒，所谓哀，所谓乐，其与圣人不同者只些子。④

---

① 吕与叔的学术倾向与朱子最为相近，朱子于程门诸弟子中亦最推许与叔。朱子尝曰："吕与叔惜乎寿不永，如天假之年，必所见又别。程子称其'深潜缜密'，可见他资质好，又能涵养。某若只如吕年，亦不见得到此田地矣。"（黎靖德编：《朱子语类》卷101，第2560页。）故《宋元学案》谓"朱子于程门中最取先生，以为高于诸公"。

② 《河南程氏文集》卷9《与吕大临论中书》，载《二程集》，第607页。

③ 案，朱子曰："性者，道之所从出云尔。'中，即性也'，亦是此意。只是名义未善，大意却不在此。如程先生云'中，即道也'，若不论其意，亦未安。"（黎靖德编：《朱子语类》卷97，第2504页。）

④ 黎靖德编：《朱子语类》卷97，第2505页。

所谓"大概亦是",乃是"以思虑未萌、事物未至之时为喜怒哀乐之未发,当此之时即是心体流行、寂然不动之处,而天命之性体段具焉。以其无过不及、不偏不倚谓之中,然已是就心体流行处见,故直谓之性则不可"。[①] 朱子所不同意的只是以"赤子之心"为未发,盖赤子之心只是饥便啼、寒便哭,此纯就生之自然处说,而与圣人之不动心有根本不同。

关于赤子之心与圣人之心的分别,亦见于伊川与苏季明之问答:

> (苏季明)问:"《杂说》中以赤子之心为已发,是否?"曰:"已发而去道未远也。"曰:"大人不失赤子之心,若何?"曰:"取其纯一近道也。"曰:"赤子之心与圣人之心若何?"曰:"圣人之心,如镜,如止水。"[②]

伊川此处明确说"赤子之心"是已发,去圣人之心不远。然所谓"不远",只是取赤子之心之"纯一"而已,至其感物而动,则与众人无异;圣人之心则不然,"如镜,如止水",盖言其感物时的状态也。

《论中书》中又载伊川语云:"凡言心者,皆指已发而言。"朱子以为五峰正是据此而以心为已发,故其《答湖南诸公书》云:"程子所谓'凡言心者,皆指已发而言',此乃指赤子之心而言。而谓'凡言心者',则其为说之误,故又自以为未当,而复正之。固不可以执其已改之言而尽疑诸说之误,又不可遂以为未当而不究其所指之殊也。"朱子以为伊川如此说,本有病,不可执以为据,且后来伊川又改定其说,《论中书》中最后有言:"凡言心者,指已发而言,此固未当。心一也,有指体而言者(自注:寂然不动是也),有指用而言者(自注:感而遂通天下之故是也),惟观其所见如何耳。"可见,伊川最后仍回到在心上分体用的立场上来。[③]

可以说,五峰立说固有取于伊川,然其所取似未必伊川本意,尤非伊川一贯之意思。五峰思想之渊源,盖本明道、上蔡一系而下,固不必借重伊川也,然遂因假朱子以口实,以肆其攻讦。

---

① 朱熹:《文集》卷67《已发未发说》,《朱子全书》本,第3267页。
② 《河南程氏遗书》卷18,载《二程集》,第202页。
③ 据《答曾吉甫书》,和靖、龟山亦是在心上说未发。可见,此说不只是与叔个人的独见,后来亦成为程门的共同见解。

第三节　明道之"定性"与朱子之"主敬"

五峰与朱子对未发已发关系的不同理解,导致了他们在工夫论上的不同,即五峰以"察识涵养"为功夫,而朱子以"主敬致知"为功夫。盖"主敬"是一种未发时功夫,即使心保持未发时那种寂然不动的状态,而"致知"则是去除私欲的已发时功夫,即因吾本有之良知而推致其极,乃至一事一物、一念一行,皆不杂乎私欲而纯乎天理也。[①] 至于五峰的"察识",则纯属已发时功夫,然非朱子所说的"致知",即不是去对治私欲,而是致其本体之知,体会心之寂然不动的状态;此后更加以"涵养"功夫,其目的则是对治私欲,即常使心处于一种寂然不动的状态。

因此,我们发现,不论对五峰来说,还是在朱子那里,都强调应当使心获得

[①]　对此,朱子曰:"存养主一,使之不失去,乃善。大要在致知,致知在穷理,理穷自然知至。要验学问工夫,只看所知至与不至,不是要逐件知过,因一事研磨一理,久久自然光明。如一镜然,今日磨些,明日磨些,不觉自光。若一些子光,工夫又歇,仍旧一尘镜,已光处会昏,未光处不复光矣。"(黎靖德编:《朱子语类》卷5,第93页。)存养之要在于致知,致知绝非如阳明所批评的"晓得说些孝弟的话",而是行,即一种去除私欲的磨镜工夫。磨镜乃是"因一事研磨一理,久久自然光明",此语可与朱子之《大学补传》相证,其释"格物致知"为"所谓致知在格物者,言欲致吾之知,在即物而穷其理也。盖人心之灵,莫不有知,而天下之物,莫不有理。惟于理有未穷,故其知有不尽也。是以大学始教,必使学者,即凡天下之物,莫不因其已知之理,而益穷之,以求至乎其极。至于用力之久,而一旦豁然贯通焉,则众物之表里精粗无不到,而吾心之全体大用无不明矣。此谓物格,此谓知之至也"。显然,此段实以格物致知为磨镜功夫也。后人不理会朱子,遂有种种差谬,即便如阳明本人,亦不过在流弊上批评朱子,实未能深究朱子之本意也。

　　朱子又曰:"致知乃本心之知。如一面镜子,本全体通明,只被昏翳了,而今逐旋磨去,使四边皆照见,其明无所不到。"(黎靖德编:《朱子语类》卷15,第283页。)此段亦论磨镜功夫。朱子又以推致解"致"字,曰:"他所以下'格'字、'致'字者,皆是为自家元有是物,但为他物所蔽耳。而今便要从那蔽处推开去,是因其所已知而推之,以至于无所不知也。"此知乃人所本有之知,即良知也,学者之功夫只是要推致此本有之知,以去除人之所蔽而已。可见,朱子先于阳明,早已发明"致良知"之说矣。朱子又曰:"只是推极我所知,须要就那事物上理会。""知者,吾自有此知。此心虚明广大,无所不知,要当极其至耳。今学者岂无一斑半点,只是为利欲所昏,不曾致其知。孟子所谓四端,此四者在人心,发见于外。吾友还曾平日的见其有此心,须是见得分明,则知可致。今有此心而不能致,临事则昏惑,有事则胶扰,百种病根皆自此生。"(黎靖德编:《朱子语类》卷15,第293页。)则所谓"致良知"者,即因吾本有之知,以去除人心之昏蔽也。可见,阳明在工夫论上实与朱子无二。

一种寂然不动的状态。那么,他们工夫论的根本区别何在呢?

五峰之学源出明道,其工夫论部分源于明道的《定性书》,而朱子却似对此书不甚相许,谓"此书在鄂时作,年甚少"①,可见朱子对明道此文的态度。

《定性书》曰:

> 所谓定者,动亦定,静亦定,无将迎,无内外。苟以外物为外,牵己而从之,是以己性为有内外也。且以己性为随物于外,则当其在外时,何者为在内,是有意于绝外诱,而不知性之无内外也。既以内外为二本,则又乌可遽语定哉? 夫天地之常,以其心普万物而无心;圣人之常,以其情顺万物而无情。故君子之学,莫若廓然而大公,物来而顺应。《易》曰:"贞吉悔亡,憧憧往来,朋从尔思。"苟规规于外诱之除,将见灭于东而生于西也,非惟日之不足,顾其端无穷,不可得而除也。人之情,各有所蔽,故不能适道。大率患在于自私而用智,自私则不能以有为为应迹,用智则不能以明觉为自然。今以恶外物之心而求昭无物之地,是反鉴而索照也。《易》曰:"艮其背,不获其身。行其庭,不见其人。"孟氏亦曰:"所恶于智者,为其凿也。"与其非外而是内,不若内外之两忘也。两忘则澄然无事矣。无事则定,定则明,明则尚何应物之为累哉! 圣人之喜,以物之当喜;圣人之怒,以物之当怒,是圣人之喜怒不系于心,而系于物也。是则圣人岂不应于物哉! 乌得以从外者为非,而更求在内者为是也。今以自私用智之喜怒,而视圣人喜怒之正为何如哉? 夫人之情,易发而难制者,惟怒为甚,第能于怒时遽忘其怒而观理之是非,亦可见外诱之不足恶,而于道亦思过半矣。②

所谓"定性",朱子以为当作"定心"。其实,若明"心即性"之旨,说"定性"亦无妨。

明道《定性书》中包括如下几个要点:

第一,发明"动亦定,静亦定"之旨,故其所谓"不动心"并非朱子所说的心之未发时状态。此点极重要,后当详之。

---

① 黎靖德编:《朱子语类》,第 2441 页。
② 程颢:《河南程氏文集》卷 2《答横渠张子厚先生书》,载《二程集》,第 460—461 页。

第二，性无内外，故欲求心定，不是在事外别求一定，而是"情顺万物而无情"，"莫若廓然而大公，物来而顺应"，即是在临事接物时保持那个不动的心。如此，既不废事，亦不动心，只是于物来时顺应而已。

第三，如何方能"物来而顺应"？如何体会那个不动的心呢？只是"廓然而大公"，只是使心保持一种空空的状态。否则，心有所私，有所执着，则应物不为应迹而反为著物，照物不为明觉而反为用智矣。

第四，如何方能"廓然而大公"？明道以为，"第能于怒时遽忘其怒而观理之是非"，如此便能廓然而大公。可以说，定性之功夫，最后当落实于此。

《定性书》在整个道学史上具有极重要的地位，而直接上承濂溪"主静立人极"之说。若伊川则强调"主敬"，而朱子接续其说。那么，"主静"与"主敬"有何根本不同呢？《定性书》曰："苟规规于外诱之除，将见灭于东而生于西也，非惟日之不足，顾其端无穷，不可得而除也。"此一语即见"主静"与"主敬"的不同。

案，《大学》说诚意与正心，二者极是不同。诚意是克己的功夫，而以"除外诱"为目的。然诚意只是正心的必要条件，而非必然能正心，朱子对此亦屡言之。诚意既然只是下学的功夫，那么如何上达呢？朱子对此终不能圆其说，只好说"久之自有个豁然贯通处"，阳明亦是将对本心的体会推至将来。因此，朱子以为明道之"定性"只可作效验看，而不可作为功夫。此朱子所以持主敬之说也。[1]

至于"正心"，则是直接以上达为功夫。换言之，"正心"不是诚意而来的一种效验，而是别为一种功夫。《大学》曰："所谓修身在正其心者，身有所忿懥，则不得其正；有所恐惧，则不得其正；有所好乐，则不得其正；有所忧患，则不得其正。"既然心不正是由喜怒哀乐而来，因此，欲正其心，就是要在情之发动处体会那个出离此情的心。故所谓"正心"，不是要消除情，而是要得"喜怒之正"，是要"能于怒时遽忘其怒而观理之是非"。问题在于，正心之成为一种功夫又如

---

[1] 朱子以此处"动中见静"只是要使人由动归于心之静的状态，即理解为一种主敬的工夫，而南轩则以为"动中见静，方识此心"，乃是见个"天地之心"也。换言之，静在朱子那里只是心之未发状态，而湖湘学者则径指此为本体。

何可能呢？朱子对湖湘学者的批评，正是反对将正心视为功夫也。①

这种表述颇见于朱子语录中。据《朱子语类》所载：

> （朱子）曰："然。只是一篇（《定性书》）之中，都不见一个下手处。"蜚卿
> 曰："'扩然而大公，物来而顺应'，这莫是下工处否？"曰："这是说已成处。
> 且如今人私欲万端，纷纷扰扰，无可奈何，如何得他大公？所见与理皆纷
> 扰，看着甚方法，也不能得他住。这须是见得，须是知得天下之理，都著一
> 毫私意不得，方是，所谓'知止而后有定'也。不然，只见得他如生龙活虎相
> 似，更把捉不得。"②

> 问：《定性书》是正心诚意功夫否？"曰："正心诚意以后事。"③

可见，朱子明确反对将明道《定性书》所说之"廓然而大公，物来而顺应"视为功夫。④

---

① 其实，朱子说"正心"处似皆无不当，如曰："喜怒哀乐固欲中节，然事过后便须平了。谓如事之
可喜者，固须与之喜，然别遇一事，又将此意待之，便不得其正。盖心无物，然后能应物。如一
量称称物，固自得其平。若先自添著些物在上，而以之称物，则轻重悉差矣。心不可有一物，亦
犹是也。"（黎靖德编：《朱子语类》卷 16，第 345 页。）又曰："设使此心如太虚然，则应接万务，各
止其所，而我无所与，则便视而见，听而闻，食而真知其味矣。看此一段，只是要人不可先有此
心耳。譬如衡之为器，本所以平物也，今若先有一物在上，则又如何称！"（黎靖德编：《朱子语
类》卷 16，第 343、344 页。）"人心如一个镜，先未有一个影象，有事物来，方始照见妍丑。若先有
一个影象在里，如何照得！人心本是湛然虚明，事物之来，随感而应，自然见得高下轻重。事过
便当依前恁地虚，方得。若事未来，先有一个忿懥、好乐、恐惧、忧患之心在这里，及忿懥，好乐、
恐惧、忧患之事到来，又以这心相与滚合，便失其正。事了，又只苦留在这里，如何得正？"（黎靖
德编：《朱子语类》卷 16，第 347 页。）朱子认为人心须是正，须是如明镜一般虚明，故"应接万务，
各止其所，而我无所与"。凡此等语，皆是朱子说得极好处。然而，朱子始终不赞同将"正心"当
作一段功夫，大概认为"正心"只是地位高者事，初学之人焉能遽至此地步耶！
　　至于朱子说"敬"，显然只是一下学功夫。朱子曰："持敬之说，不必多言。但熟味'整齐严
肃'，'严威俨恪'，'动容貌，整思虑'，'正衣冠，尊瞻视'此等数语，而实加工焉，则所谓直内，所
谓主一，自然不费安排，而身心肃然，表里如一矣。"（黎靖德编：《朱子语类》卷 12，第 211 页。）
"动容貌，整思虑"固不足以诚意，然诚意正由此而来。伊川以"主一无适"说敬，要之，只是个思
虑集中的功夫，朱子曰："要之，事无小无大，常令自家精神思虑尽在此。"（黎靖德编：《朱子语
类》卷 12，第 206 页。）
② 黎靖德编：《朱子语类》卷 95，第 2441 页。
③ 黎靖德编：《朱子语类》卷 95，第 2442 页。
④ 朱子本人亦作《定性说》一篇，曰："定性者，存养之功至而得性之本然也。性定，则动静如一而
内外无间矣。天地之所以为天地，圣人之所以为圣人，不以其定乎？君子之学亦以求定而已
矣。故扩然而大公者，仁之所以为体也；物来而顺应者，义之所以为用也。仁立义行，则性定而
天下之动一矣。"可见，朱子此文分明是针对明道之《定性书》而发，二篇之旨截然相反。

朱子与明道在工夫论上的这种区别,一直无人注意到,而且,这种区别在朱子与湖湘学者的争论中表现得相当明显。考其原因,大概与后来象山挑起的"诚意正心"与"格物致知"之争有极大的关系,于是后儒只知有诚意正心与格物致知功夫之不同,而不知有定性与主敬功夫的不同。[①] 湖湘学术后来之湮没不闻,殆与此实有莫大关系。

《定性书》所开示学者之功夫,正是接续濂溪"主静立人极"之说而来,所以,明道之功夫实际上就是"主静"的功夫,明道之学术就是"主静之学"。后来蕺山名此"主静之学"为"性学",此或可概括明道至五峰一系之学术大旨。蕺山(刘宗周)极推崇明道主静之说,以为是"千古密藏,即横渠得之,不能无疑,向微程伯子发明至此,几令千古长夜矣"(《明道学案》)。蕺山此说甚是。然而,后儒徒知尊明道,然明道学术之奥旨却未必知晓也。故微湖湘之传明道,则明道几近架空矣!

第四节　"识仁"与"以心观心"

"正心"若只是当作一求静的功夫(即主敬),朱子尚犹许可;至若将其视为上达本体的功夫(即主静),朱子则万难同意,而仅视为功夫至极而后有的效验。朱子对明道《定性书》的认可仅止于此,其对"主静"的了解亦仅止于此。故朱子论濂溪"主静立人极"之说,只是说到立个未发之中(即心之寂然不动的状态),而绝不可能说这个静就是本体。

---

① 阳明亦反对将"定性"成立为一种功夫。详见《传习录》卷中载阳明与陆原静论中寂大公与良知之关系,可见,阳明主张对中寂大公的体验只是致良知的结果,至于能否以之为功夫,阳明则避而不谈。

　　因此,朱子言仁,强调要与义、礼、智一起看,认为仁只是理,而不可在心上说。① 对朱子来说,"识仁"充其量也不过是识仁之名义而已,即所谓明理。这与明道、五峰对"识仁"的理解有根本不同。

一、明道之《识仁篇》与朱子对五峰"识仁"说的批评

明道《识仁篇》云:

> 学者须先识仁。仁者,浑然与物同体。义、礼、智、信皆仁也。识得此理,以诚敬存之而已,不须防检,不须穷索。若心懈则有防,心苟不懈,何防之有? 理有未得,故须穷索。存久自明,安待穷索? 此道与物无对,大不足以明之,天地之用皆我之用。孟子言"万物皆备于我",须反身而诚,乃为大乐。若反身未诚,则犹是二物有对,以己合彼,终未有之,又安得乐?《订顽》意思,乃备言此体。以此意存之,更有何事?"必有事焉而勿正,心勿忘,勿助长",未尝致纤毫之力,此其存之之道。若存得,便合得,盖良知良能,元不丧失,以昔日习心未除,却须存习此心,久则可夺旧习。此理至约,

---

① 上蔡之"知觉言仁",乃发挥仁为"万物一体之心"之旨,即主张在心上言仁。然朱子遂曲解"知觉"为一形而下的、动物的心,并以为佛家之说亦不外此。上蔡言"知觉",诚然有取于佛家,然此概念在佛家那里指此心之灵明,如何能譬诸动物之心? 可见朱子之曲解也。
　　湖南学者极推崇上蔡此语。胡广仲曰:"'心有所觉谓之仁',此谢先生救拔千余年陷溺固滞之病,岂可轻议哉! 夫知者,知此者也;觉者,觉此者也。果能明理居敬,无时不觉,则视听言动莫非此理之流行,而大公之理在我矣。尚何惯骄险薄之有!"(黄宗羲:《宋元学案》卷42,载《黄宗羲全集》册四,第692页。)此语虽系与南轩之答问,然实针对朱子而发。朱子《答胡广仲》第5书云:"所引孟子'知觉'二字,却恐与上蔡意旨不同。盖孟子之言,知觉谓知此事,觉此理,乃学之至而知之尽也。上蔡之言知觉,谓识痛痒、能酬酢者,乃心之用而知之端也。"(朱熹:《文集》卷42,《朱子全书》本,第1903页。)朱子以为当说个知此觉此,方能使心与理一,而人心亦别于动物心。广仲则本乎心即性之旨,说知觉自是知此觉此,不必在心外别立一个理以待心去知觉。因此,广仲以为"无时不觉"即是"明理居敬",如此其视听言动间自是天理之流行。又胡伯逢曰:"'心有知觉之谓仁',此上蔡传道端的之语,恐不可谓有病。夫知觉亦有深浅。常人莫不知寒识暖,知饥识饱,若认此知觉为极至,则岂特有病而已! 伊川亦曰'觉不可以训仁',意亦犹是,恐人专守着一个觉字耳! 若夫谢子之意,自有精神。若得其精神,则天地之用即我之用也,何病之有! 以爱言仁,不若觉之为近也。"(黄宗羲:《宋元学案》卷42,载《黄宗羲全集》册四,第693页。)伯逢此语已是迁就朱子,以为朱子所批评的只是常人之知觉。然伯逢谓知觉有深浅语,已自说得差了。盖知觉无论浅深,皆是知此觉此,其发用俱是天理之流行也。

惟患不能守,既能体之而乐,亦不患不能守也。①

关于此段意思,须辨明两点:其一,明道在此强调以仁包义、礼、智,这与朱子为了说明仁是不动之理而将仁义礼智并列不同。其二,识得"浑然与物同体"之理,与朱子所说的"识仁之名义"不同,后者只是讲论所得,而前者则是心上真切有体会。又,明道说要"诚敬存之",若以为所存的是理,则始终有一物横亘在心中,如此不免滞而未化,可见,所存的只是"与物同体"的心,而非"与物同体"的理。并且,明道接着又说,如此便能"不须防检,不须穷索",若以为存得是理,恐怕不能有此效验也。因此,五峰之"察识涵养"功夫实本"识得此理,以诚敬存之"一语而来,察识即是要体会那"浑然与物同体"的心,涵养则是常使此心提在那里,如上蔡言"常惺惺"也,久之,私欲自能断尽。②

朱子于明道尚不敢妄加非议,以为只是"地位高者事",即只可作为效验看,而不可当作功夫。③ 朱子常言明道天资好,故其立说有不可及者,然又谓只是"造道之言",则似非真有所见也。④ 朱子对明道的矛盾态度,可谓昭然也。至湖湘学者言"识仁",朱子乃无此顾忌,遂肆意讥论之。因此,朱子对湖湘学者"识仁"功夫的批评,我们大致可以看作对明道的批评。

---

① 《河南程氏遗书》卷2上,载《二程集》,第16—17页。明道又曰:"医书言手足痿痹为不仁,此言最善名状。仁者以天地万物为一体,莫非己也。认得为己,何所不至?若不有诸己,自与己不相干。如手足不仁,气已不贯,皆不属己。故'博施济众',乃圣人之功用。仁至难言,故曰'己欲立而立人,己欲达而达人,能近取譬,可谓仁之方也已'。欲令如是观仁,可以得仁之体。"(《河南程氏遗书》卷2上,载《二程集》,第15页。)所谓仁体,乃仁之所以为仁,即天地万物一体之心也。

② 唐君毅先生欲融贯五峰与朱子,而站在朱子的立场,以为五峰缺了一段去除气禀物欲之杂的工夫,而朱子之主敬则专为此而发。此种说法亦未尽然,盖朱子去除气禀物欲的功夫在前一段,而五峰则在后一段,即此处明道所谓"存习此心,久则可夺旧习"也。

③ 刘蕺山曰:"此程子见道分明语也。乃先儒以为地位高者之事,非浅学可几,学者只合说'克己复礼为仁'。周海门先生深不然之,以为不识仁而能复礼者,无有是处,极为有见。"(黄宗羲:《宋元学案》卷13《明道学案》,载《黄宗羲全集》册三,第657—658页。)显然,蕺山所谓"先儒以为地位高者之事",盖针对朱子而发。

④ "造道之言"这个概念出自伊川。或问横渠地位未至圣人,然其《西铭》如何说得这般好,伊川对此曰:"言有多端,有有德之言,有造道之言。有德之言说自己事,如圣人言圣人事也。造道之言则知足以知此,如贤人说圣人事也。横渠道尽高,言尽醇,自孟子后儒者,都无它见识。"(《河南程氏遗书》卷18,载《二程集》,第196页。)朱子于此借用这两个概念,以为明道天资好,故能发此"造道之言",然地位终未至此,故不足为"有德之言"也。

在湖湘学者那里,"识仁"说已见于五峰《知言》,而朱子以为可疑,并对之进行了批评。《知言疑义》载:

> 彪居正问:"心无穷者也。孟子何以言尽其心?"曰:"惟仁者能尽其心。"居正问为仁。曰:"欲为仁,必先识仁体。"曰:"其体如何?"曰:"仁之道弘大而亲切。知者可以一言尽,不知者虽设千万言亦不知也。能者可以一事举,不能者虽指千万事亦不能也。"曰:"万物与我为一,可以为仁之体乎?"曰:"子以六尺之躯,若何而能与万物而为一?"曰:"身不能与万物为一,心则能矣。"曰:"人心有百病一死,天下之物有一变万生,子若何而能与之为一?"居正悚然而去。他日问曰:"人之所以不仁者,以放其良心也。以放心求心可乎?"曰:"齐王见牛不忍杀。此良心之苗裔因利欲之间而见者也。一有见焉,操而存之,存而养之,养而充之,以至于大,大而不已与天同矣。此心在人,其发见之端不同。要在识之而已。"①

朱子对此批评道:

> "欲为仁,必先识仁之体",此语大可疑。观孔子答门人问为仁者多矣。不过以求仁之方告之,使之从事于此而自得焉尔。初不必使先识仁体也。又以放心求之问甚切,而所答者反若支离。夫心操存舍亡,间不容息。知其放而求之,则心在是矣。今于已放之心不可操而复存者,置不复问,乃俟异时见其发于他处而后从而操之,则夫未见之间,此心遂成间断,无复有用功处;及其见而操之,则所操者亦发用之一端耳。于其本源全体,未尝有一日涵养之功,便欲扩而充之,与天同大。愚窃恐无是理也。②

朱子的批评大致有三:第一,朱子在此尚未直接否定仁体不可识,只是不同意将"识仁"看作下手的功夫而已。换言之,功夫只是下学,即在"求仁之方"上用功,而上达则自在其中,故不主张刻意在上达处用功。南轩顺着朱子的意思,

---

① 朱熹:《知言疑义》,载《胡宏集》附录一,第334—335页。
② 朱熹:《知言疑义》,载《胡宏集》附录一,第335页。

谓"必待识仁之体而后可以为仁。不知如何而可以识也。学者致为仁之功，则仁之体可得而见。识其体矣，则其为益有所施而无穷矣。然则答为仁之问，宜莫若敬而已矣"。可见，南轩不仅顺着朱子的意思，认为"为仁"先于"识仁"，甚至根本反对"识仁"的可能性。

第二，朱子曰："及其见而操之，则所操者亦发用之一端耳。于其本源全体，未尝有一日涵养之功，便欲扩而充之，与天同大。"在朱子看来，若缺乏在本体上的涵养之功，而只在仁体发用之一端上操存，如何便能扩充开来以至于与天同大？换言之，识仁只能作为涵养既久方有的效验。

对湖湘学者来说，识仁乃是已发时功夫，即在心之流行处体认仁体。盖常人之心莫不是放心，其间虽有良知萌蘖，此为仁体之发见处，然而去体认这良知的却是放心，因此，彪居正不免有"以放心求心"的疑问。五峰举《孟子》中齐王之"不忍人之心"为例表明，一方面良知无所不在，利欲之间犹有可见，所以，察识功夫是可以成立的；另一方面，要在良知中体会一个仁，然后方能加以操存涵养之功，所谓"充之以至于大，大而不已与天同矣"，正是说仁体。仁有小大，然仁之为仁，正在于要涵容他者，私情与大公之情便是如此。然常人并非无仁心，虽是量小而已，故齐王之包容心仅能止于用于祭祀之羊，而不能及于百姓，这正是量小而已，然不可谓之非仁也。识仁不是识得此心为善，而是识得仁体。何谓仁体？便是仁之所以为仁，即本质上的一种对他者的涵容心。如能识得仁体，则自知当下良知之小，自能要去扩充以至于"与天同大"。故孔子不轻许人以仁，盖因为仁之为仁，只是心量上的不同，而心量之扩充是无止境的，故求仁未可有尽者也。

其实，识仁之体并不难。盖朱子、南轩与东莱诸人，以为识仁体当指心量上的扩充，而对湖湘学者来说，作为下手功夫的识仁只是明白仁之所以为仁，即体认仁之大公的本质。① 朱子曰："孟子指齐王爱牛之心，乃是因其所明而导

---

① 朱子不明识仁体的道理，曰："与物同体固是仁，只便把与物同体做仁不得。恁地，只说得个仁之躯壳。须实见得，方说得亲切。如一碗灯，初不识之；只见人说如何是灯光，只恁地搏摸，只是不亲切。只是便把光做灯，不得。"（黎靖德编：《朱子语类》卷 97，第 2484 页。）欲识仁之体，并非定要心量扩充到那个地步方见亲切。"与物同体"乃是仁之所以为仁，如何能说是"仁之躯壳"？如不明白此理，则仁始终只是爱也。

朱子说仁，其实只是在理上说仁。如其论程子"观鸡雏"以知仁，以为因鸡雏本身有一个仁

之。非以为必如此,然后可以求仁也。夫必欲因苗裔而识根本,孰若培其根本而听其枝叶之自若邪?"①五峰本是个随处体认天理的意思,朱子则以为定是寻个苗裔处去体认根本,至于培其根本而听其枝叶自若,此正不识五峰察识涵养之说的要义也。

第三,朱子以为此种已发工夫则不免有间断,即须待良知发见时,察识方有用功处,则平日不复有用功处也。朱子此说诚中五峰工夫之病,故后来湖湘学者又有"观过知仁"之说,不仅能在良知萌蘖处以体认仁体,即便在人心之过当处,亦能体认仁体也。

二、湖湘后学之"观过知仁"与朱子之驳难

"观过知仁"之说,可追溯至《论语·里仁》:"人之过也,各于其党。观过,斯知仁矣。"其后,明道《定性书》又有"观怒"之说,到湖湘学者那里,更是发展为一套系统的工夫理论。案,五峰虽未明确提出"观过知仁"之说,然其意已见于对黄继道、沈元简的评论,其说云:

> 黄氏曰:与仁同功,其仁未可知也;与仁同过,然后其仁可知也。盖功者人所乐赴,过则人祈于苟免,而后知君子存心甚厚,虽过也,不害其为仁。若周公之厚于其兄,孔子之厚于其君,皆不以有过为嫌者,其仁可知也。
>
> 沈氏曰:伊尹、周公,皆是过乃所以为仁。②

的理在,故我可以在上面观仁,朱子曰:"盖当是时饮啄自如,未有所谓争斗侵陵之患者,只此便是仁也。"(黎靖德编:《朱子语类》卷97,第2485页。)又论"切脉可以体仁"时说,认为脉是仁,而不可说切脉是仁,盖"脉理贯通乎一身,仁之理亦是恁地"。(同前)如此切脉方能体仁。朱子如此说仁,亦无怪乎后来阳明之"格竹子"之惑也。其实不论观鸡雏还是切脉,之所以能从中体会到仁,不是因为本有个仁的道理在其中,而是我本有个仁的心,故方能有此体认也。孟子言乍见孺子将入于井而有恻隐之仁,不是说孺子身上本有个恻隐的理在那里,我方得生此恻隐之心也。否则,孟子何不说孺子做别事时我亦能生此仁耶? 孺子只是个小小的物,而能较易触动我心中的那一丝不忍之心、怜爱之心而已,然若换一个大汉,甚至我的一个仇家,我则较难产生此恻隐之心也。孟子设喻极精当,正见得圣人对人情洞察之细微也。

① 朱熹:《知言疑义》,载《胡宏集》附录一,第336页。
② 胡宏:《论语指南》,载《胡宏集》,第304页。

对此,五峰有评曰:

> 闻诸先君子曰:"党,偏胜也。"有所偏胜,则过而不得。其中或敏慧而过于太察,或刚勇而过于太暴,或畏慎而过于退缩,或慈爱而过于宽弛。人能内观其过,深自省焉,则有所觉矣。窃谓伊尹、周公不可以言过。①

五峰虽不尽同意沈氏之说,然考其意,则以人虽过厚于其亲,而足以观其仁矣。其后,五峰弟子如南轩、伯逢、晦叔、广仲等,皆极言其说。

对此,朱子曰:

> 五峰曾说,如齐宣王不忍觳觫之心,乃良心,当存此心。敬夫说"观过知仁",当察过心则知仁。二说皆好意思。然却是寻良心与过心,也不消得。只此心常明,不为物蔽,物来自见。②

可见,朱子亦以五峰先得其意,至南轩似有明确的"观过知仁"之说。③ 然而,我们从《朱文公文集》中相关书信发现,朱子与湖南学者就"观过知仁"说的讨论,主要集中在其《与胡广仲》第3书(《文集》卷42),《与胡伯逢》第3、4书(《文集》卷46),《与吴晦叔》第6、7、9书(《文集》卷42),殆自孟子、明道、五峰以下,皆有"观过知仁"的类似意思,故能成为湖湘学者的共同主张,非独南轩有此说也。其中,尤以吴晦叔、胡伯逢与胡广仲等主张"观过知仁"说最力,而朱子与此数人的论辩亦最多。下面我们主要就朱子与吴晦叔在此问题上的论辩进行分析。

---

① 胡宏:《论语指南》,载《胡宏集》,第304页。
② 黎靖德编:《朱子语类》卷101,第2593页。
③ 朱子在《答张敬夫》第2书中对南轩之识仁说进行了批评:"若曰'于事物纷至之时,精察此心之所起',则是似更于应事之外别起一念,以察此心。以心察心,烦扰益甚,且又不见事物未至时用力之要。"(朱熹:《文集》卷30,《朱子全书》本,第1313页。)这种批评与朱子对胡氏子弟的批评如出一辙。陈来先生以此书"强调思虑未发、事物未至时工夫,反对以已发察识为主",遂定此书在己丑间,然而,此书主旨在于批评湖湘学者之识仁功夫,尤其提出了"以心观心"之说,以证成识仁功夫之不当,则绝非己丑之悟所能涵盖。故此书似当作于辛卯前后。

乾道七年辛卯(1171)，时朱子年 42，作《观过说》，开始对湖湘学者的"观过知仁"进行批评。朱子曰：

> 观过之说，详味经意，而以伊川之说推之，似非专指一人而言，乃是通论人之所以有过，皆是随其所偏，或厚或薄，或不忍或忍，一有所过，无非人欲之私。① 若能于此看得两下偏处，便见勿忘勿助长之间，天理流行，鸢飞鱼跃，元无间断，故曰："观过斯知仁矣。"盖言因人之过而观所偏则亦可以知仁，非以为必如此而后可以知仁也。若谓观己过，窃尝试之，尤觉未稳当，必俟有过而后观，则过恶已形，观之无及矣，久自悔吝，乃是反为心害，而非所以养心。若曰不俟有过而预观平日所偏，则此心廓然，本无一事，却不直下栽培涵养，乃豫求偏处而注心观之，圣人平日教人养心求仁之术似不如此之支离也。②

此篇尚未直接对识仁功夫提出批评，而仅仅就观己过抑或与他人之过并观提出疑问。表面上看来，朱子所说颇为在理，但是，站在湖湘学者的立场，识仁功夫必将只是观己过。因为识仁不是要获得一个关于仁的知识，而在于本身已是行了。识仁并非识仁之理，而是识仁之心，即是"于怒时遽忘其怒"，在情绪发动时体会一个不动的心。出于这样一种功夫的要求，观他人之过时，此心本不与焉，无所谓动与不动，如此体会出来的仁只是"仁之理"，而非仁之心也。故观他人之过不足以成为一种识仁功夫。

朱子与湖湘学者论"观过知仁"大致集中在辛卯、壬辰间。《答吴晦叔》第 6书云：

> 观过一义，思之甚审。如来喻及伯逢兄说，必谓圣人教人以自治为急，如此言乃有亲切体验之功，此固是也。然圣人言知人处亦不为少，自治固急，亦岂有偏自治而不务知人之理耶？

---

① "观过"之"过"大致有二解，朱子大致从汉唐人旧说，而作"过失"解；此外，"过"亦可作"过爱"解，如人子之过于爱亲，至于父子相隐之类，然仁亦可见诸此也。后一说尤近于"观过知仁"之本义。

② 朱熹：《文集》卷 67，《朱子全书》本，第 3271—3272 页。

又谓人之过不止于厚薄爱忍四者,而疑伊川之说为未尽。伊川止是举一隅耳,若"君子过于廉、小人过于贪","君子过于介、小人过于通"之类,皆是亦不止于此四者而已也。但就此等处看,则人之仁不仁可见,而仁之气象亦自可识,故圣人但言"斯知仁矣"。此乃先儒旧说,为说甚短而意味甚长,但熟玩之,自然可见。若如所论,固若亲切矣。然乃所以为迫切浅露而去圣人气象愈远也。

且心既有此过矣,又不舍此过,而别以一心观之;既观之矣,而又别以一心知此观者之为仁。若以为有此三物遞相看觑,则纷纭杂扰,不成道理。若谓止是一心,则顷刻之间有此三用,不亦匆遽急迫之甚乎?凡此尤所未安,姑且先以求教。①

朱子此段所论大致不出其《观过说》与《观心说》二书范围,其要点有二:

其一,朱子不理会观过须是观己过,故晦叔言观过乃所以自治,朱子则泛然以知人之急为对,其失观过之旨远矣。②

其二,朱子以为,人之过是一心,别以一心观之则又是一心,至再以一心观此观过者,于是有三心矣。然而心止是一心,而"顷刻之间有此三用","纷纭杂扰,不成道理"。其实,三心说实乃湖湘学之精微处,焉足以相人耶?盖古人常以心譬诸镜,而镜有三用,犹心之有三焉:镜之照物是一心;然镜何以能照,以其明也,此又是一心;至于镜何以能明,以其静也,此则是第三心也。可见,心之照物,刹那间即有此三心在活动,然三心毕竟皆此一心也。且明之于照、静之于明,并非明以照为物而加以把捉也,亦非静以明为物而加以把捉也。可见,湖湘学之观过功夫,可谓别有精妙义理,惜乎朱子不能深切体悟也。

朱子《答吴晦叔》第7书云:

① 朱熹:《文集》卷42,《朱子全书》本,第1910—1911页。
② 朱子类似说法亦见于其《答胡伯逢》第3书,曰:"昨承谕及知仁之说,极荷开晓之详,然愚意终觉未安。来谕大抵专以自知自治为说,此诚是也。然圣人之言有近有远,有缓有急,《论语》一书言知人处亦岂少耶?"且批评胡伯逢云:"大抵读书须是虚心平气,优游玩味,徐观圣贤立言本意所向如何,然后随其远近浅深轻重缓急而为之说,如孟子所谓以意逆志者,庶乎可以得之。若便以吾先入之说,横于胸次,而驱率圣贤之言,以从己意。设使义理可通,已涉私意穿凿,而不免于郢书燕说之诮,况又义理窒碍,亦有所不可行者乎!"(朱熹:《文集》卷46,《朱子全书》本,第2149页。)朱子不会湖湘学者立言宗旨,而妄肆己意,正有"郢书燕说之诮"也。

然前所示教,引"巧言令色""刚毅木讷"两条,以为圣人所以开示为仁之方,使人自得者,熹犹窃有疑焉,而前书亦未及论也。盖此两语正是圣人教人实下功夫、防患立心之一术,果能戒巧令、务敦朴,则心不恣纵,而于仁为近矣,非徒使之由是而知仁也。

大抵向来之说,皆是苦心极力要识"仁"字,故其说愈巧,而气象愈薄。近日究观圣门垂教之意,却是要人躬行实践,直内胜私,使轻浮刻薄、贵我贱物之态潜消于冥冥之中,而吾之本心浑厚慈良、公平正大之体常存而不失,便是仁处。其用功着力,随人浅深各有次第。要之,须是力行久熟,实到此地,方能知此意味。盖非可以想象臆度而知,亦不待想象臆度而知也。①

此段意思较前书又近一层。前书尚只是论"观过"之病,此书则直言"知仁"功夫之弊矣。

朱子反对以识仁为功夫,主张功夫只是为仁。朱子显然不理解湖湘学者所说"识仁"之意思,以为识仁乃是圣人地步方始见得,是"地位高者事",至于众人,则当做"躬行实践,直内胜私"的功夫。朱子以为,为仁而后可以识仁,而湖湘学者则认为,须先识仁而后为仁。盖仁本有质与量的不同,犹阳明谓圣人有成色与分两的不同:仁之所以为仁乃"与物同体"之义,亦即佛家所说的"平等心"。此心之发于大处、远处,固是仁,然其发于小处、近处,亦不能说不是仁。盖仁之发用不同,只是量上的不同,然其质则莫不可谓之仁也,如齐王之不忍之心、常人见孺子入井之心,皆是仁心发于小处,即心量之小处,然不可不谓之仁也。圣人教人做功夫,便是要扩充人本有之仁心,大而与天地万物一体而已。

因此,凡人之心量虽未至于圣人地步,亦不可谓全无仁心也。既有仁心,如何不能识仁? 天地万物一体之经验,即其小处而论,实未甚难,未必只是"想象臆度而知"也。

朱子《答吴晦叔》第 9 书云:

---

① 朱熹:《文集》卷 42,《朱子全书》本,第 1912—1913 页。

夫泛论知行之理，而就一事之中以观之，则知之为先，行之为后，无可疑者。然合夫知之浅深、行之大小而言，则非有以先成乎其小，亦将何以驯致乎其大者哉？

盖古人之教，自其孩幼而教之以孝悌诚敬之实，及其少长，而博之以《诗》、《书》、《礼》、《乐》之文，皆所以使之即夫一事一物之间，各有以知其义理之所在，而致涵养践履之功也。及其十五成童，学于大学，则其洒扫应对之间、礼乐射御之际，所以涵养践履之者，略已小成矣，于是不离乎此而教之以格物以致其知焉。致知云者，因其所已知者推而致之，以及其所未知者而极其至也，而所谓诚意、正心、修身、齐家、治国、平天下者，至是而无所不尽其道焉。

故《大学》之书，虽以格物致知为用力之始，然非谓初不涵养履践而直从事于此也，又非谓物未格、知未至，则意可以不诚，心可以不正，身可以不修，家可以不齐也。但以为必知之至，然后所以治己治人者，始有以尽其道耳。[①]

吴晦叔承上文朱子论为仁与知仁先后而来，强调知仁先于为仁，故说"知先行后"。而朱子此处所发，似是泛论知行关系，颇有文不对题之感。然而，"行先知后"作为朱子的一贯立场，亦甚明显，至于后来陆象山、王阳明反以"知先行后"讥朱子，似颇可怪也。

至朱子《答胡伯逢》第 3 书，则批评识仁功夫有"知而不行"之病。朱子曰：

昔明道先生尝言："凡人之情易发而难制者，惟怒为甚。能于怒时遽忘其怒，而观理之是非，亦可以见外诱之不足恶，而于道亦思过半矣。"若如来教之云，则自不必忘其怒而观理之是非，第即夫怒而观夫怒，则吾之善端固已萌焉而可以自得矣。若使圣贤之门已有此法，则明道岂故欲舍夫径捷之途，而使学者支离迂缓以求之哉？亦以其本无是理故尔。

且孟子所谓"君子深造之以道，欲其自得之"者，正谓精思力行、从容涵咏之久，而一日有以泮然于中，此其地位亦已高矣。今未加克复为仁之

---

① 朱熹：《文集》卷 42，《朱子全书》本，第 1914—1915 页。

功,但观宿昔未改之过,宜其方且悔惧愧郝之不暇,不知若何而遽能有以自得之邪?

有所知觉,然后有地以施其功者,此则是矣。然"觉知"二字,所指自有浅深。若浅言之,则所谓觉知者,亦曰觉夫天理人欲之分而已。夫有觉于天理人欲之分,然后可以克己复礼而施为仁之功,此则是也。今连上文读之而求来意之所在,则所谓觉知者乃自得于仁之谓也。如此,则觉字之所指者已深,非用力于仁之久,不足以得之,不应无故而先能自觉,却于即觉之后方始有地以施功也。①

朱子此处又从新的角度对"观过知仁"进行了批评。在朱子看来,人有过则须改之,而湖湘学者则只是将此过置诸一边而观之(知),而不去做那改过的工夫(行),故有知而不行之弊。朱子此语亦是臆说,盖"观过"正是要人从其过处超脱出来,如此方能观过,这种做法本身就蕴涵着一种改过的功夫。我们平日不难有这种经验,人若能观己过,必已是悔过了。此种道理甚明,朱子殆未思之深耳。

又,朱子所肯定的"有所知觉,然后有地以施其功"之语,正是湖湘学之"先察识而后涵养"的功夫,亦即先知仁而后能为仁之意也。

朱子《答胡伯逢》第 4 书云:

"知仁"之说,亦已累辨之矣。大抵如尊兄之说,则所以行之者甚难而未必是,而又以知仁、为仁为两事也。(自注:所谓"观过知仁",因过而观,因观而知,然后即夫知者而谓之仁。其求之也崎岖切促,不胜其劳,而其所谓仁者,乃智之端也,非仁之体也。且虽如此,而亦旷然未有可行之实,又须别求为仁之方,然后可以守之,此所谓"知之甚难而未必是,又以知与为为两事"者也。)如熹之言,则所以知之者虽浅而便可行,而又以知仁、为仁为一事也。不知今将从其难而二者乎?将从其易而一者乎?以此言之,则两家之得失可一言而决矣。②

---

① 朱熹:《文集》卷 46,《朱子全书》本,第 2149—2150 页。
② 朱熹:《文集》卷 46,《朱子全书》本,第 2152 页。

朱子自诩其功夫是易行道,而观过识仁是难行道。盖下学功夫虽支离,而人人能做,故朱子以为易行;而湖湘之功夫虽直悟本体,却非常人所能,故朱子以为难行。

朱子又作《观心说》,对湖湘之学进行了一总结性的批评。[1] 在此篇中,朱子以"观过"(包括五峰之观良知苗裔)与佛家之"观心"相比,而根本否定观过之可能性。朱子曰:

> 或问:"佛者有观心之说,然乎?"曰:"夫心者,人之所以主乎身者也,一而不二者也,为主而不为客者也,命物而不命于物者也,故以心观物,则物之理得。今复有物以反观乎心,则是此心之外复有一心而能管乎此心也。然则所谓心者,为一耶,为二耶? 为主耶,为客耶? 为命物者耶,为命于物者耶? 此亦不待教而审其言之谬矣。……心则一也,以正不正而异其名耳。"惟精惟一",则居其正而审其差者也,绌其异而反其同者也。能如是,则信执其中,而无过不及之偏矣,非以道为一心,人为一心,而又有一心以精一之也。夫谓"操而存"者,非以彼操此而存之也;"舍而亡"者,非以彼舍此而亡之也。心而自操,则亡者存;舍而不操,则存者亡耳。然其操之也,亦曰不使旦昼之所为得以梏亡其仁义之良心云尔,非块然兀坐以守其炯然不用之知觉而谓之操存也。……释氏之学,以心求心,以心使心,如口龁口,如目视目,其机危而迫,其途险而塞,其理虚而其势逆。盖其言虽有若相似者,而其实之不同盖如此也。[2]

按朱子所言,观过实质上就是观心,即在此"过心"外另起一心以观之。然而,心不是物,不可作为一对象来把捉,所谓"为主不为客者也","命物而不命于物者也",因此,观心是不可能的。朱子此番说话本也不差。然而问题在于,观过(亦包括佛家之观心)是否就是朱子所说的"块然兀坐以守其炯然不用之知觉"的

---

[1] 束景南先生认为,《观心说》"标志着朱熹清算湖湘学的论战的结束"(束景南:《朱子大传》,第294页),这个说法是确切的。而且,从此书的内容来看,湖湘之学得以成立的关键就是"以心观心",这也是我们有必要进一步讨论"三心说"的理由。

[2] 朱熹:《文集》卷67,《朱子全书》本,第3278—3279页。

意思,或者说,当我们以心观心时,是否就是将心作一物来把捉,是否就犯了二心之过。

朱子批评湖南学者"观过知仁"之功夫,其中最难对付的就是其"三心说",而就湖湘学派自身而言,三心说实为整个湖湘学说得以成立的关键。关于此问题,我们将另辟专文来加以讨论。

第四章　下学与上达

第一节　主静与主敬

宋儒言工夫，或主静，或主敬，可分为两派。主静派之工夫以直指本体为大要，故为上达之工夫；而主敬派则绝无体证本体的意味，而是将之作为"地位高者事"推至将来，故其主敬只是"闲邪存诚"的下学功夫而已。两派虽然并非绝对排斥对方工夫，但彼此对于对方工夫的理解是不同的，譬如，主静派不反对主敬以闲邪，但将之作为体证本体以后的涵养功夫；而主敬派也不反对主静，但却仅仅看作一种澄思净虑的静坐功夫。在主敬派看来，静固然是无发之中，但只是一种思虑未萌的状态，其目的不是为了体认本体，而是为了已发之中节。换言之，主静派认为圣人所有的体验在某种程度上能为一般人所具有，正是基于这种体验，克己的功夫才得以可能；主敬派则认为，这种体验只是"地位高者事"，是圣人才可能有的效验，故反对将这种体验作为一种功夫，更反对将整个工夫建立在这种经验之上。

一、主静之法与明道、伊川之歧异

自濂溪发明"主静"之旨，而明道继以揭示"主静"之法，至五峰，始正式将对本体的体认确立为功夫，即所谓"察识涵养"。所谓"主静"之法，乃即本体即功夫，犹阳明所谓"一悟本体，即是工夫"，因此，"主静"并非只是去除吾心杂染之弊，本身即是彻上彻下的上达工夫。至于"主敬"，其旨与"主静"全然不同。盖主敬派唯守下学之功夫，至于对本体的体认则只作效验看，当作久之自然而有的体验。

就濂溪本人而言，当他说"无欲故静"时，实际上是将静看作经过无欲功夫而后达到的一种境界,亦即所谓"地位高者事"。正是在这种意义上,朱子并不反对濂溪"主静立人极"的说法。濂溪《太极图说解》云:

> 苟非此心寂然无欲而静,则又何以酬酢事物之变,而一天下之动哉!故圣人中正仁义,动静周流,而其动也必主乎静。此其所以成位乎中,而天地日月、四时鬼神,有所不能违也。盖必体立,而后用有以行。[①]

从此处的表述来看,朱子似认为濂溪对静的理解与明道一致。然而,当朱子以静为体,而后有"酬酢事物之变"之用时,实际上是蕴涵了他的"中和新说"。案,王白田《朱子年谱》(以下简称《年谱》)以《太极图说解》成于乾道九年癸巳(1173),而其"中和新说"则在乾道五年己丑(1169),因此,朱子对濂溪"主静"的理解自当涵有其新说的有关内容,即以思虑未萌时的那种未发状态说静。

然而,朱子所说的静并非"地位高者"才有的特殊经验,而是凡人未与事物相接时而有的未发状态,其地位远不及濂溪所说的静。濂溪说"无欲故静",而朱子则说"无欲而静",这两种表述之不同,虽似毫厘之差,然其差则有千里之远矣。盖前者强调经无欲之功而后有静之境界,而后者与朱子"无极而太极"句式相同,即将无欲与静等同起来,换言之,此时之无欲只是因为思虑未萌,故欲念尚未萌焉,然其病根终究还在。

明道《定性书》实发挥濂溪"主静立极"之意,刘蕺山先生即主此说。在明道那里,静是圣人方有的经验,对此,朱子亦同意此种说法。然而,明道又将静看作一种功夫,尤其是看作一种体认本体的功夫。显然,明道的后一种看法与朱子的理解不同。

案,明道《识仁篇》开首即言"学者须先识仁",即强调对"浑然与物同体"的体认乃是工夫之入手处。而《定性书》则继言如何体认"浑然与物同体",谓"君子之学,莫若廓然而大公,物来而顺应",又惧学者以此种功夫为难,只作效验上看了,最后乃总之曰"于怒时遽忘其怒",欲学者能真切见得工夫之所在也。[②]

---

① 《周敦颐集》,第6页。
② 伊川之气象与其兄迥异,故其开示学者之功夫自不同。伊川固不会反对静为"地位高者事",但也绝不会同意静为体认本体之功夫。因此,在伊川那里,常常以敬说静也。

至五峰,其"察识涵养"功夫实依托明道二书而来。湖湘学者以识仁为察识功夫,又深惧众人囿于此境,故以此后尚有涵养之功。其意盖谓识仁只是工夫入手处,至于作圣之功,绝不止此,犹佛家以见道为未足,虽至圣位,尚须再加一段修道之功,以对治烦恼、所知二障也。

其实,湖湘学者虽承"主静"一脉,亦有"主敬"功夫。然而,就"敬"字而言,不论在主静派那里,还是在主敬派那里,都没有一种上达本体的内涵,而纯然只是一种消极的去蔽、闲邪的工夫。对此,伊川曰:

> 敬是闲邪之道。闲邪存其诚,虽是两事,然亦只是一事。闲邪则诚自存矣。天下有一个善,一个恶。去善即是恶,去恶即是善。譬如门,不出便入,岂出入外更别有一事也?[1]

伊川又将敬与静明确做出区分:

> 问:"敬莫是静否?"曰:"才说静,便入于释氏之说也。不用静字,只用敬字。才说着静字,便是忘也。"(同上)

看来,伊川直以静是释氏的工夫,吾儒故不取也。而朱子的态度稍不同于伊川,盖有取于静者,曰:"被异端说虚静了后,直使今学者忙得更不敢睡!"(《朱子语类》卷 12《持守》)不过,朱子乃是以敬解静。

然而,敬作为一种未发时功夫,又偏于静,与已发时那种省察致知的闲邪功夫不同,而只是一种使心思专一的功夫。伊川曰:

> 闲邪更著甚工夫?但惟是动容貌,整思虑,则自然生敬。敬只是主一也。主一,则既不之东,又不之西,如是则只是中。既不之此,又不之彼,如是则只是内。存此。则自然天理明白。学者须是将一本无此字。敬以直内,涵养此意,直内是本。(《遗书》卷 15,伊川先生语一,入关语录)

---

[1] 《河南程氏遗书》卷 18,载《二程集》,第 185 页。

敬只是主一,即持守一处使心思不散乱而已。敬由"动容貌,整思虑"而来,可见,敬绝无上达的意思。而明道则先言识仁,然后以诚敬存之,可见,敬在明道那里是涵养本体的功夫。明道与伊川之不同如此。①

伊川初时并未以静说敬之意,观其答吕与叔论中一书,明白可见。后来,伊川又承认可以在心上说未发②,至其与苏季明论中和,则肯定"存养于喜怒哀乐之未发"为功夫。

朱子更是发挥伊川之旨,直以敬为未发时功夫。朱子在心上分已发未发,以心之寂然不动、思虑未萌的状态为未发,对应于人心此种状态,仍须加以一段功夫,即敬。换言之,静是心的未发状态,而欲求此未发之中,则须加以敬的功夫。故就人心之不接于物而无思虑萌动而言,此为静;此时犹有敬的功夫,否则与释老之块然独坐殆无异焉。因此,朱子正是从主敬的角度肯定了"静坐"功夫的必要性:

> 明道教人静坐,李先生亦教人静坐。盖精神不定,则道理无凑泊处。
>
> 须是静坐,方能收敛。
>
> 静坐无闲杂思虑,则养得来便条畅。③

可见,朱子所说的静坐功夫绝无上达意味,只是闲邪而已。就此种意思言之,与主敬功夫实甚相近,只是主敬尚能通乎动静而已。

阳明早年亦主"静坐"之法。据《年谱》,孝宗弘治十五年(1502),"筑室阳明洞中,行导引术。久之,遂先知"。可见,阳明本人颇有静坐方面的经验。武宗正德五年(1510),阳明在常德、辰州教人静坐,谓"与诸生静坐僧寺,使自悟性

---

① 朱子曰:"上蔡以来,以敬为小,不足言,须加'仁'字在上。其实敬不须言仁,敬则仁在其中矣。"(黎靖德编:《朱子语类》卷6,第122页。)本来将仁加在敬上是明道之义,朱子不敢直接指斥明道,故上蔡既有此说,朱子便得以逞其批评意见矣。可以说,朱子这种态度,实为其对伊川"主敬"之说的发挥。

② 伊川虽许"喜怒哀乐之未发"为心,但仍不许其为中。盖伊川之意,中只可说性,心上则不可言中,故心之未发只是"在中",而不可直接在心上求个中也。朱子则不同,乃直以心之未发为中也,曰:"然方其静也,事物未至,思虑未萌,而一性浑然,道义全具,其所谓'中'是乃心之所以为体而寂然不动者也。"(朱熹:《文集》卷32《答张敬夫》第49书,《朱子全书》本,第1419页。)不过,朱子这种见解后来有所改变,即未发不一定就是中。

③ 黎靖德编:《朱子语类》卷12,第126页。

体，顾恍恍若有可即者"，后又谓静坐目的在于"补小学收放心一段功夫耳"，此说与朱子欲以持敬补小学一段功夫大略相似。不过，此时阳明已不那么看重静坐功夫。正德八年(1513)，据钱德洪《刻文录叙说》，阳明在滁阳"多教学者静坐"，然《年谱》谓"只就思虑萌动处省察克治，到天理精明后，有个物各付物的意思，自然精专无纷杂之念"，可见，此时阳明开始主张以省察功夫涵摄静坐矣。

《传习录》卷下载有阳明在叙及滁阳教人静坐时说：

> 吾昔居滁时，见诸生多务知解，口耳异同，无益于得，姑教之静坐。一时窥见光景，颇收近效。久之渐有喜静厌动，流入枯槁之病，或务为玄解妙觉，动人听闻。故迩来只说"致良知"。良知明白，随你去静处体悟也好，随你去事上磨练也好，良知本体原是无动无静的。此便是学问头脑。我这个话头，自滁州到今，亦较过几番，只是"致良知"三字无病。医经折肱，方能察人病理。①

可见，阳明提出致良知学说，实有一工夫论上的考虑，即以"致良知"为贯串动静之功夫，故无须另有"主静"功夫矣。

阳明又进而认为静坐不如动时之省察功夫。《传习录》卷下载其说云：

> 问："静坐用功，颇觉此心收敛，遇事又断了。旋起个念头，去事上省察。事过又寻旧功，还觉有内外，打不作一片。"先生曰："此格物之说未透。心何尝有内外？即如惟濬，今在此讲论，又岂有一心在内照管？这听讲说时专敬，即是那静坐时心，功夫一贯，何须更起念头，人须在事上磨炼做功夫，乃有益。若只好静，遇事便乱，终无长进。那静时功夫，亦差似收敛，而实放溺也。"②

而在朱子看来，已发时之中节，必须未发时能得中，就是说，未发功夫是已发功夫之前提。而到了阳明这里，静坐功夫完全降为一种辅助性功夫，且不再具有

① 《王阳明全集》册上，第119页。
② 《王阳明全集》册上，第104页。

使已发得中的地位。所以,阳明后来干脆认为未发时功夫不必要。此为朱子与阳明在工夫论上的差异。

但是,阳明之"致良知"乃是对下根人而设,而将对本体的体认推至将来。此为阳明与朱子在工夫论上的根本相似处,即皆属于下学一路。不过,阳明晚年意识到对本体体认能够成立一种工夫。阳明曰:

> 利根之人,直从本原上悟入,人心本体原是明莹无滞的,原是个未发之中,利根之人一悟本体,即是功夫,人己内外一齐俱透了。其次不免有习心在,本体受蔽,故且教在意念上实落为善去恶,功夫熟后,渣滓去得尽时,本体亦明尽了。(《传习录》卷下)

所谓"一悟本体,即是功夫",即以上达为功夫也。然而,虽悟得本体,仍有习心在,故尚须加一段"为善去恶"的功夫,犹湖南学者所谓"先察识而后涵养"也。不过,阳明仍以上达为利根人的功夫,至于众人,仍须以"致良知"为功夫,此其与明道、五峰之不同处。

二、静之为已发时功夫与未发时功夫

已发与未发在宋儒那里是一对极重要的概念,对朱子来说,其"中和新说"的主要内容便是在心上区分已发与未发,强调已发时有省察致知的功夫,而未发时有主敬涵养的功夫。基于这种立场,朱子不仅把静看作人心之思虑未萌的状态,同时也看作一种未发时的功夫,这实际上承袭了伊川以敬言静的主张。朱子论濂溪之"主静"云:

> 濂溪言主静,静字只好作敬字看,故又言无欲故静。若以为虚静,则恐入释老去。
> 圣人定之以中正仁义而主静,正是要人静定其心处作主宰。程子又恐只管静去,遂与事物不相交涉,却说个敬,云敬则自虚静。须是如此做工夫。①

---

① 黎靖德编:《朱子语类》卷94,第2385页。

可见，朱子虽不反对濂溪、明道将静看作"地位高者事"，但又担心如此不免堕入释老一边，故主张以敬说静。

因此，静在朱子那里更多的是作为一种功夫。正是在这种意义上，朱子常常将静与静坐等同起来。朱子曰：

> 静坐非是要如坐禅入定，断绝思虑，只收敛此心，莫令走作闲思虑，则此心湛然无事，自然专一。及其有事，则随事而应；事已，则复湛然矣。不要因一事而惹出三件两件。如此，则杂然无头项，何以得他专一！……今求此心，正为要立个基址，得此心光明，有个存主处，然后为学，便有归著不错。若心杂然昏乱，自无头当，却学从那头去？又何处是收功处？故程先生须令就"敬"上字上做工夫，正为此也。①

在释老那里，"静坐"指一种"坐禅入定，断绝思虑"的功夫，其目的是体证本体。但在朱子看来，静坐不过是学者初下手的功夫而已，"始学工夫，须是静坐"②，其目的是欲使无事时心能专一而不走作，如此，应事接物时，方能得力。关于这个道理，朱子论之甚明：

> 心于未遇事时须是静，及至临事方用，便有气力。如当静时不静，思虑散乱，及至临事，已先倦了。伊川解"静专"处云："不专一则不能直遂。"闲时须是收敛定，做得事便有精神。③

可见，心之未发只是指未应事接物之时，此时心须静，而加以"专一"的功夫，亦即伊川所言"敬"也。可见，朱子把敬与静都看作一种未发时功夫。

"静"在伊川、朱子那里是作为未发时功夫，然而，对于明道、五峰而言，则更被看作已发时功夫。明道《定性书》云：

---

① 黎靖德编：《朱子语类》卷12，第217页。
② 黎靖德编：《朱子语类》卷12，第217页。
③ 黎靖德编：《朱子语类》卷12，第218页。

> 所谓定者，动亦定，静亦定。

"定"即此处所谓"静"的功夫。句中之"动"乃心遇事接物之已发时，"静"则为未遇事接物之未发时，与此处所言"静"之功夫不同。故"动亦定，静亦定"者，乃是以静或定之功夫贯通已发、未发，未发时固须求静，已发时亦须求静，则静或定不仅是未发时功夫，亦属已发时功夫也。

静之为未发时功夫，学者始学便当为此，较易下手；然静之为已发时功夫，则颇难能入手，故明道《定性书》重点便阐述静之为已发时功夫。是书又曰：

> 夫天地之常，以其心普万物而无心；圣人之常，以其情顺万物而无情。故君子之学，莫若廓然而大公，物来而顺应。

所谓"心普万物而无心""情顺万物而无情"，正欲人于事物之来时，犹能"无心""无情"耳。故所谓"无心""无情"，并非追求此心空无一物的虚静状态，只是"顺应"事物之动而已。可见，此段实言静之为未发时功夫之理，亦言静之为未发时功夫之法。

不过，"廓然而大公""物来而顺应"之语说得似乎太高，学者不易下手，故明道又反过来说"克己"功夫之非：

> 《易》曰："贞吉悔亡，憧憧往来，朋从尔思。"苟规规于外诱之除，将见灭于东而生于西也，非惟日之不足，顾其端无穷，不可得而除也。

盖人心念虑纷繁，无时不得停息，若不从根本上入手，而徒然忙碌于消除念虑之非是，则此念灭于东，而彼念生于西，不仅劳累困顿，亦未必真能除灭病根。伊川、朱子"主敬"之法，正是此种规规于除外诱的"克己"功夫。可见，从工夫论上来看，明道与伊川之差距可谓巨大。

《定性书》又云：

> 与其非外而是内，不若内外之两忘也。两忘则澄然无事矣。无事则定，定则明，明则尚何应物之为累哉！圣人之喜，以物之当喜；圣人之怒，以

> 物之当怒,是圣人之喜怒不系于心,而系于物也。是则圣人岂不应于物
> 哉! 乌得以从外者为非,而更求在内者为是也。

所谓"是内而非外",即以外诱为非,吾性为是。下学派的主旨在于要除去念虑之非,而复吾性之是。然而,明道一系上达派以为,人无须拘拘然除念虑之非,只是要此心如明镜一般,来则现,过则隐,无所执着,则不辨是非而是非自辨,不复吾性而吾性自复。要之,下学派以为除恶须尽,方彻心源;上达派则以为一悟本体即是工夫,此时恶之尽灭如瓜熟蒂落,何待用力于其间哉?

明道又恐此语说得太高,最后落实在怒之情上,而发明求静之法。《定性书》云:

> 夫人之情,易发而难制者,惟怒为甚。第能于怒时遽忘其怒而观理之
> 是非,亦可见外诱之不足恶,而于道亦思过半矣。

人之怒时,即心之已发时,此时所谓求静之法,并非如下学派先要存个是非之心,然后加以克除之功,而是要人在怒时遽忘其怒,则怒不足怒,而理之是非自在其中矣。

明道论静之法,由道理之高明处说到教法之落实处,层层推演,丝丝入扣,上根人一见即能入道,下根人循之亦可为学。此种求静之法落到实处,即是《定性书》最后所言之"观怒",后来湖湘学者"观过知仁"功夫实承此而来。

三、湖湘学者论静与朱子之批评

湖湘学者论静,盖承濂溪、明道而来,以为静不只是未发时的涵养功夫,更是已发时察识本体的功夫。关于这两种不同的主静功夫,朱子与湖湘学者进行了广泛而深入的讨论。

湖湘学者推本明道《定性书》之说,以识仁为入手功夫,由此而有"动亦定,静亦定"的体验,此犹告子所谓"不动心"也。心既不动,则能随顺事物而酬酢万变,可谓立天下之大本也,显然,此种不动与未感物时的那种虚静,实非同一层次的概念,即非与动相对的"静"。对此,朱子似不甚理解。其《答胡广仲》第2

书云：

> 来谕又谓"动静之外，别有不与动对之静，不与静对之动"，此则尤所
> 未谕。"动静"二字，相为对待，不能相无，乃天理之自然，非人力之所能为
> 也。若不与动对，则不名为静；不与静对，则亦不名为动矣。但众人之动，
> 则流于动而无静；众人之静，则沦于静而无动。此周子所谓"物则不通"者
> 也。惟圣人无人欲之私而全乎天理，是以其动也，静之理未尝亡；其静也，
> 动之机未尝息。此周子所谓"神妙万物"者也。然而必曰"主静"云者，盖以
> 其相资之势言之，则动有资于静，而静无资于动。如乾不专一则不能直
> 遂，坤不翕聚则不能发散；龙蛇不蛰则无以奋，尺蠖不屈则无以伸，亦天理
> 之必然也。①

胡广仲与朱子书今已不可考。据朱子书，胡广仲之说出于古本《太极图》，即认
为一动一静之上尚有一个绝然无对的阴静，换言之，在胡广仲看来，有两种不
同层次上的静，一为与动相对之静，一为超然于动静之上的无对之静。不过，
朱子只承认第一种意义上的静。

然而，胡氏此说亦有本。明道"动亦定，静亦定"之说，即是认为在动静之上
尚有定，亦即此处所说的无对之静也。

胡广仲基于这种对静的理解，提出了"动则离性"的说法。朱子此书遂进
而对此进行了批评：

> 来谕又有"动则离性"之说，此尤所未谕。盖"人生而静"虽天之性，"感
> 物而动"亦性之欲。若发而中节，欲其可欲，则岂尝离夫性哉！惟夫众人之
> 动，动而无静，则或失其性耳。故文定《春秋传》曰："圣人之心，感物而动。"
> 《知言》亦云："静与天同德，动与天同道。"皆未尝有圣人无动之说也。却是
> 后来分别"感物而通"、"感物而动"，语意迫切，生出许多枝节。而后人守之
> 太过，费尽气力，百种安排，几能令臧三耳矣。然甚难而实非，恐不可不

---

① 朱熹：《文集》卷 42，《朱子全书》本，第 1895—1896 页。

察也。①

广仲"动则离性"之说，承五峰之"感物而动"与"感物而通"之分别而来。圣人感物而通，虽酬酢万物之变，其心亦未尝动也；众人感物而动，心随物转，物动心亦动，如此，动自离性矣。人心固有不随物转之时，此心之所以不动也。此理甚明，惜乎朱子不能有所见也。

大概胡广仲见朱子没有理解其论静之义，故又重申曰："'静'字所以形容天性之妙，不可以动静真妄言。"②质言之，湖湘学者所说的静是"形容天性之妙"的静，与动静、真妄相对的那个静不同。不过，朱子仍然不明其意，又重申了他前书中的内容：

> 伊川先生曰："天地储精，得五行之秀者为人。其本也真而静，其未发也，五性具焉，曰仁、义、礼、智、信。形既生矣，外物触其形而动于中矣，其中动而七情出焉，曰喜、怒、哀、乐、爱、恶、欲。情既炽而益荡，其性凿矣。"熹详味此数语，与《乐记》之说指意不殊。所谓静者，亦指未感时言尔。当时之时，心之所存浑是天理，未有人欲之伪，故曰"天之性"。及其感物而动，则是非真妄自此分矣。然非性，则亦无自而发，故曰"性之欲"。"动"字与《中庸》"发"字无异，而其是非真妄，特决于有节与无节、中节与不中节之间耳。来教所谓"正要此处识得真妄"是也。然须是平日有涵养之功，临事方能识得。若茫然都无主宰，事至然后安排，则已缓而不及于事矣。
>
> 至谓"'静'字所以形容天性之妙，不可以动静真妄言"，熹却有疑焉。盖性无不该，动静之理具焉。若专以静字形容，则反偏却性字矣。《记》以静为天性，只谓其未感物之前，私欲未萌，浑是天理耳，不必以静字为性之妙也。真妄又与动静不同，性之为性，天下莫不具焉，但无妄耳。今乃欲并与其真而无之，此韩公"道无真假"之言所以见讥于明道也。伊川所谓其本真而静者，"真"、"静"两字，亦自不同。盖真则指本体而言，静则但言其初未感物耳。明道先生云："人生而静以上不容说，才说性时，便已不是性矣。"盖人

---

① 朱熹：《文集》卷42，《朱子全书》本，第1896页。
② 朱熹：《文集》卷42，《朱子全书》本，第1900页。

生而静，只是情之未发，但于此可见天性之全，非真以静状性也。^①

朱子借明道、伊川二先生语以明其已发未发新说，然二程子之意，实未必如朱子所论，尤其是明道论"人生而静以上不容说"，当指性字而言，实未曾说到心上。关于此点，前面讨论明道"生之谓性"，已辨之详矣。

湖湘学者说察识，即是要在静中体会出一个本体来。《朱子语类》卷 103 有一段话颇能说明湖湘学者主静之意：

> "南轩谓'动中见静，方识此心'。如何是'动中见静'？"曰："'动中见静'，便是程子所说'艮止'之意。释氏便言'定'，圣人只言'止'。敬夫却要将这个为'见天地之心'。《复》是静中见动，他又要动中见静，却倒说了。"

南轩早年尚守五峰之"先察识而后涵养"之说，因此，当朱子悟中和旧说之非时，亦对南轩提出了批评。朱子《答张敬夫》第 49 书云：

> 　　然人之一身，知觉运用莫非心之所为，则心者固所以主于身，而无动静语默之间者也。然方其静也，事物未至，思虑未萌，而一性浑然，道义全具，其所谓"中"，是乃心之所以为体而寂然不动者也。及其动也，事物交至，思虑萌焉，则七情迭用，各有攸主，其所谓"和"，是乃心之所以为用，感而遂通者也。^②

关于朱子此段话，我们须注意如下几层意思：

第一，心不仅有静的时分，亦有动的时分，或者说，既有未发时刻，亦有已发时刻。盖湖湘学者以性为未发，心为已发，察识则是在已发时体认未发之性体而已。朱子则不同，主张在心上区分已发与未发，因此，已发时有已发之功夫，未发时自当有一段未发之功夫。

第二，心之未发时，"事物未至，思虑未萌"，然须加以一段功夫，方能"一性

---

① 朱熹：《文集》卷 42，《朱子全书》本，第 1899—1900 页。
② 朱熹：《文集》卷 32，《朱子全书》本，第 1419 页。

浑然,道义全具",即达到"心之所以为体而寂然不动"的"中"的状态。而在心之已发时,"事物交至,思虑萌焉",然亦须加以一段功夫,方能"七情迭用,各有攸主",即达到"心之所以为用,感而遂通"的"和"的状态。

第三,如何在未发、已发时用功,方能达到未发之中、已发之和呢? 朱子强调心之主宰作用,即"心者固所以主于身,而无动静语默之间"。

朱子进而将心的这种主宰作用表述为"敬"。此书又云:

> 盖心主乎一身,而无动静语默之间,是以君子之于敬,亦无动静语默而不用其力焉。未发之前是敬也,固已立乎存养之实;已发之际是敬也,又常行于省察之间。

未发时用存养之功夫,已发时则用省察之功夫,总而言之,无论动静,皆以敬贯乎其间。

此为朱子己丑之悟的主要内容。然而,此书中还蕴涵另一层意思。书云:

> 然性之静也,而不能不动;情之动也,而必有节焉。是则心之所以寂然感通、周流贯彻,而体用未始相离者也。

前面我们已论及,朱子在阐发其"心性不离"之说时,正是将其表述为"性不能不动",并以此批评湖湘学者的"心即性"之说,包括对《乐记》"人生而静"一句的解释。此处则进一步将之阐发为"性体情用"说。

性不能不动,其动固为情矣;然情未必即是性之动也。盖情有节、不节之分,唯情有节,斯为性体之发用,体用才称得上"未始相离"。因此,心须主宰乎未发、已发之间,体用方能不离。故书又云:

> 有以主乎静中之动,是以寂而未尝不感;有以察乎动中之静,是以感而未尝不寂。寂而常感,感而常寂,此心之所以周流贯彻,而无一息之不仁也。

可见,唯有心能主宰乎动静之间,方能"寂而常感,感而常寂"。不过,我们也看到,朱子在此区分开两层意义上的心,即动静之心与主宰动静之心。因此,当朱子批评湖湘学派有"三心"之病时,自己亦不免有"二心"之嫌也。

不过,"性体情用"不能说是己丑之悟的主要内容。① 因为,"性体情用"可以说是道学家所共许的基本命题,朱子在此也没有很明确的命题意识,其真正的用心不过以此说明心之主宰须贯乎动静的道理而已。

朱子基于其对动静关系的理解,对湖湘学者之察识涵养功夫提出了批评。此书又云:

> 所谓"学者先须察识端倪之发,然后可加存养之功",则熹于此不能无疑。盖发处固当察识,但人自有未发时,此处便合存养,岂可必待发而后察,察而后存耶?且从初不曾存养,便欲随事察识,窃恐浩浩茫茫,无下手处,而毫厘之差、千里之谬将有不可胜言者。此程子所以每言孟子才高,学之无可依据,人须是学颜子之学,则入圣人为近,有用力处,其微意亦可见矣。且如洒扫应对进退,此存养之事也,不知学者将先于此而后察之耶?抑先察识而后存养也。以此观之,则用力之先后判然可观矣。

朱子针对湖湘学者察识已发的观点,主张尚须有一段未发时的存养功夫。并且,朱子将存养与省察两种功夫的先后问题提了出来。此问题亦即后来双方往复讨论的"知先行后"抑或"行先知后"的问题。关于此问题,下节将辟专题讨论。

然而,朱子强调存养于未发时的重要性,实际上也强调了未发时刻或静的重要性,这种立场在南轩那里引起了很大的误会,以为如此不免溺于佛氏之虚无。朱子此书针对这种疑问做出了回答:

> 来教又谓"言静则溺于虚无",此固所当深虑。然此二字如佛者之论,则诚有此患。若以天理观之,则动之不能无静,犹静之不能无动也;静之不能无养,犹动之不可不察也。但见得一动一静互为其根,敬义夹持,不

---

① 陈来先生以"性体情用"为朱子己丑之悟的主要内容,似非是。应该直至朱子后来作《知言疑义》时,才将"性体情用"作为批评五峰的基本论点而提出来,此时虽触及此说,但尚非朱子关心的主要问题。

容间断之意，则虽下得"静"字，元非死物，至静之中盖有动之端焉，是乃所以见天地之心者。而先王之所以至日闭关，盖当此之时，则安静以养乎此尔，固非远事绝物、闭目兀坐而偏于静之谓。但未接物时，便有敬以主乎其中，则事至物来，善端昭著，而所以察之者益精明尔。伊川先生所谓"却于已发之际观之"者，正谓未发则只有存养，而已发则方有可观也。周子之言"主静"，乃就中正仁义而言。以正对中，则中为重；以义配仁，则仁为本尔。非四者之外别有主静一段事也。

此段乃朱子针对南轩的疑惑，继续发明存养于未发之义。

正如南轩所言，湖湘学者之功夫乃"先须察识端倪之发，然后可加存养之功"，朱子则以为，"盖发处固当察识，但人自有未发时，此处便合存养，岂可必待发而后察，察而后存耶？且从初不曾存养，便欲随事察识，窃恐浩浩茫茫，无下手处，而毫厘之差、千里之谬将有不可胜言者"。盖朱子以为，察识只是已发时的功夫，而性本静，动而有情，故人心须先是静，然后动方能中节，故在动之前当先有一段未发时的存养功夫。因此，朱子以为湖湘学者先察识而后涵养，恰好把功夫次第弄颠倒了。

可见，朱子主敬是一种静时的存养功夫，其目的是要在事至物来时，使情之发而中节，是以朱子言静或敬，只具有一种下学的意义。湖湘学者则不同，强调要在"动中见静"，在动中去体会天地之心，如是则以静为上达本体之功夫也。

第二节 动静问题与朱子《答胡广仲书》论
"识仁"或"致知"
——兼论湖湘学者之察识功夫

在湖湘学者那里，察识乃对本体的知识。[①] 关于察识的内涵及其本体论上的可能性，前面已有阐述，即围绕朱子"以心求心"的批评，阐明了"以心求心"不仅是可能的，而且是必要的。下面我们将由动静关系入手，从工夫论上说明察

---

① 在朱子与湖湘学者的争论中，知识是对本体的知或识，即知仁或识仁，而非对具体事理的知识，更非今人基于知性态度下的知识。因此，这里关于知行关系的种种表述，与后来阳明的讨论有根本的不同。

识功夫的可能性。

朱子与湖湘学者关于此问题的讨论，主要集中在其《答胡广仲》诸书。己丑间，朱子悟得性为未发、心为已发之非，遂与湖湘诸公数辩之，累年未止。稍后，大致在乾道六年庚寅（1170）至八年壬辰（1172）间，朱子与胡广仲又就察识问题进行了争论。

《答胡广仲》第 1 书（庚寅）云：

> 性静者须或有此时节，但不知敬以主之，则昏愦驳杂，不自觉知，终亦必亡而已矣。……向来之论，谓"先致其知，然后有以用力于此"，此疑若未安。盖古人由小学而进于大学，其于洒扫应对进退之间，持守坚定，涵养纯熟，固已久矣。是以大学之序，特因小学已成之功，而以格物致知为始。今人未尝一日从事于小学，而曰"必先致其知，然后敬有所施"，则未知其以何为主而格物以致其知也。故程子曰："入道莫如敬，未有能致知而不在敬者。"又论敬云："但存此久之，则天理自明。"推而上之，凡古圣贤之言，亦莫不如此者。试考其言，而以身验之，则彼此之得失见矣。[①]

朱子《答湖南诸公书》的主要内容在于确立了"主敬"之旨，即在已发时省察致知的功夫之前，另须一段主敬涵养的未发功夫。然而，朱子对"致知"的理解，颇不同于湖湘学者，质言之，湖湘学者所说的"致知"乃对本体的知识，而朱子则限于一事一物的知识。

此处朱子依据古时小学与大学的先后关系，认为主敬功夫亦当先于致知功夫。此说颇见于其《大学或问》，而《朱子语类》中类似论述尤多，兹不暇举。然湖湘学者论知行先后，皆就大学言之，故以敬为大学功夫，此说显与朱子不同。

大概胡广仲看到朱子并未理解他所说的察识功夫，故又借动静关系来说明察识功夫的优先性。朱子《答胡广仲》第 2 书（辛卯）则围绕这个问题进行了讨论。书云：

---

① 朱熹：《文集》卷 42，《朱子全书》本，第 1894—1895 页。

《太极图》旧本极荷垂示,然其意义终未能晓。如阴静在上而阳动在下、黑中有白而白中无黑,及五行相生先后次序,皆所未明。而来谕以为太极之妙不可移易,是必知其说矣,更望子细指陈所以为太极之妙而不可移易处以见教,幸甚幸甚!……

来谕又谓"动静之外,别有不与动对之静,不与静对之动",此则尤所未谕。"动静"二字,相为对待,不能相无,乃天理之自然,非人力之所能为也。若不与动对,则不名为静;不与静对,则亦不名为动矣。但众人之动,则流于动而无静;众人之静,则沦于静而无动。此周子所谓"物则不通"者也。惟圣人无人欲之私而全乎天理,是以其动也,静之理未尝亡;其静也,动之机未尝息。此周子所谓"神妙万物"者也。然而必曰"主静"云者,盖以其相资之势言之,则动有资于静,而静无资于动。如乾不专一则不能直遂,坤不翕聚则不能发散;龙蛇不蛰则无以奋,尺蠖不屈则无以伸,亦天理之必然也。

来谕又有"动则离性"之说,此尤所未谕。盖人生而静虽天之性,感物而动亦性之欲。若发而中节,欲其可欲,则岂尝离夫性哉!惟夫众人之动,动而无静,则或失其性耳。故文定《春秋传》曰:"圣人之心,感物而动。"《知言》亦云:"静与天同德,动与天同道。"皆未尝有圣人无动之说也。却是后来分别感物而通、感物而动,语意迫切,生出许多枝节。而后人守之太过,费尽气力,百种安排,几能令臧三耳矣。然甚难而实非,恐不可不察也。[1]

前面我们已经阐明,静之为功夫有已发与未发之不同,朱子将静作为一种未发时功夫,而湖湘学者则更多将之看作一种已发时功夫,在已发时体认未发之本体,即所谓动中求静也。

胡广仲在其与朱子书中为了说明察识问题,提出了《太极图》旧本的问题。[2] 广仲认为,"第一圈为阴静,第二圈为阳动","先有无阳之阴,后有兼阴之阳"[3],换言之,首先有个与动无对的静,然后才有与静相对之动。在我们看来,

---

[1] 朱熹:《文集》卷 42,《朱子全书》本,第 1895—1896 页。

[2] 据《年谱》,次年乾道九年癸巳,朱子《太极图说解》成。而《考异》以为成于乾道四年戊子,只是未曾示人而已,至癸巳年,始跋以示人。此举与广仲之《太极图旧本》或许有关,然未可知也。

[3] 朱熹:《文集》卷 42《答胡广仲》第 5 书,《朱子全书》本,第 1901 页。

此不与动对之静乃是从纷纭劳攘的动中升起的那个清静无垢的不动之心,因此,动与静在价值上完全相反,一属圣人之心,一属凡人之心。正是基于这种对静的不同理解,湖湘学者把求静的功夫看作对本体的知识。

朱子此书稍晚于《知言疑义》。《知言疑义》在论及"识仁"时,根本反对本体知识在当下之可能,"于其本源全体,未尝有一日涵养之功,便欲扩而充之,与天同大,愚窃恐无是理也"。南轩的态度更为干脆,谓"必待识仁之体而后可以为仁,不知如何而可以识也",而伯恭亦谓"仁体诚不可遽语"。凡此数语,皆见朱、张、吕诸君不领会仁体为何,更不领会识仁之功夫也。

南轩又据朱子"三心说",对胡广仲提出了批评:

> 于事物纷至之时精察此心之所起,则是似更于应事之外别起一念以察此心,以心察心,烦扰益甚,且又不见事物未至时用力之要。①

南轩素称五峰高弟,然此时足见其对乃师之学实不甚了了,惜乎其从师时日之短也。

后来,胡广仲继续阐明"静"之义。朱子《答胡广仲》第 4 书(壬辰)云:

> 伊川先生曰:"天地储精,得五行之秀者为人。其本也真而静,其未发也,五性具焉,曰仁、义、礼、智、信。形既生矣,外物触其形而动于中矣,其中动而七情出焉,曰喜、怒、哀、乐、爱、恶、欲。情既炽而益荡,其性凿矣。"熹详味此数语,与《乐记》之说指意不殊。所谓静者,亦指未感时言尔。当时之时,心之所存浑是天理,未有人欲之伪,故曰"天之性"。及其感物而动,则是非真妄自此分矣。然非性,则亦无自而发,故曰"性之欲"。"动"字与《中庸》"发"字无异,而其是非真妄,特决于有节与无节、中节与不中节之间耳。来教所谓"正要此处识得真妄"是也。然须是平日有涵养之功,临事方能识得。若茫然都无主宰,事至然后安排,则已缓而不及于事矣。
>
> 至谓"'静'字所以形容天性之妙,不可以动静真妄言",熹却有疑焉。盖性无不该,动静之理具焉。若专以静字形容,则反偏却性字矣。《记》以

---

① 朱熹:《文集》卷 30,《朱子全书》本,第 1313 页。

静为天性,只谓未感物之前,私欲未萌,浑是天理耳,不必以静字为性之妙也。真妄又与动静不同,性之为性,天下莫不具焉,但无妄耳。今乃欲并与其真而无之,此韩公"道无真假"之言所以见讥于明道也。伊川所谓其本真而静者,"真""静"两字,亦自不同。盖真则指本体而言,静则但言其初未感物耳。明道先生云:"人生而静以上不容说,才说性时便已不是性矣。"盖人生而静,只是情之未发,但于此可见天性之全,非真以静状性也。①

朱子此书据伊川"其本也真而静"一语来阐述其对未发之本体的理解。关于此书意思,可分疏为如下两点:

一、朱子以为伊川语与《乐记》一段指意不殊,则心之未发时,未有思虑故可言静,而不杂乎人欲之伪故可言真。未发时真而静,犹须加以主敬涵养之功,方能临事时识得真妄。大概广仲仅仅强调真妄在已发上言,而功夫只是在已发上去察识真妄;而朱子认为,欲识得已发上之真妄,须是在未发上用功。

二、广仲以静言本体,故谓"'静'字所以形容天性之妙"。而朱子认为,静只是心之思虑未萌的状态,故只可言心而不可状性,而真则是指本体(性)也。

大致从己丑至壬辰此数年间,朱子与广仲的讨论,皆围绕动静问题进行。观乎朱子之书,他似乎终始不能明白湖湘学者论静之旨,反谓广仲固执一家之说,而于明白晓畅之理不顾,曲为之说,故其在《答胡广仲》第5书中,对湖湘之学进行了全面的批评,而罗列湖湘学可疑者有七。② 下面我们仅录其与此处讨论问题有关的一些内容:

> 盖不务涵养而专于致知,此固前日受病之原;而所知不精,害于涵养,此又今日切身之病也。若但欲守今日之所知,而加涵养之功以补其所不足,窃恐终未免夫有病,而非所以合内外之道,必也尽弃今日之所已知而两进夫涵养格物之功焉,则庶乎其可耳。盖来书所论,皆前日致知之所得也,而其病有如左方所陈者,伏惟幸垂听而图之。

---

① 朱熹:《文集》卷42,《朱子全书》本,第1899—1900页。
② 《答胡伯逢》第4书曰:"近又有一书与广仲,文论此尤详于前,此外盖已无复可言者矣。"(朱熹:《文集》卷46,《朱子全书》本,第2151页。)朱子盖指《答胡广仲》第5书,此书亦有综论湖湘学之病的味道。

　　夫太极之旨，周子立象于前，为说于后，互相发明，平正洞达，绝无毫发可疑。而旧传《图》《说》皆有谬误，幸共失于此者犹或有存于彼，是以向来得以参互考证，改而正之。凡所更改皆有据依，非出于己意之私也。（自注：旧本图子既差，而《说》中"静而生阴"，"静"下多一"极"字，亦以《图》及上下文意考正而削之矣。）若如所论，必以旧《图》为据而曲为之说，意则巧矣。然既以第一圈为阴静，第二圈为阳动，则夫所谓太极者果安在耶？又谓先有无阳之阴，后有兼阴之阳，则周子本说初无此意，而天地之化似亦不然。且程子所谓"无截然为阴为阳之理"，即周子所谓"互为其根"也。程子所谓"升降生杀之大分不可无"者，即周子所谓"分阴分阳"也。两句相须，其义始备。故二夫子皆两言之，未尝偏有所废也。今偏举其一，而所施又不当其所，且所论先有专一之阴，后有兼体之阳，是乃截然之甚者。此熹之所疑者一也。[①]

　　朱子谓"盖不务涵养而专于致知，此固前日受病之原；而所知不精，害于涵养，此又今日切身之病也"，此说盖重复其己丑之悟的观点。朱子又批评广仲所据旧本《太极图》及《太极图说》有误，然亦无真实凭据，唯据理驳之而已，然广仲亦能据理以自证其说。二子持论之异，皆出于对动静关系的理解有不同，故虽往复论辩数年，终各不相上下耳。

　　总观朱子《答胡广仲》诸书对湖湘学术的批评，很大程度上出于彼此的误会。大略言之，朱子在工夫论上对湖湘学术的误会有三：

　　其一，将本体之知误为事理之知。

　　其二，误将无对之静与相对之静等同起来。

　　其三，将湖湘学者所说的"先察识后涵养"，误以为自己所批评的"知先行后"。

　　然自己丑之悟后，朱子对其学术益自信，而同时湖湘学者如胡广仲、胡伯逢、吴晦叔诸人，虽与朱子往复讲论，犹守五峰甚固，终不似南轩之失据移步也。故朱子深致其不满，曰：

---

① 朱熹：《文集》卷 42，《朱子全书》本，第 1900—1901 页。

　　要须脱然顿舍旧习,而虚心平气,以徐观义理之所安,则庶乎其可也。
仰恃知照,不鄙其愚,引与商论,以求至当之归,敢不罄竭所怀,以求博约。
盖天下公理,非一家之私,倘不有益于执事之高明,则必有警乎熹之浅
陋矣。①

　　而朱子在《答胡广仲》第 3 书也有类似的批评,曰:"是皆天下之公理,非一家所
得而私者。愿虚心平气,勿以好高为意,毋以先入为主,而熟察其事理之实于
日用之间,则其得失从违不难见矣。"②盖自南渡以还,文定、五峰父子卓然立于
湖湘,门弟子多绍述其说,而朱子此时犹学术之新进耳,至五峰卒后,朱子遂诋
以"一家之私"而逞其意气矣。
　　上面我们主要围绕朱子《答胡广仲》诸书,来考察朱子对察识功夫的批评。
除此之外,朱子对察识功夫的批评甚多。其《答方宾王》第 4 书云:

　　心固不可不识,然静而有以存之,动而有以察之,则其体用亦昭然矣。
近世之言识心者则异于是。盖其静也,初无持养之功;其动也,又无体验
之实。但于流行发见之处认得顷刻间正当底意思,便以为本心之妙不过
如是,攀夸作弄,做天来大事看,不知此只是心之用耳。此事一过,此用便
息。岂有只据此顷刻间意思,便能使天下事事物物无不各得其当之理耶。
所以为其学者,于其功夫到处,亦或小有效验,然亦不离此处,而其轻肆狂
妄,不顾义理之弊,已有不可胜言者。此真不可不戒。然亦切勿以此语人,
徒增竞辩之端也。③

察识乃是对本体的体认,即在本体之流行处体认作为天下之大本的性,然而,
朱子却讥嘲此种功夫不过是把"顷刻间意思"当作"天来大事看"而已。
　　又,《文集》卷 47《答吕子约》第 13 书云:

---

①　朱熹:《文集》卷 42《答胡广仲》第 5 书,《朱子全书》本,第 1905 页。
②　朱熹:《文集》卷 42,《朱子全书》本,第 1898 页。
③　朱熹:《文集》卷 56,《朱子全书》本,第 2660 页。

　　然所谓"寂然之本体,殊未明白"之云者,此则未然。盖操之而存,则只此便是本体,不待别求。惟其操之久而且熟,自然安于义理而不妄动。则所谓寂然者,当不待察识而自呈露矣。今乃欲于此顷刻之存,遽加察识以求其寂然者,则吾恐夫寂然之体未必可识,而所谓察识者,乃所以速其迁动而流于纷扰急迫之中也。所谓操存者,亦岂以此一物操彼一物,如斗者之相捽而不相舍哉?[①]

　　所谓"寂然之本体",即湖湘学者在本体上言静也。朱子以为本体之呈现乃是效验,不可在本体上用功,否则,求寂反而不得寂也。

　　又《文集》卷30《答张敬夫》第2书云:

　　　　孟子"存亡出入"之说,亦欲学者操而存之耳,似不为识此心发也。若能常操而存,即所谓"敬者纯"矣。纯则动静如一,而此心无时不存矣。今也必曰"动处求之",则是有意求免乎静之一偏,而不知其反倚乎动之一偏也。然能常操而存者,亦是颜子地位以上人方可言此,今又曰"识得便能守得",则仆亦恐其言之易也。[②]

　　湖湘学者言操存,乃是体认本体以后之功夫,与朱子操存于未发时不同。且操存既是一段功夫,亦须下一番气力,似不可能有"识得便能守得"之语。大概南轩只是说须先识得,然后方能守得,不识便无所守矣。朱子似乎错会南轩之语。

　　朱子又曰:

　　　　湖南五峰多说人要识心。心自是个识底,却又把甚底去识此心。且如人眼自是见物,却如何见得眼。故学者只要去其物欲之蔽,此心便明。如人用药以治眼,然后眼明。[③]

---

① 朱熹:《文集》卷47,《朱子全书》本,第2189页。
② 朱熹:《文集》卷30,《朱子全书》本,第1314页。
③ 黎靖德编:《朱子语类》卷20,第477页。

在湖湘学者看来,察识乃以心观心而已,朱子此处举以眼观眼之喻,以明此说之非,似颇能折服人。

朱子又曰:

> 顷年张子韶之论,以为当事亲,便当体认取那事亲者是何物,方识所谓仁。当事兄,便当体认取那事兄者是何物,方识所谓义。某说若如此,则前面方推去这心去事亲,随手又便去背后寻摸取这个仁。前面方推此心去事仁兄,随手又便一心去寻摸这个义。是二心矣。禅家便是如此。其为说曰:立地便要你究得,坐地便要你究得。他所撑眉努眼,使棒使喝,都是立地便拶教你承当识认取,所以谓之禅械。某尝举子韶之说以问李先生曰:当事亲便要体认取个仁,当事兄便要体认取个义,如此则事亲事兄却是没紧要底事,且姑借此来体认取个仁义耳。李先生笑曰:不易公看得好。或问上蔡爱说个觉字,便是有此病了,曰然。张子韶初间便是上蔡之说,只是后来又展上蔡之说,说得来放肆,无收杀。①

此处亦以“三心说”论察识功夫之非。考朱子之说,则不仅湖湘学者有识仁之说,至于张子韶、谢上蔡亦有此论也。

《答张敬夫》第 24 书云:

> 以敬为主,则内外肃然,不忘不助,而心自存。不知以敬为主而欲存心,则不免将一个心把捉一个心,外面未有一事时,里面已是三头两绪不胜其扰扰矣。就使实能把捉得信只此快慢大病,况未必真能把捉得住乎?儒释之异,亦只于此便分了。如云:常见此心光烁烁地,便是有两个主宰了。不知光者是真心乎,见者是真心乎?②

朱子又将察识功夫比诸释氏功夫,这不免从根本上否定了从明道、上蔡至五峰这一系的学术路向。

---

① 黎靖德编:《朱子语类》卷 35,第 936—937 页。
② 朱熹:《文集》卷 31,《朱子全书》本,第 1345—1346 页。

第三节　先察识而后涵养
—— 朱子《答吴晦叔》与知行问题

在朱子与湖湘学者的讨论中,察识是知,涵养是行,这种对知行的理解与后来朱、陆之争中的知行概念是不同的。并且,朱子在对湖湘学者的批评中,又常以省察致知为知,主敬践履为行,不过,这层意义上的知行概念也大致为湖湘学者所接受。

虽然如此,关于知行概念的具体内涵,双方仍有着很不同的理解,这直接影响到他们对知行关系的不同处理。在湖湘学者那里,知是知仁、识心,即对本体的知识,而行则是对本体的涵养。正是基于这种理解,湖湘学者主张先知而后行,先察识而后涵养。至于朱子,因为反对知仁、识心作为功夫之可能,认为只可能有对具体事理的知识,至于对于本体的知识只是功夫至极而有的效验,因此,行在朱子那里不是涵养本体,而只是主敬的功夫,即一种未发时动容貌、整思虑以收敛身心的功夫;① 至于省察功夫,则是在已发时察知念虑之非,此为对一事一物之理的知识。因此,基于这种理解,自然是行先知后。② 可见,

---

① 牟宗三对朱子主敬功夫是很不满的,认为如此只是涵养个形气之心而已,这与唐君毅先生的态度不同。

② 朱子对知行关系的处理,前后是有变化的。在其与湖湘学者之争论中,朱子强调未发时的主敬功夫当先于已发时的致知功夫,也就是行先知后。此后,朱子越来越倾向于知行并进,甚至知先行后之说,如《朱子语类》云:"学者工夫,唯在居敬、穷理二事。此二事互相发。能穷理,则居敬工夫日益进;能居敬,则穷理工夫日益密。譬如人之两足,左足行,则右足止;右足行,则左足止。又如一物悬空中,右抑则左昂,左抑则右昂,其实只是一事。"(卷9,第150页)此论知行并进之说。又云:"致知、力行,用功不可偏。偏过一边,则一边受病。如程子云:'涵养须用敬,进学则在致知。'分明自作两脚说,但只要分先后轻重。论先后,当以致知为先;论轻重,当以力行为重。"又云:"问致知涵养先后。曰:'须先致知而后涵养。'问:'伊川言"未有致知而不在敬。"如何?'曰:'此是大纲说。要穷理,须是着意。不着意,如何会理会得分晓。'"(卷9,第148页)此论知先行后。

　　朱子在知行问题上这种态度的变化,与其对知行概念的不同理解有关。朱子论知行并进时,其知行概念尚近乎与湖湘学者争论中所持的立场,即致知作为穷事物之理,其要不过在于磨心,事上明得一分,心上亦明得一分,而行则是未发时的主敬功夫,直接即是心地上的功夫,如"涵养中自有穷理工夫,穷其所养之理;穷理中自有涵养工夫,养其所穷之理,两项都不相离。

朱子与湖湘学者对知行关系的不同处理,实与双方对知行概念的不同理解有关。

朱子与湖湘学者关于知行关系的讨论,主要见于《文集》卷 42《答吴晦叔》第 9 书(壬辰)。书云:

> 夫泛论知行之理而就一事之中以观之,则知之为先,行之为后,无可疑者。然合夫知之浅深、行之大小而言,则非有以先成乎其小,亦将何以驯致乎其大者哉? 盖古人之教,自其孩幼而教之以孝悌诚敬之实,及其少长,而博之以《诗》《书》《礼》《乐》之文,皆所以使之即夫一事一物之间,各有以知其义理之所在,而致涵养践履之功也。(自注:此小学之事,知之浅而行之小者也。)及其十五成童,学于大学,则其洒扫应对之间、礼乐射御之际,所以涵养践履之者,略已小成矣。于是不离乎此而教之以格物以致其知焉。致知云者,因其所已知者推而致之,以及其所未知者而极其至也。是必至于举天地万物之理而一以贯之,然后为知之至。而所谓诚意、正心、修身、齐家、治国、平天下者,至是而无所不尽其道焉。(自注:此大学之道,知之深而行之大者也。)今就其一事之中而论之,则先知后行,固各有其序矣。诚欲因夫小学之成以进乎大学之始,则非涵养履践之有素,亦岂能居然以夫杂乱纷纠之心而格物以致其知哉?
>
> 且《易》之所谓忠信、修辞者,圣学之实事,贯始终而言者也。以其浅而小者言之,则自其常视毋诳、男唯女俞之时,固已知而能之矣。"知至至之",则由行此而又知其所至也,此知之深者也;"知终终之",则由知至而又进以终之也,此行之大者也。故《大学》之书,虽以格物致知为用力之始,然

才见成两处,便不得"。(同前)即强调知即是行,行即是知。后来,朱子论知先行后时,知则是指具体事理的知,而行作为践履,则是行此具体之理,基于这种对知行概念的处理,朱子提出了"真知"的说法,《朱子语类》云:"问真知,曰:曾被虎伤者,便知得是可畏。未曾被虎伤底,须逐旋思量个被伤底道理,见得与被伤者一般方是。"(卷 15,第 309 页)"问:知得须要践履。曰:不真知得,如何践履得。若真知得,自住不得。"(卷 116,第 2793 页)"只就文字理会,不知涵养,如车两轮,便是一轮转,一轮不转。"(卷 113,第 2738 页)"今学者皆是就册子上赞,却不就本原处理会。只成讲论文字,不去体究,济得甚事。"(同前)朱子如此说知识,遂生出无穷弊端,故不得不另立真知说及知行合一说以救其弊,然学者积习已成,阳明乃起而救其弊,不过是承继朱子晚年未竟之工作而已。若朱子持守其最初对知行概念的规定,当无后来知而不行之弊。

非谓初不涵养履践而直从事于此也，又非谓物未格、知未至，则意可以不诚，心可以不正，身可以不修，家可以不齐也。但以为必知之至，然后所以治己、治人者，始有以尽其道耳。若日必俟知至而后可行，则夫事亲从兄、承上接下，乃人生之所不能一日废者，岂可谓吾知未至而暂辍，以俟其至而后行哉！

抑圣贤所谓知者，虽有浅深，然不过如前所论二端而已。但至于廓然贯通，则内外精粗自无二致，非如来教及前后所论"观过知仁"者，乃于方寸之间设为机械，欲因观彼而反识乎此也。又来谕所谓"端谨以致知"，所谓"克己私、集众理"者，又似有以行为先之意，而所谓"在乎兼进"者，又若致知力行初无先后之分也。①

朱子认为，知行关系可做两种处理：其一，泛论知行关系，则先知而后行。后来，朱子着力发挥此层意思。其二，从知之浅深、行之大小而言，也就是从工夫论上说，则须先涵养践履，然后方能致知。不过，朱子此处说的践履只是养心而已，并无今人通常讲的把书本知识付诸实践的意思。

朱子在此主要阐述后一层意思：首先，朱子借古时小学、大学之先后次第来说明此关系，认为小学之洒扫应对、礼乐射御之事即是未发时涵养践履之功夫。盖古时小学虽在一事一物上用功，然其目的却在于养心，而非应事接物。到了大学阶段，则讲格致诚正、修齐治平，这才是学者之应事接物，相当于今人讲的实践。在朱子看来，须是小学时善养得未发之心体，大学时之已发方能使事物各得其理，在实践中才能把事情做得恰到好处，合乎道理。因此，朱子有曰："诚欲因夫小学之成以进乎大学之始，则非涵养履践之有素，亦岂能居然以夫杂乱纷纠之心而格物以致其知哉？"未发时不养心，则应事接物时不免杂乱纷纠，自不能中节。

其次，朱子又从《大学》格物致知与诚意正心的关系来说明知行先后。朱子曰："《大学》之书，虽以格物致知为用力之始，然非谓初不涵养履践而直从事于此也，又非谓物未格、知未至，则意可以不诚，心可以不正，身可以不修，家可以不齐也。"《大学》之道，格致而后诚正。盖格致一事一物之理较易，故学者正

---

① 朱熹：《文集》卷 42，《朱子全书》本，第 1914—1915 页。

可以此为入手处,而意诚心正则非用力日久不能,此盖格致之效也。然知得一理虽易,知至却难,故若俟知至而后行,则终不行也,且"事亲从兄、承上接下,乃人生之所不能一日废者,岂可谓吾知未至而暂辍,以俟其至而后行哉!"故知而不行绝不可能。又事亲从兄,承上接下,亦是小学涵养履践之事,可见,行先于知之理明矣。①

朱子这种对知行关系的处理,构成了其在己丑以后一段时间所主要讨论的问题。其《与湖南诸公论中和》第 1 书云:

> 然未发之前不可寻觅,已发之后不容安排,但平日庄敬涵养之功至而无人欲之私以乱之,则其未发也镜明水止,而其发也无不中节矣。此是日用本领工夫。至于随事省察,即物推明,亦必以是为本而于已发之际观之,则其具于未发之前者固可默识。……向来讲论思索,直以心为已发,而日用工夫亦止以察识端倪为最初下手处,以故缺却平日涵养一段工夫,使人胸中扰扰,无深潜纯一之味,而其发之言语事为之间,亦常急迫浮露,无复雍容深厚之风。②

已发时之省察(知)须以未发时之涵养(行)为"本领工夫",否则,"使人胸中扰扰,无深潜纯一之味,而其发之言语事为之间,亦常急迫浮露,无复雍容深厚之风"。此论乃己丑之悟的主旨,朱子稍后之知先行后说实由此而来。大致与此同时所作之《已发未发说》,其论与此书相近,皆申论缺少一段未发功夫之弊。③

当时湖南诸公皆不同意朱子之新说,"惟钦夫复书深以为然"。(《中和旧说序》)不过,南轩所赞同朱子者,主要指其对中和的理解,至于其行先知后说,则似犹有所未喻。《答林择之》第 3 书云:"近得南轩书,诸说皆相然诺,但先察识,后涵养之论,执之尚坚。"④故随后朱子即复书答疑,此即《文集》之《答张敬夫》第 49 书。

---

① 后来象山、阳明诸子常以"知而不行"攻朱子,观乎此书,则知彼等实厚诬朱子也。阳明作《朱子晚年定论》,若换一角度视之,或有愧于初时攻朱之过乎?
② 朱熹:《文集》卷 64,《朱子全书》本,第 3131 页。
③ 钱穆以为《已发未发说》当稍先于《与湖南诸公论中和》第 1 书,盖为此书之先稿也。
④ 朱熹:《文集》卷 43,《朱子全书》本,第 1965 页。

湖湘学者主张性体心用，即以性为未发，心为已发，而朱子《与湖南诸公书》则确立了在心上言未发已发的基本立场，即未发指心之寂然不动、思虑未萌的状态，而已发则为心之应事接物、思虑萌动状态。这是在本体论上立说。然此书尚有工夫论上的考虑，即主张已发功夫前须有一段未发功夫，这才是朱子新说的主旨所在。不过，这并不为胡广仲、胡伯逢与吴晦叔等所接受，甚至也不为接受其"中和新说"的张南轩所理解。

其实，由本体论上的新说导出工夫论上的新说，实属顺理成章。盖人心有个已发时刻，亦有个未发时刻，是以对应于已发之察识功夫，未发时当相应有一段涵养功夫。未发时涵养，则虽思虑未萌而"知觉不昧"；已发时察识，则虽事物纷纭而"品节不差"。并且，未发先于已发，故未发时的涵养功夫自当先于已发时的察识功夫。

当然，朱子显然误会了湖湘学者的察识功夫，这也是朱子与湖湘学者争议不已的缘由所在。在湖湘学者那里，察识是要在已发中体认未发，朱子却看作已发时使事物"品节不差"的功夫。不过，站在各自的立场，他们对知行关系的理解皆可成立。

可见，朱子对湖湘学工夫论的批评实属误会，这自然不能令湖湘学者信服。其后，大致从己丑到壬辰这数年间，双方基于对中和问题的不同理解，而延伸到知行关系的讨论，实属自然。

除了我们前面讨论过的《答吴晦叔》第9书外，尚有朱子《答胡广仲》第2书（辛卯）。书云：

> 上蔡虽说明道先使学者有所知识，却从敬入，然其记二先生语，却谓"未有致知而不在敬"者，又自云"诸君子不须别求见处，但敬与穷理则可以入德矣"。二先生亦言"根本须先培壅，然后可以立趋向"，又言"庄整齐肃，久之则自然天理明"。五峰虽言"知不先至，则敬不得施"，然又云"格物之道，必先居敬以持其志"。此言皆何谓邪？熹窃谓明道所谓先有知识者，只为知邪正、识趋向耳，未便遽及知至之事也。上蔡、五峰既推之太过，而来喻又谓"知"之一字便是圣门授受之机，则是因二公之过而又过之。试以圣贤之言考之，似皆未有此等语意，却是近世禅家说话多如此。若必如此，则是未知已前，可以怠慢放肆，无所不为，而必若曾子一"唯"之后，然后

可以用力于敬也。此说之行于学者，日用工夫大有所害，恐将有谈玄说妙，以终其身而不及用力于敬者，非但言语小疵也。①

朱子此书无法回避明道"学者须先识仁"之说，却仅看作"知邪正、识趋向"这种初步功夫，这种看法与朱子别处谓"识仁"为"地位高者事"的说法又不同。朱子尊伊川，则不得不回护明道，遂将种种错误皆归于上蔡、五峰等人"推之太过"。

《答胡广仲》第 4 书（壬辰）云：

> 然须是平日有涵养之功，临事方能识得。若茫然都无主宰，事至然后安排，则已缓而不及于事矣。②

此段则重申已发前须有一段未发功夫的必要性。

可见，朱子与湖湘学者对知行先后关系的不同处理，实与双方对知行概念的不同界定有关。诚如朱子所主张，若以察识为具体事理的知识，则察识前当有一段主敬涵养的功夫，则行先知后之理明矣；若就湖湘学者而论，而以察识为对未发本体之知识，则其后当有一段涵养本体的功夫，如此，知先行后之理亦为显豁。因此，对察识功夫的不同理解，导致了对涵养功夫的不同把握：朱子之察识是闲邪，涵养是存诚，而湖湘学则反是，即以察识为存诚，涵养为闲邪。双方学术差别悬绝若是，然就各自立场而论，皆有可成立的内在理路也。

---

① 朱熹：《文集》卷 42，《朱子全书》本，第 1896—1897 页。
② 朱熹：《文集》卷 42，《朱子全书》本，第 1899 页。

下　编

《知言疑义》与湖湘学术之分流

当我们考察整个湖湘学术时,便不能不关注朱子《知言疑义》及其对湖湘学术之批评的影响。朱子与湖湘学者的交往,不论对于朱子本人,还是对于湖湘学者,都具有极其重要的意义。就朱子本人而言,南渡初湖湘学术的显赫地位及朱子一生中主要时间与湖湘学者的交往[①],对朱子思想的形成与发展的影响都是不可忽视的。对湖湘学者而言,正是出于对朱子批评的回应,从而对五峰学术作了进一步的阐发,这种阐发使湖湘学术之性格得以充分凸显出来,也使湖湘学术得到进一步发展。[②] 因此,当我们将对湖湘学术的考察置于与朱子的交往这样一个背景中,便可以发现,朱子对湖湘学术的批评,虽然有着诸多误会,甚至是根本性的误会,但这种批评完全是建设性的,较少后来的意气之争。基于这种原因,我们在考察整个湖湘学术时,便不能不经常地面对着朱子的批评,从而更多从朱子的角度去考察湖湘学术的基本特质。

---

① 绍兴十三年癸亥(1143),其父韦斋去世,朱子时年14,受父命禀学于胡籍溪先生。至绍兴三十二年壬午(1162),籍溪先生卒,其间近20年。此后,朱子于隆兴元年癸未(1163)初见南轩,至淳熙七年庚子(1180)南轩卒,凡17年,这一段时间乃朱子学术之形成、发展期,可以说是朱子一生中最重要的学术时期。南轩殁后,朱子虽继续与湖湘学者交往,然其思想已大致定型,而胡季随(五峰季子)辈又不能有力发挥五峰之学术,因此,我们考察朱子与湖湘学者之关系,大致可以撇开这段时期。

② 关于湖湘学术的性质与地位,侯外庐主编的《宋明理学史》曾说道:"张栻较之朱熹更强调'心'的作用,因此其心学色彩更为明显。从这个意义上说,张栻与其师胡宏一样,可以看作是'理学'朝'心学'转向的发端人物。"(人民出版社1984年初版,第338页。)此说未意识到明道、五峰一系与陆王心学的差异,代表了当时大陆学界的主流观点。

第五章　朱子与湖湘学者之交往及其学术之形成

第一节　胡籍溪与朱子

朱子一生之学术与湖湘学者有莫大关系。朱子幼从父学,其父韦斋(松)先生为程子三传弟子。① 其父临终时,嘱朱子学于刘白水(勉之)②、刘屏山(子翚)③及胡籍溪(宪)④,而受业于籍溪先生最久。⑤ 白田《年谱》云:

---

① 王懋竑(白田)《年谱》云:"初韦斋师事罗豫章,与李延平为同门友,闻杨龟山所传伊洛之学,独是古先圣贤不传之遗意,于是益自刻厉,痛刮浮华,以趋本实。日诵《大学》《中庸》之书,以用力于致知诚意之地,自谓卜急害道,因取古人佩韦之义,名其斋曰韦斋,以自警焉。"(《年谱》卷1上,第3页。)朱子《皇考吏部府君行状》云:"又得浦城萧公颍子庄、剑浦罗公从彦仲素而与之游,则闻龟山杨氏所传河洛之学。"(朱熹:《文集》卷97,《朱子全书》本,第4506页。)又,朱子《与范直阁》第1书云:"先子与之游,数十年道谊之契甚深。"(朱熹:《文集》卷37,《朱子全书》本,第1606页。)而朱子《延平行状》亦云:"先考吏部府君,亦从罗公同学,与先生为同门友。"(朱熹:《文集》卷97,《朱子全书》本,第4520页。)皆谓其父朱松师罗从彦,而罗从彦师杨时,则为程门三传弟子也。
② 据《宋元学案·刘胡诸儒学案》,刘勉之,字致中,崇安人,人称白水先生。妻朱熹以女。
③ 据《宋元学案·刘胡诸儒学案》,刘子翚,字彦冲,崇安人,学者称屏山先生。有《屏山全集》20卷。待朱熹最亲厚。侄刘共珙,尝帅湖南,与朱熹、张栻为友。
　　又,《年谱》云:"初屏山与朱子讲习武夷,去家颇远,时于中途建歙马庄,买田二百余亩,以供诸费,实与朱子共之。屏山既没,忠肃公珙尽畀朱子,资其养母。后朱子同安秩满归,以田还屏山子玶。玶不受,谋与忠肃,转畀南峰寺。至今犹存。"(卷1上,第21页)可见屏山于朱子之亲厚也。
④ 据《宋元学案·刘胡诸儒学案》,胡宪,字原仲,福建崇安人,文定从父兄子。从文定学,即会悟程氏之学。籍溪,先生之所居,而以自号者也。又据《五夫子里志》,卒年77。著有《论语合义》《南华真经》及《子谕》。
⑤ 据《年谱》,屏山卒于绍兴十七年丁卯(1147),白水卒于十九年己巳(1149),而籍溪至三十二年壬午(1162)方卒。盖自绍兴十三年(1143)父卒,至三十二年籍溪卒,其间近20年矣。

当韦斋疾革时,手自为书,以家事属少傅刘公子羽,而诀于籍溪胡宪原仲、白水刘勉之致中、少傅之弟屏山刘子翚彦冲。且顾谓先生曰:"此三人者,吾友也,学有渊源,吾所敬畏,吾即死,汝往父事之,而唯其言之听。"韦斋殁,少傅为筑室于其里第之傍,先生遂奉母夫人迁而居焉,乃尊遗训,禀学于三君子之门。①

案,韦斋卒于高宗绍兴十三年癸亥(1143),时朱子年14。未几,二刘俱卒,故朱子受业于二刘时日浅,且其时朱子尚幼,是以朱子得于籍溪者多。②

又据白田《朱子年谱考异》(以下简称《考异》),白水、籍溪二先生皆师涪陵谯天授,谯天授尝从程子游,且精易学,二先生闻程子之学,盖以此也。③ 又据束景南先生,文定本居崇安,至绍兴初方移居岳麓之下,而胡、刘二族世代同里相好,子弟间相互问学授业,因此,二刘及籍溪受业于文定大致在这段时期。

三先生俱喜佛。朱子自述其早年为学云:

> 初师屏山籍溪,籍溪学于文定,又好佛老④,以文定之学为论治道则可,而道未至,然于佛老亦未有见。屏山少年能为举业,官莆田,接塔下一僧,能入定数日。后乃见了老,归家读儒书,以为与佛合,故作《圣传论》。其后屏山先亡,籍溪在,某自见于此道未有所得,乃见延平。⑤

---

① 王懋竑:《朱子年谱》卷1上,商务印书馆1937年版,第3—4页。另参见《文集》中朱子所作之屏山、白水二先生墓表,及籍溪先生行状。

② 据《朱子事迹考》第48页,朱子正式受学于二刘、胡,当在15岁,即韦斋殁后一年方至五夫里。

③ 《年谱》以为二先生由谯天授而尽闻伊洛之学,疑非。案,朱子《籍溪胡先生行状》云:"稍长,从文定公学,始闻河南程氏之说。寻以乡贡入太学,会元祐学有禁,乃独与乡人白水刘君致中阴诵而窃讲焉。既又学《易》于涪陵处士谯公天授。"(朱熹:《文集》卷97,《朱子全书》本,第4503页。)《朱子语类》卷104则径谓"籍溪学于文定"。《学案》兼采二说,且定二先生为谯氏门人。盖籍溪初由文定而闻伊洛之学,继而学《易》于谯天授。可见,二先生只是学《易》于谯天授,未必由之尽闻伊洛之学,当另有所受业。

④ 五峰曾有书批评籍溪之尊信释氏,谓"愿益弘圣人之正道,勿过听释氏之邪说"。(参见胡宏:《与原仲兄书二首》,载《胡宏集》,第120—123页。)

⑤ 黎靖德编:《朱子语类》卷104,第2619页。

此段仅言屏山、籍溪二先生喜佛,而不及于白水。① 全谢山则直以为三先生"似皆不能不杂于禅",此言非虚。据束景南先生,白水、屏山二人均与宗杲有莫大的牵连。②

朱子后来之排佛态度,较两宋诸贤尤烈,然其早年受业于三先生之门,当习染有渐,不知朱子后来何故反感如是。③ 朱子自以其学无所得于三先生,此其固然,且朱子似未曾以师礼事三先生也。《考异》云:

> 按韦斋遗命禀学三君子,而朱子师事屏山为举业,于白水、籍溪,盖以父执事之。白水妻以女,不详何时,未几而卒。事籍溪最久,皆称胡丈,不称先生。至为三君子墓表行状,则皆自称门人,盖以韦斋之命也。④

盖朱子师屏山为学业,而以父执事白水、籍溪,疑朱子学于三先生之门时,本未

---

① 夏炘考三先生之学,谓籍溪、屏山杂于二氏,殆无可疑,至于白水先生,尝受学于谯定、刘安世,二子学兼二氏,而白水所得盖未可知。故夏炘断之曰:"总之三先生之学,皆不能裨益朱子,而朱子少年之出入二氏,实自三先生之门始。后自知于道未有所得,乃见延平。"(《述朱质疑》卷1)

② 屏山尝向宗杲问禅,绍兴初年宗杲入闽,同屏山兄弟关系尤密,宗杲曾作《刘子翚像赞》,称其"财色功名,一刀两断。立地成佛,须是这汉"(《大慧语录》)。朱子谓屏山之好佛曰:"某年十五六时,亦尝留心于此。一日在病翁所会一僧,与之语。其僧只相应和了说,也不说是不是;却与刘说,某也理会得个昭昭灵灵底禅。刘后说与某,某遂疑此僧更有要妙处在,遂去扣问他,见他说得也煞好。及去赴试时,便用他意思去胡说。是时文字不似而今细密,由人粗说,试官为某说动了,遂得举。时年十九。"(黎靖德编:《朱子语类》卷104,第2620页。)此言病翁者,盖屏山晚号也。

　　束景南先生以为,屏山为朱子取字"元晦"与宗杲字"昙晦"有关,而朱子本人亦曾向宗杲弟子道谦学禅。(参见束景南:《朱熹年谱长编》卷上,华东师范大学出版社2001年版,第87—95页。)

③ 朱子自言其少时尝留心于佛老,盖借此因缘也。《朱子语类》卷104载其说云:"某十五六岁时,亦尝留心于禅","某旧时,亦要无所学,禅、道、文章、楚辞、诗、兵法,事事要学"。《宋元学案·东发学案》因云:"二程既殁,门人弟子多潜移于禅学而不自知,虽晦庵朱先生初年亦几陷焉。"据朱子《答江元适书》,其出入佛老前后盖十余年。《年谱》谓朱子出入佛老数十年,与此未合。夏炘《述朱质疑》卷1云:"其实此十余年之中,沉思经训,潜心理学,未尝一日不精研吾道,特其齐头并进,二氏亦在所不遗耳。"盖为朱子好佛解免耳。

　　据嘉庆《崇安县志》卷10《仙释》,朱子当时与崇安禅宗僧侣道谦、园悟来往极为密切,且向道谦请教过"狗子佛性话头未有悟入,愿授一言,警所不逮"的问题(《归元直指集》卷下)。又据宋念常《佛祖历代通载》卷30,刘屏山某次打开朱子的箱子,发现其中仅一本宗杲的语录。

④ 王懋竑:《朱子年谱考异》(以下简称《考异》)卷1,商务印书馆1937年版,第244页。

曾以师礼事之也。^①

据朱子所自言,颇不慊于籍溪之学。^② 此盖朱子后来师从李延平(侗)之因也。朱子初见延平在绍兴二十三年癸酉(1153)夏,时朱子年24。案,延平受学于罗从彦之门,尽得其所传之奥,同门皆以不及。白田云:"沙县邓迪天启尝曰:'愿中(即延平)如冰壶秋月,莹澈无瑕。'韦斋深以为知言。先生少耳熟焉,至是将赴同安,特往见之。"^③正是基于对延平先生的此种了解,朱子在赴同安任上,专门拜访了延平。^④

朱子二见延平,乃在自同安归后,时为绍兴二十八年(1158)正月。此间朱子曾问以一贯忠恕之说。《与范直阁》第1书云:"熹顷至延平,见李愿中丈,问以一贯忠恕之说……与卑意不约而合。"^⑤《与范直阁》第3书云:"熹奉亲屏处,山间深僻,亦可观书。又得胡丈来归,朝夕有就正之所,穷约之中,此亦足乐矣。"^⑥据《年谱》,此二书当在绍兴二十八年戊寅,即朱子二见延平之后。朱子

---

① 束景南先生则认为,称"丈"与称"先生",并无区别,且朱子平日亦有一二处称籍溪为先生,故《考异》之说未必尽是。

② 《朱子语类》云:"胡籍溪人物好,沉静谨严,只是讲学不透。"(卷101,第2581页)

③ 《年谱》卷1上,第8页。

④ 朱子之辟佛,当与李延平有关。嘉庆《南平县志》卷18《人物》云:"初其侗,即与论禅。侗正其误曰:'悬空理空,面前事却理会不得。道亦无元妙,只在日用间着实做功夫外领会,便自己见道。'教熹看圣贤言语。熹将圣贤书读了,渐渐有味,顿悟异学之失。乃返朴归约,就平实处为学,于道日进。侗喜之……云:'此人别无他事,一味潜心于此。初讲学时,颇为道理所缚,今渐能融释于日用处,一意下工夫。若与此渐熟,则体用合矣。此道理全在日用处,孰若静处有而动处无,所非矣。'"清人童能灵《子朱子为学次第考》卷1云:"朱子初好禅学,至此延平始教以从日用间做工夫,又教以只看圣贤之书,则其学亦一变矣。"朱子本人亦自述其为学之变云:"后赴同安任,时年二十四五矣,始见李先生。与他说,李先生只说不是。某却倒疑李先生理会此未得,再三质问。李先生为人简重,却是不甚会说,只教看圣贤言语。某遂将那禅来权倚阁起。意中道,禅亦自在,且将圣人书来读。读来读去,一日复一日,觉得圣贤言语渐渐有味。却回头看释氏之说,渐渐破绽,罅漏百出!"(黎靖德编:《朱子语类》卷104,第2619页。)又云:"旧尝参究,后颇疑其不是。及见李先生之言,初亦信未及,亦且背一壁放,且理会学问看如何。后年岁间渐见其非。"(黎靖德编:《朱子语类》卷126,第3040页。)凡此,可见朱子归本于吾儒,当受延平教诲的缘故,故夏炘谓"朱子一生屏黜异端,干城吾道,实自见延平始"。(《述朱质疑》卷2)

朱子与延平书信往来颇多。据《南平县志》卷8《四贤年表》,延平与朱子书信往来凡30封,答问12则,即绍兴二十九年(1159)2书,三十年(1160)五月3书,七月8书,三十一年(1161)一、二、五、七、八、十月3书和答问12则,三十二年(1162)四、六、七、八、十月11书,其中有答问朱子上封事,隆兴元年(1163)五、六、七月3书。

⑤ 朱熹:《文集》卷37,《朱子全书》本,第1605页。

⑥ 朱熹:《文集》卷37,《朱子全书》本,第1607页。

对延平印象极佳①,然此书尚称延平为李愿中丈,疑其时尚未师事延平也。其间,朱子与籍溪门人范直阁、吴耕老俱有书讨论一贯忠恕问题。②

朱子《与范直阁》第 1 书云:

> 胡丈书中复主前日一贯之说甚力,但云若理会得向上一著,则无有内外上下远近边际,廓然四通八达矣。熹窃谓此语深符鄙意。盖既无有内外边际,则何往而非一贯哉!忠恕盖指其近而言之,而其意则在言外矣。闻子直说吾丈犹未以卑论为然,敢复其说如此,幸垂教其是非焉。熹顷至延平见李愿中丈,问以一贯忠恕之说……其言适与卑意不约而合。③

胡丈即胡籍溪也。书中所提胡丈书,《文集》中未见朱子之复书,其时间当早于绍兴二十八年(1158)春;至于《文集》所录《与籍溪先生书》则至绍兴三十年(1160)矣。朱子言胡丈书中"主前日一贯之说",可见籍溪尝有说以论一贯,故朱子乃举以就正于延平也。稍后,《与范直阁》第 3 书云:"又得胡丈来归,朝夕有就正之所。"④可见,大概朱子与范直阁第 1 书后,不久籍溪来,故朱子遂以一贯之说相请益也。

此书始言籍溪语"深符鄙意",又言籍溪"犹未以卑论为然",故以延平说证其说。此时朱子似乎尚欲弥合籍溪与延平之异也。然考《与范直阁》数书,知范直阁欲以籍溪论忠恕一贯之说以折服朱子,而朱子则较委婉地批评了籍溪的说法。朱子《答吴耕老》云:"胡丈以一贯为诚,而以忠恕为思诚也。若熹之意,

----

① 朱子《与范直阁》第 1 书云:"李丈独深得其阃奥,经学纯明,涵养精粹,延平士人甚尊事之,请以为郡学正。虽不复应举,而温谦悫厚,人与之处,久而不见其涯,郁然君子人也。先子与之游数十年,道谊之契甚深。"(朱熹:《文集》卷 37,《朱子全书》本,第 1605—1606 页。)此书在绍兴二十八年戊寅,可见此时朱子对延平之推崇。

② 范直阁卒于绍兴三十年(1160)六月,故朱子围绕一贯忠恕问题的思索,当在绍兴二十八年二见延平后的一年多时间。陈来先生以为范直阁卒在绍兴二十九年(1159)己卯,非是。案,《文集》卷 94《范直阁墓记》以直阁卒年在三十年庚辰。又,《朱子语类》云:"与范直阁说忠恕是三十岁时(即绍兴二十九年己卯)书。"(卷 104,第 2621 页),则与《年谱》不合,而陈来更以《与范直阁》四书皆在二十八年戊寅(朱子年 29),疑朱子所记有误耳。然与范直阁之卒有关诸书,如《与籍溪胡先生》两书及《续集》卷七《答刘平甫》,陈来皆作绍兴二十九年,今依《墓记》,三书皆当后推一年。

③ 朱熹:《文集》卷 37,《朱子全书》本,第 1607 页。

④ 朱熹:《文集》卷 37,《朱子全书》本,第 1607 页。案,第 3 书当早于第 2 书。盖第 2 书有"暑热"语,第 3 书则曰"初夏清和",且从所论问题来看,第 2 书当承第 3 书而来。

则曾子之言忠恕即诚也,子思之言违道不远、孟子之言求仁莫近,乃思诚也。"①此说大致可以概括朱子此时在忠恕一贯问题上的基本立场,即合忠恕与一贯为一,而忠恕一贯有圣人与学者之不同,即"由忠恕行"乃圣人之忠恕,即所谓天道之诚,而"行忠恕"乃学者之忠恕,即所谓人道之思诚。

稍后,朱子《答刘平甫》第 8 书则云:"近收耕老书,说一贯之旨。"又云:"此事须自得,而渠坚守师说,自作障碍,无如之何。"②可见,范直阁、吴耕老之论忠恕乃守师说,而朱子初欲弥合其与籍溪之异,然终不慊于籍溪之说,遂引延平之说为证也。因此,我们大致可以推测,在绍兴二十八年正月朱子初见延平后的一年多时间里,朱子与籍溪及其门人往复论辩忠恕一贯之说,最终确立了朱子对其与籍溪学说之差异的意识,可以说,这段时间的辩论成为次年朱子师事延平之契机。③

朱子之不慊于籍溪者,尚有一事。据《考异》,绍兴三十年庚辰(1160)④,籍溪家居,召为大理司直。未行,改秘书省正字。籍溪年已七十余矣,耳又重听。门人子弟皆疑其行,朱子有四诗,皆有讽焉。其中《送籍溪赴馆供职》两首:

---

① 朱熹:《文集》卷 40,《朱子全书》本,第 1799 页。
② 朱熹:《文集》卷 40,《朱子全书》本,第 1797 页。
③ 据《朱子语类》云:"其后屏山先生亡,籍溪在,某自见于此道未有所得,乃见延平。"(卷 104,第 2619 页)可见,朱子对籍溪学说的不满是其改师延平的主要原因。然束景南先生以为,籍溪精《论语》,曾作《论语义说》,而朱子事三先生时所作《论语集解》一书即是模仿此书。此书虽杂糅佛老,然而却成为朱子"由出入佛老到弃佛崇儒并进而走向湖湘学派的思想通道"。案,湖湘学者极重《论语》,五峰年 15 即自为《论语说》,可见这种做法本是家学渊源。然而籍溪的学术与五峰之学极不同,《五夫子里志》云:"既学易于焦(当为谯)定,久未有得。定曰:'必为物溃,故不能有见,惟学乃可顺耳。'乃叹曰:'非克己工夫耶!'自是一意下学,不求人知。"籍溪专以下学之克己为功夫,与五峰以上达为功夫绝不同,观籍溪"沉静谨严"之气象亦可知矣。故朱子后来之学术反近于籍溪,束说似与此不合。

　　至于朱子正式师从延平的时间,《考异》以为在绍兴三十年,而束景南以为当在绍兴二十八年。盖前此虽数见延平,然于延平之学不能无疑。《朱子语类》云:"始见李先生,与他说,李先生只说不是。某却倒疑李先生理会此未得,再三质问。"(卷 104,第 2620 页)《宋元学案·北山四先生学案》云:"昔文公初登延平之门,务为笼侗宏阔之言,好同而恶异,喜大而耻小。延平皆不之许,既而言曰:吾儒之学,所以异于异端者,理一而分殊也。理不患其不一,所患者分殊耳。朱子感其言,故其精察妙契,著书立言,莫不由此。"故疑束说未必是也。

　　据嘉庆《南平县志》卷 18《人物》,朱子前后凡三见延平,"戊寅春,熹见侗于延平。庚辰冬,又见侗于延平,寓舍旁西林院者阅月。壬午春,迎谒侗于建安,遂与俱归延平,复寓西林数月",然未言及癸酉见延平事。
④ 《年谱》以为是在绍兴二十九年己卯(1159)事,《考异》则据朱子《跋胡五峰诗》改。

祖饯衣冠满道周，此行谁与话端由。
心知不作功名计，只为苍生未敢休。

执我仇雠讵我知，漫将行止验天机。
猿悲鹤怨因何事，只恐先生袖手归。

又有《寄籍溪胡丈及刘恭父》二首：

先生去上芸香阁，阁老新峨豸角冠。
留取幽人卧香谷，一川风月要人看。

瓮牖前头翠作屏，晚来相对静仪刑。
浮云一任闲舒卷，万古青山只么看。

诗中言"先生去上芸香阁"，指籍溪先生除正字，赴馆供职。后来五峰见朱子诗，亦赋诗三首，为籍溪解嘲。诗云：

云出青山得自由，西郊未解如薰忧。
欲识青山最青处，云物万古生无休。

幽人偏爱青山好，为是青山青不老。
山中出云雨太虚，一洗尘埃山更好。

天生风月散人间，人间不止山中好。
若也清明满怀抱，到处氛埃任除扫。

此诗据《考异》云，有回护籍溪之意。然五峰之言亦验之于后，《籍溪先生胡公行状》云："（先生）至馆下累月，又默默无一言，人益以为怪。会次当奏事殿中，而病不能朝，即草疏言：'虏人大治汴京宫室，势必败盟，今元臣宿将惟张浚、刘锜在，而中外有识皆谓虏果南牧，非此两人莫能当，惟陛下亟起而用之，臣死不恨矣。'时二公皆为积毁所伤，上意有未释然者，论者虽或颇以为说，然未敢斥然正言之也。至先生始极意显言，无所顾避，疏入即求去，诸公留之不得，上亦感其言，以为左宣教郎，主管崇道观，使归而食其禄。于是向之疑者始愧叹心服，而继其说者亦益众，以故二公卒召用。"此文可为五峰诗之注脚。

然五峰诗亦有警发朱子意。据朱子《跋五峰诗》，五峰曾指朱子诗语南轩曰："吾未识此人，然观此诗，知其庶几能有进矣。特其言有体而无用，故吾为是诗以箴警之，庶其闻之而有发也。"①后来朱子从南轩得闻此语，"恨不及见胡子而卒请其目"。(《文集》卷 78)

至于籍溪与当时之湖南学者之关系，大概不甚密切。盖籍溪居福建，五峰兄弟则居湖南，往来不免疏阔。籍溪虽从文定学，却佞佛，与文定诸子之辟佛大不同，故五峰曾与籍溪二书，以批评其佞佛，此二书皆录于《胡宏集》。②又籍溪与文定诸子之气象亦大不同，文定诸子皆"豪杰之士"，而籍溪则"沉静谨严"，只是"行义信于乡党，后进之所矜式"之儒而已。

第二节　中和旧说

除籍溪先生外，朱子真正受到湖湘学者的影响，应该始于张南轩。③绍兴三十年庚辰(1160)，朱子始受学于延平，至隆兴二年甲申(1164)延平殁，其间凡五年。然据朱子自述，他对延平"体验未发"的功夫并无所得，"余蚤从延平李先生学，受《中庸》之书，求喜怒哀乐未发之旨，未达而先生没"(《中和旧说序》)，"昔闻之师，以为当于未发已发之几默识而心契焉……向虽闻此而莫测其所谓"。④

---

① 《胡宏集》附录二，第 344 页。

② 参见《胡宏集》，第 120—123 页。

③ 据《南轩学案》：张栻，字敬夫，一字乐斋，号南轩。四川广汉人，后迁湖南衡阳。魏国公张浚子。生于绍兴三年癸丑(1133)，卒于淳熙七年庚子(1180)。

　　束景南先生尝详言籍溪与文定的学术渊源，以为朱子后来转向湖湘学派，实与籍溪的引导有莫大关系。然而，朱子当籍溪在世时即转师延平，则似与此有未合也。

④ 朱熹：《文集》卷 40《答何叔京》第 4 书，《朱子全书》本，第 1805 页。据王白田《年谱》及《考异》，朱子对延平未发涵养功夫的态度，前后数有反复。盖朱子初从学延平，受求中未发之旨。延平既没，求其说不得，乃自悟夫已发未发浑然一致，而于求中之说，未有所拟议也。后至潭州，从南轩胡氏之学，先察识，后涵养，已与延平之说不同。己丑时悟得已发未发之分，则又以先察识后涵养为非，而又归于延平。庚寅拈出程子"涵养须用敬"两语，已不主延平之说。至甲辰与吕书，乃明谓延平之说有偏。戊申答方书，亦再言之。(参见夏炘：《述朱质疑》卷 2。)

然而,朱子虽然不能领会延平的未发功夫,但延平排佛老异端的态度却深深影响到了朱子。故《年谱》云:"朱子少禀学于刘胡三先生之门,而出入于老释者十余年,自庚辰受学延平后,断然知老释之非矣。"①

据钱穆先生所云,朱子初见张南轩,当在隆兴元年癸未(1163)冬,时朱子年34。事见《朱子语类》:

> 上初召魏公,先召南轩来,某亦赴召至行在,语南轩云云。②

朱子《跋五峰诗》则云:"明年(绍兴辛巳,1161),胡子卒。又四年,熹始见敬夫而后获闻之。"③据此,朱子似于隆兴二年甲申(1164)始识南轩。

朱子再见南轩在隆兴二年春。其时朱子哭李先生于延平,秋至豫章,重晤南轩。此后朱子与南轩始有书信往来。④ 至乾道二年丙戌(1166),朱子学术发生了新的变化,这就是被称为"丙戌之悟"的中和旧说。据乾道八年壬辰(1172)朱子所作《中和旧说序》云:

> 余蚤从延平李先生学,受《中庸》之书,求喜怒哀乐未发之旨,未达而先生没。余窃自悼其不敏,若穷人之无归。闻张钦夫得衡山胡氏学,则往从而问焉。钦夫告余以所闻,余亦未之省也。退而沉思,殆忘寝食。一日

---

① 王懋竑:《年谱》卷1上,第8页。
② 黎靖德编:《朱子语类》卷103,第2608页。
③ 《胡宏集》附录二,第344页。钱穆说盖本诸夏炘《述朱质疑》卷2。考诸《跋五峰诗》,绍兴庚辰间,朱子尝有诗言籍溪赴馆供职事。明年,五峰卒。又四年,始见南轩。然夏炘谓"又四年"当据庚辰为言,未知孰是。
④ 如朱子《答罗参议》云:"时得钦夫书,闻其进德之勇,益使人叹息。"(朱熹:《续集》卷5,《朱子全书》本,第4746页。)事在乾道元年乙酉。又据《考异》云:"甲申晤南轩于豫章舟中,自是书问往来,皆讲论未发之旨也。"(卷1,第254页)可见,这段时间关于未发之旨的讨论,对朱子丙戌之悟颇有影响。

不过,朱子于隆兴元年初见南轩,其时所关心的尚非学术,而是主战主和之国事。《朱子语类》云:"张魏公初召入相,议北征。某时亦被召辞归,尝见钦夫与说,若相公诚欲出做,则当请旨尽以其事付己,披擢英雄智谋之士,一任诸己,然后可为。若欲与汤进之同做,决定做不成。后来果如此。"(黎靖德编:《朱子语类》131,第3152页。)又云:"上初召魏公,先召南轩来,某亦赴召至行在,语南轩云:'汤进之不去,事不可为。莫担负了他底,至于败事!'"(黎靖德编:《朱子语类》卷103,第2608页。)可见,二人此时尚未有学术上的订交。

喟然叹曰：人自婴儿以至老死，虽语默动静之不同，然其大体莫非已发，特其未发者为未尝发尔。自此不复有疑，以为《中庸》之旨果不外乎此矣。后得胡氏书，有与曾吉父论未发之旨者，其论之适与余意合，用是益自信。程子之言有不合者，亦直以为少作失传而不之信也。然间以语人，则未见有能深领会者。[①]

朱子再见南轩，实与其在中和问题上的困惑有关。盖第一次晤南轩，纯属偶然，谈不上有意问学于南轩，第二次则似有专访南轩之意。朱子《答罗参议》书有言及朱张此次相会，云：

九月廿日至豫章，及魏公（南轩父魏国公张浚）之舟而哭之。……自豫章送之丰城，舟中与钦夫得三日之款。其名质甚敏，学问甚正，若充养不置，何可量也。[②]

至于此后朱子与南轩的交往对其"丙戌之悟"的影响有多大，这似乎很难确定。陈来先生据《中和旧说序》"钦夫告余以所闻，余亦未之省也"语，认为自延平死后，朱子进入了独立思索的时期，其间，南轩虽向他介绍了五峰的一些思想，但对朱子并无多大影响。[③] 其实，朱子并不只是从南轩那里了解到五峰的思想。朱子《答罗参议》书云：

胡仁仲所著《知言》一册内呈，其语道极精切有实用处，暇日试熟看，有会心处，却望垂喻。……大抵衡山之学只就日用处操存辨察，本末一致，尤易见功。某近乃觉知如此非面未易究也。[④]

可见，朱子此时不仅读过五峰《知言》，而且已熟看，有会心处。《答罗参议》

---

① 朱熹：《文集》卷75，《朱子全书》本，第3634—3635页。
② 朱熹：《续集》卷5，《朱子全书》本，第4746页。据陈来《朱子书信编年考证》，此书在乾道元年乙酉（1165）。又据束景南云，隆兴二年，朱子二见南轩，南轩将其序定刻板的《知言》送与朱子。
③ 参见陈来：《朱熹哲学研究》，中国社会科学出版社1993年版，第95—97页。
④ 朱熹：《续集》卷5，《朱子全书》本，第4747页。

又云：

> 某块坐穷山，绝无师友之助，惟时得钦夫书问，往来讲究此道，近方觉有脱然处。潜味之久，益觉日前所闻于西林而未之契者，皆不我欺矣。幸甚！幸甚！

《年谱》以此书在乾道二年（1166）。据《年谱》，书中所言"近方觉有脱然处"当指丙戌之悟，故就此书而言，则丙戌之悟与朱张之往来有莫大关系。①

然而，《中和旧说序》又为何说"钦夫告余以所闻，余亦未之省也"？《考异》谓"心为已发，性为未发，更不分时节，此朱子所自悟，非受之南轩"，然《考异》又谓"甲申晤南轩于豫章舟中，自是书问往来，皆讲论未发之旨也"。既然朱张讲论未发之旨，又言"心为已发，性为未发"之悟非受之南轩，唯一可能的就是南轩本来就没有接受五峰的观点。② 关于这一点，我们在后面还要论及。

又，《中和旧说序》云："闻张钦夫得衡山胡氏学，则往从而问焉。"钱穆先生以为，此指乾道三年（1167）的潭州之行，而《考异》则以为指隆兴二年（1164）后朱张之"书问往来"。然我们体会此处用语，非谓朱子赴潭州事，而是指豫章舟中三日之欸。③ 至此，朱张始相订交，此后二子间频繁的书信往来亦自在情理之中。

---

① 朱子《答张敬夫》第35书云："向非老兄抽关启键，直发其私，诲谕谆谆，不以愚昧而舍置之，何以得此，其何感幸如之！"（朱熹：《文集》卷32，《朱子全书》本，第1394页。）此亦以丙戌之悟乃得力于南轩。

② 陈来先生以为，朱子丙戌之悟近乎五峰，即以性为体而心为用，而南轩此时却认为，心有未发时亦有已发时。可见，南轩此说反与五峰不合，而近乎朱子己丑之悟的立场。因此，当朱子悟旧说之非时，无怪乎惟南轩立即复书赞同朱子新说的立场。（参见陈来：《朱熹哲学研究》，第104页。）然据《考异》云："求中未发甚悉，而反而求之，未得所安，于是往问之南轩，而胡氏之学与延平不合。其后朱子自悟心为已发，性为未发，而又以己所悟合之延平所传，其云已发未发之机，默识而心契焉，则与体认未发气象亦小不同，而与胡氏先察识后涵养之论反相近。及至潭州，与南轩共讲之，南轩盖深以延平默坐澄心，体认天理为不然。"案，己丑之悟后，朱子反宗延平，而南轩却不满于延平，似乎此时南轩的思想亦不尽同于后来朱子的立场。大概南轩初接受朱子之新说者只在未发之旨，至于先察识而后涵养的功夫，则持之甚固，累年而后定。由此可见，南轩与五峰最初的不同乃在未发之旨上。

③ 束景南先生据《中和旧说序》，将"往从而问焉"紧叙在"先生没"之下，以为显然指朱子往豫章见南轩事。

丙戌之悟后的次年，即乾道三年丁亥（1167）八月，朱子赴潭州访南轩。① 从丙戌至丁亥这一年多时间里，朱子与南轩主要就中和问题进行了讨论。其中最有名的书信，就是所谓"中和旧说"四书。盖因第一书（即《答张敬夫》第 3 书）首云"人自有生"语，故学者亦称此四书为"人自有生四书"。②

"中和旧说"第一书云：

> 人自有生，即有知识。事物交来，应接不暇，念念迁革，以至于死，其间初无顷刻停息，举世皆然也。然圣贤之言，则有所谓未发之中，寂然不动者，岂以日用流行者为已发，而指夫暂而休息不与事接之际为未发时耶？尝试以此求之，则泯然无觉之中，邪暗郁塞，似非虚明应物之体，而几微之际一有觉焉，则又便为已发，而非寂然之谓。盖愈求而愈不可见，于是退而验之于日用之间，则凡感之而通，触之而觉，盖有浑然全体应物而不穷者。是乃天命流行、生生不已之机，虽一日之间万起万灭，而其寂然之本体则未尝不寂然也。所谓未发，如是而已，夫岂别有一物，限于一时，拘于一处，而可以谓之中哉？然则天理本真，随处发见，不少停息者，其体用固如是，而岂物欲之私所能壅遏而梏亡之哉？故虽汨于物欲流荡之中，而其良心萌蘖，亦未尝不因事而发见，学者于是致察而操存之，则庶乎可以贯乎大本达道之全体而复其初矣。不能致察，使梏之反覆，至于夜气不足以存，而陷于禽兽，则谁之罪哉？周子曰："五行一阴阳也，阴阳一太极也，太极本无极也。"其论至诚，则曰："静无而动有。"程子曰："未发之前更如何

---

① 钱穆先生认为，"中和旧说"的提出当在乾道四年（1168），即在朱子赴潭州之后。盖钱穆以为，"中和旧说"乃"朱子与南轩长沙两月讨论之新得，于是乃决然舍去延平求中未发之教而折从南轩"。（钱穆：《朱子新学案》上册，第 445 页。）钱穆先生辨中和旧说与赴潭州之先后问题极详，参见氏书第 470—478 页。然钱说实误，案《中和旧说序》谓"钦夫告余以所闻，余亦未之省也"，若以此为潭州之行事，如何中和旧说为朱张讨论之新得？此其一也。且朱子屡言前此未悟得延平求中之教，如何能说是"决然舍去"？此其二也。南轩虽不以延平求中之说为然，未必南轩就尽同于五峰也，否则何以理解己丑间南轩立场转变之速？此其三也。《年谱》亦以为，其初以为中和旧说在四年戊子，后方改定于二年丙戌。对此，陈来先生辨之甚详，参见其《朱熹哲学研究》，第 100—103 页。
② 《文集》仅二书自注为旧说，即《答张敬夫》第 3、4 两书。然《中和旧说序》云："暇日料检故书，得当时往还书稿一编，辄序其所以，而题之曰'中和旧说'。"《考异》以为，当时朱子所订之旧说，当不止此二书。《年谱》重新编次朱子书文，除此二书外，尚有《答张敬夫》第 34、35 两书，《答何叔京》三书，《答罗参议》二书，《答许顺之》一书，共十书，作为丙戌年的中和旧说。

求,只平日涵养便是。"又曰:"善观者,却于已发之际观之。"二先生之说如此,亦足以验大本之无所不在,良心之未尝不发矣。①

关于此书,朱子自注云:"此书非是,但存之以见议论本末耳,下篇同此。"

夏炘谓此书"皆论心为已发,无所为未发之心。其未发者,特其寂然不动之性而已"。② 朱子首云"岂以日用流行者为已发,而指夫暂而休息不与事接之际为未发时耶?"所谓"暂而休息不与事接之际",即是心之思虑未萌的状态,那么,"日用流行"即是临事接物之心。朱子此处明确反对那种在心上分已发、未发的观点。至于"未发之中,寂然不动"所指为何,朱子此处并未明确说就是性,只是说此寂然不动者乃"天命流行、生生不已之机"。牟宗三于此书中极重视此语,以为朱子已言性体之"于穆不已",只是看得不甚分明而已。其实,朱子并未说到此分上,观上文可知,此语正是解"有浑然全体应物而不穷者"一句,亦即后来朱子一直主张的"性不能不动"之义。

第二书云:

> 前书所禀寂然未发之旨,良心发见之端,自以为有小异于畴昔偏滞之见,但其间语病尚多,未为精切。比遣书后,累日潜玩,其于实体似益精明,因复取凡圣贤之书,以及近世诸老先生之遗书,读而验之,则又无一不合。盖平日所疑而未白者,今皆不待安排,往往自见洒落处。始窃自信,以为天下之理其果在是,而致知格物、居敬精义之功,自是其有所施之矣。圣贤方策,岂欺我哉!
>
> 盖通天下只是一个天机活物,流行发用,无间容息。据其已发者而指其未发者,则已发者人心,而未发者皆其性也,亦无一物而不备矣,岂别有一物,拘于一时,限于一处,而名之哉?即夫日用之间,浑然全体,如川流之不息,天运之不穷耳。此所以体用精粗、动静本末,无一毫之间,而鸢飞鱼跃,触处朗然也。存者存此而已,养者养此而已,"必有事焉而勿正,心勿忘,勿助长"也。从前是做多少安排,没顿著处,今觉得如水到船浮,解维正

---

① 朱熹:《文集》卷30,《朱子全书》本,第1315—1316页。
② 夏炘:《述朱质疑》卷3。

拖,而沿洄上下,惟意所适矣。岂不易哉! 始信明道所谓"未尝致纤毫之力"者,真不浪语! 而此一段事,程门先达惟上蔡谢公所见透彻,无隔碍处,其余虽不敢妄有指议,然味其言亦可见矣。

近范伯崇来自邵武,相与讲此甚详,亦叹以为得未曾有,而悟前此用心之左。且以为虽先觉发明指示,不为不切,而私意汩漂,不见头绪。向非老兄抽关启键,直发其私,诲谕谆谆,不以愚昧而舍置之,何以得此? 其何感幸如之! 区区笔舌,盖不足以为谢也,但未知自高明观之,复以为如何尔。

《孟子》诸说,始者犹有龃龉处,欲一二条陈以请。今得观之,恍然不知所以为疑矣。但"性不可以善恶名",此一义熹终疑之。盖善者无恶之名,夫其所以有好有恶者,特以好善而恶恶耳,初安有不善哉? 然则名之以善,又何不可之有? 今推有好有恶者为性,而以好恶以理者为善,则是性外有理而疑于二矣。《知言》于此虽尝著语,然恐《孟子》之言本自浑然,不须更分裂破也。《知言》虽云尔,然亦曰"粹然天地之心,道义完具",此不谓之善,何以名之哉? 能勿丧此,则无所适不为善矣。以此观之,"不可以善恶名",太似多却此一转语,此愚之所以反覆致疑而不敢已也。①

此为朱子《答张敬夫》第35书,亦即"中和旧说"第四书。钱穆以为,此书紧承第三书而来,故当为四书之二。此说盖本诸夏炘。钱穆曰:"此书紧承前书,前书谓生生不已之机,虽一日之间万起万灭,而其寂然之本体则未尝不寂然,南轩复书谓其尚有认为两物之弊,故此书乃更进一步,谓此心岂有一息停住时,只是来得无穷,便常有个未发底。"②牟宗三先生则以为,《答张敬夫》第35书当为旧说第二书,曰:"此书开头即说'前书所禀寂然未发之旨,良心发见之端'云云,此所谓'前书'显是指旧说第一书而言。因旧说第一书乃正式陈述'寂然未发之旨,良心发见之端'者,而旧说第二书(按指《答张敬夫》第4书,旧说以为是第二书)则却只答辩张南轩'两物'之疑。且此书不是答南轩之疑而发者,乃是直

_____

① 朱熹:《文集》卷32,《朱子全书》本,第1393—1395页。
② 钱穆:《朱子新学案》上册,第453页。

随先发之书而复发一书者,故云'比遣书后,累日潜玩'云云。"①牟氏以《答张敬夫》第35书并非答书,而是继第一书后,再发之第二书。牟氏之说是也。盖前书旨在发明言性乃"天命流行、生生不已之机",而再发之此书则重申此说,直接点明"已发者人心,而未发者皆其性也",前书之"未为精切"者正在此也。

此书除了朱子表达其对湖湘学术的领悟之外,还针对五峰"性无善恶"说提出了批评。就此而言,此书可谓首开后来之《知言》疑义。朱子殆始终不明"性无善恶"之说,故亦知其终不悟明道"生之谓性"之说,亦不悟本体之"于穆不已"也。由此可见,朱子此处虽说本体乃是"天机活物",然这只是"性不能不动"之意,牟氏实在错会朱子了。朱子虽不明性无善恶之义,却能接受性体心用之说,不过,其对性体心用之理解在根柢里未必与五峰一致,是以朱子后来尽反其旧说,却仍能在"性不能不动"这一层意思上保留了性体心用之义。

第三书云:

> 前书所扣,正恐未得端的,所以求正。兹辱诲喻,尚有认为两物之蔽,深所欲闻,幸甚幸甚。当时乍见此理,言之唯恐不亲切分明,故有指东画西、张皇走作之态。自今观之,只一念间已具此体用,发者方往,而未发者方来,了无间断隔截处,夫岂别有物可指而名之哉?然天理无穷,而人之所见有远近深浅之不一,不审如此见得,又果无差否?更望一言垂教,幸幸。
>
> 所论龟山《中庸》可疑处,鄙意近亦谓然。又如所谓"学者于喜怒哀乐未发之际,以心验之,则中之体自见",亦未为尽善。大抵此事浑然,无分段时节先后之可言,今著一"时"字、一"际"字,便是病痛。当时只云寂然不动之体,又不知如何?《语录》亦尝疑一处说"存养于未发之时"一句,及问者谓"当中之时,耳目无所见闻",而答语殊不痛快,不知左右所疑是此处否?更望指诲也。
>
> 向见所著《中论》有云:"未发之前心妙乎性,即发则性行乎心之用矣。"于此窃亦有疑。盖性无时不行乎心之用,但不妨常有未行乎用之性耳。今下一"前"字,亦微有前后隔截气象。如何如何?熟玩《中庸》,只消著一

---

① 参见牟宗三:《心体与性体》册三,第93—94页。

“未”字，便是活处，此岂有一息停住时耶？只是来得无穷，便常有个未发底耳，若无此物，则天命有已时，生物有尽处，气化断绝，有古无今久矣！此所谓天下之大本，若不真的见得，亦无揣摸处也。①

朱子自注云：“此书所论尤乖戾，所疑语录皆非是，后自有辨说其详。”此书为《答张敬夫》第4书，牟宗三、陈来俱以为此书当为第三书，而承《答张敬夫》第35书而来。夏炘则以此书当为第二书，谓“缘认心为已发，性为未发，体用具于一念之间，了无间断隔截”。②

朱子以性为未发，以心为已发，不知南轩何以疑有“两物之弊”。然就朱子而言，所谓“两物”，当指在心上分个已发时节与未发时节，然朱子实无此意，故力辩之，其“大抵此事浑然，无分段时节先后之可言，今著一‘时’字、一‘际’字，便是病痛”语，正是对此而发也。朱子谓未发并非指心上有个“一息停住时”，只是指“常有未行乎用之性”而已。朱子此书说得甚明白，当不致有歧义。又书中所提《朱子语类》，当指《遗书》中伊川与苏季明之答问。朱子以为伊川之答语“殊不痛快”，可见此时朱子尚未入伊川之门也。

今观此书，南轩的立场不甚明白。然从朱子引南轩“未发之前心妙乎性，即发则性行乎心之用矣”之语，确有在心上分已发、未发之意，然真如朱子所言，则南轩早于朱子而发中和新说矣。③

第四书云：

> 诲谕曲折数条，始皆不能无疑。既而思之，则或疑或信，而不能相通。近深思之，乃知只是一处不透，所以触处窒碍。虽或考索强通，终是不该贯。偶却见得所以然者，辄具陈之，以卜是否。
>
> 大抵目前所见，累书所陈者，只是笼统地见得个大本达道底影象，便执认以为是了，却于“致中和”一句，全不曾入思议。所以累蒙教告以求仁之为急，而自觉殊无立脚下功夫处。盖只见得个直截根源倾湫倒海底气

---

① 朱熹：《文集》卷30，《朱子全书》本，第1316—1317页。
② 夏炘：《述朱质疑》卷3。
③ 北溪以为，南轩之学从朱子转手，其实非也。观乎此书，可知南轩似乎始终与湖湘一脉有不少距离。牟宗三以为南轩气弱，故顺从朱子，亦不尽然，盖南轩早已背其师说矣。

象,日间但觉为大化所驱,如在洪涛巨浪之中,不容少顷停泊。盖其所见一向如是,以故应事接物处但觉粗厉勇果增倍于前,而宽裕雍容之气略无毫发。虽窃病之,而不知其所自来也。而今而后,乃知浩浩大化之中,一家自有一个安宅,正是自家安身立命、主宰知觉处,所以立大本、行达道之枢要。所谓"体用一源、显微无间"者,乃在于此。而前此"方往方来"之说,正是手忙足乱,无着身处。道迩求远,乃至于是,亦可笑矣![1]

此书即《答张敬夫》第 34 书。[2] 夏炘以此书承《答张敬夫》第 3、4 两书而来,为"中和旧说"第三书。

所谓"一处不透",即下文"于'致中和'一句,全不曾入思议",此是朱子自承前书之病也,而南轩告以"求仁"之方。盖朱子前虽明得未发已发之旨,至于察识涵养之功,即如何致未发之中、已发之和,则未得要领,故南轩语以"求仁",如是朱子始觉"乃知浩浩大化之中,一家自有一个安宅,正是自家安身立命、主宰知觉处"。牟宗三先生认为,此段之主旨在于朱子对本体的理解,其实不然,盖朱子此处自述其经南轩点拨,方悟得湖湘学派察识涵养之功夫也。

然而代表朱子中和旧说思想的不仅此四书,大致这一时期的书信,据《年谱》整理,另有《答何叔京》三书(即第 2、3、4 书)、《答罗参议》二书(见《续集》卷 5)及《答许顺之》第 11 书(见《文集》卷 39)。诸书所认,大致不出旧说四书范围,故不复赘述于此。

第三节　中和新说

潭州之行,朱子大致接受了湖湘学者"先察识后涵养"之说。那么,导致其新说的思想变化到底是从什么时候开始的呢? 据《中和旧说序》,当在己丑之春。不过,朱子对湖湘之学的不满,可能早于己丑年。朱子《答石子重》第 5 书(乾道四年戊子,1168)云:

---

[1]　朱熹:《文集》卷 32,《朱子全书》本,第 1392—1393 页。
[2]　陈来先生以为此书作于乾道三年丁亥(1167)之春。

　　熹自去秋之中走长沙,阅月而后至,留两月而后归。在道缭绕,又五十余日。还家幸老人康健,诸兄粗适,他无足言。钦夫见处卓然不可及,从游之久,反复开益为多,但其天资明敏,从初不历阶级而得之,故今日语人亦多失之大高。湘中学子从之游者遂一例学为虚谈,其流弊亦将有害。比来颇觉此病矣,别后当有以救之。然从游之士亦自绝难得朴实理会者,可见此道之难也。胡氏子弟及它门人亦有语此者,然皆无实得,拈槌竖拂,几如说禅矣,与文定合下门庭大段相反,更无商量处。惟钦夫见得表里通彻,旧来习见微有所偏,今此相见,尽觉释去,尽好商量也。①

　　可见,乾道三年丁亥(1167),朱子赴潭州,遍会包括南轩在内的湖湘学者,其间,朱子对湖湘学术已产生了不满。洪本《年谱》谓“二先生论《中庸》之义,三日夜而不能合”,白田颇疑此语,盖以南轩同于五峰,而朱子时以其丙戌所得就正于南轩,则此语诚不可解。然若南轩本与五峰不同,而朱子丙戌之悟时又证以五峰语,故朱子与南轩“不能合”,宜其然也。即便如此,朱子又对其他湖湘学者颇为不满,以为“虚谈”“说禅”。至于朱子谓南轩“天资明敏,初从不历阶级而得之”,看似称许之辞,其实或可视作对整个湖湘学术工夫论的批评,以为其病轻则“失之太高”,重则“拈槌竖拂”而已。②

---

① 朱熹:《文集》卷42,《朱子全书》本,第1923页。

② 梨洲称南轩“天资明敏,其所见解,初不历阶级而得之”,是说盖本乎朱子此书。然朱子如此说南轩,似褒实贬。观朱子平日用语,“失之太高”恰是其批评胡氏子弟常用语,故此处朱子用在南轩身上自难说是好评。又《朱子语类》云:“五峰诸子不著心看文字,恃其明敏,都不虚心下意,便要做大。”(黎靖德编:《朱子语类》卷101,第2595页。)可见,在朱子看来,明敏之人其病往往在好高而不能笃实用功。故朱子批评南轩曰:“钦夫见识极高,却不耐事。”又曰:“南轩、伯恭之学皆疏略,南轩疏略从高处去。”(第2604页)又曰:“钦夫说得高了,故先生只要得典实平易。”(第2605页)可见在朱子看来,南轩之病正与胡氏子弟同,皆因资质明敏而未有“实得”也。盖朱子天性鲁钝(盖道学家中唯朱子一人数易其说,不能不说与其禀赋有关),而其所赏鉴者亦多笃实厚重之辈。梨洲似不解义,以为此语乃朱子称许南轩处,遂谓“五峰之门,得南轩而有耀”,又谓“南轩之学,得之五峰,论其所造大要,比五峰更纯粹,盖由其见处高,践履又实也”。然考诸南轩之学,颇违师说,梨洲此类谬赞之语,诚失之远矣。又,朱子本只称许南轩处高,未必便许其践履之实也。梨洲不解朱子习惯用语,遂作此臆断,乃至于有“南轩早知持养是本,省察所以成其持养,故力省而功倍。朱子缺却平日一段涵养工夫,至晚年而后悟也”云云。案,朱子“中和新说”本是发明主敬涵养之旨,如何至晚年而后悟?朱子屡以此批评湖湘学者,梨洲置若罔闻,不知何故如是。盖梨洲囿于阳明门户之论,而阳明《朱子晚年定论》以主敬涵养之说为

故束景南先生以为,朱子在潭州时对湖湘学者的不满,最初表现在对那种"好高虚谈""拈槌竖拂"的学风上面,最终则转向对湖湘学者工夫论的批评。①后来朱、张游南岳,正逢方广寺长老坐化,南轩遂作《闻方广长老化去有作》一

晚年定论,梨洲不察其谬,反据以为论。考诸阳明《朱子晚年定论》,实有二误:其一,将朱子 40 岁前后之论误作晚年所主,而此时朱子尚未识象山也;其二,将中和旧说与新说混而为一。旧说以察识良心发见为旨,其《答何叔京》第 11 书云:"因其良心发见处,猛省提撕,使心不昧,则是做工夫底本领。本领既立,自然下学而上达矣。"(朱熹:《文集》卷 40,《朱子全书》本,第 1822 页。)而新说则以主敬涵养为未发功夫为旨。二说相去甚远,阳明乃混而为一诚意正心的功夫。差之毫厘,则谬以千里,朱子当年力辨二说之不同,阳明何不察乎是耶?

又,象山谓"南轩似明道,朱子似伊川"(《象山语录》上,载《陆象山集》,第 413 页。),梨洲据此曰:"向使南轩得永其年,所造更不知何如也。"此说亦未必然。盖象山此语后面尚有一句"伊川蔽固深,明道却通疏",此当就二人气象而言。明道不似伊川之执拗认真,故其教人如春风细雨,而南轩则是"尽好商量"的人,"听人说话,便肯改",又"南轩从善之亟。先生尝与闲坐立,所见什物之类放得不是所在,并不齐整处,先生谩言之;虽夜后,亦即时令人移正之"。(黎靖德编:《朱子语类》卷 103,第 2610 页。)可见,明道与南轩之相似,当与二人资禀有关。盖明道与南轩皆天资甚高者,明道所言乃"地位高者事",而南轩之学则是"不历阶级而得"。因此,象山"朱子似伊川"一语,亦未必是说朱子之学近乎伊川。盖彼时二程并尊,非若今人区分明道与伊川也,故象山不可能说朱子之学宗述伊川,而自己却得自明道,象山殆亦自谓其学不与伊川相违也。至于朱子本人,其实对明道、伊川的差异亦有分说,其《答刘子澄》第 4 书云:"明道德性宽大,规模宽阔;伊川气质刚方,文理密察。其道虽同,而造德各异。……明道所处是大贤以上事,学者未至而轻议之,恐失所守。伊川所处虽高,然实中人皆可跂及,学者只当以此为法,则庶乎寡过矣。"(朱熹:《文集》卷 35,《朱子全书》本,第 1536 页。)可见朱子犹以上根、下根工夫不同区别明道与伊川之学也。

关于南轩"资质明敏"一说,牟宗三之说颇有意思,曰:"(南轩)天资明敏,心思活泼,看似通达柔和,而实裹性清弱,故与朱子往复辨难,率多以朱子为主动,顺从朱子之格局。其所言说大都尾随其后而弥缝之,或时加转语,稍见清妙,未能精发师要,挺立弘规,故于朱子之格局,毫不能有所点拨也。此观其与朱子往复论中和以及论《知言疑义》即可知矣。此见其力弱才短,故软弱而被吞没也。其学无传,亦非偶然。"(牟宗三:《心体与性体》册二,第 432 页。)南轩卒后,其弟子或从朱,或师陆(象山),或附陈(止斋),湖湘学派分化的原因,恐怕不能归于南轩本人的"才弱力短"。侯外庐则认为,这与南轩学术的"内在矛盾性"有关:"既以二程为正宗,又……带有心学的色彩;他既重在明义利之辨,又不尚空谈,主张以'经世'为要务,因而具有'事功之学'的意味。"(侯外庐:《宋明理学史》,第 338 页。)南轩学术"规模不如朱熹博大,内容不如朱熹醇正,故后世凡宗二程的学者,自然从朱不从张。同样,后世凡宗陆王心学者,自然不会满足于张栻的心学色彩,因此也不会信守张说而不移。至于后世提倡'事功之学'者,自然会径直地从永嘉、永康学派中去寻找理论武器,而不会从张栻之学中去进行事倍功半的'钩沉'工作。这是张栻之学始与朱子并世,而终不得其传的原因所在"。(同前,第 339 页)这种说法大致亦可通。

① 朱子《与曹晋叔书》云:"熹此月八日抵长沙,今半月矣。荷敬夫爱予甚笃,相与讲明其所未闻,日有问学之益,至幸且幸。敬夫学问愈高,所见卓然,议论出人意表。近读其《语》说,不觉胸中洒然,诚可叹服。岳麓学者渐多,其间亦有气质醇粹、志趣确实者,只是未知向方,往往骋空言而远实理。告语之责,敬夫不可辞也。"(朱熹:《文集》卷 24,《朱子全书》本,第 1089 页。)此中所说,大致与《答石子重》书差不多。

诗,而朱子和曰:"拈椎竖拂事非真,用力端须日日新。只么虚空打筋斗,思君辜负百年身。"(《文集》卷5)①不难看出,朱子对湖湘学者的批评,已包括对南轩本人的微讽了。

乾道五年己丑(1169),朱子开始反省先察识后涵养之说的问题。《中和旧说序》云:

> 乾道己丑之春,为友人蔡季通言之,问辨之际,予忽自疑斯理也。……而程子之言出其门人高弟之手,亦不应一切谬误以至于此。然则予之所自信者,其无乃反自误乎?则复取程氏书,虚心平气而徐读之,未及数行,冻解冰释。然后知情性之本然,圣贤之微旨,其平正明白乃如此,而前日读之不详,妄生穿穴,凡所辛苦而仅得者,适足以自误而已。至于推类究析,反求诸身,则又见其为害之大,盖不但名言之失而已也。于是又窃自惧,亟以书报钦夫及尝同为此论者,惟钦夫复书深以为然,其余则或信或疑至于今,累年而未定也。夫忽近求远,厌常弃新,其弊乃至于此,可不戒哉?暇日料检故书,得当时往还书稿一编,辄序其所以而题之曰:中和旧说。

朱子"冻解冰释",尽悟旧说之非后,便马上将其新说遍告诸湖湘学者,这便是《与湖南诸公论中和》第1书:

> 《中庸》未发已发之义,前此认得此心流行之体,又因程子"凡言心者,皆指已发而言",遂目心为已发,性为未发。然观程子之书,多所不合,因复思之,乃知前日之说非惟心性之名命之不当,而日用工夫全无本领。盖所失者,不但文义之间而已。
>
> 按《文集》《遗书》诸说,似皆以思虑未萌、事物未至之时为喜怒哀乐之未发。当此之时,即此心寂然不动之体,而天命之性当体具焉。以其无过不及,不偏不倚,故谓之中。及其感而遂通天下之故,则喜怒哀乐之性发焉,而心之用可见。以其无不中节,无所乖戾,故谓之和。此则人心之正而

---

① 《南岳酬唱集》,文渊阁四库全书本。

性情之德然也。

　　然未发之前不可寻觅，已发之后不容安排，但平日庄敬涵养之功至而无人欲之私以乱之，则其未发也镜明水止，而其发也无不中节矣。此是日用本领工夫。至于随事省察，即物推明，亦必以是为本而于已发之际观之，则其具于未发之前者固可默识。故程子之答苏季明，反复论辩，极于详密，而卒之不过以"敬"为言。又曰"敬而无失，即所以中"，又曰"入道莫如敬，未有致知而不在敬者"，又曰"涵养须用敬，进学则在致知"，盖为此也。向来讲论思索，直以心为已发，而日用工夫亦止以察识端倪为最初下手处，以故缺却平日涵养一段工夫，使人胸中扰扰，无深潜纯一之味，而其发之言语事为之间，亦常急迫浮露，无复雍容深厚之风。盖所见一差，其害乃至于此，不可不审也。

　　程子所谓"凡言心者皆指已发而言"，此乃指赤子之心而言。而谓"凡言心者"，则其为说之误，故又自以为未当，而复正之。固不可以执其已改之言而尽疑诸说之误，又不可遂以为未当而不究其所指之殊也。不审诸君子以为如何？①

此书基本上包括了朱子"己丑之悟"的主要内容。② 其要点大致有二：

　　一、在心上分已发未发，即以心之"思虑未萌、事物未至"这种寂然不动的状态为未发，而心之临事接物、思虑萌动的状态则是已发。

　　朱子"丙戌之悟"所确立的基本观点，便是"性体心用"，就是说，性作为本体只是未发，是隐而不显的，而必须通过心之活动才能体现出来，心即性之流行，是性之已发。朱子此书对这种立场的态度则是"非惟心性之名命之不当，而日用工夫全无本领"，而稍早于此书的《已发未发说》则称"前日之说虽于心性之实未始有差，而未发已发命名未当，且于日用之际欠却本领一段工夫"，两相对照，便可发现，《已发未发说》仍肯定旧说"于心性之实未始有差"。

---

① 朱熹：《文集》卷64，《朱子全书》本，第3130—3131页。
② 案，朱子己丑间诸书，《年谱》以为尚多"未定之论"，直至次年庚寅，朱子始确立其"主敬致知"之一生学问大旨。

所谓"心性之实"，当是指本体之性必然通过心而发见出来。这在某种程度上仍吸纳了"丙戌之悟"的成果，因此，《答湖南诸公书》虽未明言此点，但下面接着说"当此之时，即是此心寂然不动之体，而天命之性当体具焉。……及其感而遂通天下之故，则喜怒哀乐之性发焉，而心之用可见"，就是说，性必然要通过心才能显现出来，未发时性之显现便是心之无过不及、不偏不倚的状态，而已发时性之显现便是感而遂通、发而中节的状态。正是基于这种对心性关系的理解，朱子新说对未发时功夫的强调才显得自然而然。

因此，朱子所反对的只是"凡言心者皆指已发而言"，就是说，心并非专在已发上言，而就心之主宰统摄作用而言，则不可目为性之已发。而且，正是通过心之主宰统摄作用，性作为未发时之"中"及发于已发时之"和"方成为可能。

二、未发时未必中，则已发时未必和，故欲使已发之和，须使未发得中，即在未发时另加一段功夫，即主敬涵养的功夫。①

朱子批评湖湘学者专以察识为功夫，其病至于"日用工夫全无本领"。所谓"日用工夫"，即在良心发见处察识本体的功夫，"日用工夫亦止以察识端倪为最初下手处"；而所谓"本领"，则是认为在心之已发前尚有一段未发时节，故当于此时亦须有一段功夫，如此日用工夫方有本领，否则，"缺却平日涵养一段功夫，其日用意趣常偏于动，无复深潜纯一之味，而其发之言语事为之间亦常躁迫浮露，无古圣贤气象"（《已发未发说》）。可见，朱子通过对未发工夫重要性的认识，再次肯定了延平之学的意义，"李先生教人，大抵令于静中体认大本。未发时气象分明，即处事应物，自然中节。此乃龟山门人下相传指诀"。②

因此，朱子之"中和新说"实际上是对其旧说在某种程度上的改造，就是说，并未完全推翻旧说，而是保留了旧说的相当内容，否则，我们便不能理解朱

---

① 朱子此时尚仅强调未发时需一段涵养功夫，以为如此则自能使已发之和，后来觉得已发时之省察功夫亦不可缺。主敬与致知、涵养与省察须互相发，方能无病。

② 朱熹：《文集》卷40《答何叔京》第2书，《朱子全书》本，第1802页。

子后来在《知言疑义》中"性体情用"的主张。①

然而,朱子的新说并未得到湖南学者的认可,"惟钦夫复书深以为然"。②不过,南轩对朱子的先涵养而后察识的说法仍有疑虑。③故朱子又与南轩书,进一步阐发了他的观点,这便是《答张敬夫》第 49 书:

> 诸说例蒙印可,而未发之旨尤其枢要。既无异论,何慰如之!然比观旧说,却觉无甚纲领,因复体察,得见此理须以心为主而论之,则性情之德、中和之妙,皆有条而不紊矣。然人之一身,知觉运用,莫非心之所为,则心者固所以主于身,而无动静语默之间者也。然方其静也,事物未至,思虑未萌,而一性浑然,道义全具,其所谓中,是乃心之所以为体而寂然不动者也。及其动也,事物交至,思虑萌焉,则七情迭用,各有攸主,其所谓和,是乃心之所以为用,感而遂通者也。然性之静也而不能不动,情之动也而必有节焉,是则心之所以寂然感通、周流贯彻而体用未始相离者也。然人有是心而或不仁,则无以著此心之妙;人虽欲仁而或不敬,则无以致求仁

---

① 朱子对"性体心用"的批评是在《知言疑义》前后,这与己丑、庚寅间对中和旧说的批评不同。盖"中和新说"的主旨在于强调未发时当有一段涵养功夫,至朱子作《知言疑义》,开始注意到心之已发时固然未必是性,未发时亦不全是性。正是基于这种考虑,朱子将心与性分离开来,强调欲达到未发之中、已发之和,则各需一段功夫,如此性体不仅在发见于未发时,亦发见于已发时。此时,朱子将工夫看作心的一种能力,就是说,心的作用只是要如何去使性体流行,未发时心要做的功夫是涵养主敬,已发时心要做的功夫则是省察致知。因此,性与心就不再相为体用,而是性与情相为体用。因为自先秦以来,情就具有一种消极的意味,至宋亦然,朱子以性与情相为体用,更是看到了情的消极的一面,故其整个工夫论就是如何通过心的作用而使性流行于人情而使情中节。唐君毅先生以为,朱子对湖湘学者的批评主要在于湖湘学者没有看到人情的消极面,故有心即性之说,朱子则不然,由于看到了人情未必就是性,故尚需一段克除物欲的功夫。

　　朱子"中和新说"便未笼统地将旧说予以推翻,尤其是性作为未发本体的地位,完全保留在其"中和新说"中。可以说,"中和新说"的主要内容是工夫论上的,故未发与已发的分别也只是从工夫论上着眼,至于《知言疑义》时的"性体情用"之说,更多是一种本体论上的表达。《朱子语类》卷 101 云:"仲思问:'天之所以命乎人者,实理而已。故言"诚者命之道,中者性之道",如何?'曰:'未发时便是性。'曰:'如此,则喜怒哀乐未发便是性,既发便是情。'曰:'然。'"可见,"性体情用"说的成立,实由未发言性而来,而非由未发言思虑未萌、知觉不昧而来。

② 据此,我们可以推测,南轩早就有了与朱子类似的想法,只是不太明确而已。正因如此,当南轩得到朱子的新说后,当即复书表示赞同。

③ 朱子《答林择之》第 3 书云:"近得南轩书,诸说皆相然诺。但先察识后涵养之论执之尚坚,未发已发条理亦未甚明。"(朱熹:《文集》卷 43,《朱子全书》本,第 1965 页。)

之功。盖心主乎一身，而无动静语默之间，是以君子之于敬，亦无动静语默而不用其力焉。未发之前是敬也，固已立乎存养之实；已发之际是敬也，又常行于省察之间。方其存也，思虑未萌而知觉不昧，是则静中之动，《复》之所以见"天地之心"也；及其察也，事物纷纠而品节不差，是则动中之静，《艮》之所以"不获其身，不见其人"也。有以主乎静中之动，是以寂而未尝不感；有以察乎动中之静，是以感而未尝不寂。寂而常感，感而常寂，此心之所以周流贯彻而无一息之不仁也。然则君子之所以"致中和，而天地位、万物育"者，在此而已。盖主于身而无动静语默之间者，心也，仁则心之道，而敬则心之贞也。此彻上彻下之道，圣学之本统。明乎此，则性情之德、中和之妙可一言而尽矣。熹向来之说固未及此，而来喻曲折，虽多所发明，然于提纲振领处似亦有未尽。①

牟宗三先生以为，首段所说的"旧说"，并非指"中和旧说"，而是指朱子《与湖南诸公书》之说。此说甚是。

随后朱子阐述了其新说的纲领，至末句曰"来喻曲折，虽多所发明，然于提纲振领处似亦有未尽"，则又肯定了南轩之说与新说有相契处②，却似未能说到纲领上。那么，朱子所说的纲领到底指什么呢？我们将此书和《与湖南诸公书》比较，可以发现有两点不同：

首先，对"性体心用"说进行了批评，从而突出了心的主宰作用，"此理须以心为主而论之"。通观此书，可以看到朱子极强调心的主宰作用，这才是其新说的主旨，也是其贯通未发已发功夫的纲领。这种作用通过两方面体现出来：其一，心之主宰作用无所不在，"无动静语默之间"；其二，心在静时的主宰作用表现为使心处于寂然不动的功夫。"事物未至，思虑未萌"这种未发时刻所以能够"一性浑然，道义全具"，是因为"心之所以为体而寂然不动"，即以心为主宰；而在"事物交至，思虑萌焉"这种已发时刻，所以能"七情迭用，各有攸主"，亦是因为心为主宰，"心之所以为用，感而遂通者也"。换言之，未发之所以"中"是

---

① 朱熹：《文集》卷32，《朱子全书》本，第1418—1420页。
② 此书首云："诸说例蒙印可，而未发之旨尤其枢要。既无异论，何慰如之！"可见，潭州之行时二子论《中庸》之义三日夜不能合，乃因为朱子不同意南轩未发之旨。由此可见，南轩最初只是不同意湖湘学派未发之说，至于先察识而涵养之功夫，则并无异议。

因为心的主宰作用,已发之"和"亦是出于心的主宰作用。正是因为未发未必中,已发未必和,所以朱子强调未发、已发时各有一段功夫。这种贯通未发、已发的功夫就是敬,即未发之涵养是敬,已发之省察亦当有敬。因此,朱子《答湖南诸公书》尚只是说到未发时需要一段涵养功夫,方能使已发时中节,而此书则突出心之主宰作用乃无所不在,故未发时不仅要主敬,已发时亦须一段功夫,方能使心得以主宰于其间而得其和。

其次,朱子将未发与未发之中,已发与已发之和区别开来,从而突出了敬这种贯穿动静的功夫的必要性。否则,我们就无法理解朱子最终何以归本于伊川"涵养须用敬,进学在致知"的主张。当朱子说"思虑未萌,而知觉不昧",此处"而"字不是并列的语气,而是转折、递进的语气,就是说,此语是"思虑未萌时却又知觉不昧"的意思,因此,朱子在前面加上"方其存也",正是表明因有心主宰于其间,存养于其时,方能知觉不昧。并且,朱子在此是为了说明动静相涵之关系,即"思虑未萌"是静,却能涵有"知觉不昧"之动。因此,朱子又说"及其察也,事物纷纠,而品节不差,是则动中之静",正是因为有心主宰于已发时,所以虽"事物纷纠"却又能"品节不差",前者是动,后者是静。①

朱子在《与湖南诸公书》中尚只是说心有一段未发时刻,所以,在省察功夫之前当有一段主敬功夫。此书则明确将"敬"贯穿已发与未发、动与静,强调不仅未发时需要一段敬的功夫,已发时亦需要一段敬的功夫。在这种动与静的功夫之中,心的主宰作用被朱子提到了一种根本重要的地位,正是对心的主宰作用的强调,预示了后来朱子心性二分、以心统性情这样一个基本理论框架。

此书又云:

> 来教又谓"言静则溺于虚无",此固所当深虑。然此二字,如佛者之论,则诚有此患。若以天理观之,则动之不能无静,犹静之不能无动也;静之不能无养,犹动之不可不察也。但见得一动一静互为其根,敬义夹持,不容间断之意,则虽下得"静"字,元非死物,至静之中盖有动之端焉,是乃所

---

① 学者对朱子此处所说的动静关系往往是笼统处理,如钱穆、牟宗三、陈来诸先生,皆似未注意未发与未发之中、已发与已发之和的不同,如此,则自不能理解朱子新说之主旨。而唐君毅先生则站在朱子的立场上,以为朱子强调主敬功夫是为了对治气禀物欲之杂,可谓稍稍得其意矣。

以见天地之心者。而先王之所以至日闭关,盖当此之时,则安静以养乎此尔,固非远事绝物、闭目兀坐而偏于静之谓。但未接物时,便有敬以主乎其中,则事至物来,善端昭著,而所以察之者益精明尔。伊川先生所谓"却于已发之际观之"者,正谓未发则只有存养,而已发则方有可观也。周子之言"主静",乃就中正仁义而言。以正对中,则中为重;以义配仁,则仁为本尔。非四者之外别有主静一段事也。

此段大致承前一段论动静而来。南轩以为"言静则溺于虚无"之病,其实这纯系误会,朱子之说绝无此种可能。盖人心总是有一个未发时刻,此即朱子所谓静,未发以后便是已发,因而,未发时做功夫不过是为了已发时去遇事接物,因此,朱子强调通过存养以保持心之寂然不动时,同时也强调这种状态中那种"知觉不昧"的品格。此段话即明示其言静之用意所在,谓"至静之中盖有动之端焉,是乃所以见天地之心者。而先王之所以至日闭关,盖当此之时,则安静以养乎此尔,固非远事绝物、闭目兀坐而偏于静之谓。但未接物时,便有敬以主乎其中,则事至物来,善端昭著,而所以察之者益精明尔",又谓"未发则只有存养,而已发则方有可观也"。可见,朱子强调未发时之主敬功夫,只是为了已发之中节耳。

此书又云:

又如所谓"学者先须察识端倪之发,然后可加存养之功",则熹于此不能无疑。盖发处固当察识,但人自有未发时,此处便合存养,岂可必待发而后察、察而后存耶? 且从初不曾存养,便欲随事察识,窃恐浩浩茫茫,无下手处,而毫厘之差、千里之谬将有不可胜言者。此程子所以每言孟子才高,学之无可依据,人须是学颜子之学,则入圣人为近,有用力处,其微意亦可见矣。且如洒扫应对进退,此存养之事也。不知学者将先于此而后察之耶? 抑先察识而后存养也? 以此观之,则用力之先后判然可观矣。

南轩虽赞同朱子未发之论,但犹守湖湘学者"先察识而后涵养"之功夫。按朱子的思路,若明白未发涵养之旨,则先察识而后涵养之功夫自不能成立。然而,南轩只同意朱子未发涵养之说,至于工夫论上则尚守旧说。南轩这种态度颇似令人不解,因此,我们完全可以做出这样一种推测,即南轩所说的察识未必就是对本体的体认,其识仁亦只是在良心发见处识"仁之理"而已。这种对察识的理解近乎良知作为"知是知非"之心,亦即朱子所说的"省察"。朱子常常将湖湘学者所说的"察识"不自觉地作"省察"解,不难推知,南轩或亦不免有此误解也。

据《年谱》,朱子在己丑间阐发其新说的书信尚有《答林择之》三书及《答许谦之》一书。《答林择之》第20书云:

> 《中庸》彻头彻尾说个谨独工夫,即所谓敬而无失、平日涵养之意。《乐记》却直到好恶无节处,方说"不能反躬,天理灭矣"。殊不知未感物时,若无主宰,则亦不能安其静,只此便自昏了天性,不待交物之引然后差也。盖"中和"二字皆道之体用,以人言之,则未发已发之谓。但不能慎独,则虽事物未至,固已纷纶胶扰,无复未发之时。既无以致夫所谓中,而其发必乖,又无以致夫所谓和。惟其戒谨恐惧,不敢须臾离,然后中和可致而大本达道乃在我矣。①

此书亦言心之主宰作用,否则,"既无以致夫所谓中,而其发必乖,又无以致夫所谓和",即不仅不能致未发之中,亦不能致已发之和。又,《答林择之》第22书云:

> 前日中和之说看得如何?但恐其间言语不能无病,其大体莫无可疑。数日来,玩味此意,日用而极觉得力,乃知日前所以若有若亡,不能得纯熟,而气象浮浅,易得动摇,其病皆在此。湖南诸友其病亦似是如此。近看南轩文字,大抵都无前面一截工夫也。大抵心体通有无、该动静,故工夫亦通有无、该动静,方无渗漏。若必待其发而后察,察而后存,则工夫之所不至多矣。惟涵养于未发之前,则其发处自然中节者多,不中节者少,体察之际,亦甚明审,易为着力,与异时无本可据之说大不同矣。②

---

① 朱熹:《文集》卷43,《朱子全书》本,第1979页。
② 朱熹:《文集》卷43,《朱子全书》本,第1981—1982页。

此书亦申言缺少未发一段功夫之弊。南轩本在未发之说上同于朱子,为何"大抵都无前面一截工夫"? 大概南轩只认得心有动静、已发未发之分,却不知工夫亦有动静、已发未发之分也。南轩这种态度与其尚守"先察识而后涵养"的工夫有关,而不明心之主宰亦贯乎动静、有无之间。又,《答林择之》第21书云:

> 古人只从幼子常视毋诳以上,洒扫应对进退之间,便是做涵养底工夫了。此岂待先识端倪而后加涵养哉? 但从此涵养中渐渐体出这端倪来,则一一便为己物。又只如平常地涵养将去,自然纯熟。今日"即日所学,便当察此端倪而加涵养之功",似非古人为学之序也。……盖义理人心之固有,苟得其养而无物欲之昏,则自然发见明著,不待别求。格物致知,亦因其明而明之尔。今乃谓"不先察识端倪,则涵养个甚底",不亦太急迫乎?"敬"字通贯动静,但未发时则浑然是敬之体,非是知其未发,方下敬底工夫也。既发则随事省察而敬之用行焉,然非其体素立,则省察之功亦无自而施也。故敬义非两截事,必有事焉而勿正,心勿忘,勿助长,则此心卓然,通贯动静,敬立义行,无适而非天理之正矣。①

书言"敬字通贯动静",盖谓静时以敬涵养,动时以敬省察而已。此处言涵养乃"渐渐体出这端倪来",此语须会看,盖朱子所言之"端倪"非所谓本体也,只是未发时那种不偏不倚的气象而已。

以上三书大致不出《答湖南诸公书》及《答张敬夫》第49书的内容,且尤强调心之主宰作用,即以敬为贯通有无、动静之功夫。而朱子《答林谦之》则力辟湖湘学术之流弊。书云:

> 自昔圣贤教人之法,莫不使之以孝弟忠信庄敬持养为下学之本,而后博观众理,近思密察,因践履之实,以致其知。其发端启要,又皆简易明白,初无难解者。而及其至也,则有学者终身思勉而不能至。盖非思虑揣度之难,而躬行默契之不易。故曰:"夫子之文章,可得而闻也。夫子之言性

---

① 朱熹:《文集》卷43,《朱子全书》本,第1980—1981页。

与天道，不可得而闻也。"夫圣门之学，所以从容积累，涵养成就，随其浅深，无非实学者，其以此欤！今之学者不然。盖未明一理，而已傲然自处以上智生知之流，视圣贤平日指示学者入德之门至亲至切处，例以为钝根小子之学，无足留意。其平居道说，无非子贡所谓不可得而闻者，往往务为险怪悬绝之言以相高，甚者至于周行却立，瞬目扬眉，内以自欺，外以惑众。此风肆行，日以益甚，使圣贤至诚善诱之教，反为荒幻险薄之资，仁义充塞，甚可惧也。①

此书乃直斥湖湘学者之识仁为上达工夫，其弊至于不屑下学，"使圣贤至诚善诱之教，反为荒幻险薄之资"。

综上言之，朱子通过"己丑之悟"而确立的"中和新说"，大致分为前后两段：首先，以《与湖南诸公书》为代表，朱子意识到未发不独以性言，亦当以心言，由此在已发功夫之外，确立了一段未发功夫。然后，以《答张敬夫》第49书为代表，朱子强调未发时刻对于已发时刻的重要性，从而确立了未发时的主敬涵养功夫对于已发察识功夫的优先性，甚至把敬看作心之主宰作用的体现，而贯乎心之动静、有无之中，从而彻底颠覆了湖湘学术的"先察识而后涵养"的工夫论。正是基于对心之主宰作用的重视，朱子不仅反对"性体心用"之说，亦直接导致朱子稍后在《知言疑义》中提出了"性体情用"之说。

① 朱熹：《文集》卷38，《朱子全书》本，第1698—1699页。

第六章　南轩、朱子之交往与南轩学术之转变

第一节　潭州之行与朱张会讲

孝宗乾道三年丁亥(1167)八月,朱子偕旧友范伯崇、门人林择之赴潭州(今长沙)访张南轩。① 关于朱、张会讲的内容,历来是学术界关注的问题。据白田《考异》,朱、张二人"讲论之语,于文集语录皆无所考",因此,我们只能从一些相关的材料来推知此次会讲的内容。

洪本《年谱》云:"是时范念德(伯崇)侍行,尝言二先生论《中庸》之义,三日夜而不能合。其后先生卒更定其说,然则未发之旨盖未相契也。"②此处所言"《中庸》之义",也就是未发已发问题。③ 王白田则曰:

---

① 关于朱子赴长沙一行的用意,学者历来有不同看法。一说如钱穆先生认为,朱子赴长沙是抱持延平遗教以往,讲论数月,终折从南轩,归后不久即悟得"中和旧说"。另一说则认为,朱子丙戌间即已悟得"中和旧说",后得五峰《答曾吉甫书》,而益自信,故其赴长沙有求证南轩的性质。

　　其实,朱子赴长沙的计划要更早。乾道元年(1165),刘珙(刘珙系屏山从子,而屏山于三先生中待朱子最亲厚)帅湖南,二年,遣人接朱子赴湖南相会,朱子因热未能成行。朱子《答许顺之》第11书云:"湖南之行,劝止者多,然其说不一。独吾友之言为当,然亦有未尽处。后来刘帅遣到人时已热,遂辍行。要之亦是不索性也。"(朱熹:《文集》卷39,《朱子全书》本,第1745页。)不过,朱子此次未能成行,可能尚有其他缘由。如陈来先生认为,朱子未应刘珙邀尚有另一原因,即朱子苦于中和思考,而对湖南之行兴趣不大,丙戌之悟后,由于心情畅快,虽此时刘珙已去任,仍赴长沙一行。(参见陈来:《朱熹哲学研究》,105页。)束景南先生则以为,朱子所以不能成行,是因为朱子与刘共父(珙)、南轩关于《二程文集》(此系文定家传本)的校刊发生争执,最后南轩只部分采用朱子的校正,此事令朱子极不快。

② 此说本出自李果斋《紫阳年谱》,后来李默《朱熹年谱》亦载是说。

③ 《朱子语类》载:"问:'先生旧与南轩反覆论仁,后来毕竟合否?'曰:'亦有一二处未合。敬夫说本出胡氏。胡氏之说,惟敬夫独得之,其余门人皆不晓,但云当守师之说。向来往长沙,正与敬夫辨此。'"(黎靖德编:《朱子语类》卷101,第2606页。)据朱子此说,其时朱、张亦关注到仁的问题,这与学术界的通论颇不合。案,朱、张论仁当在己丑以后,即辛丑年始论《洙泗言仁录》,距潭州之行已四年矣,朱子此说似有误。然就义理上推之,或为一解,盖仁之为体亦是未发,故朱子回溯旧事,自以为潭州会讲与后来之反覆论仁不无关系。

心为已发,性为未发,两先生于此无异论。至潭州,当必共讲之。《中和旧说序》云"亟以书报钦夫,及当日同为此论者",则至潭州与南轩同为此论,灼然可证,而谓未发之旨未相契者,真妄说也。范念德言两先生论《中庸》之义,三日夜而不能合,此语绝无所据。[1]

白田实际上否定了朱、张分歧的可能性。按朱子长沙之行在"丙戌之悟"后,而南轩宗五峰,朱子亦以其悟与五峰书相印证,白田此说似应确凿无疑。[2]

然而,我们若考虑到朱、张彼此间的误会因素,这种情况并非绝无可能。盖朱子误以为其丙戌间所悟得的"中和旧说"同于五峰[3],误以为南轩关于中和的主张亦同于"同为此论"之诸人[4];至于南轩亦有误会,即误以朱子察识良心之萌蘖同于延平之求中于未发。正因如此,二人极可能发生"三日夜而不能合"的情况。并且,后来南轩一直坚守"先察识而后涵养"之说,亦足见得当时朱子与南轩之分歧不可谓无。

---

[1] 王懋竑:《考异》卷1,第258页。

[2] 若如钱穆先生将长沙之行置于"中和旧说"前,则洪本《年谱》"论《中庸》之义,三日夜而不能合"语自属可信。洪本《年谱》又云:"其后先生卒更定其说。"此语承前语而来,"实深合当时情事"。故钱穆批评白田"辨此皆误,不可据"。(参见钱穆:《朱子新学案》上册,第446页。)

　　束景南则提供了另一种解释,所谓"论《中庸》之义",不是指未发已发问题,而是在《中庸》一书的具体训解注说上的不一致。因为,朱子在潭州之行前,已完成《中庸详说》,而南轩亦酝酿有关《中庸》一书的著述,这点可从朱子自潭州归后就《中庸》解说上的争论得到证实。又,朱子与南轩在潭州一起讨论了明道之《答横渠书》,而《答横渠书》主旨在论"性",《中庸》一书也谈"性",可见,两人论《中庸》之义"三日夜而不能合"是在性论上,而不是在未发已发说上。此外,束景南尚有一说,所谓"三日夜而不能合"系范伯崇所见,而范伯崇来湖湘后一直住在衡山其兄弟处,偶尔才来长沙见朱、张,无从看到二人夜夜对榻高论的情景,仅仅在临别前这三四天中朝夕同舟与朱、张相随居住在一起,才目睹了两人之间争辩的情景。

[3] 牟宗三先生力辩朱子之旧说与五峰有根本不同,盖朱子所言察识,只是察识良心之发见,而五峰则意在察识本体。此说颇有道理,盖从朱子后来与湖湘学者的论辩中不难看到,朱子常常不自觉地将湖南学者极力强调的对本体的知识,置换成对事理的知识,然后加以批评。而且,朱子从来也未曾在对"中和旧说"的反省中,提到对察识的不同理解。由此可见,朱子从来没有真正理解湖湘学说,而且,南轩很可能亦是如此理解识仁功夫,如南轩在与朱子论《知言》时便明确反对"识仁"的可能性。正是基于这种误解,南轩在中和问题上折从朱子后,却仍能对"先察识后涵养"说持之甚坚。

[4] 陈来先生似乎认为,南轩的立场最初就不完全同于五峰,反而接近朱子"己丑之悟"的立场。(参见陈来:《朱熹哲学研究》,第104页。)

白田又云：

> 窃尝考之，朱子从延平之学，南轩从衡山之学，各有师承。延平殁而问之南轩，南轩以所闻告之，亦未有省。已而朱子自悟性为未发，而合之延平所传；南轩则专主衡山，而以延平默坐澄心，体认天理为不然，又力辨吕与叔求中之非，自与延平不合意。其所云不合者，或在于此。其后朱子从南轩受衡山之学，以《艮斋铭》为宗指，相与守之。先察识、后涵养，则与延平异矣。《与林择之书》"后来所见不同，不复致思"盖指此时。而戊子之诸书，绝不及延平，亦自可证。至己丑始悟以性为未发之非，未发已发，各有时节，而于未发仍守延平之说。又深以先察识为非，其先后异同大概如此。[①]

《考异》之乖谬莫过于此。白田以为"朱子从延平之学，南轩从衡山之学"，然据《中和旧说序》，朱子对延平之教本无领会，至丙戌后，更是自以为同于五峰，如何能说"朱子从延平之学"？钱穆先生考辨朱子"中和旧说"与潭州之行的时间先后，大概本于此，若白田本不同意洪本《年谱》，为何又欲曲为之说解？钱穆以为"中和旧说"后于潭州之行，故认为此时朱子从延平之学，尚能说得通；而白田本以"中和旧说"先于潭州之行，却又以朱子之从延平来折中洪本，此说大是乖谬。且即便自"己丑之悟"以后，朱子对其以前未省得延平"体验未发"之旨，常有愧憾，然观其一生学问之大旨，恐于延平之说终未有合也。白田此说，唯一可能成立者就是南轩误会朱子从延平之学，故南轩对朱子"以延平默坐澄心，体认天理为不然，又力辩吕与叔求中之非"。

又，白田谓"南轩从衡山之学"，恐亦不然。观南轩之《知言序》及后来之《知言疑义》，便可知矣。这大概亦属朱子的误会。如此两相误会，遂有此"三日夜而不能合"的争论。

白田又云"朱子自悟性为未发，而合之延平所传"，这不免以"丙戌之悟"后而朱子归本于延平，而不是五峰。此说亦属自相矛盾。至于谓"其后朱子从南轩受衡山之学"，此语恰证成钱穆之说，而与己说不合。白田又以朱子己丑后

---

① 王懋竑：《考异》卷1，第258—259页。

"于未发仍守延平之说",似乎朱子自始至终就严守延平之学,此亦系自相矛盾处。

《考异》以为,潭州之行后,朱子与南轩"以《艮斋铭》为宗指,相与守之"。《艮斋铭》系南轩所作,然白田据此以为朱子至此方折从南轩所守的衡山之学,则非矣。案,《艮斋铭》以"四端之著,我则察之;岂惟思虑,躬以达之"此四句为核心,这表面上是对湖湘之"先察识而后涵养"之说的表达,其实,我们仔细体究这四句,便可发现未必是这么回事。因为《艮斋铭》乃以察识良知发见之端,而非以察识本体为要,这种对察识的理解,显然背离了五峰"识仁"的精神。①

据洪本《年谱》,自朱、张讲论《中庸》之义后,"先生卒更定其说,然则未发之旨盖未相契也",又云"考先生与敬夫论中和,几十年而始定"。白田则曰:

> 心为已发,性为未发,两先生于此无异论。至潭州,当必共讲之。……洪本云,其后先生卒更定其说(自注:李本无此语),则指己丑已发未发说而言,故以为历十年而后定中和之指。与南轩讲论,在乙酉丙戌,至己丑即悟其非,以书报钦夫,钦夫以为然,不过四五年。惟先察识后涵养之说,钦夫执之尚坚,后卒从朱子说,虽不详其时,大约不久而论定矣。以为十年而后定者,亦妄说也。……《祭南轩文》云"盖缴纷往反者,几十有余年,末乃同归一致",此统言之,如《论语说》《仁说》之类,非指中和说而言。②

关于"心为已发,性为未发",牟宗三先生以为二人"恐是表面相合。南轩之意恐

---

① 这种对察识的理解,大量散见于朱子同时的书信中。朱子《答何叔京》第11书云:"向来妄论持敬之说,亦不自记其云何,但因其良心发见之微猛省提撕,使心无不昧,则是做工夫底本领。本领既立,自然下学而上达矣。若不察于良心发见处,即渺渺茫茫,恐无下手处也。"(朱熹:《文集》卷40,《朱子全书》本,第1822页。)盖五峰的识仁功夫亦是要在良心发见处用功,朱子、南轩说察识亦然,且都是以之为上达的功夫,其中差别只在毫厘间耳。盖此处朱子谓"本领既立,自然下学而上达矣",可见朱子论察识的主旨,与五峰有根本不同。所谓"本领既立",不是立起一个本体,只是说确立了工夫的基本路向。工夫之为工夫,就是寻个入手处,以便下学而上达也。而朱子认为察识功夫是"自然下学而上达",只一个"自然"便偏离了五峰之旨。若依此说,则将上达作效验看了,而推至将来,或者说,上达且不管,只管做下学工夫,迟早有个豁然贯通时。五峰之察识功夫则不然,只是主张直接在良心发见处去体证本体。两种察识功夫,差别仅在毫厘间耳,而朱、张二人皆似浑不自觉。可以说,正是这种毫厘之别,导致了二人后来对五峰的批判。
② 王懋竑:《考异》卷1,第257—258页。

以胡五峰为背景，其底子不必同于朱子之所悟也。惟南轩不必能真切自觉耳"①。

此段洪本自误，白田是矣。朱子以为南轩宗五峰，而南轩根柢里与五峰不同，却未意识到这种不同，故其议论犹以五峰为背景，宜乎朱子以为其宗五峰也。朱、张此时立场虽不同，然双方对此并未见有自觉，故终能保持表面上的一致。关于这种一致，我们从稍后朱子书信中对南轩的倾倒便可看出。朱子《与曹晋叔》云：

> 熹此月八日抵长沙，今半月矣。蒙敬夫爱予甚笃，相与讲明其所未闻，日有问学之益，至幸至幸。敬夫学问愈高，所见卓然，议论见人意表。近读其语说，不觉胸中洒然，诚可叹服。②

又，《答程允夫》第5书云：

> 去冬走湖湘，讲论之益不少。然此事须自做工夫，于日用间行住坐卧处，方自有见处，然后从此操存，以至于极，方为己物耳。敬夫所见，超诣卓然，非所可及。近文甚多，未暇录，且令写此一铭去，尤胜他文也。③

从后来南轩执守"先察识后涵养"之说甚坚来看，潭州之时，朱子自以与南轩甚相契也，故于南轩《艮斋铭》所指示的工夫，亦欣然受领。④ 可以说，这个时期朱子对湖湘之学是极推崇的。如《朱子语类》云：

> 旧在湖南理会乾坤。乾是先知，坤是践履；上是知至，下是终之。却不思今只理会不知，未审何年月方理会终之也，是时觉得无安居处，常恁地忙。又理会动静，以为理是静，吾身上出来便是动。⑤

---

① 牟宗三：《心体与性体》册三，第116页。
② 朱熹：《文集》卷24，《朱子全书》本，第1089页。
③ 朱熹：《文集》卷41，《朱子全书》本，第1871页。
④ 梨洲《南轩学案》云："南轩早知持养是本，省察所以成其持养，故力省而功倍。朱子缺却平日一段涵养工夫，至晚年而后悟也。"此说真妄语也。
⑤ 黎靖德编：《朱子语类》卷104，第2618页。

这是由乾坤动静关系来说明先察识而后涵养之功夫。朱子临别赠南轩诗有"从君识乾坤"之语，即谓此也。

朱子于九月初抵潭州，其时参与讲论的湖湘学者当不止南轩一人，据朱子"尝同为此论"语（《中和旧说序》）及朱子将《答湖南诸公书》分寄湖南学者之举，可知当时参与讲论的尚有胡伯逢、胡广仲诸人。至十一月，朱子离潭州，与南轩同游南岳衡山，历半月而与南轩别。

南轩临别赠诗云：

> 遗经得抽绎，心事两绸缪。
> 超然会太极，眼底无全牛。

朱子答诗云：

> 昔我抱冰炭，从君识乾坤。
> 始知太极蕴，要眇难名论。
> 谓有宁有迹，谓无复何存。
> 惟应酬酢处，特达见本根。
> 万化自此流，千圣同兹源。
> 旷然远莫御，惕若初不烦。

学者或有据此诗以为朱子与南轩曾讲论太极的问题，如洪本《年谱》即持此论，此说误矣。[①] 白田云："按洪本所云，深契太极之旨，此以赠行诗与答诗臆度之耳。朱子自甲申后，与南轩往复皆讲未发之旨，而以心为已发，性为未发，盖以未发为太极。诗所云，太极则指未发而言也。专言太极，则不识其意矣。"可见，朱、张诗中所言的"太极"，即是两人讨论的未发问题，而与濂溪书中的"太极"概念无关。

---

① 此说本出自李果斋《紫阳年谱》："以二诗观之，则其往复而深相契者，太极之旨也。"（真西山：《西山读书记》卷 31）关于此问题，束景南先生有非常细致的讨论：一方面，朱、张潭州之会是一次全面的学术讲论，而不限于中和问题；另一方面，朱、张在中和问题上已大致相合，则两人关于太极之旨的争论，当与中和问题无关。（束景南：《朱子年谱长编》，第 373—374 页。）束先生此说颇难苟同，盖其后"中和新说"的重心仍是中和问题，怎能说朱、张此时就已"大致相合"了呢？

第二节　朱张论《洙泗言仁录》

乾道七年辛卯(1171)夏,南轩去国,退居长沙,编成《洙泗言仁录》。① 这个做法实本于伊川"将圣贤所言仁处类聚观之"语,南轩在《洙泗言仁序》言及其作此书的目的时说道:"某读程子之书,其间教门人取圣贤言仁处,类聚以观而体认之。因衰《鲁论》所载,疏程子之说于下,而推以己见,题曰《洙泗言仁》,与同志者共讲焉。"②然而,朱子并不同意这种做法。

朱子与南轩之分歧,以前是在先察识后涵养的功夫上,后来则是对于仁的理解,朱子《祭南轩文》谓"盖缴纷往反者几十有余年,末乃同归而一致",可见,关于仁的讨论,在朱、张的学术交往中极是重要。

稍早些时候,朱子、南轩及吕东莱对五峰之《知言》进行了批评,在此基础上,朱子编成了《知言疑义》。在《知言疑义》中,朱子与南轩皆对五峰的"识仁"功夫进行了批评。然至次年,南轩却编成《洙泗言仁录》,意在将孔子言仁处类聚起来而观之,这种做法颇似悖于南轩在《知言疑义》中的立场。那么,如何理解南轩的这种前后反复呢? 这只可能有这样一种解释,即南轩所理解的"识仁"并非察识"仁体",而是察识仁之发用,故此书类聚孔子言仁处,皆是就仁之发用处而观之,而绝无由此以上达的意味。因此,对南轩本人来说,"类聚观仁"的做法,与其在《知言疑义》中的立场并无相违。

然而,朱子却将"类聚观仁"的做法等同于湖湘学者"识仁之体"的功夫,正是基于这种理解,朱子对南轩进行了批评。这种批评大致包括三个方面:

第一,"类聚观仁"的做法助长欲速好径之心。朱子谓"类聚孔孟言仁处,以求夫仁之说,程子为人之意,可谓深切。然专一如此用功,却恐不免长欲速好径之心,滋入耳出口之弊,亦不可不察也"③,又谓"至谓类聚言仁,亦恐有病者,

---

① 《张南轩年谱》以为《洙泗言仁录》一书成于乾道六年(1170),陈来、束景南皆以为在乾道七年(1171)。

② 此据 7 卷本《张南轩先生文集》(以下简称《南轩文集》)卷 3,又有 44 卷本《南轩先生文集》(或称《张宣公全集》《南轩集》,以下简称《南轩全集》)。

③ 朱熹:《文集》卷 31《答张敬夫》16 书,《朱子全书》本,第 1335 页。

正为近日学者厌烦就简,避迂求捷,此风已盛,方且日趋于险薄。若又更为此以导之,恐益长其计获欲速之心,方寸愈见促迫纷扰而陷于不仁耳"。① 类聚观仁之所以会助长欲速之心,正因此种功夫是直指本体。可见,朱子此时已意识到湖南学者所说的察识功夫实际上是直超而悟入本体的功夫。

第二,前面尚只是言及识仁功夫的流弊,此处则借对"观过知仁"说的批评,直接反对"识仁"作为功夫的可能性。南轩编《洙泗言仁录》似未涉及"观过知仁"之说,然朱子同时与其他湖湘学者如胡广仲、胡伯逢、吴晦叔等正在讨论"观过知仁"的问题②,而南轩之"识仁"又被误会为识仁之体,故朱子在批评《言仁录》时将"观过知仁"也一并提及,且强调识仁之体的不可能。

《答张敬夫》第 17 书云:

> 大抵"观过知仁"之说,欲只如尹说发明程子之意,意味自觉深长。如来喻者独是要就此处强窥仁体,又一句歧为二说,似未甚安贴也。③

朱子此时已意识到湖湘学者乃是要识仁之体,这与其一贯的下学立场相反,故对之提出了批评。其《答吴晦叔》第 7 书云:

> 大抵向来之说,皆是苦心极力要识仁字,故其说愈巧,而气象愈薄。近日究观圣门垂教之意,却是要人躬行实践,直内胜私,使轻浮刻薄、贵我

---

① 朱熹:《文集》卷 31《答张敬夫》19 书,《朱子全书》本,第 1340 页。类似的批评亦颇见于《朱子语类》,如云:"或云:要将言仁处类聚看。曰:若如此便是赶缚得急,却不好。只依次序看。若理会得一段了,相似忘却。忽又理会一段,觉得意思转好。"(卷 20,第 468 页)"王壬问:'南轩类聚言仁处,先生何故不欲其如此?'曰:'便是工夫不可恁地。如此,则气象促迫,不好。圣人说仁处固是紧要,不成说仁处皆无用! 亦须是从近看将去,优柔玩味,久之自有一个会处,方是工夫。'"(卷 103,第 2605、2606 页)此是批评欲速好径之弊。《朱子语类》又云:"南轩《洙泗言仁》编得亦未是。圣人说仁处固是仁,不说处不成非仁。天下只有个道理,圣人说许多说话,都要理会,岂可只去理会说仁处,不说仁处便掉了不管。"(卷 118,第 2851 页)盖工夫只是寻个入手处,朱子如此指斥,纯系无事生非。又云:"或欲类仁说看,曰:不必录。只识得一处,他处自然如破竹矣。"(卷 118,第 2836 页)此语却可疑,似非朱子语。又云:"钦夫近为学者类集《论语》'仁'字,各为之说,许寄来看。然熹却不欲做此工夫,伯崇以为然否?"(朱熹:《文集》卷 39《答范伯崇》第 13 书,《朱子全书》本,第 1787—1788 页。)
② 案,朱子《观过知仁说》即作于辛卯年。
③ 朱熹:《文集》卷 32,《朱子全书》本,第 1337 页。

贱物之态潜消于冥冥之中,而吾之本心浑厚慈良、公平正大之体常存而不失,便是仁处。其用功着力,随人浅深各有次第,要之,须是力行久熟,实到此地方能知此意味。盖非可以想象臆度而知,亦不待想象臆度而知也。①

此书一方面认为识仁只可作效验看,认为"须是力行久熟,实到此地方能知此意味",而另一方面,则反对识仁之体的可能性,以为如此只是"想象臆度"而已,未必真能对仁体有所见也。

第三,对南轩论仁爱关系进行了批评。朱子《答张敬夫》第 16 书云:

> 大抵二先生之前,学者全不知有仁字,凡圣贤说仁处,不过只作爱字看了。自二先生以来,学者始知理会仁字,不敢只作爱说。然其流复不免有弊者。盖专务说仁,而于操存涵泳之功,不免有所忽略,故无复优柔厌饫之味、克己复礼之实。不但其蔽也愚而已;而又一向离了爱字,悬空揣摸,既无真实见处。故其为说,恍惚惊怪,弊病百端,殆反不若全不知有仁字而只作爱字看却之为愈也。熹尝谓,若实欲求仁,固莫若力行之近。但不学以明之,则有拢埴冥行之患,故其蔽愚。若主敬、致知交相为助,则自无此蔽矣。若且欲晓得仁之名义,则又不若且将爱字推求。若见得仁之所以爱,而爱之所以不能尽仁,则仁之名义意思了然在目矣,初不必求之于恍惚有无之间也。此虽比之今日高妙之说稍为平易,然《论语》中已不肯如此迫切注解说破。至孟子,方间有说破处,然亦多是以爱为言,殊不类近世学者惊怪恍惚、穷高极远之言也。②

朱子论仁爱之关系,实本于其对湖湘学者识仁功夫的批评。盖爱是良心发见处,而仁则是体,因此,识仁作为一种已发时功夫,就是要在仁体之流行处去体认仁体。然而,这种已发时功夫,不同于扩充良心萌蘖之端的做法,故朱子本人倾向于后一种功夫,而批评那种直接体认本体的功夫,认为只是"悬空揣摸,既无真实见处。故其为说,恍惚惊怪,弊病百端,殆反不若全不知有仁字而只

---

① 朱熹:《文集》卷 42,《朱子全书》本,第 1912—1913 页。
② 朱熹:《文集》卷 31,《朱子全书》本,第 1335—1336 页。

作爱字看却之为愈也"。

朱子《答张敬夫》第 19 书又曰：

> 以爱论仁，犹升高自下，尚可因此附近推求，庶其得之。若如近日之
> 说，则道近求远，一向没交涉矣，此区区所以妄为前日之论而不自知其
> 偏也。①

可见，朱子主张工夫不能直接悟入本体，而只能通过下学阶段，"升高自下"，自
然而上达。

第三节　朱张论《仁说》

朱子大概出于对南轩论仁的不满，于次年壬辰（1172）作《仁说》一篇，以表
明自己的基本立场。关于是篇的主旨，朱子《答吕伯恭》第 24 书有明确说明：

> 《仁说》近再改定，比旧稍分明详密，已复录呈矣。此说固太浅少含蓄，
> 然窃意此等名义，古人之教自其小学之时，已有白直分明训说，而未有后世
> 许多浅陋玄空上下走作之弊，故其学者亦晓然。知得如此名字，但是如此道
> 理不可不著实践履，所以圣门学者皆以求仁为务，盖皆已略晓其名义，而求
> 实造其地位也。若似今人茫然理会不得，则其所汲汲以求者乃其平生所不
> 识之物，复何所向望爱说而知所以用其力邪？故今日之言比之古人，诚为浅
> 露，然有所不得已者，其实亦只是祖述伊川"仁性爱情"之说，但剔得名义稍
> 分，界分脉络有条理，免得学者枉费心神，胡乱揣摸，唤东作西尔。若不实
> 下恭敬存养克已复礼之功，则此说虽精，亦与彼有何干涉耶？故却谓此说
> 正所以为学者向望之标准，而初未尝侵过学者用功地步。②

---

① 朱熹：《文集》卷 31,《朱子全书》本，第 1340 页。
② 朱熹：《文集》卷 33,《朱子全书》本，第 1442—1443 页。

可见，朱子作《仁说》乃"祖述伊川'仁性爱情'之说"，其用意则在针对湖湘学者的识仁功夫，以为是"其所汲汲以求者乃其平生所不识之物，复何所向望爱说而知所以用其力邪？"可以说，朱子不反对"求仁"，只是功夫只在"恭敬存养克己复礼"而已，若以"识仁"为功夫，则不过"枉费心神，胡乱揣摸，唤东作西尔"。

关于《仁说》的具体内容，今录如下：

天地以生物为心者也，而人物之生，又各得夫天地之心以为心者也。故语心之德，虽其总摄贯通，无所不备，然一言以蔽之，则曰仁而已矣。请试详之。

盖仁之为道，乃天地生物之心，即物而在，情之未发而此体已具，情之既发而其用无不穷。诚能体而存之，则众善之源、百行之本，莫不在是。此孔门之教所以必使学者汲汲于求仁也。其言有曰："克己复礼为仁。"言能克去己私，复乎天理，则此心之体无不在，而此心之用无不行也。又曰："居处恭，执事敬，与人忠。"则亦所以存此心也。又曰："事亲孝，事兄弟，及物恕。"则亦所以行此心也。又曰："求仁得仁。"则以让国而逃、谏伐而饿为能不失乎此心也。又曰："杀身成仁。"则以欲甚于生、恶甚于死而能不害乎此心也。此心何心也？在天地则块然生物之心，在人则温然爱人利物之心，包四德而贯四端者也。

或曰：若子之言，则程子所谓"爱情仁性，不可以爱为仁"者，非欤？曰：不然。程子之所诃，以爱之发而名仁者也。吾之所论，以爱之理而名仁者也。盖所谓情性者，虽其分域之不同，然其脉络之通，各有攸属者，则曷尝判然离绝而不相管哉？吾方病夫学者诵程子之言而不求其意，遂至于判然离爱而言仁，故特论此以发明其遗意，而子顾以为异乎程子之说，不亦误哉？

或曰：程氏之徒，言仁多矣，盖有谓爱非仁，而以万物与我为一为仁之体者矣。亦有谓爱非仁，而以心有知觉释仁之名者矣。今子之言若是，然则彼皆非欤？曰：彼谓物我为一者，可以见仁之无不爱矣，而非仁之所以为体之真也。彼谓心有知觉者，可以见仁之包乎智矣，而非仁之所以得名之实也。观孔子答子贡博施济众之问，与程子所谓觉不可以训仁者，则可见矣。子尚安得复以此而论仁哉！抑泛言同体者，使人含胡昏缓而无警切之功,其弊或至于认物为己者有之矣;专言知觉者,使人张皇迫躁而无沉潜之味,其弊或至于认欲为理者有之矣。一忘一助,二者盖胥失之,而知觉之云者,于圣门所示乐山能守之气象,尤不相似。子尚安得以此而论仁哉? 因并记其误,作《仁说》。①

南轩亦有《仁说》一篇,淳熙本、浙本皆以南轩《仁说》为朱子所作,而以此篇题作《序仁说》附于其后。浙本且于篇题注云:"此篇疑是《仁说》序,故附此。"闽本删正之,题注云:"浙本误以南轩先生《仁说》为先生《仁说》,而以先生《仁说》为《序仁说》,又注'此篇疑是《仁说》序,姑附此'十字,今悉删正之。"

朱子《答张敬夫》第43书(原题名为《答张钦夫论仁说》)乃直接回答南轩对《仁说》的质疑。下面我们就此书来考察《仁说》一篇的基本思想。

第一段,关于"天地以生物为心",此说不独为明道、五峰所主,亦为伊川、朱子所许,然而,他们对"生"的理解并不相同。② 因为在伊川、朱子那里,性之生只是说性必然将其条理在情上表现出来,换言之,性本身是不动的,只能通过心之动方能作用于情。这种理解与明道、五峰直接将性与天地生物之心等同起来,显然有着根本不同。③

第二段,朱子以仁统仁义礼智四德,以恻隐之心(不忍之心)贯通爱、恭、宜、别四情。南轩则曰"不忍之心,可以包四者乎?"南轩不反对朱子以仁统四德之说,而反对以爱或不忍之心贯通爱、恭、别、宜四情的说法,就是说,仁体可以包四者,至于仁之用则不能包四者之用。盖前者自是宋儒所共许,而后者似乎是朱子的新论。至于朱子的理由,则是"孟子谓四端,自首章至'孺子入井',皆只是发明不忍之心一端而已,初无义礼智之心也。至其下文,乃云'无四者之心,

---

① 朱熹:《文集》卷67,《朱子全书》本,第3279—3281页。
② 牟宗三先生以为,此处说心只是虚说,而非实说,是以朱子不可能说到天命流行之体的地步。朱子通过《知言疑义》,发明"心统性情"之旨,确立了心、性、情三分的构架,因此,性是不动的,而心则是纯粹的活动。单言心则人与物无异,单言性则不能说明万物之动,故朱子所说的"天地之心"实际上是将心与性合在一起说,乃心不离性之义。盖"生"之义,即是表明性不能不动,表明性必然流行于天地万物,然而,性自身本不能动,只能通过心之活动而体现出来,因此,朱子说"天地以生物为心",本身就包含了生生的意思。换言之,朱子即便说"天地之心",也可以是实说,因为心之作用就是要将性发见于万物,故得称为"天地生物之心",此种说法实无碍于朱子心性二分这样一种架构。
③ 牟宗三将之表述为"即存有即活动",这是极有见地的。

非人也'，此可见不忍之心，足以包夫四端矣。盖仁包四德，故其用亦如此"①。朱子此种说法似显牵强，不足为据。

南轩又云："仁专言，则其体无不善而已。对义礼智而言，其发见则为不忍之心也。大抵天地之心，粹然至善，而人得之，故谓之仁。仁之为道，为一物之不体，故其爱无所不周焉。"②朱子以为南轩不仅以不忍之心为仁之发用，而且亦以义礼智为仁之发用，朱子则以为南轩此说病在"知仁之为性，而不知义礼智之亦为性也"，认为"人生而静，四德具焉，曰仁，曰义，曰礼，曰智，皆根于心而未发，所谓理也，性之德也。及其发见，则仁者恻隐，义者羞恶，礼者恭敬，智者是非，各因其体以见其本，所谓情也，性之发也，是皆人性之所以为善者也"③。又曰："《易传》所谓'专言之则包四者'，亦是正指生物之心而言，非别有包四者之仁，而又别有主一事之仁也。惟是即此一事，便包四者，此则仁之所以为妙也。"④南轩此说盖本诸明道。明道言"义礼智信皆仁也"，阳明则直谓"仁义礼智也是表德，性一而已"，这种说法在某种意义上肯定有作为表德的仁，即与义礼智相并列的仁，亦有作为包四者，作为性的仁。

第三段，朱子数引孔子语来说明为仁之功夫。同年所作《克斋记》，即发挥此种为仁功夫，曰："性情之德，无所不备，而一言足以尽其妙，曰仁而已。所以求仁者盖亦多术，而一言足以举其要，曰克己复礼而已。"朱子此书正是要反对湖南学者的"识仁"功夫。在朱子看来，工夫只是在下学处做，即做那克己的功夫，则久之自有个上达处，而湖南学者则主张即上达而下学，即下学而上达，对本体的体证自有个克己的功夫在其中。

第四段，朱子将爱看作是仁之用，而仁为"爱之理"，朱子如此处理爱与仁之关系，一方面是顺应道学家对仁这个概念的拓展，另一方面则是针对湖南学者以识仁之体为功夫，强调功夫须从仁之发用处即爱处去做。南轩则曰"程子之所诃，正谓以爱名仁者"，其实朱子并无以爱名仁的意思，朱子区别情与性，区别爱之理与仁之用，正是欲区别仁与爱。朱子自觉其在此处说得极明白，然而南轩却"每以爱名仁见病"，朱子似乎对南轩这种态度颇为困惑。

---

① 朱熹：《文集》卷 32《答张敬夫》第 43 书，《朱子全书》本，第 1409 页。
② 朱熹：《文集》卷 32《答张敬夫》第 43 书，《朱子全书》本，第 1409 页。
③ 朱熹：《文集》卷 32《答张敬夫》第 43 书，《朱子全书》本，第 1409 页。
④ 朱熹：《文集》卷 32《答张敬夫》第 43 书，《朱子全书》本，第 1409 页。

第五段，朱子批评以"万物与我为一"言仁之体，亦反对以"知觉"言仁之体。朱子一方面区别仁与爱，仁是爱之理，爱是仁之用，另一方面却似乎对仁之为体没有做出什么说明，这与朱子的工夫论有关。因为朱子认为对仁体的把握只可作效验看，故工夫只是从当下仁之发用上入手，至于体证仁之体，则是工夫至极自有之效验，正因为如此，朱子不对仁体做任何规定。而明道、上蔡、五峰一系则不同，一上来就谈仁体的内涵，这是因为对仁体的把握正是工夫的入手处。朱子对仁体少有规定，且多从发用处说，这与其重视下学的工夫论立场是一致的。因此，在朱子看来，以"与物同体"言仁，则"使人含胡昏缓而无警切之功，其弊或至于认物为己"；而以"知觉"言仁，则"使人张皇迫躁而无沉潜之味，其弊或至于认欲为理"。

其实，朱子若真以"天地生物之心"来说仁，实际上就涵盖了"与物同体"及"知觉言仁"两方面的意思，而这两方面在明道、五峰那里都同样得到强调。因此，我们要体会朱子的批评，必须从朱子与湖湘学者工夫论之根本不同处着眼。

朱子与南轩关于《仁说》的讨论，除了此处的《答张敬夫》第 43 书外，尚有第44、45 及 46 三书。

《答张敬夫》第 44 书原题名为《又论仁说》，首云"昨蒙开谕《仁说》之病，似于鄙意未安，即已条具请教矣"，条具请教者即指第 43 书，则此书当承第 43 书而来。此书已录于第一章，今略之。

前书谓南轩"每以爱名仁见病"，而南轩的答书一如既往，故朱子此书亦重申"仁性爱情"之旨。南轩强调爱与仁的分别，其缘由见前书之分析。而此处问题的关键，在于对仁与公关系的把握。在朱子看来，公只是一"为仁"的功夫，即所谓克己；南轩则认为，公便是仁，或者说，就是仁之体，因此，"识仁"便是体会那廓然大公的心。①

---

① 就伊川而论，对仁与公之关系的阐述也不是很明白。除朱子所引数条以证成其说外，尚有另外几条，如："仁之道，要之只消道一'公字'。公即是仁之理，不可将公便唤做仁。公而以人体之故为仁，只为公则物兼照，故仁所以能恕，所以能爱。恕则仁之施，爱则仁之用也。"（《河南程氏遗书》卷 15，载《二程集》，第 153 页。）公为仁之理，是仁之所以为仁，这个说法当同于湖湘学者的观点。然而又说"不可将公唤做仁"，此语极难理会。至于"公则物兼照，故仁所以能恕，所以能爱"，则说得极有理。盖心只是廓然，则自能爱也。又，"问：爱人是仁否？伊川曰：爱人乃仁之端，非仁也。某谓仁者公而已矣。曰：何谓也？曰：仁者能爱人，能恶人"。（黄宗羲：《宋元学案·伊川学案上》，载《黄宗羲全集》册三，第 748 页。）若按朱子说，仁而能爱人，仁而能公，则爱人与公皆仁之发用也，何以此处伊川只许"仁者公而已矣"，而不许"爱人是仁"？可知，公乃仁之体，爱则是仁之用也。由此可见，伊川论仁亦未必尽同于朱子也。

朱子又引南轩"公天下而无物我之私，则其爱无不溥矣"之语，认为如此恰是南轩自己反对的"以爱名仁"。其实，南轩此说出自伊川："公则物兼照，故仁所以能恕，所以能爱。"然而，就朱子和理论构架而言，本体是在发用流行外之别物，换言之，在发用流行外须有使此发用流行成为可能的本体，却不能指此发用流行为本体。"心即性"与"心不离性"的区别，正在于此。

《答张敬夫》第 45 书（原题名《又论仁说》）云：

> 熹再读别纸所示三条，窃意高明虽已灼知旧说之非，而此所论者，差之毫忽之间，或亦未必深察也。谨复论之，伏幸裁听。广仲引《孟子》"先知先觉"，以明上蔡"心有知觉"之说，已自不伦。其谓"知此觉此"，亦未知指为何说。要之大本既差，勿论可也。今观所示，乃直以此为仁，则是以"知此觉此"，为知仁觉仁也。仁本吾心之德，又将谁使知之而觉之耶？若据《孟子》本文，则程子释之已详矣，曰："知是知此事，觉是觉此理。"意已分明，不必更求玄妙。且其意与上蔡之意亦初无干涉也。上蔡所谓知觉，正谓知寒暖饱饥之类尔。推而至于酬酢佑神，亦只是此知觉，无别物也，但所用有大小尔。然此亦只是智之发用处，但惟仁者为能兼之，故谓仁者心有知觉则可，谓心有知觉谓之仁则不可。盖仁者心有知觉，乃以仁包四者之用而言，犹云仁者知所羞恶辞让云尔。若曰心有知觉谓之仁，则仁之所以得名初不为此也。今不究其所以得名之故，乃指其所兼者便为仁体，正如言仁者必有勇，有德者必有言，岂可遂以勇为仁、言为德哉？今伯逢必欲以觉为仁，尊兄既非之矣，至于论知觉之浅深，又未免证成其说，则非熹之所敢知也。至于伯逢又谓上蔡之意自有精神，得其精神，则天地之用皆我之用矣，此说甚高妙。然既未尝识其名义，又不论其实用功处，而欲骤语其精神，此所以立意愈高，为说愈妙，而反之于身，愈无根本可据之地也。所谓"天地之用即我之用"，殆亦其传闻想像如此尔，实未尝到此地位也。①

此书首云："熹再读别纸所示三条，窃意高明虽已灼知旧说之非，而此所论者，

① 朱熹：《文集》卷 32，《朱子全书》本，第 1412—1413 页。

差之毫忽之间,或亦未必深察也。"盖朱子与南轩反复论《仁说》,而南轩于初说当有所改正也。案,壬辰年《答胡广仲》第 5 书云:"仁之说昨两得钦夫书,诘难甚密,皆已报之,近得报云,却已皆无疑矣。"第 45 书即所谓近报无疑者,故第 45 书当承第 43、44 两书,三书皆作于壬辰。

此处言广仲引孟子"先知先觉"语,系南轩与广仲的问答,而南轩转述之。《五峰学案》"胡广仲"条乃据《南轩全集》中南轩与胡广仲《答问》,云:

> 问:心有所觉谓之仁,此谢先生救拔千年余陷溺固滞之病,岂可轻议哉?云云。夫知者,知此者也;觉者,觉此者也。果能明理居敬,无时不觉,视听言动,莫非此理之流行,而大公之理在我矣,尚何躁愤险薄之有?
> 曰:元晦前日之言固有过当,然知觉终不可以训仁,如所谓"知者知此者也,觉者觉此者也",此言是也。然所谓此者,乃仁也。知觉是知觉,此又岂可遂以知觉为"此"哉?[①]

盖南轩将此答问告诸朱子,故有《答张敬夫》中论广仲语。下文又言及伯逢论知觉言仁,此亦系南轩转述其与伯逢问答。《五峰学案》下有"伯逢答问":

> 心有知觉谓之仁,此上蔡传道端的之语,恐不可为有病。夫知觉亦有深浅。常人莫不知寒识暖,知饥识饱。若认此知觉为极至,则岂特有病而已?伊川亦曰"觉不可以训仁",意亦犹是。恐人专守着一个觉字耳。若夫谢子之意自有精神。若得其精神,则天地之用即我之用也。何病之有?以爱言仁,不若觉之为近也。[②]

而朱子言"伯逢又谓上蔡之意,自有精神,得其精神,则天地之用,皆我之用矣",又言"天地之用即我之用",可见,朱子文中所指,正系"伯逢答问"中所载。不过此处答者不详,然从朱子书中批评南轩"论知觉之浅深,又未免证成

---

① 《南轩全集》卷 30,文渊阁四库全书本。
② 见《黄宗羲全集》册四,第 693 页;亦见于《南轩全集》卷 29《答胡伯逢》。

其说"来看,此处答者当系南轩,而南轩报朱子"别纸所示三条",此处答问当系一条。

此书首云"别纸所示三条",此处所列"广仲答问"及"伯逢答问"各一条,另一条疑指伯逢"上蔡之意自有精神。得其精神,则天地之用皆我之用矣"语。此书由朱子批评南轩分别仁与爱,进而批评广仲、伯逢等执守五峰之说的湖南学者,直指湖南学者宗上蔡"知觉言仁"说之非。

朱子书中谓南轩"已灼知旧说之非",观其与广仲、伯逢之答问,此言不虚。然而,朱子认为南轩所论仍有毫厘之差。大概南轩此时已接受了朱子心、性二分的主张,即将知觉与仁区别开来,以为上蔡所说的知觉只是知寒知暖、知饥知饱之心,故须将知觉与仁合在一起说,以为须言知仁、觉仁方能避免此病。朱子则曰:"仁本吾心之德,又将谁使知之而觉之耶?"其意盖谓仁即是心之德,若说知仁觉仁,则不免在此心外别立一心来知觉,如是有以心观心、以心求心之过。可见,南轩此时尚未完全领会朱子用意所在,盖朱子不仅反对心即性之本体论,而且根本要反对基于此本体论的工夫论。

朱子由批评南轩的仁爱之说,转而批评其"知觉言仁"说,这表明,这两种说法间有某种内在的关联,如伯逢即曰:"以爱言仁,不若觉之为近也。"但是,在湖湘学者心目中,不管朱子如何辩驳,如何强调仁、爱之体用关系,终不免视作"以爱言仁",这里也许有误会的因素,但这种误会却有某种合理性。因为朱子言爱,经常将私情与公情混在一起说,并没有进一步的分析;而且,朱子只是泛言爱是仁之发用,至于爱如何为仁之用,如何与其他的人情相区别,却未有说明,故终不免有"以爱言仁"之病。因此,湖南学者尊奉上蔡"知觉言仁"为要旨,正是看到了仁之为用具有与其他人情非常不同的特点,准确地说,仁之用不同于私情之爱。大概在湖湘学者看来,仁之为仁,本质不在于一种对他者的关爱,而在于此种关爱中体现出来的平等心或公心。我们体会"知觉"这个概念,这一方面表明了与他者无时无刻相与沟通的关系,明道"医书言手足痿痹为不仁""仁者浑然与物同体"之说,即强调此义;而另一方面,又表明对这种关系的一种超脱,如此方能更广阔地将他者纳入吾心之中,如以"廓然大公"言仁,即属此种用法。

又有朱子《答张敬夫》第46书,亦系承接上书论《仁说》。此书已录于第一章,故略。书中谓"熹向所呈似仁说,其间不免尚有此意,方欲改之而未暇",即指前面《答张敬夫》43、44、45 三书,可见此书当承此三书之后。此书朱子引南轩语,表明南轩已自觉站在朱子的立场,即接受仁为"爱之理"的说法。

不过,南轩终不能完全摆脱明道、五峰的背景,故其对"爱之理"的解释,常不免折中于五峰与朱子之间。因此,南轩试图以公即"与天地万物一体"来解释"爱之理",这仍然糅合了湖湘学术的看法。盖仁作为"爱之理"乃人所俱有,而公则是常人所难能。然而,公既是仁之发用,故又不可以公言仁。

后来,南轩大概欲表明其关于仁的新理解,亦撰《仁说》一篇。此书已录于上编,今略之。据朱子《答张敬夫》第 48 书首云:"《仁说》明白简当,非浅陋所及。"可知南轩亦作《仁说》。且据陈来先生考证,朱子《答吕伯恭》第 23 书谓"钦夫近得书",又谓"渠别寄《仁说》来,皆亦答之",盖是书在癸巳秋,故知南轩《仁说》撰于癸巳夏秋间,而朱子之书则作于癸巳之秋也。

南轩与朱子论仁,此后不再见有他书。据朱子所云,南轩最后大致折从朱子,只"一二处未合"。然而,我们据第一章所论,南轩虽欲弥缝与朱子的不同,然终有未合也。

第四节　朱子论南轩《癸巳论语说》

南轩《论语说》作于乾道九年癸巳(1173),故又名《癸巳论语说》。[①] 然朱子论南轩《论语说》则在淳熙四年丁酉(1177),前后相隔已四年。南轩初成此书时,曾将后十篇寄与朱子,而朱子亦将自己的意见告与南轩:"南轩《论语》初成书时,先见后十篇,一切写去与他说。后见前十篇,又写去。后得书来,谓说得是,都改了。"[②]《文集》卷 31 所收《答张敬夫》第 31 书不仅有后十篇的内容,亦有前十篇的内容,此皆与《朱子语类》所说未合。然朱子答书未见于《文集》,亦未见于《续集》《别集》,大概已散佚矣。

据陈来先生考证,《答张敬夫》第 31 书撰于淳熙四年丁酉,距南轩成书已四年矣。似乎朱子与南轩重新就此书进行了讨论,如果这种推测成立,则这种讨

① 《南轩集》中有《癸轩论语说》,系晚年定本。
② 黎靖德编:《朱子语类》卷 103,第 2606 页。

论大概与同年所成的朱子《论孟集注》有关。《南轩全集》中的答朱子第 47 书云："向来下十章癸巳解，望便中疏其谬见示。……盖周子《太极》之遗意，亦已写入《集注》诸说之后矣。"所言《集注》，指《论孟集注》。大概朱子撰成《论孟集注》后，遂出示与南轩，而南轩得此书，亦将其旧作《论语说》示与朱子，"望便中疏其谬见示"。然据此书，南轩至此方将下十章（当系《朱子语类》所说的"后十篇"）出示与朱子，却与《朱子语类》所说不合。因此，极可能是《朱子语类》所记有误，盖朱子初见《论语说》当为前十篇，而后十篇直至此时方寄与朱子，而朱子《答张敬夫》第 31 书则综列《论语说》之可疑处，逐一进行了评论。①

　　《答张敬夫》第 31 书，原题名《与张敬夫论癸巳论语说》，全书讨论者共 96 条。② 朱子对《论语说》的批评，未直接针对湖湘学术的义理，而是就南轩阐释经典的某些趋向进行了批评，如立意过高、过当无含容之类。然而，我们透过这样一种批评，可以看到朱子对湖湘学术及后来象山学的基本态度，由此可见朱子为学路数的特点。兹稍举相关讨论，便可知其大概也。

（一）孝弟也者，其为仁之本与

　　南轩云：自孝弟而始，为仁之道生而不穷。

　　朱子云：按有子之意、程子之说，正谓事亲从兄、爱人利物、莫非为仁之道。但事亲从兄者，本也；爱人利物者，末也。本立，然后末有所从出。故孝弟立，而为仁之道生也。今此所解，语意虽高，而不亲切。

"语意高"，则学者下手处便难，不免有揣摩影像之病，盖朱子常如此批评湖湘学者。

（二）十世可知也

　　南轩云：若夫自嬴秦废先王之道，而一出于私意之所为，有王者作，其

<hr/>

① 据《朱子语类》所载："问：'曾看南轩《论语》否？'曰：'虽尝略看，未之熟也。'曰：'南轩后来只修得此书。如《孟子》，竟无工夫改。'"（黎靖德编：《朱子语类》卷 103，第 2606 页。）朱子曾疏南轩《论语说》近百条可疑处，然此处又说"尝略看，未之熟"，此语亦不可解。
② 然据《四库全书提要》，却谓有 128 条，不知何所据。

于继承之际，非损益之可言，直尽因革之宜而已。

　　朱子云：此一节立意甚偏，而气象褊迫，无圣人公平正大随事顺理之意。

"立意甚偏，而气象褊迫"，亦是朱子批评湖南学者语。盖湖湘学者直接以悟入本体为功夫，则不免有此病也。

（三）求为可知

　　南轩云：若曰"使己有可知之实，则人将知之"，是亦患莫己知，而己岂君子之心哉！
　　朱子云：此说过当。若曰"所谓求为可知"者，亦曰"为其所当为而已"，非谓务皎皎之行，以求闻于人也，则可矣。

言语"过当"，反而有病，此亦是朱子批评上蔡、五峰一系之语。

（四）中人以下

　　南轩云：不躐而语之以上，是亦所以教之也。
　　朱子云：孟子言"不屑之教诲，是亦教诲之"，盖为不屑之教诲，已是绝之而不复教诲。然其所以警之者，亦不为不至，故曰"是亦教诲之而矣"。所谓"亦"者，非其焉意之辞也。若孔子所言，中人以下未可语上，而不躐语之以性与天道之极致。但就其地位，告之以切己著实之事，乃是教之道正合如此。非若"不屑之教诲"，全不告语而但弃绝以警之也。今曰"是教诲之也"，则似教人者不问其人品之高下，必尽告以性与天道之极致，然后始可谓之教诲。才不如此，便与绝而不教者无异。此极害理，非圣门教人之法也。且著此一句，非惟有害上文之意。觉得下文意思，亦成躐等，气象不佳。试思之。若但改云"不躐而语之以上，是乃所以渐而进之，使切问近思而自得之也"，则上下文意，接绕贯通，而气象无病矣。此所撰集注，已依此文写入矣。
　　现行本：此以气质而言也。圣人之教，各因其才而笃焉。以中人以下之质,骤而语之高且远者,非惟不能入,且将妄意躐等,岂徒无益,其反害者有矣。故不骤而语之以上,是乃所以渐而进之,使其切问近思而自得之也。然而圣人之言,本末备具。虽自其卑与近者告之,而其至理亦岂外乎是。特其为教,循循有序,至于愚之明柔之强,则中人以下之质,盖亦有可得而变者矣。

此段批评颇反映朱子与湖湘学术在工夫论上的差异。所谓"不问人品之高下,必尽告以性与天道之极致,然后始可谓之教诲",这明显是针对湖湘学者识仁功夫的批评,如其《答吴晦叔》第 7 书云:"其用功着力,随人浅深各有次第,要之,须是力行久熟,实到此地方能知此意味。盖非可以想象臆度而知,亦不待想象臆度而知也。"[1]朱子对湖湘学者的批评,主要针对"识仁"功夫欠缺了一段克除私欲的下学功夫,其后阳明提倡"致良知",实是发明朱子此意。阳明直至晚年,始意识到尚有一种直超悟入本体的功夫,然而,这只是指上根资质绝佳之人所能做的功夫。而朱子此处谓"教人者不问其人品之高下",似乎亦以为"地位高者事",犹阳明所谓上根人的功夫。无论如何,朱子、阳明对明道、五峰一系之"识仁"功夫均未有切实领会。盖若明道、五峰之意思,即以上达为功夫,则下根人亦能做得,至于一旦悟入本体,自有个克除私欲的效验在其中了。

今本南轩《论语说》则据朱子意而加以改正,其中尤强调"中人以下"之为学当循循有序,以变化气质为功。

(五) 曾子有疾,召门弟子

南轩云:形体且不可伤,则其天性可得而伤乎?

朱子云:此亦过高之说,非曾子之本意也。且当著明本文之意,使学者深虑保其形体之不伤而尽心焉。是则曾子所为,丁宁之意也,且天性亦岂有可伤之理乎?

朱子常批评湖湘学者为论,多"过高之说",非前人之本意。朱子《答胡伯

---

① 朱熹:《文集》卷 42,《朱子全书》本,第 1912—1913 页。

逢》第 3 书云:"大抵读书须是虚心平气,优游玩味,徐观圣贤立言本意所向如何,然后随其远近浅深轻重缓急而为之说,如孟子所谓以意逆志者,庶乎可以得之。若便以吾先入之说,横于胸次,而驱率圣贤之言,以从己意。设使义理可通,已涉私意穿凿,而不免于郢书燕说之诮,况又义理窒碍,亦有所不可行者乎!"①盖即此意也。

(六) 孟敬之问之

南轩云:将死而言善,人之性则然。动容貌者,动以礼也;正颜色者,正而不妄也;出词气者,言有物也。动容貌,则暴慢之事可远;正颜色,则以实而近信;出词气,则鄙倍之意可远。

朱子云:此说盖出于谢氏。以文意求之,既所未安,而以义理观之,则尤有病。盖此文意但谓君子之所贵乎道者,有此三事:动容貌而不能远暴慢矣,正颜色而不能近信矣,出词气而不能远鄙倍矣。文势如此,极为顺便。又其用功在于平日积累深厚,而其效验乃见于此,意味尤觉深长。明道、尹氏说盖如此。惟谢氏之说,以动正出为下功处。而此解宗之。……此以文义考之,皆所未合,且其用力至浅而责效过深,正恐未免于浮躁浅迫之病,非圣贤之本指也。

所谓"用力至浅",朱子意以湖湘学者不事涵养,缺少变化气质一段功夫。至于"责效过深",指湖湘学者径以悟入本体为功夫,而在朱子看来,"识仁"当为下学之久而不期然之效验,若直接以此为鹄的,自是"责效过深"。如此,"恐未免于浮躁浅迫之病"。湖湘学者之工夫,自明道以下,经上蔡而传于五峰,其学术渊源甚是明显,其精神气质与学术路数皆相近。②盖朱子于明道则讳言其过,于上蔡、五峰等前辈则颇攻之,至于广仲、伯逢、季随等胡氏子弟,则径斥之无所避忌矣。

---

① 朱熹:《文集》卷 46,《朱子全书》本,第 2149 页。
② 黎靖德编:《朱子语类》卷 101 谓胡文定"尊上蔡而不甚满于游杨二公"。案,文定先识龟山,然未闻其倾心于龟山也。后因龟山而得见上蔡,却以后进礼事之,其于杨、谢态度之不同如此。文定与杨、谢辈在师友之间,盖以龟山为友,以上蔡为师也。文定与上蔡之相契,无论学术或气质,抑或皆有之。

（七）点尔何如

南轩云：曾子非有乐乎此也，故行有不掩焉也。

朱子云：此论甚高。然反复玩之，则夸张侈大之辞胜，而悫实渊深之味少。……今于曾皙之言，独谓"其特以见夫无所不得其乐之意"，则是曾皙于夫子之问，独不言其平日之所志，而临时信口撰成数句无当之大言，以夸其无所不乐之高也。如此，则与禅家拈槌竖拂、指东画西者何以异哉！其不得罪于圣人幸矣，又何喟然见与之可望乎！至于此下虽名为推说曾皙之意者，然尽黜其言而直伸己见，则愚恐其自信太重，视圣贤太轻，立说太高，而卒归于无实也。……窃推此章之旨，推明道先生发明的当。若上蔡之说，徒赞其无所系着之意，而不明其对时育物之心。至引列子御风之事为比，则其杂于老庄之见，而不近圣贤气象，尤显然矣。凡此说中诸可疑处，恐皆原于此说。窃谓高明更当留意，必如横渠先生所谓"濯去旧见，以来新意"者，庶有以得圣贤之本心耳。《论语》中大节目似此者，不过数章，不可草草如此说过也。

现行本：盖其中心和乐，无所系累，油然欲与万物俱得其所。玩味辞气，温乎如春阳之无不被也。故程子以为此即是尧舜气象，而亦夫子老者安之、朋友信之、少者怀之之意也。皙之志若此，自非其见道之明、涵泳有素，其能然乎？然而未免于行有不掩焉，则以其于颜氏工夫，有所未能尽耳。

此段极重要。其中朱子曰："虽名为推说曾皙之意者，然尽黜其言而直伸己见，则愚恐其自信太重，视圣贤太轻，立说太高，而卒归于无实也。"此语可看作朱子对湖湘学者的总体批评，不独针对南轩此处之解经也。至于南轩之现行本，可谓"濯去旧见，以来新意"，不仅顺从朱子之意，且着力对朱子所重视的涵养功夫加以强调。然而，此处曾皙只是言其志而已，朱子、南轩据以推知其平日之涵养之功，何尝不是失其本指而申己意哉？南轩性格之"好商量"，可见一斑。

兹列举如上数条，可见朱子对湖湘学术的批评之大概。梨洲《南轩学案》

云:"湖南一派,在当时为最盛。然大端发露,无从容不迫气象。自南轩出而与考亭相讲究,去短集长,其言语之过者,裁之归于平正。"然此语纯依朱子为说也。

据朱子《张公神道碑》,南轩"平生所著书,惟《论语说》最后出",而《张南轩文集序》云:"敬夫所为诸经训义唯《论语说》,晚尝更定,今已别行,其他往往未脱稿。时学者私所传录,敬夫盖不善也,以故皆不著。"南轩少有著述,殆以此也。至于《论语说》,南轩本不欲示人,其后得与朱子相切磋,卒刊行于世。《四库全书提要》云:"考《朱子大全》中备载与栻商订此书之语,抉择瑕疵多至一百二十八条,又订其误字二条。以今所行本校之,从朱子改正者仅二十三条。余则悉仍旧稿。……且二十三条之外栻不复改,朱子亦不复争,当必有涣然冰释、始异而终同者。"考朱子所抉择瑕疵处,其中有如上述毛病者,南轩皆从朱子,或许南轩未必如牟宗三所言只是气弱,殆学术路数上有根本一致而已。《答吕伯恭》第84书有云:

> 钦夫之逝,忽忽半载。每一念之,未尝不酸噎。钦夫向来尝有书来云:见熹说经说,乃知闲中得就此业,殆天意也。[1]

又,《朱子语类》载:

> 钦夫最不可得,听人说话,便肯改。如《论语》旧说,某与议论修来,多是此类。[2]

可见,南轩终不以朱子意见常与己相左为忤,或以南轩气质之故,或因双方精神上之相契,宜乎二人终能全其交也。

---

① 朱熹:《文集》卷34,《朱子全书》本,第1503页。
② 黎靖德编:《朱子语类》卷103,第2606页。

第七章　朱子与湖湘学者论《知言》

第一节　朱子、南轩与东莱论《知言》

南轩在五峰门下未久，对湖湘学术的领会当属有限，故其学很早就不同于五峰。① 乾道四年戊子（1168），南轩作《胡子知言序》，②其中即以五峰之学为未定之论。序云：

> 是书乃其平日之所自著。其言约，其义精，诚道学之枢要，制治之著

① 朱子《跋五峰诗》云："绍兴庚辰（绍兴三十年），熹卧病山间。……明年，胡子卒。"（《胡宏集》附录二，第344页。）则五峰卒于绍兴三十一年辛巳（1161）。又南轩《答陈平甫》云："仆自惟念妄意于斯道有年矣。始时闻五峰胡先生之名，见其话言而心服之，时时以书质疑求益。辛巳（绍兴三十一年）之岁，方获拜之于文定书堂。先生顾其愚而诲之，所以长善救失，盖有在言语之外者。然仅得一再见耳，而先生没。"（《南轩全集》卷26）则南轩正式从师后，未几而五峰卒。可见，南轩受业于五峰之门甚短，不过再见而已，然其与五峰书信之往来当有年矣。又据魏鹤山（了翁）在《跋南轩与李季允贴》中言："南轩先生受学五峰，久而后得见，犹未与之言，泣涕而请，仅令思忠孝未得仁之理，盖往返数四而后与之。"（黄宗羲《宋元学案·南轩学案》，载《黄宗羲全集》册四，第980页。）由此看来，似乎南轩不仅师从五峰之时日尚短，且得益于五峰处亦未必多。可以说，南轩对五峰学术之要旨未必真有领会也。

　　此外，尚有另一种说法。五峰《与孙正孺书》尝称许南轩曰："敬夫特访陋居，一见真如故交，言气契合，天下之英也。见其胸中甚正且大，日进不息，不可以浅局量也。河南之门，有人继起，幸甚！幸甚！"（《胡宏集》，第146页。）又，朱子作《张公神道碑》云："自其幼学而所以教者，莫非忠孝仁义之实，既长，又命往从南岳胡公仁仲先生问河南程氏学。先生一见知其大器，即以所闻孔门论仁亲切之告语之，公退而思，若有得也，以书质焉，而先生报之曰：'圣门有人，吾道幸矣。'公以是益自奋厉，直以古之圣贤自期，作《希颜录》一篇，蚤夜观省以自警策。"（朱熹：《文集》卷89，第4131页。）至于五峰《与张敬夫书》则云："辱示《希颜录》，足见稽考之勤。"又云："敬夫猛勇精进，诸人有未到处，他日当自见。"（《胡宏集》，第133页。）又撰《题张敬夫希颜录》，许南轩"有志于道"。（《胡宏集》，第193页。）似乎五峰对南轩深为期许，然不知南轩后来何以背五峰之速也。

② 此据陈来《朱子书信编年考证》。束景南则以为，《序》当作于绍兴三十二年壬午（1162），疑非。盖以情理度之，南轩甫入门，五峰即卒，南轩未必即有资格校订《知言》，且为之作序也。

龟也。然先生之意，每自以为未足，逮其疾革，犹时有所更定，盖未及脱稿而已启手足矣。①

南轩所说大概是实情。即便如此，若较诸南轩后来所持的主敬功夫，则在精神上与五峰有间矣。② 盖《知言》在五峰生前虽未定稿，应该只是字句上的斟酌，至其精神脉络，前后当属一贯无疑。

此后，五峰弟子彪德美对《知言序》颇有异辞，而南轩作书以答之，是为《答彪德美书》。其中云：

> 来书虽援引之多，愈觉泛滥，大抵是舍实理而驾虚说，忽下学而骤言上达，扫去形而下者，而自以为在形器之表。此病恐不细，正某所谓虽辟释氏，而不知正堕在其中者也。故无复穷理之工，无复持敬之妙，皆由是耳。某近来反复思之，不可不为尽言。惟天资焘茂，必能受朋友之实攻，若忽而置之曰"吾所得自高妙矣"，则仆亦不敢进说于前也。然某之见，亦岂敢以为便是哉？③

案，戊子年朱子尚未有新说，而南轩书中对彪氏的批评，诸如"舍实理而驾虚说，忽下学而骤言上达，扫去形而下者，而自以为在形器之表""无复穷理之工，无复持敬之妙"之语，与后来朱子对整个湖湘学术的批评，可谓惊人地相似。不难看出，南轩早在受朱子影响以前，就对湖湘学者那种"直截高蹈"的为学路数不满了，可以说，这才是南轩迅速赞同朱子"中和新说"的内在原因。

南轩对朱子新说的态度，绝非牟宗三先生对南轩"力弱才短"的批评所能解释的。盖南轩虽早有异论，然厕身于湖湘一门，故深晦其说，至朱子发其隐衷，南轩遂引为己助而深纳其言。可以说，朱子对《知言》的态度，完全可以看作是南轩本人的态度。④

---

① 《胡宏集》附录二，第 338 页。
② 五峰虽有"主敬"之说，但未成立为一种未发时工夫，其内涵与南轩、朱子之理解有根本不同。
③ 《南轩文集》卷 25。
④ 朱子《答刘子澄》第 4 书云："顷与钦夫、伯恭论之甚详，亦皆有反复，虽有小小未合，然其大概亦略同矣。"（朱熹：《文集》卷 35，《朱子全书》本，第 1535—1536 页。）

次年己丑,朱子揭橥其"中和新说"。乾道六年庚寅(1170),朱子与南轩、东莱①又围绕《知言》进行了讨论。当时南轩知严州,而东莱亦教授严州,朱子将其对《知言》的十数条批评寄与二人,二人在朱子所说的基础上整理出一些对《知言》的疑义。② 其后,三人就《知言》的一些主要观点进行了讨论③,次年辛卯,朱子对三人的讨论加以整理,再寄与二人及胡氏子弟。④

南轩及东莱二人关于《知言》的"可疑者数十条",今已不存,故只能根据朱子的《知言疑义》及南轩、朱子之书信来考察南轩对《知言》的看法。⑤ 据朱子所言,《知言》中可疑议者有如下数条:

> 《知言》中议论多病,近疏所疑,与敬夫、伯恭议论,有小往复。文多未能录寄,亦惧颇有撼掎前辈之嫌。大抵如"心以成性,相为体用"、"性无善恶,心无死生"、"天理人欲,同体异用"、"先识仁体,然后敬有所施"、"先志

---

① 吕祖谦(1137—1181),字伯恭,世称"东莱先生"。婺州(今浙江金华)人。尝从胡籍溪游,则与朱子有同门之谊也。

② 吕祖谦与朱子第6书云:"《知言》往在严陵时与张丈讲论,亦尝疏出可疑者数十条,今观来示亦相类,见与张丈参阅,续当咨请也。"(《东莱文集》,文渊阁四库全书本。)而朱子《答张敬夫》第14书云:"伯恭想时时相见,欲作书,不暇,告为致意。"(朱熹:《文集》卷31,《朱子全书》本,第1333页。)其时南轩、东莱同在严州,两人对《知言》的讨论自在情理之中,然朱子此书却批评东莱博杂。可见,南轩与东莱早在朱子之前便已对《知言》进行了讨论,此亦足见南轩对《知言》不满久矣。牟宗三先生批评南轩"力弱才短",似属太过。牟氏又以为二人在《疑义》中的表现不一,似乎是朱子主动,而南轩顺之,此说亦不能成立。因为此书本朱子所整理,不免以自己为论主,而南轩、东莱为宾,遂造成这样一种主从格局。至南轩之学不传,一则因为其学同于朱子,遂为朱子所掩,二则因为其年寿不永,且无得力弟子传其说。此外,牟氏自言其撰写《心体与性体》这一部分时,因为手头缺乏资料,仅据《五峰学案》及《朱子文集》卷73《杂著》,故其为论不免有差谬也。

③ 朱子《答范伯崇》第13书云:"《知言》中议论多病,近疏所疑与敬夫、伯恭议论,有小往复,文多未能录寄。"(朱熹:《文集》卷39,《朱子全书》本,第1787页。)大概双方的观点不谋而合,故其书信往来不是太多,可见,南轩对五峰的批评实出己衷。

④ 朱子《答吕伯恭》第9书云:"《知言疑义》再写欲奉呈,又偶有长沙便且寄钦夫处。"(朱熹:《文集》卷33,《朱子全书》本,第1433页。)此书在次年辛卯,大概是指朱子将整理好的《知言疑义》寄给东莱。此时东莱已离开严州而赴国史院编修任,南轩则已去国居长沙矣,故朱子另将此书寄往长沙。同年《答胡广仲》第2书(辛卯)云:"昨来《知言疑义》中已论之。"(朱熹:《文集》卷42,《朱子全书》本,第1896页。)可见,朱子亦将此书寄与其他湖南学者也,不过当稍后于与南轩书。

⑤ 吕东莱对《知言》的态度较模棱两可,既言"《知言》胜《正蒙》",又言"只有两段好,其余都不好",甚至又言"都好",这种态度在《知言疑义》中体现得甚是明显。可以说,在对《知言》的批评中,真正起主导作用当属南轩、朱子二人。

于大，然后从事于小"，此类极多。又其辞意多迫急，少宽裕，良由务以智力探取，全无涵养之功，所以至此，可以为戒。①

兹据以论《知言疑义》所涉内容如下：

一、关于"心以成性"

《知言》曰：天命之谓性，性天下之大本也。尧舜禹汤文王仲尼六君子，先后相诏，必曰心而不曰性，何也？曰：心也者，知天地，宰万物，以成性者也。六君子，尽心者也。故能立天下之大本，人至于今赖焉。不然异端并作，物从其类而瓜分，孰能一之？②

五峰此段，乃发明湖湘学术的"心即性"之旨。关于此段的辨析，详见上编第三章第一节第二部分。

五峰此处又提出了"传心"之说。盖五峰以圣人传心，而朱子以为只是传性。朱子之说虽无不当，但意思却较浅。且就儒家的道统论而言，内中实有"传心"之义。此种道理，经典中本有明文，譬如，《尚书·大禹谟》有尧、舜、禹"十六字心传"之语，而《礼记·祭义》则载曾子语，谓人之孝心"推而放诸东海而准，推而放诸西海而准，推而放诸南海而准，推而放诸北海而准"。其后，程子亦有类似语，曰："仁者无对，放之东海而准，放之西海而准，放之南海而准，放之北海而准。"③而陆象山亦有言曰："东海有圣人出焉，此心同也，此理同也。西海有圣人出焉，此心同也，此理同也。南海北海有圣人出焉，此心同也，此理同也。千百世之上，有圣人出焉，此心同也，此理同也。千百世之下，有圣人出焉，此心同也，此理同也。"④诸如此说，皆明"传心"之旨也。

不过，朱子在此发明了"心统性情"之旨，强调心之统摄主宰这种能力，可谓大有功。南轩却谓："'统'字亦恐未安，欲作'而主性情'，如何？"南轩区别"心

---

① 朱熹：《朱文公全集》卷39《答范伯崇》第13书，《朱子全书》本，第1787页。
② 朱熹：《知言疑义》，载《胡宏集》附录一，第328页。
③ 《河南程氏遗书》卷11，载《二程集》，第120页。
④ 杨简：《象山先生行状》，载《陆九渊集》卷33，第388页。

主性情"与"心统性情"之不同,不知何所据。而朱子认为,南轩如此改亦"极有功",然从朱子后来仍旧使用"心统性情"一说来看,南轩的删改只是"私窃",不如沿用张载"心统性情"之旧语为当。换言之,在朱子看来,既然两种表述皆可,还不如采用前辈的旧说。

东莱则持模棱两可立场。盖东莱一方面认为"心以成性"说可疑,又认为朱、张所改"与所设问不相应";至于"尽心"之说,东莱不仅同意朱子在工夫上讲"尽心",且认为"尽心"亦属圣人之事。

二、关于"天理人欲同体而异用"

> 《知言》曰:天理人欲,同体而异用,同行而异情。进修君子宜深别焉。①

关于此段的辨析,详见上编第二章第四节第三部分。其中东莱曰:

> "天理人欲同体而异用"者,却似未失。盖降衷秉彝,固纯乎天理,及为物所诱,人欲滋炽,天理泯灭,而实未尝相离也。同体异用,同行异情,在人识之耳。②

在朱子看来,所谓"同体",即是以性上既有善,亦有恶,故不同意五峰之说。而东莱则不同,一方面肯定朱子的说法,认为"降衷秉彝,固纯乎天理",性自是纯然善的;另一方面则认为性落于气质之中,不免为物所诱,而有所谓恶矣。盖朱子承认"同行异情"之说,而不同意"同体异用",而东莱似乎认为"同体异用"与"同行异情"同义,皆能成立。可以说,东莱采取了一种调和的态度,既赞同朱子性善之说,也认可五峰"异用""异情"的说法。

此处《疑义》未列南轩之语。然观东莱语,可知南轩未必认为此章有病。

---

① 朱熹:《知言疑义》,载《胡宏集》附录一,第 329 页。

② 朱熹:《知言疑义》,载《胡宏集》附录一,第 330 页。

三、关于"好恶，性也"

　　《知言》曰：好恶，性也。小人好恶以己，君子好恶以道。察乎此，则天
理人欲可知。①

关于此段的辨析，详见上编第二章第四节第三部分。

　　南轩在此并不同意朱子的批评，而认为"好恶，性也"无病。不过，南轩也承
认后面一句确实有朱子所说的毛病，因此，南轩建议此章当改为：

　　好恶，性也，天理之公也。君子者，循其性者也。小人则以人欲乱之，
而失其则矣。②

然而，朱子却反对南轩的改法，曰："好恶固性之所有，然直谓之性，则不可。盖
好恶，物也。好善而恶恶，物之则也。有物必有则，是所谓形色天性也。今欲语
性，乃举物而遗则，恐未得为无害也。"看来，朱子终不能领会好恶即性的道理。
由此可见，南轩多少还保留了湖湘学者的背景，是以尚能信守五峰的"心即性"
之旨：人之好恶所在，即是性之流行，即是天理之公，并非别处去寻个天理来好
来恶也。

四、关于"性无善恶"

　　《知言》曰：心无乎不在。本天道变化，为世俗酬酢，参天地，备万物。
人之为道，至大也，至善也。放而不知求，耳闻目见为己蔽，父子夫妇为己
累，衣裘饮食为己欲。既失其本矣，犹皆曰我有知，论事之是非，方人之短
长，终不知其陷溺者。悲夫！故孟子曰："学问之道无他，求其放心而

---

①　朱熹：《知言疑义》，载《胡宏集》附录一，第330页。
②　朱熹：《知言疑义》，载《胡宏集》附录一，第330页。

已矣！"①

关于此段的辨析，详见上编第二章第四节第一部分。

关于"本天道变化，为世俗酬酢"，朱子认为犯了前条"性外有道"的毛病。此处朱子乃承前二条，进一步批评五峰"性无善恶"之说。此条下所载南轩语较多，曰：

> 论性而曰"善不足以名之"，诚为未当，如元晦之论也。夫其精微纯粹，正当以至善名之。龟山谓"人欲非性也"，亦是见得分明，故立言直截耳。《遗书》中所谓"善固性也，恶亦不可不谓之性也"，则如之何？譬之水澄清者，其本然者也。其或浑然，则以夫泥滓之杂也。方其浑也，亦不可不谓之水也。夫专善而无恶者，性也，而其动则为情。情之发，有正有不正焉。其正者，性之常也；而其不正者，物欲乱之也。于是而有恶焉，是岂性之本哉！其曰"恶亦不可不谓之性"者，盖言其流如此，而性之本然者，亦未尝不在也。故善学者化其浑以澄其初而已。②

南轩此种批评，颇见于他与其他湖湘学者的书信中。③

---

① 朱熹：《知言疑义》，载《胡宏集》附录一，第331页。
② 朱熹：《知言疑义》，载《胡宏集》附录一，第331页。
③ 如南轩《答胡伯逢书》云："垂谕性善之说，详程子之言，谓'人生而静以上更不容说，才说性时，便已不是性'，继之曰'凡人说性，只是说继之者善也，孟子言人性善是也'。但请详味此语，意自可见。大抵性固难言，而性善可得而名之，此孟子之言所以为有根底也。但所谓善者，要人能名之耳。若曰难言而遂不可言，曰不容说而遂不可说，却恐渺茫而无所止也。《知言》之说究极精微，固是要发明向上事，不若程子之言为完全的确也。某所恨在先生门阑之日甚少，兹焉不得以所疑从容扣之前，追怅何极！然吾曹往返论辩，不为苟同，尚先生平日之志哉？"（《南轩文集》卷1）又，南轩《答胡广仲书》云："来书所谓性善之说，于鄙意殊未安。夫善恶，相对之辞，专善则无恶也，犹是非相对之辞，曰是则无非矣。性善云者，言性纯是善，此善字乃有所指，若如彼善于此之善，则为无所指而体不明矣。而云如彼善于此之善，非止于至善之善，不亦异乎？且至善之外，更有何善？而云恐人将理低看了，故特地提省人，使见至善之渊源，无乃头上安头，使人想象描貌而愈迷其真乎？切幸更精思之也。"（《南轩文集》卷2）

五、关于"善不足以言性"

　　胡子喟然叹曰：至哉！吾观天地之神道，其时无忒，赋形万物，无大无细，各足其分，太和保合，变化无穷也。凡人之生，粹然天地之心，道义完具，无适无莫，不可以善恶辨，不可以是非分，无过也，无不及也。此中之所以名也。夫心宰万物，顺之则喜，逆之则怒，感于死则哀，动于生则乐。欲之所起，情亦随之，心亦放焉。故有私于身，蔽于爱，动于气，而失之毫厘，谬以千里矣。众人昏昏，不自知觉，方且为善恶乱，方且为是非惑。惟圣人超拔人群之上，处见而知隐，由显而知微，静与天同德，动与天同道，和顺于万物，浑融于天下，而无所不通。此中和之道所以圣人独得，民鲜能久者矣。为君子者奈何？戒谨于陷微，恭敬乎颠沛，勿忘也，勿助长也，则中和自致，天高地下而位定，万物正其性命而并育，成位乎其中，与天地参矣。

　　或问性。曰："性也者，天地之所以立也。"曰："然则孟轲氏、荀卿氏、扬雄氏之以善恶言性也，非欤？"曰："性也者，天地鬼神之奥也。善不足以言之，况恶乎？"或者问曰："何谓也？"曰："宏闻之先君子曰：'孟子所以独出诸儒之表者，以其知性也。'宏请曰：'何谓也？'先君子曰：'孟子道性善，善云者，叹美之词，不与恶对。'"

　　或问："心有死生乎？"曰："无死生。"曰："然则人死，其心安在？"曰："子既知其死矣，而问安在耶？"或曰："何谓也？"曰："夫惟不死，是以知之。又何问焉？"或者未达。胡子笑曰："甚哉！子之蔽也。子无以形观心，而以心观心，则知之矣。"①

　　第一段亦"性无善恶"之论。朱、张对此段一语带过，其实此段对把握五峰之"性无善恶"极关键。五峰云："凡人之生，粹然天地之心，道义完具，无适无莫，不可以善恶辨，不可以是非分。"性既无善恶，又是"道义完具"，这一方面表明，五峰说的无善无恶之性并不是朱子所批评的"生之谓性"，另一方面则表明，善恶概念乃是由此无善无恶之性中派生出来的。

---

① 朱熹：《知言疑义》，载《胡宏集》附录一，第332—333页。

五峰又云:"众人昏昏,不自知觉,方且为善恶乱,方且为是非惑。"这种说法似又近一层,盖以善恶是非这种价值概念会使众人昏蔽不能自觉,这就非常接近释老的立场了。

第二段言"性不可以善言",在朱子看来,这种说法出自佛家。关于此段的分析,详见上编第二章第四节第二部分。

第三段是批评五峰"心无死生"语。朱子曰:

> "心无死生",则几于释氏轮回之说矣。天地生物,人得其秀而最灵。所谓心者,乃夫虚灵知觉之性,犹耳目之有见闻耳。在天地,则通古今而无成坏;在人物,则随形气而有始终。[1]

"心无死生"之说,确实容易让人误会成佛家之轮回说。其实,五峰的意思亦甚明白,因为通常所说的生死是指肉体的生死,既然心不同于肉体,那么自不能用生死的概念来规定心,故五峰云:"无以形观心,而以心观心,则知之矣。"其实,我们透过朱子的批评,可以看出朱子本人是"以形观心"的,即将心看作一种知饥寒饱暖的形质之心,对此,我们在朱子对"心即性"说的批评中可以清楚看到。因此,我们若考虑到朱子学术的基本立场,就不难明白,这种批评绝非仅仅是一种误会,而是根本不同意这类说法背后所包含的东西。

南轩在此同意朱子的说法,以为此条当删去。

六、性无善恶与情之中节

> 《知言》曰:凡天命所有而众人有之者,圣人皆有之。人以情为有累也,圣人不去情;人以才为有害也,圣人不病才;人以欲为不善也,圣人不绝欲;人以术为伤德也,圣人不弃术;人以忧为非达也,圣人不忘忧;人以怨为非弘也,圣人不释怨。然则何以别于众人乎? 圣人发而中节而众人不中节也。中节者为是,不中节者为非;挟是而行则为正,挟非而行则为邪;

---

[1]　朱熹:《知言疑义》,载《胡宏集》附录一,第333页。

正者为善,邪者为恶。而世儒乃以善恶言性,邈乎辽哉![1]

此条为"性无善恶"说得以成立的关键。因为性是无善无恶,那么,当性流行为情时,又如何能在情上体现出善恶来? 或者说,情之中节与否如何可能? 关于此段的辨析,详见上编第二章第三节第二部分。

南轩对此段的批评,较朱子犹有过之。朱子尚以此段不可尽删,而南轩则以为"意偏而词杂,当悉删去",又谓"轻诋世儒之过而不自知其非,恐气未和而语伤易",南轩毁师乃至于此。

七、关于识仁与涵养

《知言》曰:彪居正问:"心无穷者也,孟子何以言尽其心?"曰:"惟仁者能尽其心。"居正问为仁。曰:"欲为仁,必先识仁体。"曰:"其体如何?"曰:"仁之道弘大而亲切,知者可以一言尽,不知者虽设千万言亦不知也;能者可以一事举,不能者虽指千万事亦不能也。"曰:"万物与我为一,可以为仁之体乎?"曰:"子以六尺之躯,若何而能与万物而为一?"曰:"身不能与万物为一,心则能矣。"曰:"人心有百病一死,天下之物有一变万生,子若何而能与之为一。"居正悚然而去。他日问曰:"人之所以不仁者,以放其良心也。以放心求心可乎?"曰:"齐王见牛不忍杀。此良心之苗裔因利欲之间而见者也。一有见焉,操而存之,存而养之,养而充之,以至于大,大而不已与天同矣。此心在人,其发见之端不同。要在识之而已。"[2]

"识仁"之说,对于整个湖湘学术的成立,可谓关键性问题。关于此问题的讨论,从朱、张、吕对《知言》的疑义开始,一直延续到湖湘学派的主要代表人物,如胡广仲、胡伯逢等相继去世为止。关于此问题的辨析,详见上编第三章第四节。

南轩站在朱子的立场,亦主张"识仁"只是效验,而不可作为功夫,曰:

---

[1] 朱熹:《知言疑义》,载《胡宏集》附录一,第 333—334 页。
[2] 朱熹:《知言疑义》,载《胡宏集》附录一,第 334—335 页。

必待识仁之体而后可以为仁,不知如何而可以识也。学者致为仁之
功,则仁之体可得而见。识其体矣,则其为益有所施而无穷矣。然则答为
仁之问,宜莫若敬而已矣。[①]

南轩在这个问题上完全接受了朱子的说法。至于东莱的态度,自是一贯折中
其间。盖东莱一方面否定识仁之体之可能,而另一方面,既肯定朱子"平日持
养之功"的必要,又认为五峰之察识乃"随时体察之功",二者不可偏废。东莱既
否定"识仁"功夫,又认为在良心之萌蘖处体察的必要,这显然是不理会五峰的
旨义。然涵养与省察不可偏废之说,对后来朱子"知行互相发"说的提出,有着
直接的影响。

另外,东莱不同意朱子"于已放之心,置不复问,乃俟其发见于他处而后从
而操之"的批评,认为"语却似太过",因为在东莱看来,察识乃是"欲人因苗裔而
识根本,非徒认此发用之一端而已",此又似并不反对识仁之体的功夫。然而,
朱子却对此答云:"夫必欲因苗裔而识根本,孰若培其根本而听其枝叶之自若
邪?"朱子这里似做了概念上的偷换,因为五峰所说的"根本"指性体,而朱子所
欲培的根本,却只是未发时的心。

八、关于"性体情用"

《知言》曰:天地,圣人之父母也。圣人,天地之子也。有父母则有子
矣,有子则有父母矣。此万物之所以著见,道之所以名也。非圣人能名道
也,有是道则有是名。圣人指名其体曰性,指名其用曰心。性不能不动,
动则心矣。圣人传心,教天下以仁也。[②]

正如前言,"性其情"实为所有道学家所共许的基本前提,其中自蕴涵了"性不
能不动"的意思。然而,关于性如何动,却历来有两种不同的理解:其一,伊川、
朱子一系分心与性为二,以心能动而无理,性虽静却有理,故唯心性不离,性方

---

① 朱熹:《知言疑义》,载《胡宏集》附录一,第335页。
② 朱熹:《知言疑义》,载《胡宏集》附录一,第336页。

能成其动；其二，明道、五峰一系主张心与性一，性不仅有理，同时亦能动。因此，当五峰说"性体心用"时，实际上已蕴含了"心即性"的意思。

然而，当五峰论"性体心用"，绝不是说先有一个不动的性，然后发之于外便为心，而只是说"性不能不动，动则心矣"。"性不能不动"不是说那个本来不动的性必然要发之于外，而是说性即是动，不可能有不动的性，一说性即是在动了，也就是说，即是心了。这个问题在道学固有的框架内往往得不到准确的理解，直到后来熊十力以"大用流行"这个生生不息之动来说本体，才算是得到真正的解决。可以说，"性体心用"即是体用不二的意思。

朱子却执定以理之静来把握性的这个前提。既然性是静，其动只能通过心，而心只是一个空无所有的知觉运动，因此，性之发用便不能说是心，只是情。如此，与性相为体用的情，不可能是那无善无恶的七情，而是纯然善的"四端"，就是说，仁义礼智之性发用于外，则为恻隐、羞恶、辞让、是非之情。故朱子曰：

> "心性体用"之云，恐自上蔡失之。此云"性不能不动，动则心矣"，语尤未安。凡此"心"字，皆欲作"情"字如何？

朱子又欲改五峰语为"性不能不动，动则情矣。心主性情，故圣人教人以仁，所以传是心而妙性情之德"。案，"心妙性情之德"本五峰语，朱子以为"妙"就是"主"的意思，故"心妙性情之德"，即是"心主性情"或"心统性情"之义。①

在朱子看来，五峰此说犯了"八端致疑"中"心以用言"的毛病，至于朱子所理解的心之主宰作用，则是性之体通过心之主宰而表现为情之用。显然，在朱子那里，心、性、情三者是相分离的，这种三分模式在横渠的"心统性情"说中，找到了其合适的表达形式。朱子关于"性体情用"的表述甚多，如：

> 性者心之理，情者性之动。心者性情之主。②

---

① 朱子云："五峰说：心妙性情之德。妙是主宰运用之意。不是他曾去研穷深礼，如何直见得恁地。"（《朱子语类》卷101）

② 黎靖德编：《朱子语类》卷5，第89页。

性对情言,心对性情言。合如此是性,动处是情,主宰是心。大抵心与性似一而二,二而一,此处最当体认。①

或问心情性。曰:"孟子说'恻隐之心,仁之端也'一段,极分晓。恻隐、羞恶、是非、辞逊是情之发,仁义礼智是性之体。性中只有仁义礼智,发之为恻隐、辞逊、是非,乃性之情也。"②

性,本体也。其用,情也。心则统性情、该动静而为之主宰也。故程子曰:心一也者,省体而言者,有指用而言者,盖为此也。谢氏心性之说,直以性为本体而心为之用,则情为无所用者,而心亦偏于动矣。③

朱子论性情关系,乃本诸孟子"恻隐之心,仁之端也"一段。若如此说,本无大差,盖"性体情用"实为道学家所共许的基本命题。然而,朱子此说,却从横渠"心统性情"一语而来,内中实有一个心、性、情三者相分离的理论框架。至于五峰说"正情",究其实,亦有以性体之发来使情中节的意思,与"性体情用"之说本不相违。

南轩虽亦反对"性体心用",却又不同意朱子所改,以为当如伊川所云:"自性之有形者,谓之心;自性之有动者,谓之情。"朱子却以为"形"字不可解,其实若以牟宗三先生"形著"一词解之,则此语说得正是"性体心用"的意思,而后一句则有"性体情用"的意思。按我们前面所做的梳理,此两句并无抵触。不过,若如此解,则似非伊川之义,故胡氏注云:"识者疑其间多非先生语。"此诚然也。

朱子除与南轩、东莱论《知言》外,亦与其他学者如刘子澄、范伯崇、吕子约等人讨论了《知言》中的问题,然皆不出《知言疑义》的范围。朱子《答刘子澄》第4书云:

《知言》之书,用意精切,但其气象急迫,终少和平。又数大节目亦皆差误,如性无善恶、心为已发、先知后敬之类,皆失圣贤本指。顷与钦夫、伯恭

① 黎靖德编:《朱子语类》卷5,第89页。
② 黎靖德编:《朱子语类》卷5,第91页。
③ 朱熹:《文集》卷74,《朱子全书》本,第3584页。

论之甚详，亦皆有反复，虽有小小未合，然其大概亦略同矣。文字颇多，未能写去，又有掎摭前辈之嫌，亦不欲其流传也。①

可见，朱、张、吕关于《知言》的疑义，亦影响到同时的其他学者。

第二节　朱子与其他湖湘学者论《知言》

乾道六年(1170)，朱子与南轩、东莱围绕《知言》进行了讨论，次年辛卯，朱子将三人关于《知言》的看法整理成《知言疑义》，然后分寄与南轩、东莱二人。其时，东莱已离开严州而赴任国史院编修，而南轩已去国居长沙矣，故朱子又将此书寄往长沙。又，朱子《答胡广仲》第2书(辛卯)云"昨来《知言疑义》中已论之"，可见，朱子同年亦将此书寄与胡广仲诸人。

胡广仲、胡伯逢、吴晦叔诸人笃守师说，与南轩迥异，故此数子对待《知言疑义》的态度与南轩亦自不同。然彼等书信已不可考见，故只能通过朱子、南轩的书信窥知一二。

朱子《答胡广仲》第2书云：

> 《知言》"性之所以一"，初见一本无"不"字，后见别本有之，尚疑其误。继而遍考此书前后说，颇有"不一"之意，如"子思子曰"一章是也。故恐实谓性有差别，遂依别本添入"不"字。今既遗稿无之，则当改正，但其它说性"不一"处，愈使人不能无疑耳。昨来《知言疑义》中已论之，不识高明以为然否？

> 上蔡虽说明道先使学者有所知识，却从敬入，然其记二先生语，却谓"未有致知而不在敬"者，又自云"诸君子不须别求见处，但敬与穷理则可以入德矣"。二先生亦言"根本须先培拥，然后可以立趋向"，又言"庄整齐肃，久之则自然天理明"。五峰虽言"知不先至，则敬不得施"，然又云"格物之道，必先居敬以持其志"。此言皆何谓邪？熹窃谓明道所谓先有知识者，

---

① 朱熹：《文集》卷35，《朱子全书》本，第1535—1536页。

只为知邪正、识趋向耳，未便遽及知至之事也。上蔡、五峰既推之太过，而来喻又谓"知"之一字便是圣门授受之机，则是因二公之过，而又过之。试以圣贤之言考之，似皆未有此等语意，却是近世禅家说话多如此。若必如此，则是未知已前可以怠慢放肆，无所不为，而必若曾子一唯之后，然后可以用力于敬也。此说之行，于学者日用工夫大有所害，恐将有谈玄说妙以终其身而不及用力于敬者，非但言语小疵也。①

书云"昨来《知言疑义》中已论之"，说明朱子尝将《知言疑义》寄与之，而广仲不及复书，或复书未及《知言疑义》，故朱子此书再提及此事。然此语紧承《知言》改字一事而来，却与《知言疑义》无涉，不知朱子如何说《知言疑义》已论此改字。若说此语与下文相关，则语气不顺。且下文论知行关系，此系己丑之悟时朱子所关切的内容，然已非《知言疑义》之主旨矣。

朱子以"性之所以不一"语可疑。其实，五峰谓"性之所以不一"，本是要说明下一句"物之所以万殊也"，即欲在万物之异体处说性，此理甚明，不知朱子何故疑之？

下一段论知行关系，实为朱子与湖南学者所关注的主要问题，亦多见于朱子与湖南学者的书信中，却似非直接与《知言疑义》有关。

《答胡广仲》第3书亦作于辛卯。其时，朱子作《观过知仁说》，而与湖南学者就此书进行了讨论，故此书主旨即论"观过知仁"说。然书中亦论及性无善恶的问题，故朱子顺便对五峰《知言》进行了批评。书云：

熹窃谓天理固无对，然既有人欲，即天理便不得不与人欲为消长。善亦本无对，然既有恶，即善便不得不与恶为盛衰。譬如普天之下莫非王土，率土之滨莫非王臣，此本岂有对哉！至于晋有五胡，唐有三镇，则华夷逆顺不得不相与为对矣。但其初则有善而无恶，有天命而无人欲耳。龟山之意，正欲于此毫厘之间剖判分析，使人于克己复礼之功便有下手处。如孟子道性善只如此说，亦甚明白惬实，不费心力。而《易传·大有卦》、《遗书》第二十二篇，论此又极分明，是皆天下之公理，非一家所得而私者。

① 朱熹：《文集》卷42，《朱子全书》本，第1896—1897页。

愿虚心平气,勿以好高为意,毋以先入为主,而熟察其事理之实于日用之间,则其得失从违不难见矣。盖谓天命为不囿于物可也,以为不囿于善,则不知天之所以为天矣。谓恶不可以言性可也,以为善不足以言性,则不知善之所自来矣。《知言》中此等议论与其他好处自相矛盾者极多,却与告子、杨子、释氏、苏氏之言几无以异。昨来所以不免致疑者,正为如此。借乎不及供洒扫于五峰之门而面质之,故不得不与同志者讲之耳。亦闻以此或颇得罪于人,然区区之意只欲道理分明,上不负圣贤,中不误自己,下不迷后学而已,它固有所不得而避也。①

"昨来所以不免致疑者"语,即指朱子关于《知言》的疑义。此书乃批评《知言》"性无善恶"之论。

观乎此二书中朱子语气,似乎朱子与湖湘学者并未正面就《知言疑义》进行讨论。殆湖湘学者尊其师,故不愿议论五峰之书,而朱子则屡言及之,颇欲与湖湘学者一辩,然皆不报也。

朱子《答吴晦叔》第9书(壬辰),主要论知行关系,其中有"《知言》所论,于知之浅深不甚区别,而一以知先行后概之,则有所未安耳"语,此亦是顺带言及,并非晦叔有讨论《知言》的文字。

然胡伯逢似对朱子之诋其师极不平,故有书专论朱子《知言疑义》,然今已不详。观朱子《答胡伯逢》第4书(壬辰),或可从中窥见一斑。书云:

> 《知言》之书,用意深远,析理精微,岂末学所敢轻议。向辄疑之,自知已犯踖之罪矣。兹承诲喻,尤切愧悚,但鄙意终有未释然者。知行先后已具所答晦叔书中,其说详矣,乞试取观,可见得失也。至于性无善恶之说,则前后论辩不为详。近又有一书与广仲丈论此,尤详于前,此外盖已无复可言者矣。然既蒙垂谕,反复思之,似亦尚有一说,今请言之。
>
> 盖孟子所谓"性善"者,以其本体言之,仁义礼智之未发者是也。所谓"可以为善"者,以其用处言之,四端之情发而中节者是也。盖性之与情虽有未发、已发之不同,然其所谓善者,则血脉贯通,初未尝有不同也。此孟

---

① 朱熹:《文集》卷42,《朱子全书》本,第1898—1899页。

子道性善之本意,伊洛诸君子之所传而未之有改者也。《知言》固非以为性为不善者,窃原其意,盖欲极其高远以言性,而不知名言之失反陷性于摇荡恣睢、驳杂不纯之地也。窃意此等偶出于前辈一时之言,非其终身所守不可易之定论。今既未敢遽改,则与其争之而愈失圣贤之意,违义理之实,似不若存而不论之为愈也。①

朱子此书似乎很大程度迁就了湖湘学者之"性无善恶"说。因为湖湘学者为了说明性不可以"继之者善"为言,遂提出了"本然之善"的概念。朱子在此除了在本体上言善外,也同意在发用上言善,换言之,可在两个层次上言善,即本体之善及发用之善。

然而,我们若细加体会,不难发现两种说法有很大不同。五峰所说的"本然之善"是超乎伦理意味的善,而朱子所说的本体之善仍不过是仁义礼智这些伦理的善。这种对本体的不同理解,决定了如何处理性与情或本体与发用之关系。在湖湘学者那里,人能廓然大公而物来顺应,则情之中节自在其中;而对朱子来说,人须是由此纯然善之理去做克己功夫,方能使情中节。可见,湖湘学者认为只有超出一切伦理的概念,方能使情发而中节;而朱子则认为,只有置身于一种伦理性的规范之中,方能使情发而中节。

可见,朱子虽将《知言疑义》分寄当时之湖湘学者,然而,除胡伯逢有直接回应外,其他诸子似皆持回避态度。观湖湘学者与朱子的争论,如观过知仁、知行关系及性无善恶诸说,虽非五峰直接所发,然莫不承五峰之意而来,亦莫不出于对朱子《知言疑义》的回应。

---

① 朱熹:《文集》卷46,《朱子全书》本,第2150—2152页。

第八章 南轩与朱子对五峰门人的批评

第一节 南轩与五峰门人的分歧

南轩对五峰的《知言》始终有所疑虑。乾道四年(1168)，南轩撰《胡子知言序》，即以《知言》为未定之论，"是书乃其平日之所自著。……然先生之意，每自以为未足，逮其疾革，犹时有所更定，盖未及脱稿而已启手足矣"。南轩所言或许是实情，然而，较诸其他湖湘学者对《知言》的推崇，其态度可谓判然泾渭。并且，这种态度影响到后来南轩向朱子立场的转变。

南轩未师从五峰时，时有以书质疑于五峰。南轩《答胡伯逢》云："《知言》之说究极精微，固是要发明向上事，不若程子之言，为完全的确也。某所恨在先生门阑之日甚少，兹焉不得以所疑从容质扣于前，追怅何极！"[1]此书本是针对胡伯逢论"性善"，而南轩则据明道语，以为性必可得而名，故孟子说"性善"也。[2] 因此，所谓"发明向上事"，即是说《知言》欲就其本然处说性，而所以"不若程子之言，为完全的确也"，则以明道不以性难言而仍名之曰善也。从后来南轩与其他学者的交往可以知道，南轩最早不满于五峰处即在其"性无善恶"之说。[3] 朱子亦然，即便在其推崇湖湘学术的旧说时期，仍不能理解"性无善恶"之说。可见，明道、五峰关于"性无善恶"的主张，实属此一系学术的旨奥，故南轩、朱子的不理解，亦属情理之事。

---

① 《南轩全集》卷 25。
② 《南轩全集》卷 19《答吴晦叔》第 2 书云："伯逢旧来亦说及'善不足以名之'之说，某所答曾见否？大抵当地《知言》中如此说，要形容'人生而静'以上事，却似有病。"此为南轩就胡伯逢论性而批评《知言》。
③ 《知言疑义》独录南轩批评"性无善恶"尤详，大概南轩在与东莱、朱子对《知言》的讨论中，在这方面攻五峰尤力也。

因此，南轩很可能在其最初接触五峰学术时，即对"性无善恶"说产生了怀疑。据魏鹤山在《跋南轩与李季允贴》中言："南轩先生受学五峰，久而后得见，犹未与之言，泣涕而请，仅令思忠清未得仁之理，盖往返数四而后与之。前辈所以成就后学，不肯易其言如此，故得其说者，启发于愤悱之余，知则真知，行则笃行，有非俗儒四寸口耳之比。"①南轩此时乃一初学者，其质疑请益时即便有"性无善恶"之问，而五峰也未必肯与他说。抑或五峰期许南轩甚高，或欲其深造自得，便愈是不肯为分说也。然而，南轩所疑遂终不得释然，乃至于借此以攻乃师之学也。

此外，南轩可能不满于五峰之处，尚有未发之说。朱子己丑之悟的主旨即是未发主敬之说，而在湖南诸学者中，独南轩立即复书表示赞同，其他学者则执守师说如故。这绝不是因为南轩"天资明敏"，而是因为南轩本就对湖湘学术心存疑虑。据朱子《答张敬夫》第49书云："诸说例蒙印可，而未发之旨又其枢要，既无异论，何慰如之。"②可见，南轩本就不同意五峰在性上说未发。又，朱子丙戌间悟得"中和旧说"，且证以五峰《答曾吉甫书》，然次年丁亥赴潭州，却与南轩"论《中庸》之义，三日夜不能合"，这表明南轩不同意站在湖湘学派立场的朱子旧说。至于主敬之说，本系五峰所主③，南轩接受了这种看法，故自然较易赞同朱子的新说。然而，从南轩与朱子仍就新说反复辩论来看，足见当时南轩未必完全领会朱子之意，换言之，朱子是从未发时工夫来强调主敬涵养的功夫，因此，主敬乃是工夫之"本领"，而南轩只是泛泛重视主敬功夫而已。

可以说，南轩最初就对五峰之学产生了疑问，却因五峰旋即卒世，故未能从五峰本人那里得到解决。此后，相关问题一直困扰着南轩，终于导致了南轩向朱子立场的转变。

正是基于这种始终存疑的态度，南轩与五峰门下诸人似乎不甚相契。乾道四年，南轩《答彪德美》书云：

① 黄宗羲：《宋元学案·南轩学案》，载《黄宗羲全集》册四，第980页。
② 朱熹：《文集》卷32，《朱子全书》本，第1418页。
③ 《朱子语类》载五峰临终谓彪德美语曰："圣门工夫要处只在个'敬'字。游定夫所以卒为程门之罪人者，以其不仁不敬故也。"（黎靖德编：《朱子语类》卷101，第2587页。）可见，五峰亦重视主敬功夫，但只是作一助缘功夫看。又五峰《与彪德美书》云："上蔡先生'仁敬'二字，乃无透漏之法门。"（《胡宏集》，第135页。）

垂谕之详，再三诵之，政所望于良友者，但鄙意不能无疑。如“自灭天命固为己私”一段，恐错断文句，故失先生之意，已于季立书中言之矣，想必须见，幸更深思，平心易气无为己私横截断，庶乎其有取也。

《知言序》可谓犯不韪，见教处极幸，但亦恐有未解区区处，故不得不白。如云“夫子未尝指言性，子思《中庸》首章独一言之”，此盖是设或问之辞，故以“或曰”起之。然云“指言”，则谓如“天命之谓性”是指言也，其他说话，固无非性命之奥，而非若此语指而言之也，故于“答之”之辞中，引子贡之语，以为夫子之言无非天命之流行发见也，意则可见矣。更幸详观，却以见教，若夫辞气不足以发，则诚陋之故也。

来书虽援引之多，愈觉泛滥，大抵是舍实理而驾虚说，忽下学而骤言上达，扫去形而下者，而自以为在形器之表。此病恐不细，正某所谓虽辟释氏，而不知正堕在其中者也。故无复穷理之工，无复持敬之妙，皆由是耳。某近来反复思之，不可不为尽言。惟天资悫茂，必能受朋友之实攻，若忽而置之曰“吾所得自高妙矣”，则仆亦不敢进说于前也。然某之见，亦岂敢以为便是哉？愿更讲之耳。①

书云：“《知言序》可谓犯不韪，见教处极幸，但亦恐有未解区区处，故不得不白。”《知言序》中“犯不韪”者，不知何所指，惜乎彪德美原书已不可详。此处南轩“不得不白”者，纯是因为“辞气不足以发”而产生的误解，而不关乎义理。据朱子《答张敬夫》第10书（戊子）谓“所示彪丈书论天命未契处”，且朱子本人又从彪德美处闻其说天命，故此书将朱子自己对这个问题的看法告知南轩。可见，对天命的不同理解，亦是南轩与彪德美不同处。② 然而，南轩此书中更有一段话，足见南轩之学与整个湖湘学术大旨的不同：

---

① 《南轩全集》卷25。

② 南轩书中谓其《答胡季立》书即论天命流行之体：“夫天命之全体，流行无间，贯乎古今，通乎万物者，众人自昧之，而是理也，何尝有间断，圣人尽之而亦非有所增益也。未应不是先，已应不是一，立则俱立，达则俱达，盖公天下之理，非有我之得私，此仁之道所以为大，而命之理所以为微也。若释氏之见，则以为万法皆吾心所造，皆自吾心生者，是昧夫太极本然之全体，而返为自利自私，天命不流通也。故其所谓心者，是亦人心而已，而非识道心者也。《知言》所谓‘自灭天命固为己私’，盖谓是也。若何所断句，则不成文义，失先生意矣。更幸思之，却以见教。”（《南轩文集》卷1）

　　　　来书虽援引之多，愈觉泛滥，大抵是舍实理而驾虚说，忽下学而骤言
　　上达，扫去形而下者，而自以为在形器之表。此病恐不细，正某所谓虽辟
　　释氏，而不知正堕在其中者也。故无复穷理之工，无复持敬之妙，皆由
　　是耳。

所谓"忽下学而骤言上达，扫去形而下者，而自以为在形器之表"，这种批评实
开后来朱子批评湖湘学术的先声，并由此而发明了"持敬"功夫的重要。至于
朱子，迟至次年方确立以主敬涵养为中心的工夫论。

　　至己丑以后，由于朱子的激发，南轩进一步明确了自己的立场，而其与五
峰门人的分歧亦愈加明显。从南轩与五峰门人的书信可知，双方的分歧主要
有两方面：一为性无善恶，一为主敬功夫。

　　南轩《答胡伯逢》书云：

　　　　垂谕性善之说，详程子之言，谓"人生而静以上更不容说，才说性时，
　　便已不是性"，继之曰"凡人说性，只是说继之者善也，孟子言人性善是也"。
　　但请详味此语，意自可见。大抵性固难言，而性善可得而名之，此孟子之
　　言所以为有根底也。但所谓善者，要人能名之耳。若曰难言而遂不可言，
　　曰不容说而遂不可说，却恐渺茫而无所止也。①

此处程子指明道先生。南轩据明道语，以为言性当取孟子义，即以善名之，故
反对湖湘学者"性无善恶"之说。

　　南轩《答胡广仲》第 3 书云：

　　　　来书所谓性善之说，于鄙意殊未安。夫善恶，相对之辞，专善则无恶
　　也，犹是非相对之辞，曰是则无非矣。性善云者，言性纯是善，此"善"字乃
　　有所指，若如彼善于此之善，则为无所指而体不明矣。而云如彼善于此之
　　善，非止于至善之善，不亦异乎？且至善之外，更有何善？而云恐人将理低

―――――――――――

① 《南轩全集》卷 25。

看了,故特地提省人,使见至善之渊源,无乃头上安头,使人想象描貌而愈迷其真乎?切幸更精思之也。①

盖明道、五峰主张人性有二,而南轩则批评在性善之上别立一无善无恶的性,有"头上安头"之病。

南轩《答胡广仲》第1书云:

> 大抵某之鄙意,以为民受天地之中以生,均有是性也,而陷溺之,陷溺之则不能有之,惟君子能存其良心,故天性昭明,未发之中,卓然著见,涵养乎此,则工夫日益深厚,所谓存心养性之妙。然而其见也是心体流行上发见矣,不是有时而心,有时而性也。此精微处,须究极之。只为世间人思虑纷扰百出,故无未发之时,自信不及此话,须要以收放心为先,此意非言语可尽。②

南轩以性为未发之中,而良心乃"未发之中"发见所在,故须涵养良心,犹孟子"求放心"也。此种说法既不同于湖湘学者察识本体的功夫,亦不同于朱子涵养于未发的功夫。

由此可见,南轩虽早于朱子强调主敬功夫,但其所谓主敬只是已发时功夫,即通过已发时涵养,而求所谓"未发之中"。不过,此种说法后来为朱子所批评。朱子《答张敬夫》第20书云:

> 在中之义之说,来谕说得性道未尝相离,此意极善。但所谓此时盖在乎中者,文意简略,熹所未晓,更乞详谕。又谓"已发之后,中何尝不在里面",此恐亦非文意。盖既言未发时在中,则是对已发时在外矣。但发而中节,即此在中之理发形于外,如所谓即事即物,无不有个恰好底道理是也。一不中节,则在中之理虽曰天命之秉彝,而当此之时,亦且漂荡沦胥而不知其所存矣。但能反之,则又未尝不在于此。此程子所以谓"以道言之,则

---

① 《南轩全集》卷27。
② 《南轩全集》卷27。

无时而不中；以事言之，则有时而中也"，所以又谓"善观者，却于已发之际观之"也。若谓已发之后中又只在里面，则又似向来所说以未发之中自为一物，与已发者不相涉入，而已发之际常挟此物以自随也。然此义又有更要子细处。夫此心廓然，初岂有中外之限，但以未发已发分之，则须如此，亦若操舍、存亡、出入之云耳。①

此书起首有"答晦叔书鄙意正如此，已复推明其说，以求教于晦叔矣"一语，其中所言《答吴晦叔》，即南轩之《答吴晦叔》书，后来朱子亦作书与吴晦叔，即《答吴晦叔》第 9 书，大概朱子就南轩《答吴晦叔》中所存在的问题而作此书也。

　　从此段可以看出，朱子与南轩对未发之旨的理解有着根本的差别。在朱子那里，"未发之中"是"在中"的意思，所谓"在中"，只是心之未尝发而已，而与已发之"在外"相对。而南轩则以为，"未发之中"说的是性，而不是心，故与之相对，已发时亦有所谓中，即南轩所说的"已发之后，中何尝不在里面"。② 我们发现，南轩此说的底蕴仍是五峰"性体心用"之说。不过，五峰言"性体心用"，与南轩仍有不同。盖五峰只是以性为未发，已发则为心也，而南轩则是以未发、已发为心，而未发、已发中皆有个使之流行的性。此二说，均与朱子不同。我们且图示如下，以明三说之不同：

$$
\begin{array}{l}
\text{五峰：未发（性）——已发（心）} \\
\text{南轩：未发（心）} \urcorner \\
\qquad\qquad\qquad \vdash\!\!-\!\!-\text{中（性）} \\
\text{已发（心）} \lrcorner \\
\text{朱子：未发（心）——未发之中（心）} \\
\qquad\quad\text{已发（心）——已发之和（心）}
\end{array}
$$

　　可见，当初南轩同意朱子中和新说，纯属误会。因为南轩不同意五峰，只是因为五峰在心之已发时说性体心用，而南轩则认为，心亦有未发时刻，故此时亦须说性体心用。南轩只看到朱子主张心有未发时刻，须在未发上做功

---

① 朱熹：《文集》卷 31，《朱子全书》本，第 1340—1341 页。
② 朱子虽取吕与叔未发之说，但不同意其"中即性"的说法。因为"中"只是状性之体段，而不就是性也。南轩在此犯了和与叔同样的错误，即将"未发之中"理解为"未发时之性"，如此，则有"已发时之性"，即"已发之中"也。伊川、朱子专门批评已发时只可言"和"，而不可言"中"，其意正在于此。

夫,故引以为同道,殊不知朱子此说背后蕴涵的对本体的理解及其主张的功夫,却有着根本的不同。关于这一点,我们观乎伊川与苏季明之答问即可了知:

> 伊川曰:"若言存养于喜怒哀乐未发之时,则可;若言求中于喜怒哀乐未发之时,则不可。"又曰:"于喜怒哀乐未发之前,更怎生求? 只平日涵养便是。涵养久,则喜怒哀乐自中节。"①

既然"未发之中"是"在中"的意思,则工夫只是涵养而已。若以为在心未发时之外别有所谓性,则工夫不免"求中"也。朱子引以为证,可见其与南轩之不同。

朱子对"未发之中"的这种解释,亦见于同时所做的《答张敬夫》第 19 书。此书作于乾道八年壬辰(1172),距朱子己丑时的新说已三年矣,而南轩犹持此说。可见,前此南轩赞同朱子,不过以己意附会朱子而已。

因此,南轩对湖湘学者的批评与朱子有根本不同,而南轩又多引朱子语以批评湖湘学者,大概南轩对于其与朱子的区别浑不自觉也。由此可见,朱子、南轩及胡氏诸子之间的学术交往,泰半出乎误会,即朱子误会胡氏诸子,南轩不独误会胡氏诸子,亦误会朱子也。

不过,对于南轩、朱子这种基于误会而进行的批评,湖湘学者是有意识的,并力图进行澄清,如胡广仲、胡伯逢、吴晦叔辈皆竭力辨陈五峰之本义,至于五峰的大弟子彪德美,更是直斥南轩"见大本未明"。朱子《答林择之》(乾道八年壬辰)云:

> 彪德美赴省回,过此相见,得一夕款,只是旧时议论。且云钦夫见大本未明,所以被人转却。②

可以说,南轩终折从朱子,不是因为朱子所许的"天资明敏",也不是出乎牟宗

---

① 《河南程氏遗书》卷 18,载《二程集》,第 200 页。
② 《晦庵先生朱文公别集》卷 6,《朱子全书》本,第 4948 页。又,《湘潭县志》卷 19《列传》云:"栻初守师说,先察识后涵养,及后与朱熹更定其说,熹有中和旧说之辑,详著其说,明改义之所由也。唯彪居正以为栻见大本未明,故为人所移。"此说即据朱子语也。

三所斥的"禀性清弱"之故,实是因为南轩从未能真正领会五峰学术的要旨,且素有不慊乃师之意也。

第二节　朱子论彪德美

据《五峰学案》彪德美条下:彪居正字德美,湖南湘潭人。其父虎臣,从文定游,德美因师事五峰。[①] 德美著述虽不传,然观五峰所答德美书,皆志其学之大者。盖南轩之下即数德美,当时有"彪夫子"之称。

彪德美的著述今皆不传,仅存之资料除五峰《与彪德美》一书外,尚有《南轩全集》卷 25《答彪德美》及《朱子文集》卷 30《答张敬夫》第 10 书,又有五峰所作《彪君墓志铭》记其父虎臣事。五峰《与彪德美》除数条外,主要论经史,与我们要讨论的问题无关,兹且不论。下面主要从南轩及朱子论彪德美书,来考察彪德美的思想。

关于南轩《答彪德美》书,我们前面已稍作考察。大概彪德美在其与南轩书中,对南轩《知言序》有不同的看法,因此,南轩就德美之质疑作了一些解释性的说明后,便对德美的整个学术倾向进行了批评,这种批评大致可以看作对整个湖湘学术的批评。至于后来朱子对湖湘学术的批评,不难发现,其基本倾向却不出南轩此处所言,"大抵是舍实理而驾虚说,忽下学而骤言上达,扫去形而下者,而自以为在形器之表"。[②]

南轩在此书中,还与德美就"自灭天命固为己私"一语的断句问题进行了讨论,由此可见双方对天命的不同理解。南轩云:

> 夫天命之全体,流行无间,贯乎古今,通乎万物者,众人自昧之。而是理也,何尝有间断,圣人尽之而亦非有所增益也。未应不是先,已应不是

---

① 据五峰《彪君墓志铭》所载,彪虎臣字汉明,有二子曰居厚、居正。其中曰:"自舂陵周先生(敦颐)死,湘中学者无所师承,吾先君南渡熊湘,君一见则有得于心。及其长,遂命受业于门矣。将启手足,命居正曰:'尔其卒业于文定之门。'"(参见《胡宏集》,第 186 页。)则彪德美奉父命而从师于五峰也。

② 《南轩全集》卷 25。

一,立则俱立,达则俱达.盖公天下之理,非有我之得私,此仁之道所以为大,而命之理所以为微也。若释氏之见,则以为万法皆吾心所造,皆自吾心生者,是昧夫太极本然之全体,而返为自利自私,天命不流通也。故其所谓心者,是亦人心而已,而非识道心者也。《知言》所谓"自灭天命固为己私",盖谓是也。若何所断句,则不成文义,失先生意矣。更幸思之,却以见教。①

南轩此言"天命之全体流行无间",然绝非如牟宗三所论本体之"于穆不已"。盖此处之流行只是指本体无时不在发用,即朱子"性不能不动"之意。因为南轩与朱子最初接受湖湘学派"性体心用"之说,并未领会其中"心即性"那层意思,而是从伊川"性不能不动"这个角度来理解的,换言之,性体作为一种本然,始终是心外之别一物,即心与性本为二,却又不可分离。因此,一方面,性之所在即是心,性总是通过心而体现出来;而另一方面,性又不即是心,未发未必中,已发未必和,故须通过主敬致知的功夫方能使心性合一。因此,此处南轩说天命流行,实未说到天命即是流行这层意思上来。

这种对天命的理解,在朱子对彪德美的批评那里也得到体现。乾道四年(1168),朱子尚主旧说,即对湖湘学派的天命说提出了批评。朱子《答张敬夫》第10书云:

> 所示彪丈书论天命未契处,想尊兄已详言之。然彪丈之意,似欲更令下语,虽自度无出尊兄之意外者,然不敢不自竭以求教也。
>
> 盖熹昨闻彪丈谓"天命惟人得之,而物无所与",鄙意固已不能无疑。今观所论,则似又指裹生赋形以前为天命之全体,而人物所受皆不得而与焉,此则熹之所尤不晓也。夫天命不已,固人物之所同得以生者也,然岂离乎人物之所受而别有全体哉? 观人物之生生无穷,则天命之流行不已可见乎? 但其所乘之气有偏正纯驳之异,是以裹而生者,有人物贤否之不一。物固隔于气而不能知,众人亦蔽于欲而不能存,是皆有以自绝于天,而天命之不已者,初亦未尝已也。人能反省自求于日用之间,存养体察以

---

① 《南轩全集》卷25。

去其物欲之蔽,则求仁得仁,本心昭著,天命流行之全体固不外乎此身矣。故自昔圣贤不过使人尽其所以正心修身之道,则仁在其中,而性命之理得。伊川先生所谓"尽性至命必本于孝弟",正谓此耳。夫岂以天命全体置诸被命受生之前、四端五典之外,而别为一术以求至乎彼哉?①

大概南轩将其《答彪德美》书寄与朱子,而朱子则推明南轩之意以论彪德美,遂有此书也。

朱子此书对彪氏所论天命的批评有二:其一,天命惟人得之,而物无所与。其二,禀生赋形以前为天命之全体,而人物所受皆不得与焉。其实此二语并无可疑处,且与朱子自说"论万物之一原,则理同而气异;观万物之异体,则气犹相近而理绝不同"语无异。盖人物禀生赋形以前,只是理,只是"人生而静以上不容说"之性,即此之"天命之全体"也,人物何得而与焉;人物禀此万物一原之天命,由于气不同,故有人物之不同,然就其本原处论,则无不同也。此是就万物一原处而看,若就万物之异体而观之,则一物有一物之理,故人得天命,明得君臣父子之理,而物无与焉,此是理异;然不论人物,皆有个气在,故皆知寒暖、识饥饱,此却是气同。可见,彪氏二语与朱子实无不同。

朱子又云:"夫天命不已,固人物之所同得以生者也。……观人物之生生无穷,则天命之流行不已可见乎?"盖人物之生乃是天命发见于外所致,故人物生生无穷,则天命便流行不已。此语背后仍有个心性不离的底蕴,而非"心即性"的底蕴。

朱子又对彪德美的仁说提出了批评。《答张敬夫》第10书云:

> 盖仁也者,心之道,而人之所以尽性至命之枢要也。今乃言"圣人虽教人以仁,而未尝不本性命以发之",则是以仁为未足,而又假性命之云以助之也。且谓之大本,则天下之理无出于此,但自人而言,非仁则无自而立。故圣门之学以求仁为要者,正所以立大本也。今乃谓"圣人言仁,未尝不兼大本而言",则是仁与大本各为一物,以此兼彼,而后可得而言也。凡此皆深所未谕,不知彪文之意竟何如耳。

---

①　朱熹:《文集》卷30,《朱子全书》本,第1326—1327页。

《知言》首章即是说破此事，其后提掇"仁"字最为紧切，正恐学者作二本三本看了。但其间亦有急于晓人而剖析太过，略于下学而推说太高者，此所以或启今日之弊。序文之作，推明本意以救末流。可谓有功于此书而为幸于学者矣。尚何疑之有哉！[1]

此处所言序文，即南轩《胡子知言序》。彪氏云："圣人虽教人以仁，而未尝不本性命以发之。"朱子以为此语将仁与大本分而为二，故有病。其实，此说实本湖南学者分本然之性与性善之性为二而来，亦即以仁为表德，为圣人教人所立之价值标准而已。仁由"本然之性"派生而来，故圣人以此教人，便不能不说是"本性命以发之"。

此书又云：

> 释氏虽自谓惟明一心，然实不识心体，虽云心生万法，而实心外有法。故无以立天下之大本，而内外之道不备。然为其说者犹知左右迷藏，曲为隐讳，不肯言一心之外别有大本也。若圣门所谓心，则天序、天秩、天命、天讨、恻隐、羞恶、是非、辞让，莫不该备，而无心外之法。故孟子曰："尽其心者知其性也，知其性则知天矣。存其心，养其性，所以事天也。"是则天人性命岂有二理哉！而今之为此道者，反谓此心之外别有大本，为仁之外则有尽性至命之方，窃恐非惟孤负圣贤立言垂后之意，平生承师问道之心，窃恐此说流行，反为异学所攻，重为吾道之累。故因来示得效其愚，幸为审其是否，而复以求教于彪丈，幸甚幸甚。[2]

朱子此段亦承南轩《答彪德美》书而来。南轩云："若释氏之见，则以为万法皆吾心所造，皆自吾心生者，是昧夫太极本然之全体，而返为自利自私，天命不流通也。故其所谓心者，是亦人心而已，而非识道心者也。"南轩以为，若以万法唯心所造，则不免"自灭天命固为己私"。因为道学家一般主张心外有法，以为中国社会之纲常伦理是不可磨灭的，在心外存在，所以一般不会同意"万法唯心"之

---

① 朱熹：《文集》卷30，《朱子全书》本，第1327—1328页。
② 朱熹：《文集》卷30，《朱子全书》本，第1327页。

说。按理而论,朱子应该不反对南轩这种说法,然而,却以为南轩如此批评释氏"万法唯心""无心外之法"之说,"反为异学所攻,重为吾道之累",换言之,若以此辟佛,反给人以"二本三本"之口实。在朱子看来,释氏之病不在"无心外之法"之说,而在于仍不免"心外有法"。心外有法,则"此心之外别有大本,为仁之外则有尽性至命之方"。朱子想要从内部瓦解释氏之说,这个做法是比较高明的。而另一方面,朱子这种态度也是顺承前面对彪德美"仁与大本,各为一物"的批评而来。

第三节　朱子论胡广仲

《五峰学案》胡广仲条云:胡实,字广仲,五峰之从弟也。广仲年15,初习辞艺,五峰谓之曰:"文章小技!所谓道者,人之所以生,而圣贤得之,所以为圣贤也。"广仲曰:"窃有志于此,愿有以诏之!"由此就学。以门荫补将仕郎,不就铨选,以讲道为事。晚得钦州灵山主簿,亦未上也。乾道九年(1173)卒,年38。广仲与朱子、南轩皆有辩论,未尝苟合也。又据南轩所作《钦州灵山主簿胡君墓表》:广仲生晚,未及亲受文定之教。

广仲本人的著述,今皆不存,故只能通过朱子、南轩与广仲的书信去了解其思想。朱子与胡广仲书信共6封,载于《文集》卷42。下面主要依据朱子对广仲的批评,去把握胡广仲的学术见解。

在五峰诸弟子中,以胡广仲守师说尤力,其所发明亦较多。关于胡广仲与朱子的争论,几乎涵盖了湖湘学术的所有方面:一曰性无善恶,一曰观过知仁,一曰动静关系,一曰知行关系,一曰仁。下面我们分别论之。

关于性无善恶,见于《答胡广仲》第2、3、5诸书。第2书云:

> 仁义之说,顷答晦叔,兄已详,今必以为"仁不可对义"而言,则《说卦》、《孟子》之言皆何谓乎? 来谕又云"仁乃圣人极妙之机",此等语亦有病,但看圣贤言仁处还曾有一句此等说话否?[1]

---

① 朱熹:《文集》卷42,《朱子全书》本,第1895页。

湖湘学者论仁,与仁义礼智此"四德"不同。盖仁义礼智是善,而超乎"四德"之仁却不可以"善"名之。广仲说"仁不可对义"语,正是强调作为本体的仁超乎善恶价值判断,此说乃发明"性无善恶"义。

第 3 书云:

> 熹窃谓天理固无对,然既有人欲,即天理便不得不与人欲为消长。善亦本无对,然既有恶,即善便不得不与恶为盛衰。……盖谓天命为不囿于物可也,以为不囿于善则不知天之所以为天矣。谓恶不可以言性可也,以为善不足以言性,则不知善之所自来矣。[①]

广仲强调本然之善不与恶对,亦不与善对,意在说明性非"继之者善"可得而名也。性之无善无恶绝非一中性的意思,而是强调超乎后起之伦理价值而已,故文定以"叹美之辞"释孟子之"性善"。

第 5 书云:

> "性善之善不与恶对",此本龟山所闻于浮屠常摠者,宛转说来,似亦无病。然谓性之为善,未有恶之可对,则可谓终无对,则不可。盖性一而已,既曰"无有不善",则此性之中无复有恶与善为对,亦不待言而可知矣。若乃善之所以得名,是乃对恶而言,其曰"性善",是乃所以别天理于人欲也。天理、人欲虽非同时并有之物,然自其先后公私邪正之反而言之,亦不得不为对也。今必谓别有无对之善,此又熹之所疑者四也。[②]

朱子殆终不明白是非善恶一类价值概念本属后起,故哓哓置辩如此,而广仲之才力又不足以折服朱子,遂使"性无善恶"之义湮没至今。

关于观过知仁,《答胡广仲》第 3 书云:

---

① 朱熹:《文集》卷 42,《朱子全书》本,第 1898 页。
② 朱熹:《文集》卷 42,《朱子全书》本,第 1902 页。

今细观来教，谓释氏初无观过功夫，不可同日而语，则前书未及报也夫。彼固无观过之功矣，然今所论亦但欲借此观过，而知观者之为仁耳。则是虽云观过，而其指意却初不为迁善改过求合天理设也，然则与彼亦何异邪！尝闻：释氏之师有问其徒者曰："汝何处？"人对曰："幽州。"曰："汝思彼否？"曰："常思。"曰："何思？"曰："思其山川城邑、人物车马之盛耳。"其师曰："汝试反思，思底还有许多事否？"今所论因观过而识，观者其切要处正与此同。若果如此，则圣人当时自不必专以观过为言。盖凡触目遇事，无不可观，而已有所观，亦无不可因以识观者而知夫仁矣。以此讥彼，是何异同浴而讥裸裎也耶？[1]

湖南学者所说的"观过"，即在己发处去体会本体的察识功夫。[2]　而朱子以为，若只是观过，则无迁善改过之义，后来朱子以知是知非的省察功夫取代湖南学者的"观过"功夫，其缘由当与此有关。朱子之误，盖在于纯以知见去考索，未曾做过观过功夫，若能切实有见，则观过时自有迁善改过的效验在其中。盖"观过"功夫实本于明道"于怒时遽忘其怒"之语，对本体的体证同时就是功夫，即有迁善改过的效用。故观过虽本非为改过而设，然改过功夫实已在其中。湖湘学术之精义在于即本体而工夫，即上达而下学，正以此也。

朱子又谓若因观过而识本体，则"不必专以观过为言，盖凡触目遇事，无不可观"。朱子此语貌似近理，然皆因不曾实做此功夫所致。前面辨"自治"与"治人"，即因此而发。

关于动静关系，见于《答胡广仲》第2、4、5诸书。第2书云：

《太极图》旧本极荷垂示，然其意义终未能晓。如阴静在上而阳动在下，黑中有白而白中无黑，及五行相生先后次序，皆所未明。而来谕以为太极之妙不可移易，是必知其说矣。更望子细指陈所以为太极之妙而不可移易处以见教，幸甚幸甚！

---

[1]　朱熹：《文集》卷42，《朱子全书》本，第1897—1898页。
[2]　案，朱熹《答林择之》第2书云："敬夫得书，竟主'观过'之说。"（朱熹：《文集》卷43，《朱子全书》本，第1963—1964页。）可见，即便如南轩，亦主"观过"功夫。

　　来谕又谓"动静之外,别有不与动对之静,不与静对之动",此则尤所未谕。"动静"二字,相为对待,不能相无,乃天理之自然,非人力之所能为也。若不与动对,则不名为静;不与静对,则亦不名为动矣。但众人之动,则流于动而无静,众人之静,则沦于静而无动。此周子所谓"物则不通"者也。惟圣人无人欲之私而全乎天理,是以其动也,静之理未尝亡;其静也,动之机未尝息。此周子所谓"神妙万物"者也。然而必曰"主静"云者,盖以其相资之势言之,则动有资于静,而静无资于动。如乾不专一则不能直遂,坤不翕聚则不能发散;龙蛇不蛰则无以奋,尺蠖不屈则无以伸,亦天理之必然也。

　　来谕又有"动则离性"之说,此尤所未谕。盖人生而静虽天之性,感物而动,亦性之欲。若发而中节,欲其可欲,则岂尝离夫性哉!惟夫众人之动,动而无静,则或失其性耳。故文定《春秋传》曰:"圣人之心,感物而动。"《知言》亦云:"静与天同德,动与天同道。"皆未尝有圣人无动之说也。却是后来分别感物而通、感物而动,语意迫切,生出许多枝节,而后人守之太过,费尽气力,百种安排,几能令臧三耳矣。然甚难而实非,恐不可不察也。①

可以说,动静关系的处理乃湖湘学术得以成立的关键。胡广仲借《太极图》旧本说明动静相对之上别有一作为本体的静,以为本体的静不同于朱子所说的理之静,而是心之静。在理上说静,则动自是性之欲,不可说是离性;然在心上说静,则动便是离性。五峰区别"感物而动"与"感物而通",正以此也。

　　湖南学者对动静关系的说明,其目的在于成立一种已发时功夫,即要在动中去体会那个寂然不动的天下之大本。南轩《答胡广仲》中有一语:"《复卦》下面有一画,乃是乾体。其动以天,且动乎至静之中,为动而能静之义,所以为天地之心乎!"②此语亦见于《五峰学案》下之"广仲答问"。所谓"天地之心",即是那动而能静的心。

　　第4书云:

　　　　伊川先生曰:"天地储精,得五行之秀者为人。其本也真而静,其未发

---

① 朱熹:《文集》卷42,《朱子全书》本,第1895—1896页。
② 《南轩全集》卷30。

也,五性具焉,曰仁、义、礼、智、信。形既生矣,外物触其形而动于中矣,其中动而七情出焉,曰喜、怒、哀、乐、爱、恶、欲。情既炽而益荡,其性凿矣。"熹详味此数语,与《乐记》之说指意不殊。所谓静者,亦指未感时言尔。当此之时,心之所存浑是天理,未有人欲之伪,故曰"天之性"。及其感物而动,则是非真妄自此分矣。然非性,则亦无自而发。故曰"性之欲"。"动"字与《中庸》"发"字无异,而其是非真妄,特决于有节与无节、中节与不中节之间耳。来教所谓"正要此处识得真妄"是也。然须是平日有涵养之功,临事方能识得。若茫然都无主宰,事至然后安排,则已缓而不及于事矣。

至谓"'静'字所以形容天性之妙,不可以动静真妄言",熹却有疑焉。盖性无不该,动静之理具焉。若专以静字形容,则反偏却性字矣。《记》以静为天性,只谓未感物之前,私欲未萌,浑是天理耳,不必以静字为性之妙也。真妄又与动静不同,性之为性,天下莫不具焉,但无妄耳。今乃欲并与其真而无之,此韩公"道无真假"之言所以见讥于明道也。伊川所谓其本真而静者,"真""静"两字,亦自不同。盖真则指本体而言,静则但言其初未感物耳。明道先生云:"人生而静以上不容说,才说性时便已不是性矣。"盖人生而静,只是情之未发,但于此可见天性之全,非真以静状性也。愚意如此,未知中否?①

朱子与湖湘学者对"静"的理解根本不同。朱子以为"静"只是心之未感物时的那种状态,即情之未发也,故不足以形容天性之妙;而广仲则以为,"本真"之静不可以动静真妄言,此说亦是据《太极图》旧本为说也。②

第5书云:

夫太极之旨,周子立象于前,为说于后,互相发明,平正洞达,绝无毫

---

① 朱熹:《文集》卷42,《朱子全书》本,第1899—1900页。
② "静"可以区分出四层意思。第一是性静,这层意思为伊川、朱子所主。心性二分,故性得以静。如此说性静,其实是理静。第二是心静,此又区分为三:其一为心未感物时之静,此人所俱有,伊川、朱子名之为未发;其二为《易传》所说的"寂然不动",这亦是未发之静,即明道所说的"静亦定",然唯圣人为能;其三为圣人感物时之静,即明道之"静亦定"以及《易传》、五峰之"感而遂通"也。

发可疑。而旧传《图》《说》皆有谬误,幸共失于此者犹或有存于彼,是以向来得以参互考证,改而正之。凡所更改皆有据依,非出于己意之私也。若如所论,必以旧《图》为据而曲为之说,意则巧矣。然既以第一圈为阴静,第二圈为阳动,则夫所谓太极者果安在耶?又谓先有无阳之阴,后有兼阴之阳,则周子本说初无此意,而天地之化似亦不然。且程子所谓"无截然为阴为阳之理",即周子所谓"互为其根"也。程子所谓"升降生杀之大分不可无"者,即周子所谓"分阴分阳"也。两句相须,其义始备。故二夫子皆两言之,未尝偏有所废也。今偏举其一,而所施又不当其所,且所论先有专一之阴,后有兼体之阳,是乃截然之甚者。此熹之所疑者一也。

"人生而静,天之性"者,言人生之初,未有感时便是浑然天理也。"感物而动,性之欲"者,言及其有感,便是此理之发也。程子于《颜子好学论》中论此极详,但平心易气,熟玩而徐思之,自当见得义理明白稳当处,不必如此强说,枉费心力也。程子所谓"常理不易"者,亦是说未感时理之定体如此耳,非来谕之云也。此熹之所疑者二也。①

《太极图》旧本"以第一圈为阴静,第二圈为阳动",朱子以为谬误,其理由有二:其一,旧本中没有太极的位置;其二,动必与静对,"先有无阳之阴,后有兼阴之阳",绝非濂溪之意,且程子言之甚明。盖当时所传《太极图》本甚多,得于此则失于彼,谬误颇多,而朱子则据其所认定的义理"参互考证",遂成今日面貌。②如此所成的《太极图》与《说》,自符合朱子所说之义理,而广仲所据的《太极图》则符合湖湘学者的义理模式。

此书又云:

大抵天下事物之理,亭当均平,无无对者,唯道为无对。然以形而上下论之,则亦未尝不有对也。盖所谓对者,或以左右,或以上下,或以前后,或以多寡,或以类而对,或以反而对,反复推之,天地之间真无一物兀然无

---

① 朱熹:《文集》卷 42,《朱子全书》本,第 1900—1901 页。
② 据《年谱》及《考异》,朱子《太极图说解》成于戊子,其后与东莱、南轩往复讨论,至乾道九年癸巳(1173),始作跋,出以示学者。而朱子与胡广仲论《太极图》旧本在乾道八年壬辰(1172),可知朱子出示其《太极图说解》与此有关。

对而孤立者。此程子所以中夜以思,不觉手舞而足蹈也。究观来教,条自固多,而其意常主于别有一物之无对,故凡以左右而对者,则扶起其一边,以前后而对者,则截去其一段,既强加其所主者,以无对之贵名,而于其所贱而列于有对者又不免别立一位以配之,于是左右偏枯,首尾断绝,位置重叠,条理交并。凡天下之理势,一切畸零赘剩、侧峻尖斜,更无齐整平正之处。凡此所论阴阳、动静、善恶、仁义等说,皆此一模中脱出也,常安排此个意思规模,横在胸中,窃恐终不能到得中正和乐、广大公平底地位。此熹所以有"所知不精害于涵养"之说也。若必欲守此,而但少加涵养之功,别为一事以补之于外,以是为足以合内外之道,则非熹之敢知矣。①

朱子在此综论湖湘学术之病,以为在于执定有一无对之本体。然而本体自是无对,如善与恶在名义上固然相对,而就善之为本体言,则不与恶对,盖恶绝不能视作一本体。朱子如此说话,不免自相矛盾。且朱子不许阴静为本体,但若就性静而言,朱子恐怕不能不以为本体也。

关于知行关系,见于《答胡广仲》第1、2两书。第1书云:

> 钦夫未发之论诚若分别太深,然其所谓无者,非谓本无此理,但谓物欲交引,无复澄静之时耳。熹意窃恐此亦随人禀赋不同,性静者须或有此时节,但不知敬以主之,则昏愦驳杂,不自觉知,终亦必亡而已矣。故程子曰:"敬而无失,乃所以中。"此语至约,是真实下功夫处,愿于日用语默动静之间,试加意焉,当知其不妄矣。近来觉得"敬"之一字,真圣学始终之要,向来之论谓先致其知,然后有以用力于此,疑若未安。盖古人由小学而进于大学,其于洒扫应对进退之间,持守坚定,涵养纯熟,固已久矣。是以大学之序,特因小学已成之功,而以格物致知为始。今人未尝一日从事于小学,而曰必先致其知,然后敬有所施,则未知其以何为主而格物以致其知也。故程子曰:"入道莫如敬,未有能致知而不在敬者。"又论敬云:"但存此久之,则天理自明。"推而上之,凡古圣贤之言,亦莫如此者。试考其言,

---

① 朱熹:《文集》卷42,《朱子全书》本,第1904—1905页。

而以身验之，则彼此之得失见矣。①

人心未感物之前，必有个未发时节。人心感物时，须以致知为功夫，则未感物时亦须有个主敬涵养的功夫。换言之，人心不仅有动的时节，亦有个静的时节，故动时有动的功夫，静时自当有静的功夫，即主敬功夫。盖未发时"不知敬以主之，则昏愦驳杂，不自觉知，终亦必亡而已矣"。可见，朱子之所以强调要有一段未发时功夫，正是因为人人常为物欲所牵引，"无复澄静之时"，只有通过未发之涵养，已发方能摆脱物欲，自作主宰而中节矣。

朱子又据古时小学与大学之先后次序，说明工夫只能是"行先知后"。后世小学废，故须有主敬功夫以补其阙，此程子所谓"未有能致知而不在敬者"也。第 2 书云：

> 上蔡虽说明道先使学者有所知识，却从敬入，然其记二先生语，却谓"未有致知而不在敬者"，又自云"诸君子不须别求见处，但敬与穷理则可以入德矣"，二先生亦言"根本须先培拥，然后可以立趣向"，又言"庄整齐肃，久之则自然天理明"。五峰虽言"知不先至，则敬不得施"，然又云"格物之道，必先居敬以持其志"。此言皆何谓邪？熹窃谓明道所谓先有知识者，只为知邪正、识趣向耳，未便遽及知至之事也。上蔡、五峰既推之太过，而来喻又谓"知"之一字便是圣门授受之机，则是因二公之过，而又过之。试以圣贤之言考之，似皆未有此等语意，却是近世禅家说话多如此。若必如此，则是未知已前可以急慢放肆，无所不为，而必若曾子一唯之后，然后可以用力于敬也。此说之行，于学者日用工夫大有所害，恐将有谈玄说妙以终其身而不及用力于敬者，非但言语小疵也。上蔡又论横渠以礼教人之失，故其学至于无传。据二先生所论，却不如此。盖曰"子厚以礼教学者，最善使人先有所据守"，但讥其清虚一大，使人向别处走，不如且道敬耳。此等处上蔡说皆有病，如云"正容谨节、外面威仪，非礼之本"。尤未稳当。②

---

① 朱熹：《文集》卷 42，《朱子全书》本，第 1894—1895 页。
② 朱熹：《文集》卷 42，《朱子全书》本，第 1896—1897 页。

朱子针对湖湘学者"先察识后涵养"之说,主张在察识前当有一段未发时的主敬功夫,否则,"则是未知已前可以怠慢放肆,无所不为,而必若曾子一唯之后,然后可以用力于敬也"。朱子此说,实未明白湖南学者的"识仁"乃是即本体而工夫,悟得本体,则渣滓渐去,而纯乎理矣。

关于仁,见于《答胡广仲》第 5 书:

> 所引《孟子》"知觉"二字,却恐与上蔡意旨不同。盖孟子之言,知觉谓知此事、觉此理,乃学之至而知之尽也。上蔡之言"知觉",谓识痛痒、能酬酢者,乃心之用而知之端也。二者亦不同矣。然其大体皆智之事也。今以言仁,所以多矛盾而少契合也,愤骄验薄,岂敢辄指上蔡而言。但谓学者不识仁之名义,又不知所以存养,而张眉努眼,说知说觉者,必至此耳。(自注:如上蔡词气之间亦微觉少些小温粹,恐亦未必坐此也。)
>
> 夫以爱名仁固不可,然爱之理则所谓仁之体也。天地万物与吾一体,固所以无不爱,然爱之理则不为是而有也。须知仁义礼智四字一般,皆性之德,乃天然本有之理,无所为而然者。但仁乃爱之理、生之道,故即此而又可以包夫四者,所以为学之要耳。细观来谕,似皆未察乎此,熹之所疑者七也。①

朱子《答张敬夫》第 45 书云:"广仲引《孟子》'先知先觉',以明上蔡'心有知觉'之说,已自不伦。"②即此书"所引《孟子》'知觉'二字,却恐与上蔡意旨不同"之语。《孟子》"先知先觉"之说,固与上蔡所言知觉不同,然而,若朱子将知觉解为识痛痒、能酬酢,亦未见确当。盖广仲以为心之知觉所在,即是性之流行,"果能明理居敬,无时不觉,则视听言动莫非此理之流行",而朱子以为,人与物之知觉不同,正在于人乃依此性此理去知觉而已。

第二段为仁爱之辨。《五峰学案》广仲答问条云:"以爱名仁者,指其施用之迹也。以觉言仁者,明其发见之端也。"③前时南轩屡屡批评朱子"以爱名仁",

---

① 朱熹:《文集》卷 42,《朱子全书》本,第 1903—1904 页。
② 朱熹:《文集》卷 32,《朱子全书》本,第 1412 页。
③ 黄宗羲:《宋元学案·五峰学案》,载《黄宗羲全集》册四,第 692 页。

而广仲辈亦颇发此论,朱子虽置辨不已,然湖湘学者终不因朱子之陈辞而改变此种态度。其中缘由盖已详述于前,此处且就广仲所言论之。盖广仲以为,"以觉言仁"者是"明其发见之端",则觉似亦在用上说,与"以爱名仁"有共同之处。并且,觉既为"发见之端",故非用之全体也。今若细加体会,可知"以觉言仁"乃是言觉所以为仁,盖常人懵懵,常溺于情而不自觉,故觉是要时时存有个出离的心,而俯照自己的情识念虑,如是而产生万物一体的心,即所谓仁也。换言之,"以觉言仁"实际上是一种涵养本体的功夫,即使心常若居于优游无事之地,而朱子所说的"爱之理",乃指心性分离的性,而仁之用亦不过懵懵昏愦的情而已。

第四节　朱子论胡伯逢

据《五峰学案》,胡大原,字伯逢,胡明仲(致堂)长子,五峰从子也。先生与广仲、澄斋守其师说甚固,与朱子、南轩皆有辩论,而不以《知言疑义》为然。

关于胡伯逢的思想资料,主要保存在《朱子文集》卷46《答胡伯逢》四书及《南轩全集》卷25、29《答胡伯逢》。下面主要依据朱子对胡伯逢的批评,来考察胡伯逢的思想。胡伯逢在其与朱子之辩论中,主要发挥了五峰的知行关系、性无善恶及知仁的思想。兹分别论之如下。

关于知行关系,朱子《答胡伯逢》第4书云:

> 知行先后,已具所答晦叔书中,其说详矣,乞试取观,可见得失也。①

盖伯逢论知行同于吴晦叔,故朱子一并答之。

关于性无善恶,亦见于朱子《答胡伯逢》第4书,此书于第七章第二节已有详论,兹略之。

关于知仁,主要见于《答胡伯逢》第3、4两书。第3书云:

---

① 朱熹:《文集》卷46,《朱子全书》本,第2151页。

　　窃观来教所谓"苟能自省其偏,则善端已萌。此圣人指示其方,使人自得,必有觉知,然后有地可以施功而为仁"者,亦可谓非圣贤之本意,而义理亦有不通矣。熹于晦叔、广仲书中论之已详者,今不复论。请因来教之言而有以明其必不然者。

　　昔明道先生尝言:"凡人之情易发而难制者,惟怒为甚。能于怒时遽忘其怒,而观理之是非,亦可以见外诱之不足恶,而于道亦思过半矣。"若如来教之云,则自不必忘其怒而观理之是非,第即夫怒而观夫怒,则吾之善端固已萌焉而可以自得矣。若使圣贤之门已有此法,则明道岂故欲舍夫径捷之途,而使学者支离迂缓以求之哉? 亦以其本无是理故尔。且孟子所谓"君子深造之以道,欲其自得之"者,正谓精思力行,从容涵咏之久,而一日有以泮然于中,此其地位亦已高矣。今未加克复为仁之功,但观宿昔未改之过,宜其方且悔惧愧郝之不暇,不知若何而遽能有以自得之邪。有所知觉然后有地以施其功者,此则是矣。然"觉知"二字所指自有浅深。若浅言之,则所谓觉知者,亦曰觉夫天理人欲之分而已。夫有觉于天理人欲之分,然后可以克己复礼而施为仁之功,此则是也。今连上文读之而求来意之所在,则所谓觉知者乃自得于仁之谓也。如此,则觉字之所指者已深,非用力于仁之久,不足以得之,不应无故而先能自觉,却于即觉之后方始有地以施功也。观孔子所以告门弟子,莫非用力于仁之实事,而无一言如来谕所云"指示其方,使之自得"者。岂子贡、子张、樊迟之流,皆自得于仁,而既有地以施其功邪? 其亦必不然矣。然熹前说,其间亦不能无病。以今观之,自不必更为之说,但以伊川、和靖之说明之,则圣人之意坦然明白,更无可疑处矣。[①]

朱子此书进一步发挥《答胡广仲》第 3 书对"观过知仁"的批评。在朱子看来,人有过则须改之,而湖湘学者只是将此过置于一边而观之(知),而不去做改过的功夫(行),故有知而不行之弊。朱子此语亦是妄说。盖"观过"正是要学者从其过处超脱出来,如此方能观过,这种做法本身就蕴涵着一种改过的效验。盖人若能观己过,必已是悔过了。朱子不能细思此理,实未曾切实做观过功夫耳。

---

① 朱熹:《文集》卷 46,《朱子全书》本,第 2149—2150 页。

　　关于知觉浅深之说,本出自南轩与伯逢之答问。伯逢云:

　　　　"心有知觉之谓仁",此上蔡传道端的之语,恐不可谓有病。夫知觉亦
　　有深浅。常人莫不知寒识暖,知饥识饱,若认此知觉为极至,则岂特有病
　　而已! 伊川亦曰"觉不可以训仁",意亦犹是,恐人专守着一个觉字耳! 若
　　夫谢子之意,自有精神。若得其精神,则天地之用即我之用也,何病
　　之有![①]

可见,知觉之浅者指对寒暖饱饥的知,此人所俱有,故不可认此为极至,不可以
此为仁也。至于上蔡所言知觉,则指知觉之深者,如此,"知觉言仁"之说自
无病。

　　然而,朱子知觉浅深之说与广仲不同。在朱子看来,知觉之浅者乃"知夫
天理人欲之分",亦即是非之心也。正因为此种知觉之浅,故可作为"为仁"功
夫的入手处。至于知觉之深者,则可作效验看,非用力之久不足以得之,故不
可作为功夫之入手处。朱子盖以识仁为知觉之深者,只能看作"地位高
者事"。

　　"却于即觉之后方始有地以施功也"一语,亦出自南轩与伯逢之答问。伯
逢本语云:"'观过知仁'云者,能自省其偏,则善端已萌。此圣人指示其方,使人
自得。必有所觉知,然后有地可以施功而为仁也。"观过即是自省其偏,而善端
已萌自在其中,伯逢如此为说,自当无咎。

　　第 4 书云:

　　　　"知仁"之说,亦已累辨之矣。大抵如尊兄之说,则所以行之者甚难而
　　未必是,而又以知仁、为仁为两事也。(自注:所谓"观过知仁",因过而观,
　　因观而知,然后即夫知者而谓之仁。其求之也崎岖切促,不胜其劳,而其
　　所谓仁者,乃智之端也,非仁之体也。且虽如此,而亦旷然未有可行之实,
　　又须别求为仁之方,然后可以守之。此所谓"知之甚难而未必是,又以知
　　与为两事"者也。)如熹之言,则所以知之者虽浅而便可行,而又以知仁、为

仁为一事也。不知今将从其难而二者乎？将从其易而一者乎？以此言之，则两家之得失可一言而决矣。①

朱子乃自谓其功夫是易行道，而观过识仁的功夫为难行道。前书论知觉之深者不可作为下手功夫，此说即承之而来。盖朱子主张的功夫虽支离，然始乎"知之浅"者，故人人能做，是以为易行；而湖湘学者主张的功夫虽直悟本体，然始乎"知之深"者，非常人所能，故朱子以为难行。

可见，朱子主行先知后，则为仁为先，知仁为后；而湖湘学者主知先行后，则知仁为先，为仁为后。朱子与湖湘学者辩知行先后，与阳明知行学说的内涵完全不同，后世徒惑于阳明丑诋朱子学说，遂执种种偏执之见，而不知朱子所论知行尚另有一义也。

第五节　朱子论吴晦叔

据《五峰学案》，吴翌，字晦叔，建宁府人。游学衡山，师事五峰，闻其所论学问之方，一以明理修身为要，遂捐科举之学，曰："此不足为吾事也！"五峰殁，又与张南轩、胡广仲、胡伯逢游。张氏门人在衡湘者甚众，无不从晦叔参决所疑。筑室衡山之下，有竹林水沼之胜，取程子"澄浊求清"之语，榜之曰澄斋。淳熙四年（1177）卒，年49。

又据《文集》卷97《南岳处士吴君行状》，其左右出入虽不专主于一家，然其大要以胡氏为传为宗也。大抵晦叔之学，较广仲、伯逢辈之专守家学不同，而具有较多的包容性，观其与朱子、南轩往复讲论，语气和缓，然其于师说之发明似不及广仲辈。又，朱子《答吴晦叔》第13书云："未发之旨既蒙许可，足以无疑矣。"②此书在己丑，似乎晦叔同意朱子的"中和新说"。然而，从后来双方的论辩来看，朱子此语极可疑，大概是朱子一厢情愿罢了。或者晦叔只是如南轩一

---

① 朱熹：《文集》卷46，《朱子全书》本，第2152页。
② 朱熹：《文集》卷42，《朱子全书》本，第1919页。此书与《答张敬夫》第49书"诸说例蒙印可，而未发之旨又其枢要"一语相同。

般,而未意识到朱子新说的底蕴所在。不过,朱子谓其学"不专主于一家",此种态度颇有可能。

朱子结识吴晦叔甚早。隆兴二年(1164),朱子至豫章见南轩,同时结识了晦叔。晦叔的思想主要保留在其与朱子、南轩的书信中。今据朱子《文集》卷42《答吴晦叔》诸书来考察其思想。关于朱子与吴晦叔的讨论,主要集中在两方面:其一为观过知仁,其二为知行关系。

关于观过知仁,朱子《答吴晦叔》第 6 书云:

> 观过一意,思之甚审。如来喻及伯逢兄说,必谓圣人教人以自治为急,如此言乃有亲切体验之功,此固是也。然圣人言知人处亦不为少,自治固急,亦岂有偏自治而不务知人之理耶? 又谓人之过不止于厚薄爱忍四者,而疑伊川之说为未尽。伊川止是举一隅耳,若"君子过于廉,小人过于贪","君子过于介,小人过于通"之类,皆是亦不止于此四者而已也。但就此等处看,则人之仁不仁可见,而仁之气象亦自可识。故圣人但言"斯知仁矣"。此乃先儒旧说,为说甚短而意味甚长。但熟玩之,自然可见。若如所论,固若亲切矣。然乃所以为迫切浅露而去圣人气象愈远也。
>
> 且心既有此过矣,又不舍此过而别以一心观之;既观之矣,而又别以一心知此观者之为仁。若以为有此三物递相看觑,则纷纭杂扰,不成道理。若谓止是一心,则顷刻之间有此三用,不亦忽遽急迫之甚乎? 凡此尤所未安,姑且先以求教。[1]

此处朱子从三个方面对"观过知仁"进行了批评:

其一,自治与知人的关系。盖观过只是观己过,晦叔借自治为急以明之。[2] 而朱子错会其意,漫然以知人应之。不过,朱子如此说,亦有其缘由,盖其前说观过无迁善改过之功,故观己过同于观他人过也。然观他人之过或能惕然自

---

[1] 朱熹:《文集》卷 42,《朱子全书》本,第 1910—1911 页。

[2] 胡伯逢承以自治来说明观过乃是观己过。朱子《答胡伯逢》第 3 书云:"昨承谕及知仁之说,极荷开晓之详,然愚意终觉未安。来谕大抵专以自知自治为说,此诚是也。然圣人之言有近有远,有缓有急,《论语》一书言知人处亦岂少耶?"(朱熹:《文集》卷 46,《朱子全书》本,第 2149 页。)

省于己,然只是养得个明辨是非的心,至于对治其气质之偏颇,则全无此一段功夫。且己有过,常常陷溺其中不能自觉,此时人唯能从此陷溺中超拔出来,方能观己之过。凡人多能旁观他人之过,若能旁观己过,则尤难矣。

其二,朱子大概疑观过之说则是必待有过可观然后观之,至于无过时,则欠缺一段功夫,故晦叔就此言人之可观过处甚多。不过,晦叔的反驳似甚无力。

其三,朱子以为,人之过是一心,别以一心观之则又是一心,至再以一心观此观过者,于是有三心矣。然而,心止是一心,而"顷刻之间有此三用","纷纭杂扰,不成道理"。朱子曾作《观心说》一篇,即发挥此处"以心观心"之说。束景南先生云,《观心说》"标志着朱熹清算湖湘学的论战的结束",此诚然也。盖"以心观心"乃湖湘之学的最精微处,亦是究极处,朱子能在这个高度上批评湖湘之学,确实意味着一总结性的批评。①

《答吴晦叔》第 7 书亦论观过知仁。书云:

前书所论观过之说,时彪丈行速忽遽,草率不能尽所怀。然其大者亦可见,不知当否如何? 其未尽者,今又见于广仲、伯逢书中,可取一观。未中理处,更得反复诘难,乃所深望。然前所示教,引"巧言令色"、"刚毅木讷"两条,以为圣人所以开示为仁之方,使人自得者,熹犹窃有疑焉。而前书亦未及论也。盖此两语正是圣人教人实下功夫、防患立心之一术,果能戒巧令、务敦朴,则心不恣纵,而于仁为近矣,非徒使之由是而知仁也。大抵向来之说,皆是苦心极力要识"仁"字,故其说愈巧,而气象愈薄。近日究观圣门垂教之意,却是要人躬行实践,直内胜私,使轻浮刻薄、贵我贱物之态潜消于冥冥之中,而吾之本心浑厚慈良、公平正大之体常存而不失,便是仁处。其用功着力,随人浅深,各有次第。要之,须是力行久熟,实到此地,方能知此意味。盖非可以想象臆度而知,亦不待想象臆度而知也。②

---

① 关于"三心说"之成立,可以镜为喻以明其理。盖心譬如镜,镜之照物是一心;然镜何以能照,以其明也,此又是一心;至于镜何以能明,以其静也,此则是第三心也。镜不能静,只是逐物,则为此物所蔽,如何有明澈之用。心之照物瞬间即有此三心在其中,然三心毕竟皆此一心也。且明之于照,静之于明,并非明以照为物而加以把捉,亦非静以明为物而加以把捉也。
② 朱熹:《文集》卷 42,《朱子全书》本,第 1912—1913 页。

此书朱子明确反对"识仁"功夫,认为平日功夫只是下学,"须是力行久熟,实到此地方能知此意味",即主张将"识仁"作效验看,而不能作为下学入手之功夫。

关于先知后行,朱子《答吴晦叔》第9书云:

> 熹伏承示及"先知后行"之说,反复详明,引据精密,警发多矣。所未能无疑者,方欲求教。又得南轩寄来书稿,读之,则凡熹所欲言者,盖皆已先得之矣。特其曲折之间小有未备,请得而细谕之。
>
> 夫泛论知行之理,而就一事之中以观之,则知之为先、行之为后无可疑者。(自注:如孟子所谓"知皆扩而充之",程子所谓"譬如行路,须得光照",及《易·文言》所谓"知至至之,知终终之"之类是也。)然合夫知之浅深、行之大小而言,则非有以先成乎其小,亦将何以驯致乎其大者哉?(自注:如子夏教人以洒扫、应对、进退为先,程子谓"未有致知而不在敬者"及《易·文言》所言"知至知终"皆在忠信修辞之后之类是也。)盖古人之教,自其孩幼而教之以孝悌诚敬之实,及其少长,而博之以《诗》《书》《礼》《乐》之文,皆所以使之即夫一事一物之间,各有以知其义理之所在而致涵养践履之功也。(自注:此小学之事,知之浅而行之小者也。)及其十五成童,学于大学,则其洒扫应对之间,礼乐射御之际,所以涵养践履之者略已小成矣。于是不离乎此而教之以格物,以致其知焉。致知云者,因其所已知者推而致之,以及其所未知者而极其至也。是必至于举天地万物之理而一以贯之,然后为知之至。而所谓诚意、正心、修身、齐家、治国、平天下者,至是而无所不尽其道焉。(自注:此大学之道,知之深而行之大者也。)今就其一事之中而论之,则先知后行固各有其序矣。诚欲因夫小学之成以进乎大学之始,则非涵养履践之有素,亦岂能居然以夫杂乱纷纠之心而格物以致其知哉?
>
> 且《易》之所谓忠信修辞者,圣学之实事,贯始终而言者也。以其浅而小者言之,则自其常视毋诳、男唯女俞之时,固已知而能之矣。知至至之,则由行此而又知其所至也,此知之深者也;知终终之,则由知至而又进以终之也,此行之大者也。故《大学》之书,虽以格物致知为用力之始,然非谓初不涵养履践而直从事于此也,又非谓物未格、知未至,则意可以不诚,心可以不正,身可以不修,家可以不齐也。但以为必知之至,然后所以治己

治人者,始有以尽其道耳。若曰必俟知至而后可行,则夫事亲从兄、承上接下,乃人生之所不能一日废者,岂可谓吾知未至而暂辍,以俟其至而后行哉!(自注:按五峰作《复斋记》,有"立志居敬,身亲格之"之说,盖深得乎此者。但《知言》所论,于知之浅深不甚区别,而一以知先行后概之,则有所未安耳。)

抑圣贤所谓知者虽有浅深,然不过如前所论二端而已。但至于廓然贯通,则内外精粗自无二致,非如来教及前后所论"观过知仁"者,乃于方寸之间设为机械,欲因彼而反识乎此也。(自注:侯子所辟總老"默而识之,是识甚底"之言,正是说破此意。如南轩所谓"知底事"者,恐亦未免此病也。)又来谕所谓"端谨以致知",所谓"克己私、集众理"者,又似有以行为先之意;而所谓"在乎兼进"者,又若致知、力行初无先后之分也。凡此皆鄙意所深疑,而南轩之论所未备者,故敢复以求教。幸深察而详论之。①

朱子此段论知行关系甚详,其大要不过借古时小学、大学之先后次序,发明行先知后之理而已。关于此书,前有详论,今略之。

第六节　朱子论胡季随

胡大时,字季随,崇安(今属福建)人,五峰季子。关于胡季随的学术渊源,全谢山尝有论曰:

南轩从学于五峰,先生从学于南轩,南轩以女妻之。湖湘学者,以先生与吴畏斋为第一。南轩卒,其弟子尽归止斋(即陈傅良),先生亦受业焉。又往来于朱子,问难不遗余力。或说季随才敏,朱子曰:须确实有志而才

---

① 朱熹:《文集》卷42,《朱子全书》本,第1914—1916页。

敏,方可。若小小聪悟,亦徒然。^① 最后师象山。象山作《荆公祠记》,朱子讥之,先生独以为荆公复生,亦无以自解。先生于象山,最称相得云。^②

朱子盖以季随师从甚多,而无定见,故讥其无志。^③ 此外,朱子之不满尚有一

① 朱子初见季随,即许其明敏,其《与陈伯坚》书云:"胡季随近到此数日,明敏有志,甚可喜也。"(朱熹:《文集》卷53,《朱子全书》本,第2504页。)案,朱子见季随,在孝宗淳熙九年壬寅(1182)。又,《答胡季履》书云:"季随明敏,朋友中少见其比,自惟衰堕,岂足以副其远来之意,然亦不敢虚也。"(朱熹:《文集》卷53,《朱子全书》本,第2504页。此书亦在壬寅。)观朱子语气,此时尚是称许季随之辞。后来,朱子批评季随之毛病正在"明敏"二字。其《答胡季随》第2书(甲辰)云:"若只恃一时聪明才气,略看一过便谓了,岂不轻脱自误之甚耶?"(朱熹:《文集》卷53,《朱子全书》本,第2506页。)《朱子语类》中有类似批评:"或说胡季随才敏。曰:'也不济事。须是确实有志而才敏,方可。若小小聪悟,亦徒然。'"(黎靖德编:《朱子语类》卷101,第2595页。)朱子前时许其明敏,今则讥为小聪明矣。关于朱子此种批评,固因为湖湘学者皆有好高之病,如《朱子语类》云:"五峰诸子不著心看文字,恃其明敏,都不虚心下意,便要做大。某尝语学者,难得信得及、就实上做工夫底人。"南轩亦是明敏的人,是以朱子称南轩明敏,实未必尽出于褒义。此外,朱子又对季随为学的其他毛病多有批评,谓"文定、五峰之学,以今窃议来,只有太过,无不及。季随而今却但有不及",又谓"为学要刚毅果决,悠悠不济事"。(黎靖德编:《朱子语类》卷101,第2595页。)

② 黄宗羲:《宋元学案·岳麓诸儒学案》,载《黄宗羲全集》册五,第839页。又,朱子《答胡季随》第9书(淳熙十三年丙午,1186)云:"元善书说与子静相见甚款,不知其说如何?大抵欲速好径,是今日学者大病,向来所讲,近觉亦未免此。以身验之,乃知伊洛拈出'敬'字,真是学问始终日用亲切之妙。近与朋友商量,不若只于此处用力,而读书穷理以发挥之,真到圣贤究竟地位,亦不出此。坦然平白,不须妄意思想顿悟悬绝处,徒使人颠狂粗率而于日用常行之处,反不得其所安也。不审别后所见如何,幸试以此思之,似差平易悠久也。"(朱熹:《全集》卷53,《朱子全书》本,第2514—2515页。)据象山《答胡季随》第1书,季随见象山在丙午之夏。朱子盖因季随与象山"相见甚款",故以象山之病戒之。案,"相见甚款"一语,亦见于象山《答胡季随》第1书:"相从越月,以识面为喜,以款集为幸。"谢山之语或本诸此。

又,象山《答胡季随》第2书云:"《王文公祀记》乃是断百余年未了底大公案,自谓圣人复起,不易吾言,余子未尝学问,妄肆指议,此无足多怪。同志之士,犹或未能尽察,此良可慨叹。足下独谓使荆公复生,亦将无以自解,精识如此,此吾道之幸。"(《陆九渊集》卷1,第7—8页。)盖季随与象山之相得,观此二条可见矣。然《答胡季随》第一书云:"然区区之怀,终不能孚达于左右,每用自愧。《大学》言明明德之序,先于致知,《孟子》言诚身之道,在于明善。今善之未明,知之未至,而循诵习传,阴储密积,崖身以从事,喻诸登山而陷谷,愈入而愈深,适越而北辕,愈骛而愈远,不知开端发足,大指之非,而日与泽虞燕贾课远近,计枉直于其间,是必没身于大泽,穷老于幽都而已。来书所举某与元晦论太极书,辞皆至理。诚言左右,能彻私去蔽,当无疑于此矣。不然,今之为欣厌者,皆其私也,岂可遽操以为验,稽以为决哉!"象山此处亦是发明"知先行后"之旨,然不知象山何故与季随未合。盖自胡广仲、胡伯逢及吴晦叔辈卒,胡季随虽守其家学,然已不能发挥五峰学术之精要,致象山有此误解。且后世于朱子与湖南学者争论之曲折,莫能知晓,遂有阳明《朱子晚年定论》之误,可为一叹。

③ 朱子曰:"君举(陈傅良)到湘中一收,收尽南轩门人,胡季随亦从之问学。某向见季随,固知其不能自立,其胸中自空空无主人,所以才闻他人之说便动。"(黎靖德编:《朱子语类》卷123,第2961页。)

事。据其《答胡季随》第 8 书，季随欲重刊《南轩集》，而对朱子所作的序文不满，欲"改而用之"，朱子遂批评季随"用力之不笃"。

光绪《湘潭县志》卷 8 载：

> 乾淳中，朱熹、吕祖谦及栻徒众，并盛东南，称三大儒。栻学源胡氏，后乃改从朱氏，大时乃执家说。然亦广博陈傅良，传永嘉经制之学，通判潭州，大时又从问焉。朱张游南岳，大时复数请益，书疏往来，屡有辨难。其后陆九渊自谓其学易简不支离，大时契之，约为昏姻，自是宅心高明复类。金溪云：为陆学者，乃或援大时九渊弟子，其于道学中类杂家也。……张栻既没，门人数十聚处湖外，论说常不合，咸就大时质正。大时各为剖析分别，而更以呈朱子，亦卒无以易也。

这段话中对湖湘学派的概括，还是比较准确的。对此，我们可以归纳出四点意见：

其一，南轩虽师五峰，然谓其学终"改从朱氏"，今据前所辨析，盖非确论也。盖南轩本与五峰异，故其终从朱子，乃是其学本与朱子有相契处，而非"改从朱氏"也。

其二，季随虽从学于南轩，然南轩改从朱子，故季随之学犹宗五峰，而不从南轩，遂与朱子"书疏往来，屡有辨难"。

其三，季随与象山相得，可见五峰之学与象山虽不尽同，然其功夫皆高蹈易简一类，与朱子功夫之笃实支离不相类也。

其四，或以季随类杂家，然其师承虽多，却"卒无以易也"，可见其学之根底，始终不离于五峰也。

朱子批评季随笃守家学，这固然有朱子对待湖湘学术的一贯立场，此外，亦与季随本人的作风颇有关系。朱子尝曰：

> 季随在湖南颇自尊大，诸人亦多宗之。凡有议论，季随便为之判断孰是孰非，此正犹张天师，不问长少贤否，只是世袭。①

---

① 黎靖德编：《朱子语类》卷 123，第 2961 页。

世皆以为后来湖湘学者多宗朱学,然就此段而论,却似不尽然。盖南轩殁后,季随为湖湘学者所宗,而季随守家学,故湖湘学者之宗朱实属可疑。绍熙五年(1194),朱子知潭州荆湖南路安抚使,修复岳麓书院,讲学湖南,此与湖湘学者后来之宗朱有莫大之关系。嘉定十五年(1222),朱子再传弟子真西山德秀(1178—1235),以湖南安抚使知潭州,亦影响到朱子学在湖南的传播。

其实,影响湖湘学术的不独朱子,陆、浙二派也有莫大影响。如南轩门人师永嘉止斋、象山,即此种影响之明证。又绍兴中,陆九龄(1139—1193)"随郡守许忻至邵,讲明圣学,湖湘之士翕然向风"。① 吕伯恭(1137—1181)曾寓醴陵,醴人建东来书院居之。② 盖自五峰卒后,门人弟子力有不逮,遂为别派学术所牵动也。

胡季随虽守家学,然其先后师从止斋、象山的举动,一方面表明其性格上的"不能自立",这也无怪乎朱子"胸中自空空无主人,所以才闻他人之说便动"之讥;另一方面表明季随对五峰之学领会实有限,未必真能信守湖湘学术也。自家虽有无尽藏,却沿门托钵效贫儿,遂使五峰之学湮没不闻,季随亦罪人也。

不过,季随对五峰之学亦有所发明。朱子云:"凡有议论,季随便为之判断孰是孰非。"大概胡季随曾将其与湖湘学者的答问寄与朱子,而朱子就其所疑提出了自己的看法。《答胡季随》第13书(绍熙五年甲寅,1194)云:

> 季随云:所谓洒然冰释冻解,只是通透洒落之意。学者须常令胸中通透洒落,则读书为学皆通透洒落而道理易进,持守亦有味矣。若但能苟免显然悔尤,则途之人亦能之,诚不足学者道也。且其能苟免显然悔尤,则胸中之所潜藏隐伏者,固不为少,而亦不足以言学矣。
>
> 朱子云:此一条尝以示诸朋友,有辅汉卿者下语云:"洒然冰解冻释,是功夫到后疑情剥落,知无不至处。知至则意诚,而自无私欲之萌,不但无形显之过而已。若只是用意持守,着力遏捺,苟免显然尤悔,则隐微之

---

① 转引自杨金鑫:《朱熹与岳麓书院》,华东师范大学出版社1986年版,第159页。参见《宋史·儒林传》。
② 转引自杨金鑫:《朱熹与岳麓书院》,第160页。参见《丽泽诸儒学案》。

中,何事不有,然岂能持久哉?意懒力弛,则横放四出矣。今日学者须常令胸中通透洒落,恐非延平先生本意。"此说甚善。大抵此个地位乃是见识分明、涵养纯熟之效,须从真实积累功用中来,不是一旦牵强着力做得。今湖南学者所云"不可以急迫求之,只得且持守,优柔厌饫,而俟其自得",未为不是,但欠穷理一节工夫耳。答者乃云"学者须常令胸中通透洒落",却是不原其本,而强欲做此模样,殊不知通透洒落如何令得?才有一毫令之之心,则终身只是作意助长,欺己欺人,永不能到得洒然地位矣。①

"学者须常令胸中通透洒落",此语正发挥即本体而工夫之旨,此语于发明五峰之旨甚好。然观季随他处所言,恐未曾真实见到此处,只是"明敏"所致耳。朱子则以为"通透洒落"乃"见识分明,涵养纯熟之效,须从真实积累功用中来,不是一旦牵强着力做得",此说乃朱子一贯立场,即以"识仁"只可作效验看,而不可以为下手功夫也。

书又云:

> 季随云:按本语云"知天性,感物而通者,圣人也;察天性,感物而节者,君子也;昧天性,感物而动者,凡愚也"。曰知、曰察、曰昧,其辨了然矣。今既不察乎此,而反其语而言"乃以感物而动为昧天性"者,失其旨矣。
> 又云:"人生而静,天之性也;感于物而动,性之欲也。物格知至,然后好恶形焉。好恶无节于内,知诱于外,不能反躬,天理灭矣。夫物之感人无穷,而人之好恶无节,则是物至而人化物也。人化于物者,灭天理而穷人欲者也。"观其下文明白如此,则知先贤之言为不可易矣。且味"感于物而动,性之欲也"两句,亦有何好,而必欲舍其正意而曲为之说以主张之乎?程子云:"寂然不动,感而遂通天下之故者,天理具备,元无少欠,不为尧存,不为桀亡。父子君臣常理不易,何曾动来?因不动,故言寂然不动,感而遂通天下,便感非自外来也。"又曰:"寂然不动,万象森然已具;感而遂通,感则只是自内感,不是外面将一个物来感于此也。"又曰:"'寂然不动,感而遂通',此言人分上事,若论道则万理皆具,更不说感与未感。"又曰:"盖人万

---

① 朱熹:《文集》卷53,《朱子全书》本,第2518—2519页。

物皆备,遇事时各因其心之所重者更互而出,才见得这事重,便有这事出。若能物各付物,则便自不出来也。"以此四条之所论者而推之,益知先贤之言不可易,而所谓"感物而动,性之欲"者,不必曲为之说以主张之矣。湘山诗云:"圣人感物静,所发无不正。众人感物动,动与物欲竞。"殆亦与先贤之意相为表里云尔。

朱子:此两条,问者在其可疑,不易见得如此,但见得未明,不能发之于言耳。答者乃是不得其说而强言之,故其言粗横而无理。想见于心亦必有自瞒不过处,只得如此撑拄将去也。(自注:五峰云"昧天性,感物而动",故问者云"五峰乃专以感物而动为昧天性",于五峰本说未见其异。答者乃责以反其语而失其旨。问者又疑《乐记》本文"感物而动"初无圣愚之别,与五峰语意不同,而答者但云观其下文明白如此,则知先贤之言不可易,而不言其所以明白而不可易者为如何。又谓《乐记》两句亦有何好,而不言其所以不好之故,及引程子四条,则又与问者何疑了无干涉,但欲以虚眩恐吓而下之,安得不谓之粗横无理而撑拄强说乎?今且无论其他,而但以胡氏之书言之,则《春秋传》"获麟"章明有"圣人之心感物而动"之语。顷时与广仲书常论之矣,不知今当以文定为是乎? 五峰为是乎? 要之,此等处在季随诚有难言者,与其曲为辨说而益显其误,不若付其是非于公论而我无与焉为愈也。)须知感物而动者,圣愚之所同,但众人昧天性,故其动也流;贤人知天性,故其动也节;圣人尽天性,故其动也无事于节而自无不当耳。文义之失,犹是小病,却是自欺强说,乃心腹膏肓之疾,他人针药所不能及。须是早自觉悟医治,不可因循掩讳而忌扁鹊之言也。[①]

显然,朱子是站在问者的立场。在朱子看来,《乐记》所说的"感物而动"乃是"圣愚所同",是"性不能不动"之义。不过,朱子亦同意区别圣人、贤人与众人的说法,认为圣人之动乃是"无事于节而自无不当",贤人"动也节",众人则"动也流"。不难发现,朱子这种说法与五峰并无太大区别。那么,朱子为什么反对五峰之说呢? 这里涉及对心性关系的不同理解。朱子分心性为二,故性自身不能动,然又不能不动,只能通过心之动而动;而另一方面,性之动又易为外物牵

---

① 朱熹:《文集》卷 15,《朱子全书》本,第 2523—2525 页。

引,故须通过心之主宰作用方能使性之动合乎性。因此,在朱子那里,圣、贤与众人的分别,不是性之动与否的不同,而是心能否主宰于动之间,从而使动而中节与否的不同。换言之,性不能不动,这是圣愚所同;至于动之有节与否,则在于心能否主宰其间,方是圣愚之别。①

五峰则以即心即性,因此,性之动并不是问题。这种本体论前提导致了工夫论上那种即本体而工夫的立场,即无须另外强调心之主宰作用。其实,当五峰区别"感物而动"与"感物而通"时,所谓"感物",即是朱子所说的性之动,只是性之动在五峰那里从未成为一个问题而已。至于感物之有动、通与节的不同,却不是由于心之主宰作用是否行乎其间,而是由于能否对本体有一种体认。换言之,人心若能即世间而出世间,则世间诸事诸物皆不足为我之系累,不足障蔽我之灵明,如此,人心随感而应,自无不中节;否则,人心不能超然于事变之上,则自为物所扰,而为物所动矣。

表面上看来,五峰这种说法与朱子似无太大不同,然若细加推究,便发现这种细微差别的背后,却涵蕴着本体论乃至工夫论上两种完全对立的立场。

大概季随不以朱子说为然,尝再致书朱子,就此二段重申其意,朱子亦答之,此即《答胡季随》第14书。书云:

> 所谕两条,前书奉报已极详悉。若能平心定气,熟复再三,必自晓然。今乃复有来书之喻,其言欲以洒落为始学之事而可以力致,皆不过如前书之说。至引延平先生之言,则又析为两段,而谓前段可以着力,令其如此,则似全不曾看其所言之文理。所谓"反覆推究,待其融释"者,"待"字之意是如何,而自以己意横为之说也? 大率讲论文字,须且屏去私心,然后可以详考文义,以求其理之所在。若不如此,而只欲以言语取胜,则虽累千

---

① 南轩论及《乐记》"人生而静"章时,实赞同朱子说。南轩云:"《乐记》'人生而静'一章,曰静曰性之欲,又曰人欲静者,性之本然也,然性不能不动,感于物则动矣,此亦未见其不善。故曰性之欲,是性之不能不动者然也。然物之感人无穷,而人之好恶无节,则流为不善矣。此岂其性之理哉! 一己之私而已。于是而有人欲之称,对天理而言,则可见公私之分矣。譬诸水泓然而澄者,其本然也,其水不能不流也,流亦其性也,至于因其流激,汩于泥沙,则其浊也,岂其性哉?"(黄宗羲:《宋元学案》卷50《南轩学案》,载《黄宗羲全集》册四,第967页。)性不能不动,故感物而动未见得就不善,动亦是性中应有之义也。恶不是由性之动而来,而是由性之动而无节而来。南轩在此完全站在朱子的立场,由此可见,南轩与五峰之差别是非常大的。

万言，终身竞辨，亦无由有归著矣，是乃徒为多事而重得罪于圣人，何名为讲学哉？故熹不敢复为论说，以增前言之赘。但愿且取前书子细反复，其间所云"才有令之之心，即便终身不能得洒落"者，此尤切至之论。盖才有此意，便不自然，其自谓洒落者，乃是疏略放肆之异名耳。叠此两三重病痛，如何能到真实洒落地位耶？古语云："反者道之动，谦者德之柄，浊者清之路，昏久则昭明。"愿察此语，不要思想准拟融释洒落底功效，判著且做三五年辛苦不快活底功夫，久远须自有得力处，所谓先难而后获也。

"洒落"两字，本是黄太史语，后来延平先生拈出，亦是且要学者识个深造自得底气象，以自考其所得之浅深。不谓不一再传，而其弊乃至于此。此古之圣贤所以只教人于下学处用力，至于此等则未之尝言也。

《乐记》《知言》之辨，前书亦已尽之。细看来书，似已无可得说，便未肯放下此一团私意耳。如此，则更说甚讲学？不如同流合污、着衣吃饭，无所用心之省事也。其余诸说，未暇悉报，愿且于此两段反复，自见得从前错处，然后徐而议之，则彼亦无难语者，幸早报及也。[1]

此书乃重申前文意思，即以"洒然冻解冰释"为地位高者事，是"深造自得底气象"，故不可作为下手之功夫。故朱子曰："且做三五年辛苦不快活底功夫，久远须自有得力处，所谓先难而后获也。"盖以"洒落"为用功至久而有的效验也。

朱子又批评季随全凭私意说话。所谓"私意"，朱子盖谓学术乃天下之公器，非一家一姓可得而私也，而湖湘学者凭借文定、五峰之学术地位，无视理之是非，所发皆门户之见也。朱子这种批评屡见于其答胡广仲、胡伯逢书，大概在朱子看来，五峰学术之弊如日月之蚀，明白易见，而胡氏诸子死守不放，不是私意而何？

季随主其家学处，尚有"性无善恶"之说。《朱子语类》载朱子曰：

> 久不得胡季随诸人书。季随主其家学，说性不可以善言。本然之善，本自无对；才说善时，便与那恶对矣。才说善恶，便非本然之性矣。本然之性是上面一个，其尊无比。善是下面底，才说善时，便与恶对，非本然之性

---

[1]　朱熹：《文集》卷53，《朱子全书》本，第2525—2526页。

矣。"孟子道性善",非是说性之善,只是赞叹之辞,说"好个性",如佛言"善哉"。某尝辨之云,本然之性,固浑然至善,不与恶对,此天之赋予我者然也。然行之在人,则有善有恶:做得是者为善,做得不是者为恶。岂可谓善者非本然之性? 只是行于人者,有二者之异,然行得善者,便是那本然之性也。若如其言,有本然之善,又有善恶相对之善,则是有二性矣! 方其得于者,此性也;及其行得善者,亦此性也。只是才有个善底,便有个不善底,所以善恶须著对说。不是元有个恶在那里,等得他来与之为对。只是行得错底,便流入于恶矣。此文定之说,故其子孙皆主其说,而致堂、五峰以来,其说益差,遂成有两性:本然者是一性,善恶相对者又是一性。他只说本然者是性,善恶相对者不是性,岂有此理! ……诸胡之说亦然,季随至今守其家说。[①]

此段话前文已有详辨,兹不劳赘述。

至庆元元年乙卯(1195),季随犹主"性无善恶"说。朱子《答胡季随》第 15 书云:

先训之严,后人自不当置议论于其间。但性之有无善恶,则当舍此而别论之,乃无隐避之之嫌,而得尽其是非之实耳。"善恶"二字,便是天理人欲之实体,今谓性非人欲可矣,由是而并谓性非天理,可乎? 必曰极言乎性之善而不可名,又曷若直谓之善而可名之为甚易而实是也?[②]

然而,此时季随却接受了朱子涵养未发之说。《答胡季随》第 5 书(丙午)云:

(季随曰:)戒惧者,以涵养于喜怒哀乐未发之前(自注:当时之时,寂然不动,只下得涵养功夫。涵养者,所以存天理也);慎独者,所以省察于喜怒哀乐已发之后(自注:当此之时,一毫放过,则流于欲矣。判别义利,全在此时。省察者,所以遏人欲也。已发之后,盖指已发之时对未发而言,故云已

---

①　黎靖德编:《朱子语类》卷 101,第 2585—2586 页。
②　朱熹:《文集》卷 15,《朱子全书》本,第 2527 页。

发之后）。不知经意与日用之工是如此否。

（朱子曰：）此说甚善。

……

（季随曰：）惟能加涵养之功，则自然有省察之实。

（朱子曰：）此说好，然说未透。

（季随曰：）戒谨、恐惧、谨独，统而言之，虽只是道，都是涵养工夫；分而言之，则各有所指。"独"云者，它人不知，己所独知之时，正友恭所谓已发之初者。不睹不闻，即是未发之前。未发之前，无一毫私意之杂，此处无走作，只是存天理而已，未说到遏人欲处。已发之初，天理人欲由是而分。此处不放过，即是遏人欲，天理之存有不待言者。如此分说，自见端的。

（朱子曰：）此说分得好，然又须见不可分处，如兵家攻守相似，各是一事，而实相为用也。

（季随曰：）涵养工夫实贯初终，而未发之前只须涵养，才发处便须用省察工夫，至于涵养愈熟，则省察愈精矣。

（朱子曰：）此数句是。

……

（季随曰：）窃谓操存涵养乃修身之根本，学者操存涵养，便是未发之前工夫在其中矣。凡省察于已发，正所以求不失其操存涵养者也。学者于是二者不可缺一，然操存涵养乃其本也。诸友互相点检，多得之，然却不曾推出所谓根本，故论未发之前者，竟归于茫然无着力处；或欲推于欲发之初省察，则又似略平日之素；或兼涵养省察言之者，又似鹘突包笼。

（朱子曰：）此一段差胜，然亦未有的当见处。①

季随谓"惟能加涵养之功，则自然有省察之实"，又谓"涵养工夫实贯初终，而未发之前只须涵养，才发处便须用省察工夫，至于涵养愈熟，则省察愈精矣"，此等语皆发挥朱子"行先知后"之意。季随初守家学，然不知何以一变至是，大概季随之性格终只是如朱子所说，"不能自立……才闻他人之说便动"而已。

并且，由此书亦可见朱子"行先知后"之旨，终其一生亦未尝变也。此书在

---

① 朱熹：《文集》卷15，《朱子全书》本，第2509—2511页。

淳熙十三年(1186)，已后于鹅湖之会十一年矣。盖彼时朱子只是欲纠象山之偏，不意却成一大误会，遂启象山、阳明诋朱之论。

可见，朱子之学术特征有二：从本体论上说，分心与性为二，性须通过心之主宰作用而发见于情，遂成心、性、情三分之格局；从工夫论上说，工夫只是下学，即以未发之涵养对治气质之偏，已发之省察对治私欲之萌，如此力行做去，久之，上达自在其中。朱子这样一种学术性格，正是通过其与湖湘学者长达十余年的争论才逐渐形成的。后人撇开湖湘之学，而仅从朱陆之争去考察朱子的学术性格，其差谬不言自明矣。且象山对朱子之学多出于误会，阳明更是一意误会。其实，陆、王与朱子的距离，远没有后人所想象的那么大，如"行先知后""致良知"诸说，皆发自朱子，惜乎五峰之学不传，遂使后人亦连带误会朱子也。

附录　工夫与效验

——从程明道论"识仁"看朱子对《大学》新本的阐释①

"识仁"是明道哲学中最为重要的概念之一,到了湖湘学者那里,"识仁"被明确阐发为学者入手的基本功夫。然而,从稍后朱子对湖湘学者的批评来看,"识仁"被看成是"地位高者事",是工夫到一定地步自然而有的效验,这样,"识仁"作为工夫的那层内涵就被消除掉了。

那么,"识仁"之为工夫抑或效验,这个问题对朱子本人来说意味着什么?他如此花大力气批评湖湘学者的"识仁"工夫,强调"识仁"只可作效验看,而不可作为学者之入手工夫,其用意何在? 朱子这样一种说法,不仅对于我们把握其工夫论的性质,乃至对于重新审视整个道学的源流,都是一个需要加以认真考察的问题。

长期以来,我们囿于理学与心学这样一种格局,过分看重朱陆之争在道学史上的重要性,结果把道学发展中一些更为重要乃至根本性的问题给忽视了。本文所讨论的"识仁"概念,无疑是朱子整个学术活动中最为关注的问题之一,而"识仁"本身能否成立为一种工夫,对于儒家的工夫论来说实在是一个至关紧要的问题。下面,我们主要从朱子对明道"识仁"概念的把握入手,考察这种理解是怎样深深地影响到其对《大学》新本的阐释,并由此凸显出这种考察对于我们重新审视整个道学源流所具有的重要性。

一、识仁之为工夫抑或效验

明道《识仁篇》首言"学者须先识仁",此中"先"字,即是强调"识仁"是学者入手的工夫。明道说得甚是直截明白,而程门弟子对此似未有歧义,且径直将

---

① 此文曾刊于《复旦大学哲学评论》第一辑,上海人民出版社 2006 年版。今稍作修订,可视作全书的概要以缀集于此。

《大学》中的入手工夫,亦即"格物",解释为"识仁":

> 必穷物之理同出于一为格物,知万物同出乎一理为知至。(吕与叔)
>
> 穷理只是寻个是处,然必以恕为本,而又先其大者,则一处理通,而触处皆通。(谢上蔡)
>
> 天下之物不可胜穷,然皆备于我而非从外得也,所谓格物,亦曰反身而诚,则天下之物无不在我。(杨龟山)
>
> "今日格一件,明日格一件",为非程子之言。(尹和靖)
>
> 物物致察,宛转归己。(胡文定)①

朱子在其《大学或问》中对这些说法一一进行了批评。从朱子的批评中可以看到,这里出现了两种对"格物"概念的解释:一种解释是把格物工夫看成是对"理一"之理(天理)的把握,而另一种解释则把格物工夫看成是对"分殊"之理(定理)的把握。

在此,我们须先强调这样一点,即明道所说的格物(识仁)工夫虽然是指向本体的,但绝非对本体的"想象臆度"(如朱子即如此批评湖湘学术),而是"物物致察",属于在日用处用功的已发时功夫。而朱子的格物则是"即物穷理",与"识仁"同属于已发时功夫。两种功夫的区别似乎仅表现在这样一点:前者是在个别中看到一般,即所谓"日用之间,观此流行之体"②,而后者则是由一般推知个别,即所谓"事事物物莫不各有定理"③,"即凡天下之物,莫不因其已知之理而益穷之"。④

那么,这种对"格物"概念的不同理解,意味着什么呢?

笔者认为,道学内部的分歧首先是工夫论上的,即首先是因为道学家们对学者如何下手做工夫有不同的看法,然后为了说明他们各自主张的工夫的直截有效("易简"),而对心性关系这一类本体论问题做了进一步阐发。因此,对《大学》中作为学者入手的格物工夫之理解,就成了一关键性的问题,这也是我

---

① 参见朱熹:《大学或问》(简称《或问》),《朱子全书》册六,第530—531页。
② 朱熹:《文集》卷40《答何叔京》第13书,《朱子全书》本,第1825页。
③ 黎靖德编:《朱子语类》卷14,第272页。
④ 朱熹:《大学章句》。

们重新判分道学源流的主要依据。①

对明道一系来说，格物即是识仁。识仁作为工夫，不仅可能，而且必要。而朱子则根本反对这种立场。

首先，在朱子看来，识仁作为工夫，尤其是作为学者入手之工夫，是不可能的。② 也就是说，识仁只能看作效验，即作为工夫至极而自然可有的经验，至于平日用力，只是做居敬（整容貌、正思虑、尊瞻视）、穷理（今日格一件，明日格一件）的下学工夫，上达之效验则不待求，而自在其中矣，"至于用力之久，而一旦豁然贯通焉"（《格物补传》）。

然而，朱子这种说法在处理明道之《识仁篇》时就遇到了极大的困难。朱子欲并尊二程，故不得不回避对明道的批评，且百般弥缝明道与伊川的不同，而当承继明道之学的谢上蔡、湖湘学者重复同样的论调时，朱子则对之大加挞伐。

对于朱子这种自相矛盾的立场，似乎还可以找到这样一种弥缝的办法，这就是如何理解"地位高者事"的说法。当朱子认为识仁是"地位高者事"时，其实可能有两层不同的理解：

其一，识仁仅仅被看作效验，即作为下学工夫自然而有、不待求的效验，或者说，工夫只要在下学处做，自有个上达之效在其中，而不必着意去做上达的工夫。

其二，识仁也有工夫的意味，只不过不是作为学者入手的工夫，而是作为地位高者方可做得的工夫，因此，像明道这样天资甚高的人，自可以在识仁上

---

① 近世学者多关心本体论问题，而忽视工夫论问题，这一方面是因为乾嘉以后的学者不重视道德修养，一方面则是受了西学谈玄务虚的学术兴趣的影响。因此，若以这种学术态度去审视传统学问，尤其是最具"实学"意味的道学，其偏颇自不待言。观乎当时的学术争论，大都围绕工夫论问题而发，而极少涉及本体论问题。今之理学与心学，则纯是本体论上的分限，而牟宗三先生将道学源流判为三系，虽极有功，然亦从本体论上立论。至于唐君毅先生，其论胡朱、朱陆之争，尤重工夫论上的歧异，则颇得道学宗旨。

　　且从工夫论上着眼，则诸家立说之异，皆因各自气质的不同，所立之教法遂有差异耳，然皆可判为道学一脉，非若今人以扞格抵牾目之也。

② 张南轩本来一直主张识仁工夫，大概受了朱子的影响，则转而主张识仁只是效验，如其在《知言疑义》中说道："必待识仁之体而后可以为仁，不知如何而可以识也。学者致为仁之功，则仁之体可得而见。识其体矣，则其为益有所施而无穷矣。然则答为仁之问，宜莫若敬而已矣。"（《胡宏集》附录一，第335页。）可见，在南轩看来，为仁是工夫，而识仁则是效验。

做工夫。

后一种说法，通常是成为朱子批评的对象。但"识仁"既可作工夫看，亦可作效验看，对于朱子来说，当是一个最妥当的处理办法。就是说，明道以"识仁"作为学者入手的工夫，对于天资较高的人来说，是可行的，而对于一般的人来说，识仁只是下学工夫到一定地步方有的效验。儒家言材质，素来有上、中、下三品的不同，这种说法具有强烈的工夫论意味。材质不同，则为学之方法自当有不同。两种为学门径的区分，在明道与伊川那里已发其端，至胡五峰与朱子，则各就其根器、材质之不同，而发展出一套极完备的工夫论学说。这种做法，与禅宗之南北、利钝、顿渐的区分正相合。然后，随着湖湘利根之学的湮没，这一为学门径也渐不为人所知，直至阳明晚年，才意识到圣门之教有钝根、利根的不同。①

从《格物补传》"豁然贯通"的说法来看，朱子更多的是主张"识仁"只可作效验看。因此，当湖湘学者将"识仁"明确作为工夫提出来时，朱子的反应是相当强烈的。② 在他看来，既然"识仁"不可能成为工夫，那么，湖湘学者的工夫最终不过"揣摩影像"而已，未必实有所见也。③

不过，朱子仅仅在一点上承认识仁作为工夫是可能的，即将"识仁"看作小

① 阳明"致良知"法门，实宗朱子钝根之学，然其辨生知安行、学知利行与困知勉行之不同甚详，且晚年遂有所谓利根之学，可见此时其学问已臻圆熟矣。
② 我们在后面将要谈到，朱子始终是主张下学而上达的，即便在倾心于湖湘之学时，他仍是将湖湘学者之察识工夫当作下学工夫而加以接受的。
③ 朱子在《答张敬夫》第44书(题名《又论仁说》)中对胡伯逢批评道："至于伯逢又谓上蔡之意，自有精神，得其精神，则天地之用，皆我之用矣，此说甚高妙。然既未尝识其名义，又不论其实用功处，而欲骤语其精神，此所以立意愈高，为说愈妙，而反之于身，愈无根本可据之地也。所谓'天地之用，即我之用'，殆亦其传闻想象如此尔，实未尝到此地位也。"(朱熹:《文集》卷32，《朱子全书》本，第1413页。)此是批评伯逢未到此地位，自不可能有"识仁"的效验，而只是"传闻想象"而已。朱子《答吴晦叔》第7书亦重申此意："大抵向来之说，皆是苦心极力要识仁字，故其说愈巧，而气象愈薄。近日究观圣门垂教之意，却是要人躬行实践，直内胜私，使轻浮刻薄、贵我贱物之态潜消于冥冥之中，而吾之本心浑厚慈良、公平正大之体常存而不失，便是仁处。其用功着力，随人浅深各有次第，要之，须是力行久熟，实到此地方能知此意味。盖非可以想象臆度而知，亦不待想象臆度而知也。"(朱熹:《文集》卷42，《朱子全书》本，第1913页。)朱子甚至对孟子也有类似的批评："如孟子，却是将他到底已教人。如言'存心养性，知性知天'，有其说矣，是他自知得。余人未到他田地，如何知得他滋味？卒欲行之，亦未有入头处。"(黎靖德编:《朱子语类》卷124，第2968页。)在朱子看来，孟子犯了和明道一样的错误，把自己到一定地步而有的效验当作工夫看了，故如这般要求学者做工夫，而学者自是"未有入头处"。

学工夫,只是知晓得"仁之名义"而已。朱子曰:

> 窃意此等名义,古人之教,自其小学之时已有白直分明训说,而未有后世许多浅陋玄空、上下走作之弊,故其学者亦晓然知得如此名字。但是如此道理不可不著实践履,所以圣门学者皆以求仁为务,盖皆已略晓其名义,而求实造其地位也。若似今人茫然理会不得,则其所汲汲以求者,乃其平生所不识之物,复何所向望爱说而知所以用其力邪?①

显然,这种对"识仁"的理解,绝非明道、五峰的本意。

此外,朱子否定"识仁"作为工夫是必要的。当朱子将"识仁"看作用力之久,而一旦豁然贯通之后自有的效验而言,实际上就否认了识仁作为工夫是必要的。就是说,下学自有上达之效,那么,就没有必要做什么上达的工夫了。

而明道、五峰一系则从相反的方面肯定了"识仁"是必要的。工夫虽在上达处,久之自有下学之效,更准确地说,不上达则无以下学,不"识仁"则无以除旧习、外诱。这个道理在明道的《识仁篇》《定性书》中都说得甚明白:

> "必有事焉而勿正,心勿忘,勿助长",未尝致纤毫之力。此其存之之道。盖良知良能,元不丧失,以昔日习心未除,却须存习此心,久则可夺旧习。(《识仁篇》)
> 《易》曰:"贞吉悔亡,憧憧往来,朋从尔思。"苟规规于外诱之除,将见灭于东而生于西也,非惟日之不足,顾其端无穷,不可得而除也。(《定性书》)

明道在《定性书》首先强调"识仁"作为工夫是必要的,而否认将"除外诱"作为入手工夫,甚至认为这种工夫根本是不可能的,"不可得而除也";而在《识仁篇》中进一步强调"识仁"会导致"除外诱""夺旧习"这些下学效验。此处须注意一点,明道所谓"未尝致纤毫之力",绝不是认为上达后便一了百了,而是认为工夫只是存养本体,而不必用力于夺旧习,然其效验则至于夺旧习。

所以,在明道那里,工夫明显有二:《定性书》讲的是上达工夫,即后来所说

的"识仁"工夫；而《识仁篇》讲的却是上达后，或者说，识得仁体后，当如何用功，即下学工夫。下学工夫是以诚敬之心存养仁体，其用力虽在本体上，而其效则至于除外诱、夺旧习。可见，若不能识仁，如何能灭尽人欲、尽复天理呢？对明道来说，"识仁"作为工夫的必要性是显而易见的。

这两段工夫到了湖湘学者那里，更明确地阐发为"先察识而后涵养"的工夫。"察识"是察识仁体，属已发时工夫；"涵养"是涵养仁体，属未发时工夫。①前者旨在上达，后者则以下学为务。

然而，当朱子将识仁看作效验，看作学者工夫至极而有的境界时，实际上否定了"识仁"作为工夫的可能性。其实，在明道那里，"识仁"之法并不像朱子以为的那样高。

《定性书》对"识仁"的方法说得非常清楚，即所谓"君子之学，莫若廓然而大公，物来而顺应"。既然是君子之"学"，可见"廓然而大公，物来而顺应"纯然是在工夫上言，而非效验。而且，明道还恐人错看，将君子之学看作君子之效验，又渐渐说低去，最为落实在"于怒时遽忘其怒而观理之是非"一句。可见，《定性书》所论纯是"识仁"之法，后来湖湘学者提出"观过知仁"的工夫，实本乎此。②

朱子对《定性书》的解读明显是有问题的。《朱子语类》上有这样一段话：

　　"明道《定性书》自胸中泻出，如有物在后面逼逐他相似，皆写不辨。"直卿曰："此正所谓'有造道之言'。"曰："然。只是一篇之中，都不见一个下手处。"蜚卿曰："'扩然而大公，物来而顺应'，这莫是下工处否？"曰："这是说已成处。且如今人私欲万端，纷纷扰扰，无可奈何，如何得他大公？所见与理皆是背驰，如何便得他顺应？"道夫曰："这便是先生前日所谓'也须存得

---

①　朱子后来将这个说法完全颠倒过来，主张先涵养而后察识。然而，这个颠倒却使察识、涵养获得了一种完全不同的内涵。在朱子那里，涵养是对治气禀之偏的主敬工夫，属未发时工夫；而察识则是消除人欲之私的省察工夫，属已发时工夫。主敬、涵养乃学者用力之所在，相当于明道所说的"未尝致纤毫之力"的"除外诱"工夫。

②　子曰："人之过也，各于其党。观过，斯知仁矣。"（《论语·里仁》），"观过知仁"虽取乎此，然其意则实得自明道之"忘怒"。关于朱子对"观过知仁"的批评，及"识仁"能否究竟成立的问题，已另撰文，在此不作展开论述。

　　又，佛门有"观怒"之法，以为唯有以平等心静观之，方能消除人之嗔忿。这说可与儒门"观过"功夫相印证。

这个在'。"曰："也不由你存。此心纷扰，看着甚方法，也不能得他住。这须是见得，须是知得天下之理，都著一毫私意不得，方是，所谓'知止而后有定'也。不然，只见得他如生龙活虎相似，更把捉不得。"①

"造道之言"这个概念出自伊川。当时有人问横渠的地位未至圣人，然其《西铭》如何说得这般好，伊川对此说道："言有多端，有有德之言，有造道之言。有德之言说自己事，如圣人言圣人事也。造道之言则知足以知此，如贤人说圣人事也。横渠道尽高，言尽醇，自孟子后儒者，都无它见识。"②在伊川看来，"有德之言"才真正是效验，而"造道之言"由于工夫毕竟未到，多少有几分"想象臆度"的味道。朱子在此借用这个说法，其意与伊川一样，都是说明道天资好，故能发此"造道之言"，然地位终未至此，故不足为"有德之言"也。看来，朱子承认明道天资好，却无形中将明道在心性修养上的"地位"降低了。

虽然如此，朱子仍然肯定《定性书》具有效验的意义，也正因如此，朱子否定了定性作为工夫的性质。所以，当其弟子认为"廓然而大公，物来而顺应"是工夫时，朱子否定了这种说法，认为只是效验，"存养之功至，而得性之本然也"。③

可见，朱子在讨论明道、五峰的思想时，倾向于将"识仁"作为效验，而不是工夫。然而，当朱子安排其《大学》新本中三纲领、定静安虑得与八条目的次第关系，尤其是八条目之间的关系时，则不得不兼取二者，既肯定每一条目皆为工夫，又承认后一条目为前一条目的效验。譬如，他时而说某项条目是"效验次第如此"，"待将来熟时，便自见得"，时而又说"节节有工夫"，"工夫须着并到"。其中，如何处理致知与诚意、诚意与正心的关系，最能看出朱子整个学说的基本倾向，而朱子改定《大学》新本的意图亦由此可见。

---

① 黎靖德编：《朱子语类》卷95，第2441页。
② 《河南程氏遗书》卷18，载《二程集》，第196页。又，《河南程氏遗书》卷11则就孟子而别"造道之言"与"有德之言"，曰："有有德之言，有造道之言。孟子言己志者，有德之言也；言圣人之事，造道之言也。"（《二程集》，第127页。）伊川盖以孟子未至圣人地位也。
③ 《朱子语类》上尚有类似的说法，如卷95载："问：'《定性书》是正心诚意功夫否？'曰：'正心诚意以后事。'"（第2445页）修身工夫只是格致诚正四条目，而朱子直以"定性"为修身以后事，则"定性"不仅是"地位高者事"，且全无工夫的意味。

二、"节节有工夫"与"效验次第如此"

朱子改定《大学》新本，以及其对《大学》新本的阐释，始终贯穿着工夫与效验这样一条线索。朱子在《大学章句》与《大学或问》中虽然对此语焉不详，然亦非无端倪可寻，而至其《大学语类》，则极言此理，而《章句》之旨义由是显露无遗矣。①

其实，在《大学》首章中，已相当明确地将工夫与效验的问题揭示出来了。首先，"物格而后知至，知至而后意诚，意诚而后心正，心正而后身修，身修而后家齐，家齐而后国治，国治而后天下平"，这是在效验上讲八条目。如《章句》云：

> 知既尽，则意可得而实矣。意既实，则心可得而正矣。

盖致知之功至其极处，则有意诚之效；而诚意之功至其极处，则有心正之效。显然，此语明是以后一节为前一节工夫的效验。又，《朱子语类》卷 15 第 146 条云：

> 初间"欲明明德于天下"时，规模便要恁地了。既有恁地规模，当有次序工夫；既有次序工夫，自然有次序功效：物格，而后知至；知至，而后意诚；意诚，而后心正；心正，而后身修；身修，而后家齐；家齐，而后国治；国治，而

---

① 历来治朱子之学者多注重《文集》，而以《朱子语类》前后相抵牾之故而忽略之。毋庸讳言，《朱子语类》中种种抵牾处甚多，这一方面是因为门人弟子记述之偏差，另一方面则是因为朱子本人的学说前后变化太大，甚至，朱子晚年还有如此语："某如今方见得圣人一言一字不吾欺，只今六十一岁，方理会得恁地。"（黎靖德编：《朱子语类》卷 104，第 2621 页。）又云："熹觉得今年方无疑。"（同前，第 2622 页）"某为人迟钝，旋见得旋改，一年之内，改了数遍不可知。"（同前，卷 62，第 1486 页。）这些都使我们在利用《朱子语类》中的材料时必须要充分地谨慎。然而，我们决不能因此将《朱子语类》置于朱子研究的范围之外。我们只要认真推究《朱子语类》中师徒之间的讲论，便可发现，朱子对义理辨析的精审、详到，远非其他道学家可比，而这仅仅通过《文集》（更不用说《章句》）是无法体会到的。可以说，我们要真正把握朱子对儒家经典的阐释，必不能忽视《朱子语类》和《或问》。

后天下平。只是就这规模恁地广开去,如破竹相似,逐节恁地去。①

在朱子看来,大学的工夫大段皆在格物致知上。故格致的工夫多了,则诚正修齐治平的工夫少了,而效验的意味则多了。朱子改定《大学》新本,较之二程的改本及宋以前的古本,最大的不同就是为格物、致知两条目作传,从而确立了格物致知作为大学入手工夫的地位。

格物致知对朱子来说,不仅仅是作为入手的工夫,而且相当程度上涵盖了其他条目,以至于诚正修齐治平常常只被看作是格致工夫至极之后自然而有的效验。正是基于这样一个考虑,朱子如此改定《大学》新本,就自在情理之中了。

然而,从《大学》的结构来看,朱子又不可能完全否定其他条目的工夫意味。如首章云:"古之欲明明德于天下者,先治其国;欲治其国者,先齐其家;欲齐其家,先修其身;欲修其身者,先正其心;欲正其心者,先诚其意;欲诚其意者,先致其知;致知在格物。"这明明强调八条目各自是一段工夫,所以,朱子又主张八条目"节节有工夫"。

《朱子语类》中这类说法很多:

> "欲修其身者,先正其心;欲正其心者,先诚其意;欲诚其意者,先致其知;致知在格物。"五者,其实则相串,而以做工夫言之,则各自为一事,故"物格,而后知至;知至,而后意诚;意诚,而后心正;心正,而后身修"。着"而"字,则是先为此,而后能为彼也。盖逐一节自有一节功夫,非是笼侗言知至了意使自诚,意诚了心便自正,身便自修,中间更不着功夫。然但只

① 朱子又云:"大要只在致知格物上。如物格、知至上卤莽,虽见得似小,其病却大。自修身以往,只是如破竹然,逐节自分明去。今人见得似难,其实却易。人人德处,全在致知、格物。譬如适临安府,路头一正,着起草鞋,便会到。未须问所过州县那个在前,那个在后,那个是繁盛,那个是荒索。工夫全在致知、格物上。"(黎靖德编:《朱子语类》卷15,第304页。)此条亦是以"破竹"为喻来说明"效验次第如此"。

是上面一截功夫到了，则下面功夫亦不费力耳。①

其实，在朱子那里，每一条目都应该有两层意思，既可以作为工夫，亦可以作为效验：格物、致知、诚意、正心、修身、齐家、治国、平天下是在工夫上言，而物格、致知、意诚、心正、身修、家齐、国治、天下平则在效验上言。这一点当是朱子一贯的想法，然而，当朱子具体处理《大学》之次第时，则常常放弃了这个立场，而这与朱子过分强调格物致知工夫的重要性有极大的关系。

下面，我们就具体考察朱子是怎样围绕工夫与效验的问题来阐释《大学》新本的。

1. 明明德、新民与止于至善

朱子《大学章句》云：

　　修身以上，明明德之事也。齐家以下，新民之事也。

朱子将八条目工夫分成两大段，分别以明明德与新民统领之。显然，明明德与新民是工夫，但只是大段工夫或工夫之纲领而已，至于具体用功则全在八条目上。②

如此，"止于至善"就不可能是工夫，只能是效验。③《大学章句》又云：

---

① 黎靖德编：《朱子语类》卷16，第354—355页。此外，《朱子语类》颇有类似的说法，如卷16云："《大学》所以有许多节次，正欲学者逐节用工。非如一无节之竹，使人才能格物，则使到平天下也。夫人盖有意诚而心未正者，盖于忿懥、恐惧等事，诚不可随事而排遣也。盖有心正而身未修者，故于好恶之间，诚不可不随人而节制也。至于齐家以下，皆是教人节节省察用功。故经序但言心正者必自诚意而来，修身者必自正心而来。非谓意既诚而心无事乎正，心既正而身无事乎修也。且以《大学》之首章便教人明明德，又为格物以下事目，皆为明明德之事也。而平天下，方且言先谨乎德等事，亦可见矣。"（第355页）又云："《大学》既格物、致知了，又却逐件各有许多工夫在。曰：'物格，知至后，其理虽明，到得后来齐家、治国、平天下，逐件事又自有许多节次，须逐件又徐徐做将去。如人行路，行到一处了，又行一处。先来固是知其所往了，到各处又自各有许多行步。若到一处而止不进，则不可；未到一处而欲逾越顿进一处，亦不可。'"（第359页）

② 《朱子语类》卷14云："《大学》首三句说一个体统，用力处却在致知、格物。"（第260页）即是此意。

③ 朱子又以"止于至善"是"规模之大"，如《朱子语类》卷14云："明德、新民，便是节目；止于至善，便是规模之大。"（第260页）此处所言"规模"，实有效验义。

> 明明德新民,皆当至于至善之地而不迁,盖必其有以尽夫天理之极,
> 而无一毫人欲之私也。

就是说,八条目工夫必须用力至"止于至善"之地方是圆满,或者说,明明德与新民的工夫必须做到有"止于至善"的效验出现而后可。①《朱子语类》如此等语亦多,卷 14 云:

> 明明德,便要如汤之日新;新民,便要文王之"周虽旧邦,其命维新"。
> 各求止于至善之地而后止也。②
> 欲新民,而不止于至善,是"不以尧之所以治民者治民"也。明明德,是
> 欲去长安;止于至善,是已到长安也。③

明明德、新民皆是工夫,而止于至善则是效验,此处说得极明白。故学问须是"求止于至善",不得止则不止也。④ 如此言效验,则与朱子论"识仁"作为效验又不同。

---

① "效验"在朱子那里有两方面意思:前面在讨论朱子论明道"识仁"时,是强调"识仁"不必强求,只是效验而已,若除外诱的下学工夫做到极处,上达之效验自在其中,换言之,"识仁"之效不必求,亦不待求,而自有之矣。而朱子在对《大学》新本进行阐释时,除了不时有上述那层意思外,更多强调了这样一点,即前一项工夫必须做到下一个条目作为效验出现才算圆满,如致知工夫须做到意诚方是至善,而诚意工夫须做到心正方是至善。换言之,致知工夫不是为了致知,而是为了诚意,知不是仅仅为了知,而是为了行,因此,意诚才是衡量致知的标准,致知达到才是真知。所以,效验对于工夫来说是一个可以看得到的目标,前一个工夫仅仅是为了进入下一个工夫做准备。
② 黎靖德编:《朱子语类》卷 14,第 272 页。
③ 黎靖德编:《朱子语类》卷 14,第 272 页。
④ 《朱子语类》卷 14 云:"自谓能明其德而不屑乎新民者,如佛、老便是;不务明其明德,而以政教法度为足以新民者,如管仲之徒便是;略知明德新民,而不求止于至善者,如前日所论王通便是。看他于己分上亦甚修饬,其论为治本末,亦有条理,甚有志于斯世。只是规模浅狭,不曾就本原上着功,便做不彻。须是无所不用其极,方始是。看古之圣贤别无用心,只这两者是吃紧处:明明德,便欲无一毫私欲;新民,便欲人于事事物物上皆是当。"(第 253 页)此皆是强调工夫须有效验方是至极。

2. 知止与定静安虑得

止于至善是在事上言,而定静安虑得则在心上言。① 二者皆是明明德、新民之功至极而后有的效验。

这种说法对朱子来说,亦属一贯的立场。然而,朱子对"知止"的理解尚有不同的说法,以为"知止"多少具有工夫的意味,而定静安虑得则视为"知止"的效验。

《朱子语类》卷 14 第 121 条云:

> 刘源问"知止而后有定"。曰:"此一节,只是说大概效验如此。""在明明德,在新民,在止于至善",却是做工夫处。

此处则以三纲领皆为工夫,而定静安虑得为其效验。

而定、静、安、虑、得这几种内心经验,虽然一层深似一层,然在朱子看来,其间并无工夫,只要"知止"工夫做得尽,则"效验次第如此"。②《大学或问》云:

> 能知所止,则方寸之间,事事物物皆有定理矣。理既有定,则无以动其心而能静矣。心能静,则无所择于地而能安矣。能安则日用之间从容闲暇,事至物来有以揆之而能虑矣。能虑则随事观理,极深研几,无不各得其所止之地而止之矣。然既真知所止,则其必得所止固已不甚相远。

所谓"能知所止",即是强调"知止"工夫要做得尽,则后面自然有定静安虑得之效。《朱子语类》对此道理说得更明白:

---

① 据《朱子语类》,"知止而后有定,如行路一般。若知得是从那一路去,则心中自是定,更无疑惑。既无疑惑,则心便静;心既静,便贴贴地,便是安。既安,则自然此心专一,事至物来,思虑自无不通透。若心未能静安,则总是胡思乱想,如何是能虑!"(黎靖德编:《朱子语类》卷 14,第 275 页。)又,"问知止而后有定。曰:须是灼然知得物理当止之处,心自会定"(同前,第 272 页)。又,"知在外,得便在我"(同前,第 281 页)。可见,知止是在事上言,而定静安虑得是在心上言。

② 案,《朱子语类》云:"问知止至能得。曰:如人饮酒,终日只是吃酒。但酒力到时,一杯深如一杯。"(黎靖德编:《朱子语类》卷 14,第 281 页。)表面上看来,"一杯深如一杯",其间当有工夫,然而朱子又强调"酒力到时",则将工夫全归之"知止"了。

　　　　陈子安问："知止至能得，其间有工夫否?"曰："有次序，无工夫。才知
　　止，自然相因而见。只知止处，便是工夫。"①

　　　　问"知止能得"一段。曰："只是这个物事，滋长得头面自各别。今未要
　　理会许多次第，且要先理会个知止。待将来熟时，便自见得。"②

　　　　黄去私问知止至能得。曰："工夫全在知止。若能知止，则自能
　　如此。"③

　　"知止"本是指三纲领中的"止于至善"的工夫，这个工夫贯乎八条目，就是说，在
八条目中的每一段都必须至乎其极，以止于至善，"明明德新民，皆当至于至善
之地而不迁"(《大学章句》)，我们相信这个说法应该是朱子的本意，否则，定静
安虑得仅仅作为效验的说法就不那么显得有说服力了。

　　然而，在朱子那里，"知止"又常常被看作致知阶段的工夫，即仅仅在致知
这个条目上止于至善，其效则至于定静安虑得。显然，这个说法大大提高了
"致知"在整个《大学》工夫中的地位。这层意思在《大学或问》中体现得很明显：

　　　　盖明德新民固皆欲其止于至善，然非无有以知夫至善之所在，则不能
　　有以得其所当止者而止之，如射者固欲其中人正鹄，然不先有以知其正鹄
　　之所在，则不能有以得其所当中者而中之也。知止云者，物格知至而于天
　　下之事皆有以知其至善之所在，是则吾所当止之地也。④

甚至在《朱子语类》中还有这样的说法：

　　　　知止至能得，是说知至、意诚中间事。⑤

这种说法与其说是降低了定静安虑得的地位，还不如说是大大提高了致知工

---

①　黎靖德编：《朱子语类》卷 14，第 280 页。
②　黎靖德编：《朱子语类》卷 14，第 281 页。
③　黎靖德编：《朱子语类》卷 14，第 281 页。
④　朱熹：《大学或问》，载《朱子全书》册六，第 510 页。
⑤　黎靖德编：《朱子语类》卷 14，第 281 页。

夫的重要性。

朱子如此突出致知工夫,我们首先可以断定这样一点,即陆王对朱子所说"致知"的理解肯定是有问题的,或者说,"致知"绝非只是陆王所批评的泛观博览的意思。[1]

那么,我们如何理解朱子所说的致知工夫呢?

3. 致知与诚意

朱子在此提出了"所当然"与"所以然"的区别。《大学或问》中说道:

> 至于天下之物,则必各有所以然之故与其所当然之则。所谓理也,人莫不知;而或不能使其精粗隐显,究极无余,则理所未穷,知必有蔽,虽欲勉强以致之,亦不可得而致矣。故致知之道,在乎即事观理以格。夫物格者,极至之谓,如"格于文祖"之格,言穷之而至其极也。[2]

格物与致知,在朱子那里是被看作同一段工夫,其区别仅仅在于:格物是就事理上言,致知则是在心上言。然内外之理本无二,故穷格外物之理即是至极吾心之知也。

对于"所当然"与"所以然"两个概念,今世学者多出乎误解。《朱子语类》中有这样一段话:

> 问:"《或问》,物有当然之则,亦必有所以然之故,如何?"曰:"如事亲当孝,事兄当弟之类,便是当然之则。然事亲如何却须要孝,从兄如何却须要弟,此即所以然之故。如程子云:'天所以高,地所以厚。'若只言天之高,地之厚,则不是论其所以然矣。"[3]

按照儒家的经典说法,"事亲当孝,事兄当弟"乃人的良知良能。所谓良知良能,就是强调孝悌是人与生俱来、自然就知道的当然之则。朱子《大学章句补传》

---

[1]　在陆王那里,致知工夫并不重要,所以,他们无法理解朱子为什么要把致知工夫提到那样一个地位。可以说,陆王所批评的致知,绝非朱子所说的致知;陆王所批评的朱子,也绝非真朱子。

[2]　朱熹:《大学或问》,载《朱子全书》册六,第512页。

[3]　黎靖德编:《朱子语类》卷18,第414页。

所说的"人心之灵莫不有知"即强调了"所当然"是众所俱有的知识,既然如此,则"所当然"就绝非大学阶段所要做的工夫,更多是属于小学阶段所要注意的事项。

"所当然"作为小学阶段达到的目标,虽然其中有"应当"的意思,但更多的是"自然"的意思。当朱子谈到"所当然"时,常常是用孝悌、四端这类良知良能来作比:

> 盖仁,本只有慈爱,缘见孺子入井,所以伤痛之切。义属金,是天地自然有个清峻刚烈之气。所以人禀得,自然有裁制,便自然有羞恶之心。礼智皆然。盖自本原而已然,非旋安排教如此也。……且如知得君之仁,臣之敬,子之孝,父之慈,是知此事也;又知得君之所以仁,臣之所以敬,父之所以慈,子之所以孝,是觉此理也。①

朱子又以"不容已"来解释"所当然",《朱子语类》云:

> 问:《或问》云:'天地鬼神之变,鸟兽草木之宜,莫不有以见其所当然而不容已。'所谓'不容已',是如何?"曰:"春生了便秋杀,他住不得。阴极了,阳便生。如人在背后,只管来相趁,如何住得!"②

所谓"不容已"者,盖如人之孝亲敬长,乃情不自禁而然也。据《朱子语类》所载:

> 或问:"理之不容已者如何?"曰:"理之所当为者,自不容已。孟子最发明此处。如曰:'孩提之童,无不知爱其亲;及其长也,无不知敬其兄。'自是有住不得处。"③

> 又如人见赤子入井,皆有怵惕、恻隐之心,此其事"所当然而不容已"者也。④

---

① 黎靖德编:《朱子语类》卷18,第383—384页。
② 黎靖德编:《朱子语类》卷18,第413—414页。
③ 黎靖德编:《朱子语类》卷18,第414页。
④ 黎靖德编:《朱子语类》卷18,第414页。

可见，"不容已"表面上是指理所当然，实际上是情不自禁的意思。在今人看来，礼法更多被视为"应当"的责任，而在古人那里，则通过小学阶段的涵养，而成为一种纯粹自然的情感。中国人常说"习惯成自然"，即是这个意思。①

然而，仅仅出乎自然的好善之心是不够的，特别是当上古时重视"养成"的礼乐传统被破坏以后，如何把那些尚存的、仅仅作为"应当"的礼法化为一种自然的东西，这些都使朱子在"所当然"概念之上提出了"所以然"的概念，并将之作为大学工夫的目标。

然而，"所以然"更是一个让人误解的概念。这种误解来自两个方面：其一，"所以然"被理解成"为何"的意思，如思索"应当"孝悌的道理，这种说法很容易赋予朱子学说某种知识论的倾向；其二，"所以然"被理解成"如何"的意思，②如王阳明所说的如戏子一般知道许多温亲奉养的仪节，可以说是最具代表性的批评。此说最易把朱子学说看作某种知识论。

这里尤须注意"精粗隐显究极无余""穷之而至其极"之类的话，《大学章句》亦言："物格者，物理之极处无不到也。知至者，吾心之所知无不尽也。"其中，《格致补传》则曰："是以大学始教，必使学者即凡天下之物，莫不因其已知之理而益穷之，以求至乎其极。"可以说，"所当然"只是人自然知道见父当孝、见兄当弟的道理，至于"所以然"，则是对格致工夫的说明，目的就是要将此道理推至极处，或者说，至极人所本有的良知。

那么，为什么要将本有之良知推至极处呢？朱子这里大概包含两方面的考虑：

其一，格物须是"众物之表里精粗无不到"，故不得不通过读书、讲求获得必要的知识。《朱子语类》云：

---

① 在康德那里，纯粹作为"应当"的道德法则，必须排斥任何情感，而仅仅视作一种义务。但中国人的良知良能，显然是基于一种自然的情感，故朱子虽称孝亲敬兄为"所当然"，却较少有"应当"的意味，而指一种习惯养成而出乎自然的对善之喜好。

② 朱子解释"格物"时有这样的说法："格物，是穷得这事当如此，那事当如彼。如为人君，便当止于仁；为人臣，便当止于敬。又更上一着，便要穷究得为人君，如何要止于仁；为人臣，如何要止于敬，乃是。"（黎靖德编：《朱子语类》卷 15，第 284 页。）此说颇有知识论的意味，难免被人误解。

如"笾豆之事，则有司存"，非谓都不用理会笾豆，但比似容貌、颜色、辞气为差缓耳。又如官名，在孔子有甚紧要处？圣人一听得郯子会，便要去学。盖圣人之学，本末精粗，无一不备，但不可轻本而重末也。今人闲坐过了多少日子，凡事都不肯去理会。且如仪礼一节，自家立朝不晓得礼，临事有多少利害！[①]

盖世间的事变无穷，故平时自当尽量掌握有关的知识，否则，应事接物怎能做得恰到好处以臻于至善呢？人的行为之善，则是因为其意图之善，即出于良知则足矣；但行为若要达到至善，则须在事上将相关细节皆安排妥帖，一丝一毫都不能不善，如此则需掌握有关的知识。然而，为了使行为达到至善而掌握必要的知识，显然不是西方意义上的知识论倾向。尤其是应接事物时，经常有所谓"变处方难处"，更需要知其"所以然"。《朱子语类》云：

这明德亦不甚昧。如适来说恻隐、羞恶、辞逊、是非等，此是心中元有此等物。发而为恻隐，这便是仁；发而为羞恶，这便是义；发而为辞逊、是非，便是礼、智。看来这个亦不是甚昧，但恐于义理差互处有似是而非者，未能分别耳。且如冬温夏清为孝，人能冬温夏清，这便是孝。至如子从父之令，本似孝，孔子却以为不孝。与其得罪于乡间，不若且谏父之过，使不陷于不义，这处方是孝。恐似此处，未能大故分别得出，方昧。且如齐宣王见牛之觳觫，便有不忍之心，欲以羊易之。这便见恻隐处，只是见不完全。及到"兴甲兵，危士臣"处，便欲快意为之。是见不精确，不能推爱牛之心而爱百姓。只是心中所见所好如此，且恁地做去。又如胡侍郎《读史管见》，其为文字与所见处甚好，到他自做处全相反。不知是如何，却似是两人做事一般，前日所见是一人，今日所行又是一人。是见不真确，致得如此。[②]

就是说，同一件事情，可能此时做得好，而彼时就做不好；或者，同一个人，做某件事做得好，而做另一件事情就做不好。所以临事不能"止于至善"，都是平时

① 黎靖德编：《朱子语类》卷15，第300页。
② 黎靖德编：《朱子语类》卷14，第263页。

不讲求事物之"所以然",故虽有善的意图,则临事无所措手足,甚至走向其"初心"的反面。

其二,致知乃至极其知,即使"吾心之全体大用无不明",使吾心之所发无一丝毫之不善。朱子常用"磨镜"来比喻致知,即是强调致知的同时,也是克己的过程。道学家讲的"行"主要是指这层意思,我们熟悉的"狠斗私字一闪念""灵魂深处闹革命"的说法,正是地道的宋儒话语。

对此,我们可以注意到这样一个事实:仅仅自然要孝,是否就能知道孝的这许多仪节? 或者说,一个动机善的人,是否就能够把事情做得至善? 显然这是不可能的。这除了读书不够的原因之外,另一个重要的原因就是,人们之所以不能把事情做得善,是因为心里毕竟有纤毫不善在那里,只是人们常常没有觉察到而已。因此,读书表面上是要学许多仪节,实际上是通过究极事物之理,而使人心中潜伏着的那些不善的东西显露出来。致知表面上是要在事物上求个至善,实际上是要消除人心之私,使之"莫见乎隐,莫显乎微"。

因此,纯粹出乎自然的孝行,实际上其根子里还有很多不善的东西,虽然一时没有发出来,但有可能在别的地方表现出来。就此而言,读书就是主动去寻找这些不善的东西,然后加以克治之功。这样,当人们克尽一切私欲之后,而使意之所发无有不诚,自然不会有"知不行"的毛病了。对于朱子来说,致知以止于至善,其效验必然是真知。①

可见,朱子主张致知工夫须至其"所以然",正好是要反对那种知识论倾向。就是说,当我知道"为何"及"如何"去孝去悌时,实际上已经去孝去悌了,此时我已克除了一切阻碍我去孝去悌的私心,而在筹度如何方能随顺我父兄的意了。可以说,朱子将意诚看作致知工夫的效验时,即包含了这样一种考虑:致知须是至于要去行了,才是知至,才是真知。

如此去看致知,才能理解朱子对致知与诚意关系的阐释。因此,意诚自是致知之效验,致知若不能达到意诚,则表明其工夫终有未到处。《大学或问》云:

---

① 其实,朱子所说的"真知"与阳明并无区别,都有"知行合一"的意思。《朱子语类》中此类说法极多,今不劳赘述。在此,我们仅须指出,即从朱子对工夫与效验问题的处理来看,"知至而后意诚","真知"必然成为致知工夫的效验。

> 知无不尽,则心之所发几能一于理无自欺也。①

朱子一方面强调意诚为致知工夫的效验,另一方面,朱子又说致知之功尽,尚不过"几能一于理无自欺",这就保留了诚意作为工夫的独立性。朱子类似的说法亦多:

> 知至而后意诚,然犹不敢恃其知之已至而听其自为也。故又曰:必诚其意,必谨其独,而毋自欺焉。②
>
> 物既格,知既至,到这里方可着手下工夫。不是物格、知至了,下面许多一齐扫了。若如此,却不消说下面许多。看下面许多,节节有工夫。③

这些说法进一步强调诚意作为独立工夫的必要性。

那么,我们怎样来理解诚意工夫呢? 特别是对于朱子来说,致知工夫实质上又是诚意工夫,甚至整个修身工夫常常被归结为诚意工夫,而且,从前面对"知止"的分析来看,知止于至善,便是"众物之表里精粗无不到,而吾心之全体大用无不明"(《格致补传》),前者指事物上求个定理,后者则是指心之所发无一纤毫不善。如此看来,致知工夫确已涵盖了大学整个修身工夫。那么,当朱子强调在致知之后尚有一段诚意工夫时,到底想要表明什么呢?

按照《大学或问》的说法,人本来是好善,"人之常性,莫不有善而无恶,其本心莫不好善而恶恶",这就是中国人所说的"良知"。④ 既然人就其本然而言是好善,那么,人们后来虽然知道种种为善去恶的道理,却只是流于虚文,而不能真正去好善恶恶。朱子认为这是出于"形体之累""气禀之拘",所以人心为物欲之私所蔽,"固有曾然不知其善恶之所在者,亦有仅识其粗而不能真知其可好或恶之极者"。《大学或问》云:

---

① 朱熹:《大学或问》,载《朱子全书》册六,第 512 页。
② 朱熹:《大学或问》,载《朱子全书》册六,第 533—534 页。
③ 黎靖德编:《朱子语类》卷 16,第 327 页。
④ 良知乃知善知恶的是非之心,当孟子强调其与生俱来的性质时,实际上赋予良知以一种"真知"的性质,亦即后来阳明所说的"知行本体",或者说,知善一定是好善,知恶一定是恶恶。孟子言"理义之悦我心,犹刍豢之悦我口",即是此义。

夫不知善之真可好,则其好善也,虽曰好之,而未能无不好者以拒之于内;不知恶之真可恶,则其恶恶也,虽曰恶之,而未能无不恶者以挽之于中。是以不免于苟焉以自欺,而意之所发有不诚者。夫好善而不诚,则非惟不足以为善,而反有以贼乎其善;恶恶而不诚,则非惟不足以去恶,而适所以长乎其恶。是则其为害也,徒有甚焉,而何益之有哉。圣人于此,盖有忧之,故为大学之教,而必首之以格物致知之目,以开明其心术,使既有以识夫善恶之所在,与其可好可恶之必然矣,至此而复进之以必诚其意之说焉,则又欲其谨之于幽独隐微之奥,以禁止其苟且自欺之萌,而凡其心之所发,如曰好善,则必由中及外,无一毫之不好也;如曰恶恶,则必由中及外,无一毫之不恶也。夫好善而中无不好,则是其好之也,如好好色之真,欲以快乎己之目,初非为人而好之也;恶恶而中无不恶,则是其恶也,如恶恶臭之真,欲以足乎己之鼻,初非为人而恶之也。所发之实既如此矣,而须臾之顷、纤芥之微,念念相承,又无敢有少间断焉,则庶几乎内外昭融,表里澄彻,而心无不正、身无不修矣。若彼小人幽陷之间,实为不善,而犹欲外托于善以自盖,则亦不可谓其全然不知善恶之所在,但以不知其真可好恶,而又不能谨之于独,以禁止其苟且自欺之萌,是以沦陷至于如此而不自知耳。①

按照《或问》的说法,似乎又大大降低了格致工夫的地位。就是说,格致工夫所达到的只是"识夫善恶之所在,与其可好可恶之必然",这个说法就很接近我们通常的看法,其中"知行合一"的意味就大大淡化了。

按照朱子本来的意图,格致工夫是要格去己私、发明本心,其效必致于意诚。意既诚,则自能好善恶恶,此为"真知"。然而,此处朱子却强调知善是格致工夫,而好善方是诚意工夫。大概前者是朱子的本意,只是为了照顾文本的结构,故又不得不强调诚意工夫的独立性,但这样一来,却把格致工夫降低到了陆王所批评的那个平面了。

这种对致知与诚意关系的处理,主要见于《大学或问》,然而在《朱子语类》中却又发现朱子试图从另一个角度来处理二者关系。《朱子语类》云:

---

① 朱熹:《大学或问》,载《朱子全书》册六,第532—533页。

若知之已至,则意无不实。惟是知之有毫末未尽,必至于自欺。①

盖到物格、知至后,已是意诚八九分了。只是更就上面省察,如用兵御寇,寇虽已尽剿除了,犹恐林谷草莽间有小小隐伏者,或能间出为害,更当搜过始得。②

朱子认为,致知与诚意两段工夫的性质相近,都是为了意诚的效验,只是致知阶段已做了大段诚意工夫,而真正到了诚意阶段,就剩下一些清扫战场的工作。这种说法应该更体现了朱子的本意。

在《大学》的"诚意"一章,出现了三个重要概念,即毋自欺、自慊与慎独。三者都属于诚意工夫,然而,其内涵虽有相关,却有侧重不同。按照朱子本人的区分,"自慊"相当于《或问》所说的独立于格致的诚意工夫,而"慎独"则相当于《朱子语类》中作为格致补充的诚意工夫。至于"自欺"工夫的内涵,从朱子的叙述来看,主要有两方面意思:

其一,"自欺者,外面如此做,中心其实有些子不愿,外面且要人道好"(卷16)③,可见,所谓"自欺",就是通常所说的表里不一的意思。这层意思显然是致知工夫所能完成的任务,故只可视作效验。

其二,《大学章句》则如此解释:"知为善以去恶,而心之所发有未实也。"这是什么意思呢?《朱子语类》云:

只是自家知得善好,要为善,然心中却觉得微有些没紧要底意思,便是自欺,便是虚伪不实矣。正如金,已是真金了,只是锻炼得微不热,微有

---

① 黎靖德编:《朱子语类》卷16,第327页。
② 黎靖德编:《朱子语类》卷16,第332页。朱子类似的说法甚多,据《朱子语类》卷16所载,"盖'知至而后意诚',则知至之后,意已诚矣。犹恐隐微之间有所不实,又必提掇而谨之,使无毫发妄驰,则表里隐显无一不实,而自快慊也。"(第332页)"虽不用大段着工夫,但恐其间不能无照管不及处,故须着防闲之,所以说'君子慎其独也'。"(第332页)"'知至而后意诚',已有八分。恐有照管不到,故曰慎独。"(第333页)
③ 朱子又云,人之所以自欺,是因为知之不至,《朱子语类》卷16第71条云:"自欺是个半知半不知底人。知道善我所当为,却又不十分去为善;知道恶不可作,却又是自家所爱,舍他不得,这便是自欺。不知不识,只唤欺,不知不识却不唤做'自欺'。"

些渣滓去不尽，颜色或白，或青，或黄，便不是十分精金矣。颜子"有不善未尝不知"，便是知之至；"知之未尝复行"，便是意之实。又曰："如颜子地位，岂有不善？所谓不善，只是微有差失，便能知之；才知之，便更不萌作。只是那微有差失，便是知不至处。"①

这里讲的"微有差失"，与"慎独"那里讲的"八分"有根本不同。盖"慎独"属于已发时工夫，即于一念萌动处察其善恶之是非，可见其性质本属格致工夫，因此，诚意阶段还要讲"慎独"，纯粹是因为格致阶段照管不到，所以要到这里来补充一段工夫。因此，同属诚意工夫，"慎独"与这里讲的"勿自欺"是不同的，而近乎"自慊"工夫。

看来，在朱子那里，"勿自欺"有三层意思：其一，作为格致工夫的效验；其二，作为格致工夫的补充，即慎独；②其三，真正意义上的诚意工夫，即自慊。③

而《章句》云："诚，实也。意者，心之所发也。实其心之所发，欲其一于善而无自欺也。"大概因为"勿自欺"在其内涵上具有更大的包容性，既有慎独的意思，也有自慊的意思，故朱子在此以"勿自欺"言诚意工夫。

"诚意"章与朱子整个学术的关系尤为紧密，如何处理诚意与致知的关系又是其中最关键的问题。故朱子临终前仍在修改"诚意"章，足见朱子本人对此章的重视，亦表明始终觉得前述的种种安排犹有未妥当处。

4. 诚意与正心

按照《大学》的结构，诚意工夫的效验为心正。朱子在《大学章句》中顺其文气说道：

---

① 黎靖德编：《朱子语类》卷 16，第 328 页。
② 不过，慎独要对治的自欺与格致工夫要对治的自欺，在形相上有粗细的不同，前者是无意为恶，而前者则是有意为恶，故格致工夫粗，慎独工夫细。
③ 案，《朱子语类》云："人固有终身为善而自欺者。不特外面有，心中欲为善，而常有个不肯底意思，便是自欺也。须是打叠得尽。"（第 329 页）这个说法大大强调了诚意工夫的独立性。朱子当其将"勿自欺"与"自慊"等同起来时，便取这层意思，如《朱子语类》云："人之为善，须是十分真实为善，方是自慊。若有六七分为善，又有两三分为恶底意思在里面相牵，便不是自慊。"（同前）"或问'自慊'、'自欺'之辨。曰：譬如作蒸饼，一以极白好面自里包出，内外更无少异，所谓'自慊'也；一以不好面做心，却以白面作皮，务要欺人。然外之白面虽好而易穷，内之不好者终不可掩，则乃所谓'自欺'也。"（第 330 页）

意既实,则心可得而正矣。

然而,从《朱子语类》中来看,对此则无明确的说法,而更多的是强调正心工夫的独立性。《朱子语类》载:

> 问:"先生近改'正心'一章,方包括得尽。旧来说作意或未诚,则有是四者之累,却只说从诚意去。"曰:"这事连而却断,断而复连。意有善恶之殊,意或不诚,则可以为恶。心有得失之异,心有不正,则为物所动,却未必为恶。然未有不能格物、致知而能诚意者,亦未有不能诚意而能正心者。"①

据其弟子万人杰所言,朱子曾认为之所以有正心阶段的那些毛病,是因为意有未诚,则诚意之功夫尽,其效必至于心正。这种说法显然是有毛病的,故朱子在此处纠正了这种说法,强调正心阶段的毛病不是由于心之所发(意)有不善,而是因为心本身为外物所累,故不正。盖克治一念发动之不善,属于格致诚意的工夫,而心之为物所动则是由于气质上的毛病。气质本身无所谓善恶,所导致意念上的恶则只是就其效验而言,或者说,气质不好并不必然会为恶。② 显然,这种说法承认了正心工夫的独立性,而且,这种独立性较八条目中任何一段工夫都要大得多。

虽然,念虑有不善,不会导致气质上的不好,但是,念虑若有不善,气质上肯定有毛病。③ 朱子由此推出,诚意工夫未尽,则正心工夫不可能做得尽,所以,"欲正其心者,必先诚其意"。在此,朱子用"连而却断,断而复连"来表达诚意与正心这两段工夫的关系。

而在另一段话中,朱子干脆否定了"意诚则心正"的说法。《朱子语类》云:

> 或问"正心""诚意"章。先生令他说。曰:"意诚则心正。"曰:"不然。

---

① 黎靖德编:《朱子语类》卷 16,第 341 页。
② 用佛家的话来说,意念之不善属于性罪,而气质之过则属于遮罪。
③ 此说应该不难理解,譬如,我们常常发现,某些人心眼虽好,而其性情却令人难以忍受。

这几句连了又断，断了又连，虽若不相粘掇，中间又自相宽。譬如一竿竹，虽只是一竿，然其间又自有许多节。意未诚，则全体是私意，更理会甚正心！然意虽诚了，又不可不正其心。意之诚不诚，直是有公私之辨，君子小人之分。意若不诚，则虽外面为善，其意实不然，如何更问他心之正不正！意既诚了，而其心或有所偏倚，则不得其正，故方可做那正心底工夫。"①

两段工夫的连属仅仅在于，没有诚意工夫，心便不可能正。而意诚之后，心犹有偏倚，故尚须做正心的工夫。可见，正心显然是另外一段工夫。

那么，正心的工夫当如何做呢？朱子认为，诚意的工夫既是省察，而正心的工夫则是存养。

> 是以君子必察乎此，而敬以直之，然后此心常存而身无不修也。（《大学章句》）
> 正心，却不是将此心去正那心。但存得此心在这里，所谓忿懥、恐惧、好乐、忧患自来不得。②

《大学》并没有明说正心工夫当如何做，这个问题在道学家那里产生了重大的分歧，这就是主静与主敬两种工夫的不同。

朱子继承了伊川"涵养须用敬"的主张，因此，此处说的存养之法只能是主敬工夫。然而，敬在朱子那里有两层不同意思：一方面，敬指小学阶段的工夫，这层意思在《大学或问》及"中和新说"那里体现得尤为明显；另一方面，敬又是贯通大学整个阶段的工夫，这也是朱子屡屡提及的意思。《大学或问》中协调了这两种说法，以为古时自幼及长，皆有礼乐以养其心，至后世礼崩乐坏，一般人便欠缺了这段涵养工夫，故今人主敬，只是要补上这一段小学工夫而已。

但在这里，朱子似乎提出了另一种涵养工夫。至于这种涵养工夫是否是

---

① 黎靖德编：《朱子语类》卷16，第341页。朱子另一个弟子也问了同样的问题，对此，朱子回答道："诚只是实。虽是意诚，然心之所发有不中节处，依旧未正。"（黎靖德编：《朱子语类》卷15，第304页。）

② 黎靖德编：《朱子语类》卷16，第344页。

敬,朱子在《朱子语类》中却未明说。① 从朱子《朱子语类》《大学或问》以"鉴空衡平"为正心之效来看,②主敬显然不可能达到这般效验,因为敬毕竟只是小学工夫,对于大学阶段来说,终究还是辅助性的工夫。最后,朱子似乎回避了正心工夫是什么的问题,又回到早先的立场,即主张工夫全在格致上。③ 这实际上又认为心正只是诚意工夫的效验了。

可见,如何处理诚意与正心的关系,亦是一个极为重要的问题。朱子改定《大学》新本,格物、致知、诚意、正心诸段工夫次第而下,从而确立了格致作为大学的入手工夫,然而,《大学》古本则似未明确这样一个次第,且只有诚意与正心两段修身工夫。

另外,从朱子对格致工夫的阐释来看,格致与诚意两段皆属于诚意工夫。朱子这种做法,实际上就以诚意工夫先于正心工夫。不过,从程门弟子对"格

---

① 《大学章句》云:"是以君子必察乎此,而敬以直之,然后此心常存而身无不修也。"则似以敬为存心之法。

② 《大学或问》云:"人之一心,湛然虚明,如鉴之空,如横之平,以为一心之主者,固其真体之本然,而喜怒忧惧随感而应,妍媸俯仰因物赋形者,亦其用之所不能无者也。固其未感之时,至虚至静,所谓鉴空衡平之体,虽鬼神有不得窥其际者,因无得失之可议。及其感物之际而所应者,又皆中节,则其鉴空横平之用流行不滞,正大光明,是乃所以为天下之达道,亦何不得其正之法哉? 唯其事物之来有所不察,应之即或不能无失,且又不能无与俱往,则其喜怒忧惧必有动乎中者,而此心之用始有不得其正者耳。"《朱子语类》卷16云:"惟诚其意,真个如鉴之空,如衡之平,妍媸高下,随物定形,而我无与焉,便是不得其正。"(第345页)又云:"人心如一个镜,先未有一个影像,有事物来,方始照见妍丑。若先有一个影像在里,如何照得? 人心本是湛然虚明,事物之来,随感而应,自然见得高下轻重。事过便当依前恁地虚,方得。若事未来,先有一个忿懥、好乐、恐惧、忧患之心在这里,及忿懥、好乐、恐惧、忧患之事到来,又以这心相与滚合,便失其正。事了,又只苦留在这里,如何得正?"(第346页)

③ 《朱子语类》卷15云:"诚只是实。虽是意诚,然心之所发有不中节处,依旧未是正。亦不必如此致疑,大要只在致知格物上。如物格、知至上卤莽,虽见得似小,其病却大。自修身以往,只是如破竹然,逐节自分明去。今人见得似难,其实却易。人人德处,全在致知、格物。譬如适临安府,路头一正,着起草鞋,便会到。未须问所过州县那个在前,那个在后,那个是繁盛,那个是荒索。工夫全在致知格物上。"(第304页)卷16云:"四者心之所有,但不可使之有所私尔。才有所私,便不能化,梗在胸中。且如忿懥、恐惧,有当然者。若定要他无,直是至死方得,但不可先有此心耳。今人多是才忿懥,虽有可喜之事亦所不喜;才喜,虽有当怒之事亦不复怒,便是蹉过事理了,便'视而不见,听而不闻,食而不知其味'了。盖这物事才私,便不去,只管在胸中推荡,终不消释。设使此心如太虚然,则应接万务,各止其所,而我无所与,则便视而见,听而闻,食而真知其味矣。看此一段,只是要人不可先有此心耳。譬如衡之为器,本所以平物也,今若先有一物在上,则又如何称! 顷之,复曰:"要之,这源头却在那致知上。知至而意诚,则'如好好色,如恶恶臭',好者端的是好,恶者端的是恶。某常云,此处是学者一个关。过得此关,方始是实。"(第345—346页)

物"的解释来看,似乎是将格物归属于正心工夫,换言之,正心工夫先于诚意工夫。

对朱子来说,《大学》"诚意"章的解释,关系到其学术框架的核心部分。然而,对整个道学本身来说,对"正心"章的解释,尤甚是对诚意与正心关系的把握也许更为重要。这个问题在朱子与湖湘学者的争论中,就体现为下学与上达的关系问题。

三、下学而上达与上达而下学

朱子学术在工夫论上的基本倾向是下学而上达,即主张工夫只是在下学上,至于用力之久,则自有上达之效。而我们从朱子对《大学》新本的阐释来看,格物、致知、诚意相当于下学工夫,而正心则大致相当于上达工夫。朱子以主敬涵养、省察致知为大学入手工夫,其实则是诚意工夫,而又以意不诚则心不可正,乃至于以格致工夫为大段工夫,其余则易事耳,可见,朱子之学,乃诚意而正心,下学而上达。

朱子以为,意不诚,则心不可正,故先须诚意,然后方能正心。然观乎明道《定性》《识仁》二书,则专在正心上用功,久之,自有意诚之效。[①] 可见,明道是主张先正心而后诚意,上达而下学。

意者,心之所发。心者,体也;意者,用也。朱子认为,意不正,则心自不可正;而明道则以为,心不正,故意乃不正。此二说互为表里,本无有二。然就工夫论而言,则不免有上达与下学之不同:朱子以为唯先诚意,心乃可得正;而明道则认为心若可正,意自可诚矣。

此后,明道此种"上达而下学"的工夫,在湖湘学派那里得到极大的发挥,这便是"先察识而后涵养"的工夫。在湖湘学者那里,察识是察识仁体,涵养则是涵养仁体。前者是上达工夫,后者则是下学工夫。上达是大段工夫,其中自

---

① 《大学》言有所忿懥、恐惧、好乐、忧患则心不正,而明道则云"人之情,易发而难制者,惟怒为甚",故以制怒为定性之门径,可知明道所说"定性"(定心)相当于《大学》之"正心"也。

有个下学的效验，然人之习心或有未尽，则加以存养之功。① 所谓存养，不是用力于除外诱（"外诱之不足恶"），而是用力于存养仁体，久之，自有除外诱之效。故明道言存养既久，则"未尝致纤毫之力"以除外诱也。然而，此语只是说不用力于除外诱，而并非说不用力于存养，盖唯事于上达工夫，存养自有除外诱之效验，何须在下学处用力耶？

我们发现，朱子与明道、五峰一系在工夫论上刚好相对立：朱子是下学而上达，大段工夫在下学，而上达则是其效验；明道、五峰则主张上达而下学，大段工夫在上达，而下学的效验自在其中。

对于这两种工夫论的不同，朱子其实在相当程度上已意识到了。其《答汪尚书》第 3 书（隆兴二年甲申，1164）云：

> 大抵近世言道学者失于太高，读书讲义，率常以径易超绝，不历阶梯为快，而于其间曲折精微正好玩索处，例皆忽略厌弃，以为卑近琐屑，不足留情。以故虽或多闻博识之士，其于天下之义理，亦不能无所未尽。理既未尽，而胸中不能无疑，乃不复反求诸近，顾惑于异端之说，益推而置诸冥漠不可测知之域，兀然终日，味无义之语，以俟其廓然而一悟。殊不知物必格而后明，伦必察而后尽。（自注：格物只是穷理，物格即是理明，此乃《大学》功夫之始，潜玩积累，各有浅深，非有顿悟险绝处也。近世儒者语此，似亦太高矣。）彼既自谓廓然而一悟者，其于此犹懵然也，则亦何以悟为哉？又况俟之而未必可得，徒使人抱不决之疑，志分气馁，虚度岁月而怅怅耳。曷若致一吾宗，循下学上达之序，口讲心思，躬行力究，宁烦毋略，宁下毋高，宁浅毋深，宁拙毋巧，从容潜玩，存久渐明，众理洞然，次第无隐，然后知夫大中至正之极、天理人事之全无不在是，初无迥然超绝，不可及者。而几微之间，毫厘毕察，酬酢之际，体用浑然，虽或使之任至重而处所难，亦沛然行其所无事而已矣，又何疑之不决而气之不完哉？②

---

① 明道云"第能于怒时遽忘其怒而观理之是非，亦可见外诱之不足恶，而于道亦思过半矣"，忘怒即是定性，此为上达，而定性自有忘怒之效，则下学之功亦在其中矣。如此，大段工夫尽矣，故明道以为，上达之后，则工夫已"过半矣"。

② 朱熹：《文集》卷 30，《朱子全书》本，第 1297—1298 页。

可见，"下学而上达"之论，朱子所发甚早。① 盖此时朱子与湖湘学者接触尚不多，尚未可能以此批评湖湘学者，随后，朱子进入了一个推崇湖湘之学的时期，而此时却误将湖湘的察识工夫当成了下学工夫。② 我们推测朱子提出"下学而上达"之论，大概源于其辟佛的倾向，而此书所批评的儒者即批评当时学者佞佛的风气。③

朱子在《答汪尚书》第 7 书（乾道八年，1172）中则明确将禅家的工夫称作"上达而下学"，并将之与"下学而上达"工夫对立起来：

> 窃观来意，似以为先有见处，乃能造夫平易，此则又似禅家之说，熹有所不能无疑也。圣门之教，下学上达，自平易处讲究讨论，积虑潜心，优柔厌饫，久而渐有得焉，则日见其高深远大而不可穷矣。程夫子所谓"善学者求言必自近，易于近者非知言者也"，亦谓此耳。今日此事，非言语臆度所及，必先有见，然后有以造夫平易，则是欲先上达而后下学，譬之是犹先察秋毫而后睹山岳，先举万石而后胜匹雏也。夫道固有非言语臆度所及者，然非颜曾以上几于化者不能与也。今日为学用力之初，正当学问思辨

① 朱子早在绍兴二十九年己卯（1159）《答许顺之》第 3 书中即明确地表达这样一种看法："惟密察于区别之中，见其本无二致者，然后上达之事可在其中矣。如吾子之说，是先向上达处坐却，圣人之意正不如是。虽至于尧、舜、孔子之圣，其自处常只在下学处也。上达处不可着工夫，更无依泊处。日用动静语默，无非下学，圣人岂曾离此来？"我们完全可以得出这样一个结论，即朱子思想前后虽经数变，然其工夫论上的下学立场可谓一以贯之。正是基于这种一贯的立场，朱子即便在倾心于湖湘之学时，也未必真正领会了明道—湖湘一系之精神。
② 朱子在乾道三年（1167）《答何叔京》中就这样写道："因其良心发见之微猛省提撕，使心不昧，则是做工夫底本领。本领既立，自然下学而上达矣。若不察于良心发见处，即渺渺茫茫，恐无下手处也。"显然，朱子以"察识"为下学工夫。
③ 朱子最初师从的刘白水、刘勉之与胡籍溪三先生皆喜佛，后来朱子师从李延平，遂一转而持坚定的辟佛立场。嘉庆《南平县志》卷 18《人物》云："初见侗，即与论禅。侗正其误曰：'悬空理空，面前事却理会不得。道亦无元妙，只在日用间着实做功夫外领会，便自己见道。'教熹看圣贤言语。熹将圣贤书读了，渐渐有味，顿悟异学之失。乃返朴归约，就平实处为学，于道日进。侗喜之，……云：'此人别无他事，一味潜心于此。初讲学时，颇为道理所缚，今渐能融释于日用处，一意下工夫。若与此渐熟，则体用合矣。此道理全在日用处，孰若静处有动处无，所非矣。'"清人童能灵《子朱子为学次第考》卷 1 云："朱子初好禅学，至此延平始教以从日用间做工夫，又教以只看圣贤之书，则其学亦一变矣。"
  不过，朱子对下学工夫的注重，或许来自胡籍溪的影响。朱子《籍溪行状》云："（籍溪先生）于是喟然叹曰：'所谓学者，非克己功夫也耶！'自是一意下学，不求人知。"（朱熹：《文集》卷 97，《朱子全书》本，第 4503 页。）可见籍溪虽好佛，工夫却重下学。

而力行之,乃可以变化气质而入于道,顾乃先自禁切,不学不思,以坐待其
无故忽然而有见,无乃溺心于无用之地,玩岁愒日,而卒不见其成功乎!
就使侥幸于恍惚之间,亦与天理人心叙秩命讨之实,了无交涉,其所自谓
有得者,适足为自私自利之资而已。此则释氏之祸,横流稽天而不可遏
者。有志之士,所以隐忧浩叹而欲火其书也。[1]

然而,随着其思想的转变,朱子开始意识到湖湘之学亦是主张"上达而下学"的
工夫。《文集》卷 42《答石子重书》(乾道四年,1168)云:

　　钦夫见处卓然不可及,从游之久,反复开益为多,但其天资明敏,从初
不历阶级而得之,故今日语人亦多失之大高。湘中学子从之游者遂一例
学为虚谈,其流弊亦将有害。比来颇觉此病矣,别后当有以救之。然从游
之士亦自绝难得朴实理会者,可见此道之难也。胡氏子弟及它门人亦有
语此者,然皆无实得,拈槌竖拂,几如说禅矣,与文定合下门庭大段相反,
更无商量处。……下学处须是审察见得后,便泰然行将去此,有始终之
异耳。

此时朱子尚未提出"中和新说",但对湖湘学者这种重上达的工夫已经有所不
满,并将之与禅家等同起来。

更晚些时候,朱子对胡五峰季子大时的为学工夫提出了批评:

　　不要思想准拟融释洒落底功效,判着且做三五年辛苦不快活底功夫,
久远须自有得力处,所谓先难而后获也。"洒落"两字,本是黄太史语,后来
延平先生拈出,亦是且要学者识个深造自得底气象,以自考其所得之浅
深。不谓不一再传,而其弊乃至于此。此古之圣贤所以只教人于下学处
用力,至于此等则未之尝言也。[2]

---

[1] 朱熹:《文集》卷 30,《朱子全书》本,第 1307—1308 页。
[2] 朱熹:《文集》卷 53《答胡季随》第 14 书,《朱子全书》本,第 2525—2526 页。

朱子指出"上达而下学"的工夫是禅宗的工夫,这个说法固然无误。然而,禅宗工夫内部亦有南北、顿渐的不同,朱子攻南宗之"上达而下学",则不免视北宗之"下学而上达"为"圣门之教"矣,这在逻辑上似颇成问题。

盖儒释的分别本不在工夫上,释氏以根器之不同而立有不同的教法,而儒门又如何不可因材质之异而施教呢? 后来到了王阳明那里,明确主张教法因人而异,即有所谓利根人之教,亦有钝根人之教。

盖阳明以"致良知"为一生学问大旨,其实则专在克除意念之私上用功,本属下学工夫。然至晚年,阳明开始承认有所谓利根之学,如"天泉证道"时对这两种教法说得极明白:

> 利根之人,直从本原上悟入,人心本体原是明莹无滞的,原是个未发之中,利根之人一悟本体,即是功夫,人己内外一齐俱透了。其次不免有习心在,本体受蔽,故且教在意念上实落为善去恶,功夫熟后,渣滓去得尽时,本体亦明尽了。汝中之见,是我这里接利根的;德洪之见,是我这里为其次立法的。二君相取为用,则中人上下皆可引入于道。若各执一边,跟前便有失人,便于道体各有未尽。既而曰:已后与朋友讲学,切不可失了我的宗旨。无善无恶是心之体,有善有恶是意之动,知善知恶是良知,为善去恶是格物。只依我这话头随人指点,自没病痛,此原是彻上彻下功夫。利根之人,世亦难遇。本体功夫一悟尽透,此颜子、明道所不敢承当,岂可轻易望人。人有习心,不教他在良知上实用为善去恶功夫,只去悬空想个本体,一切事为俱不着实,不过养成一个虚寂。此个病痛不是小小,不可不早说破。①

这一段话明确指出了"致良知"只是接引钝根人的工夫,而在此之外,尚有一种利根人的工夫,是直接从本体上入手。阳明谓"一悟本体,即是工夫",即是"上达而下学"的意思,其意不过是说,若能上达,则下学之效自在其中矣。

因此,一旦从工夫论上判分道学源流,自当区分开利根之学与钝根之学:自明道、上蔡以至五峰,属于利根之学,其教法主张上达而上学;自伊川、朱子

---

① 王阳明:《传习录》卷下,载《王阳明全集》,第 133 页。

至阳明,则属钝根之学,其教法主张下学而上达。

四、结语

　　学术界一贯以程朱、陆王两系判分道学源流,这种判分既有本体论上的考虑,又与两系在工夫论上的分歧相吻合。牟宗三先生则在两系之外,别立明道、湖湘、蕺山为一系,可谓极具识见。牟先生颇叙及三系在工夫上的不同,然此种判分毕竟是从本体论上的心性关系立说,于发明中国思想中的"体用不二"之旨极是有功,唯其使道学各派势成水火,不相调和,至于判伊川、朱子为"别子为宗",则不免太过偏狭。盖诸贤上以明道,下以教民,其宗旨非有二也,至于因人材质之或异,其教法自是不同,于是有"下学而上达"之教,亦有"上达而下学"之教,此诚理之自然耳。故诸贤在工夫论上虽立说各异,亦不妨其皆为道学一脉,至于本体论上的差异,则属诸贤为其教法辩说之辞,实不必过多计较。

参考文献

一、主要文献

陈淳:《北溪字义》,熊国桢、高流水点校,中华书局 1983 年版。

陈亮:《陈亮集》,中华书局 1974 年版。

陈荣捷:《近思录详注集评》,学生书局 1992 年版。

程颢、程颐:《二程集》,王孝鱼点校,中华书局 2004 年第 2 版。

胡安国:《春秋传》,文渊阁四库全书本。

胡宏:《胡宏集》,吴仁华点校,中华书局 1987 年版。

胡寅:《崇正辨·斐然集》,容肇祖点校,中华书局 1993 年版。

胡宗楙:《张宣公年谱》,壬申季秋梦选楼刊本。

黄榦:《黄勉斋先生文集》卷 8《朱子行状》,文渊阁四库全书本。

黄宗羲:《明儒学案》,中华书局 1985 年版。

黄宗羲:《宋元学案》,中华书局 1986 年版。

江永:《近思录集注》,商务印书馆 1933 年版。

黎靖德编:《朱子语类》,中华书局 1986 年版。

李侗:《李延平集》,中华书局 1985 年版。

陆九渊:《陆象山全集》,中国书店 1992 年版。

吕大临:《蓝田吕氏遗著辑校》,陈俊民辑校,中华书局 1983 年版。

吕祖谦:《东莱文集》,文渊阁四库全书本。

王懋竑:《朱子年谱》,商务印书馆 1937 年版。

王懋竑:《朱子年谱考异》,商务印书馆 1937 年版。

王守仁:《王阳明全集》,吴光、钱明、董平、姚延福编校,上海古籍出版社 2011 年版。

夏炘:《述朱质疑》,《景紫堂全书》民国十年(1921)刻本。

谢良佐:《上蔡语录》,文渊阁四库全书本。

张栻、朱熹、林用中:《南岳唱酬集》,文渊阁四库全书本。

张栻:《南轩先生文集》(44卷本),文渊阁四库全书本。

张栻:《张南轩先生文集》(7卷本),商务印书馆1936年版。

张载:《张载集》,章锡琛点校,中华书局1978年版。

周敦颐:《周敦颐集》,陈克明点校,中华书局1990年版。

朱熹:《伊洛渊源录》,商务印书馆1936年版。

朱熹:《四书章句集注》,中华书局1983年版。

朱熹:《朱子全书》,上海古籍出版社、安徽教育出版社2002年版。

朱熹:《晦庵先生朱文公文集》,《朱子全书》本。

《崇安县志》(嘉庆)

《南平县志》(嘉庆)

《五夫子里志》(民国)

《湘潭县志》(光绪)

《尤溪县志》(乾隆)

二、相关文献

陈立:《白虎通疏证》,吴则虞点校,中华书局1994年版。

程树德:《论语集释》,程俊英、蒋见元点校,中华书局1990年版。

戴震:《孟子字义疏证》,何文光整理,中华书局1961年版。

韩愈:《韩昌黎全集》,世界书局1935年版。

欧阳修:《欧阳修全集》,世界书局1936年版。

苏舆:《春秋繁露义证》,钟哲点校,中华书局1992年版。

脱脱等:《宋史》,中华书局1977年版。

王安石:《王文公文集》,唐武标校,上海人民出版社1974年版。

《十三经汉唐人注疏》,北京大学出版社1999年版。

《十三经清人注疏》,中华书局校点本。

《新编诸子集成》,中华书局校点本。

三、研究著述

蔡方鹿:《张栻及其哲学》,巴蜀书社1991年版。

陈谷嘉:《张栻与湖湘学派研究》,湖南教育出版社 1991 版。

陈谷嘉、朱汉民:《湖湘学派源流》,湖南教育出版社 1992 年版。

陈来:《朱子书信编年考证》,上海人民出版社 1989 年版。

陈来:《宋明理学》,辽宁教育出版社 1991 年版。

陈来:《有无之境——王阳明哲学的精神》,人民出版社 1991 年版。

陈来:《中国近世思想史研究》,商务印书馆 2003 年版。

陈来:《朱熹哲学研究》,中国社会科学出版社 1993 年版。

陈荣捷:《朱子新探索》,华东师范大学出版社 2007 年版。

陈钟凡:《两宋思想述评》,东方出版社 1996 年版。

东方朔:《刘蕺山哲学研究》,上海人民出版社 1997 年版。

冯友兰:《中国哲学史》,中华书局 1961 年版。

冯友兰:《中国哲学史新编》第 5 册,人民出版社 1988 年版。

傅斯年:《性命古训辩证》,载《中国现代学术经典·傅斯年卷》,河北教育出版社
　　1996 年版。

高令印:《朱熹事迹考》,上海人民出版社 1987 年版。

郭晓东:《识仁与定性——工夫论视域下的程明道哲学研究》,复旦大学出版社 2006
　　年版。

侯外庐:《宋明理学史》,人民出版社 1984 年版。

李纪祥:《两宋以来〈大学〉改本之研究》,学生书局 1988 年版。

吕思勉:《理学纲要》,东方出版社 1996 年版。

牟宗三:《心体与性体》,正中书局 1968 年版。

牟宗三:《从陆象山到刘蕺山》,学生书局 1979 年版。

牟宗三:《中国哲学十九讲》,上海古籍出版社 1997 年版。

潘富恩:《程颢程颐评传》,广西教育出版社 1996 年版。

钱穆:《朱子新学案》,巴蜀书社 1986 年版。

束景南:《朱子大传》,福建教育出版社 1992 年版。

束景南:《朱熹年谱长编》,华东师范大学出版社 2001 年版。

唐君毅:《中国哲学原论·原性篇》,学生书局 1990 年版。

王开府:《胡五峰的心学》,学生书局 1978 年版。

武夷山朱熹研究中心编:《武夷胜境理学遗迹考》,上海三联书店 1990 年版。

向世陵:《善恶之上:胡宏·性学·理学》,中国广播电视出版社 2000 年版。

谢遐龄:《康德对本体论的扬弃》,湖南教育出版社 1987 年版。

谢遐龄:《文化——走向超逻辑的研究》,山东文艺出版社 1989 年版。

熊十力:《新唯识论》,中华书局 1985 年版。

熊十力:《体用论》,中华书局 1994 年版。

徐梵澄:《陆王学术》,上海远东出版社 1994 年版。

徐洪兴:《思想的转型——理学发生过程研究》,上海人民出版社 1996 年版。

徐远和:《洛学源流》,齐鲁书社 1987 年版。

杨国荣:《心学之思——王阳明哲学的阐释》,生活·读书·新知三联书店 1997
　　年版。

杨金鑫:《朱熹与岳麓书院》,华东师范大学出版社 1986 年版。

余英时:《士与中国文化》,上海人民出版社 1987 年版。

余英时:《朱熹的历史世界》,生活·读书·新知三联书店 2004 年版。

曾亦、郭晓东:《宋明理学》,南京大学出版社 2009 年版。

曾亦:《本体与工夫——湖湘学派研究》,上海人民出版社 2007 年版。

张岱年:《中国哲学大纲》,中国社会科学出版社 1982 年版。

张立文:《宋明理学研究》,中国人民大学出版社 1985 年版。

张立文:《朱熹思想研究》,中国社会科学出版社 2001 年版。

朱汉民:《湖湘学派与岳麓书院》,教育科学出版社 1991 年版。

〔日〕高畑常信:《宋代湖南学の研究》,秋山書店 1996 年版。

附旧序　深化心性论研究之途

《本体与工夫》是曾亦对其博士论文略作拓展而成的著作。曾亦作成这篇文章,不单因为他本人是长沙人而对湖湘学派情有独钟,主要是他多年研究心性理论,心得独到,发明甚多,不吐不快,湖湘学派于他发布自己心得甚为适合。

曾亦此文于心性论现代化最称有功者,当为对"情"与"感"的阐发。自从牟宗三先生倡以康德哲学解说宋明儒学以来,学者多借纯粹实践理性之眼看中国哲学文本。实则若借康德说中国,须借直感判断力(通常译作审美判断力),而非借实践理性。牟氏虽然也讲"智的直觉",以为这是中国智慧之根本,但却在实践理性范围中讲直觉,没有想到应该在直感判断力范围中研究,实属放错了地方,从而错失了重要发现,令人惋惜。

在康德哲学启发下,当代儒学研究面临如下问题:儒学中是否有先验的道德法则? 如果有先验的道德原理,它源于心的哪种能力?

众所周知,道德法则与行为准则或通常所谓道德规范,并不是一个层次的概念。一般地说,具体的行为准则或曰规范,须凭经验确定,道德法则却未必是经验的,这就产生道德法则是否先验的这样一个哲学问题。

康德对于知识论方面的先验分析,我能赞同其绝大部分,但对道德哲学方面的先验分析,有许多难以接受。其中的原因,大概就在于文化背景不同。康德的道德哲学或许适用于德意志民族,而对法兰西、意大利就很难适用,至于中华民族,则更是圆凿方枘。例如,按照康德道德哲学,必须"言必信,行必果",一丝不苟地去恪守。这种行为准则,即便在今天的德国商人身上,犹颇多体现。但在儒学,怎样处置孟子所说"大人者,言不必信、行不必果,唯义所在"呢? 在康德哲学,抽象的(纯粹形式的)道德规范必须普遍运用,而儒学不承认其普遍性,主张其运用必须合乎"义"。简要地来说,即康德以"经"为道德法则,而儒学则以"有经有权"为道德法则。这样,在知识论上,先验法则或许源自理性自身;而在道德领域,如果有先验法则,虽然离不开理性自身,但必定还与文化背景相关。

基于这一认识,解决儒学的先验道德法则来源,不从纯粹实践理性,而应从心之三大能力的另一种,即直感判断力入手。对于这个问题,道德哲学家可以根据各自的研究提出自己的主张。然而哲学史研究者必须从史料出发,做出合乎史实的结论。

程朱把恻隐、羞恶、辞让、是非看作"情",戴震驳之,称孟子举此四者谓之"心",不谓之"情"。二程以恻隐统四端,而阳明以是非统四端。①恻隐近情,以之统四端,故统称四端为情;是非近知,戴震直接称确定美丑是非者为知,故认定四端为心,其说离阳明不远。我们不仅要看到孟子四端说的创造性,而且也要注重其所列四端的粗略性,看到四端说中有大量环节有待发挥、展开和填补。

在阳明那里,所谓"良知"有多层意义:良知是天理,良知即中,等等,其中之一义是:良知乃判断是非之能力。那么,良知如何能判断是非呢?宋儒多主张天理(仁义礼智)是人生而备有者。程明道曰:"吾学虽有所受,'天理'二字却是自家体贴出来。"那么,天理说新在何处呢?我认为,就在于如何诠释"天命之谓性"一语上,即以性为生而备有的天理。这样的设定,道德判断就是依据现成的定理衡量行为,或许还可扯得上实践理性。②

如果把天解释为气,天命解释为气禀,天命之性解释为知觉能力,而不是像程子那样解释为仁义礼智(天理),天理就成了可以存养扩充而得,而并非生而备有于心。性善论就不能理解为"性即天理",即仁义礼智现成备有于心,而应该理解为心的知觉能力可以养育与生俱来的善端,并扩充到天理。简言之,一以天然拥有仁义礼智立说,一以天然拥有的仅仅是能力,须由此能力获得仁义礼智而立说。

盖对当代人而说,能够接受的仅仅是后者。而且,就中国哲学史而言,到了戴震,已经认为天然获得的只是认识能力,而非现成的天理。虽然戴震把程

① 案,或问:"孟子言四端处有二,大抵皆以心为言。明道却云:'恻隐之类,皆情也。'伊川亦云:'人性所以善者,于四端之情可见。'一以四端属诸心,一以四端属诸情,何也?"曰:"心,包情性者也,自其动者言之,虽谓之情亦可也。"(黎靖德编:《朱子语类》,第1297页。)又,阳明则曰:"良知只是个是非之心,是非只是个好恶。只好恶就尽了是非,只是非就尽了万事万变。"又曰:"是非两字是个大规矩,巧处则存乎其人。"(《传习录》第288条,载《王阳明全集》册上,第111页。)
② 其实扯不上。康德哲学以为理由心生,但在程朱这里,天理是天赋的、存于心的,而不是生于心的。这就是说,宋儒讲的"天理",固然是伟大的发现,但毕竟是凝固的、现成备有的"理念",故其哲学可归属于旧形而上学。到王阳明那里,此说有所动摇,不过突破不多。比较清晰地揭示理为心生的,当首推戴震。因而比之西方哲学,朱、王皆属康德以前的形而上学,而戴震略近于康德的形而上学。

朱、陆王都打入"杂释氏言"，或"援儒入释"的儒学不纯之列，实际上，朱、王都没有讲过理生于心的话头。倒是表面上辟佛最彻底的戴震，反而有理生于心的思路。但是，与其说这是佛理影响儒学，不如说先秦儒学中本有此义。可以说，这正是戴震接近康德哲学的判据。[①]

既然天理生于心[②]，我们就可以拿康德哲学来做参考。然而，要参考的不是康德的实践理性学说，而是其直感判断力学说。孟子称"理义之悦我心，犹刍豢之悦我口"，戴震则说"辨于知者，美丑是非也，而因有好恶"，可以说，戴氏所谓的"知"，即康德所说直感判断力，不仅能断美丑，而且断道德是非。"好恶"之"好"，即孟子所说"悦"；比之康德的直感判断力学说，"好恶"即"愉悦""不悦"。盖以纯粹实践理性解说"理义之悦我心，犹刍豢之悦我口"，则扞格不入，然若以直感判断力来解说，可谓若合符节。

因此，今日研究儒学，必须从情、感入手。感，不是"智的直觉"，而应该视为直感判断力。

曾亦此书，借表彰业已式微的湖湘学派，阐明大程、朱熹、五峰之间的传承关系，展示了他长于思辨、研精极虑的治学风格，特别把宋明理学中情、感等基本概念提出来重加阐释，更具发人深省之功用，显示了深化心性论研究的新取向。曾亦有如此深厚的功力，除了他禀有异质、用力甚勤之外，亦得力于复旦哲学系各专业均重视西方哲学基础的传统。我一向主张，读任何一种哲学著作，都不外是提升自身的哲学境界、思辨能力之阶梯，诸书给人的教益皆有角度与内容的不同，故而中哲书、西哲书不可偏废。我期待曾亦不久有更重要的力作问世。

谢遐龄

2007 年 5 月 20 日于明和苑寓所

---

①　案，戴震曰："古人言性，但以气禀言"（戴震：《孟子字义疏证》上，载《戴震集》下编，上海古籍出版社 2009 年版，第 271 页），"人之血气心知本乎阴阳五行者，性也"（同前，第 272 页），"孟子所谓性，所谓才，皆言乎气禀而已矣"（同前，第 307 页），"人生而后有欲、有情、有知，三者，血气心知之自然也。……辨于知者，美丑是非也，而因有好恶"（同前，第 308 页），"人则能扩充其知至于神明，仁义礼智无不全也。仁义礼智非他，心之明之所止也，知之极其量也"（同前，第 295 页）。由此可见，戴震认为，天理（仁义礼智）由心扩充、衡量而得之，并非天命之性。

②　请注意：王阳明主张心即理、良知即天理，基本上沿袭程朱理得于天、具于心之说，并非主张理生于心。

后　记

道学起自宋代，与汉唐之经学不同。盖汉人撖拾经籍于烬末，唯笃守遗经，遵圣人古训而已。至于道学，去古绵邈，无师法可依凭，乃以传道自任，而志将以斯道觉斯民也。是以道学与经学，其意旨虽有不同，然皆圣门一脉，实未若参商之别也。经学以俗世之轨则出于圣心独裁，或予或夺，或损或益，皆非众人所能蠡测，乃唯"遵王之道"而已，个体之好恶盖无所容其间焉。道学则不然，尤重个体之自觉，盖期凡俗以自养育而成圣也。

余自受学以还，即思古人作圣之功何以可能。然反复久之，而未有得。其间常思男女性情所以异，自觉颇收进益之效。又颇读牟、唐诸先生书，而于胡五峰一脉学术，颇相契合。余思之既久，遂决以工夫论判分道学之源流。盖古人论学尤重资禀，材有利钝，而作圣之功实有二途，故道学之传，各表一枝，即以伊川、朱子主下学之工夫，而以明道、五峰主上达之工夫。盖伊川、朱子唯于扫除念虑之杂染上用功，而念虑之除，终无有已时，故明道乃谓"非唯日之不足，顾其端无穷也"，而成圣乃付诸此生不可期之日。至于象山、阳明一派，则不过此一系之别子也。明道、五峰则不然，盖以直探心体为入手处，是以成圣实可期诸当下。此道学之分派，犹禅门之别南北顿渐也，某与牟先生之大不同者，正在乎此。牟先生于表彰湖湘学术固极有功，然未能据工夫论以判分道学源流，犹怵于西方本体论、知识论之框架故也。

往者余颇治《公羊》，始知孔子所为素王事业，实非宋儒所能范围，益悟牟、唐诸先生之偏颇。盖彼等蹈溺于阳明空疏之学，而于朱子之偏安，犹目为外骛支离，至于孔子所垂以治世之王法，不过为夏虫语冰耳！吾儒本有全体大用之学，朱子已不足以尽知之，遑论阳明耶？宋明诸儒既未能探圣人治法之全，而于人性之三品，亦阙而弗讲。至现代新儒家专讲道德心性，尚不足以望朱子之偏安，其于西人之学，犹萧梁之卵翼于北周也。

是书分上、下两编，上编以辨析湖湘学派的基本概念和问题为主，而下篇则就湖湘学者的学术交往和师门渊源，尤其通过与朱子的学术论争，以呈现整个学派思想的基本面貌。盖宋代湖湘学派发端于胡五峰,其弟子则有张南轩、彪德美、胡广仲、胡伯逢、吴晦叔、胡季随等人,皆与朱子有学术往来。其中,唯南轩有专书留存于世,其余弟子的学术思想,则多见于与朱子的书信论争,故本书多立足于朱子视角,以析论其余湖湘弟子的学术思想。南渡初,湖湘学术实盛极一时,上承大程之学,而下启朱子之悟,不可谓不重要,惜乎二世而中衰,可为深痛哉!

余自束发之年,始知向学,盖颇出乎业师谢先生之感召也。其后得厕列先生门墙,出处语默之间,先生惠我实多。先生学问以西学为本,尤工于思辨,以会通古今中西为事。某之不才,常有愧于此道者。同门郭君晓东,十载同窗,平日往复切磋,彼此讲论之益,实难道万一。孔子曰:"勿友不如己者。"其斯之谓与!

近得南大周群先生约撰此书,又蒙商务馆王女史之费心校阅,感念之深,实难尽诸笔端,兹并致谢焉。

庚子年末新化曾亦记于沪上四漏斋

图书在版编目（CIP）数据

湖湘学派研究 / 曾亦著 . — 北京 : 商务印书馆，
2021
（中国学术流派研究丛书）
ISBN 978-7-100-19888-2

Ⅰ . ①湖… Ⅱ . ①曾… Ⅲ . ①儒学 — 研究 — 湖南 — 宋
代 Ⅳ . ① B222.05

中国版本图书馆 CIP 数据核字（2021）第 075200 号

本书由南京大学中央基本科研业务费、
南京大学人文基金资助出版

中国学术流派研究丛书

湖湘学派研究

曾 亦 著

商 务 印 书 馆 出 版
（北京王府井大街 36 号　邮政编码 100710）
商 务 印 书 馆 发 行
南 京 新 洲 印 刷 有 限 公 司 印 刷
ISBN　978-7-100-19888-2

2021 年 8 月第 1 版　　　开本 700×1000　1/16
2021 年 8 月第 1 次印刷　　印张 20¼

定价：98.00 元